Kurt Adel

Aufbruch und Tradition

UNTERSUCHUNGEN ZUR
ÖSTERREICHISCHEN LITERATUR DES 20. JAHRHUNDERTS

Herausgegeben von

KARL KOWEINDL

BAND 8

KURT ADEL

AUFBRUCH
UND TRADITION

Einführung in die österreichische Literatur seit 1945

WILHELM BRAUMÜLLER, A-1092 WIEN
Universitäts-Verlagsbuchhandlung Ges. m. b. H.

Meiner Frau

© 1982 by Wilhelm Braumüller, Universitäts-Verlagsbuchhandlung
Ges. m. b. H., A-1092 Wien
ISBN: 3 7003 0324 6
Druck: Ferdinand Berger & Söhne Ges. m. b. H., 3580 Horn, Austria

Der Versuch, den Zusammenhängen gerecht zu werden, verbietet die zeitliche Reihung der Autoren (nach Geburtsjahr, erstem Werk, Hauptwerk). Die auf verschiedenen Ebenen des literarischen Lebens liegenden Hauptakzente — etwa Zeitschriften, literarische Gruppen, Emigranten — werden nach der logischen und zeitlichen Folge ihrer Höhepunkte gereiht, sodaß sich im Fortgang der Darstellung der Reichtum an literarischen Erscheinungen, die Vielfalt der Beziehungen des einzelnen Schriftstellers, die Bildung von Gruppen und Einflußsträngen, das Ineinander der Generationen immer wieder in einem Vorwärts und Rückwärts niederschlägt. Ebendas trägt aber zum Charakter des literarischen Lebens seit 1945 wesentlich bei.

Die Betonung der Zusammenhänge, der Reichweite und Schattierungen der Gruppen, führt dazu, daß der einzelne Schriftsteller nicht unbedingt nach seiner Hauptleistung oder -beziehung eingeordnet ist, daß für die Aufnahme nicht Geburts- oder Todesjahr entscheidend waren, sondern der Zeitraum der Wirksamkeit, der Beitrag zur Entwicklung der Literatur, zur Erkenntnis und Veränderung des einzelnen und gesellschaftlichen Lebens: auch der noch nicht anerkannte Beitrag, und das scheint umsomehr gerechtfertigt, als die Dichte des literarischen Lebens immer wieder vergessene oder noch nicht gewürdigte Autoren ins Licht rückt.

Das Buch ist kein Nachschlagewerk, erkennt daher der Nennung von Werktiteln, Jahreszahlen und Sekundärliteratur keinen Selbstwert zu.

Die im fortlaufenden Text kursiv gedruckten Schriftsteller-Namen sind nicht als Werturteile zu verstehen, sondern als Hinweise auf die öffentliche Anerkennung von Person oder Werk.

Wien, 2. März 1982

K. A.

Auf Wunsch des Verfassers werden zwischen den Gliedern einer Folge von Eigennamen oder Gattungsnamen keine Beistriche gesetzt, wenn die Einheit betont werden soll.

V

Bildnachweis

INHALT

VII

*Der Sinn des Schreibens besteht eben
darin, die Welt (und sei es nur in ihrem
winzigsten Ausschnitt) schreibend zu begreifen.*

*(Herbert Berger, Wiener Journal,
August 1980)*

I

„Plan" und der Surrealismus

Befreit und wieder besetzt, geteilt, unfrei in allen Entscheidungen, aber im Glauben an sein Daseinsrecht und überzeugt von
seiner Zukunft: so beginnt Österreich im Jahr 1945 zu leben.
Eines der Zeichen dafür, daß es die ungeheuerliche Wirklichkeit,
die mit dem März 1938 begann, nicht als Widerruf oder Änderung seines Daseins anerkennt, ist die Wiederkehr des ‚Plan‘; als
‚Zweimonatschrift für Kunst und Kultur‘ war er mit einem einzigen Heft 1938 erschienen, und derselbe Herausgeber Otto Basil
gab ihm nun ‚Zum Wiederbeginn‘ das Programm mit: „zum Kri-
stallisationspunkt aller jener Kräfte werden, die im Kunst- und
Kulturleben unserer Heimat für die Festigung des demokratisch-
republikanischen Staatsgedankens und für die Wiederaufrichtung
eines geistigen Österreichertums von europäischem Zuschnitt und
weltbürgerlicher Fülle eintreten". Herausgeber und Redaktion
wollen einen „aktivistischen Stoß- und Vortrupp" bilden. „Was
wissen wir von den großen Strömungen der letzten sieben Jahre?"
und „Wir rufen diese unbekannte geistige Jugend!"

Die Vielfalt des Inhalts dieser Zeitschrift, die mit dem Oktober 1945 begann und mit Februar 1948 endete, ist erfreulich und
überzeugend: Walt Whitman, Majakowski, Huxley, Wolfe, Joyce,
Eliot, Lorca; ein ganzes Heft ist der französischen Literatur gewidmet. Nestroy, Kraus, Trakl, Kafka; Gedichte aus dem Nachlaß des bis heute zu unrecht vergessenen Otto Stoessl; Ablehnung
Mells und Weinhebers wegen ihrer Stellung zum Nationalsozialismus, aber Hans Weigels Wort: Nehmt den Vorhang weg von
dem Fenster nach Deutschland; dann ein Beitrag über Hermann
Kasack, dessen ‚Stadt hinter dem Strom‘ (1947) zu den ersten
berühmt gewordenen Werken der Nachkriegsliteratur und der

Kafka-Nachfolge zählt, und Brecht: ‚An die Nachgeborenen‘. Johann Muschik bestimmt damals die Haltung zu Deutschland mit den Worten: Wir haben alle Merkmale einer Nation außer dem einen: „der tief gegründeten Überzeugung, eine besondere (und von der deutschen unterschiedene) wesenhaft eigenständige Nation zu sein" (S. 742).

Von höchster Bedeutung ist die Aufnahme der Schweigenden und Verschwiegenen der sieben Jahre — Brochs Rede über Berthold Viertel, Gunert, Gütersloh, Kramer, Szabo — und der Jungen; mit Hahnls Lyrik ist der frühe Rilke gegenwärtig, Christine Busta wird hier vorgestellt, Herbert Eisenreich, Ilse Aichingers ‚Aufruf zum Mißtrauen‘ klingt noch nach, als 1967 Otto Breicha und Gerhard Fritsch die ‚Aufforderung zum Mißtrauen‘ herausgeben, einen Überblick über ‚Literatur Bildende Kunst Musik in Österreich seit 1945‘. Friederike Mayröckers Dichtung nimmt hier schon Abschied von der äußeren Wirklichkeit, und das letzte Heft enthält 17 Gedichte Celans. Schon dieser knappe Überblick zeigt, wie sehr diese Zeitschrift ihrem Namen gerecht wurde.

Daß der Surrealismus hier wiederholt zu Wort kommt, ergibt sich aus der besonderen Neigung *Otto Basils,* der schon in das ‚Plan‘-Heft 1938 ein Aquarell von Jené aufgenommen hatte. Er hatte damals Kunst bestimmt als „gestaltetes magisches Erleben", wesentlich war ihm die „Intensität des Gestaltens aus dem Lebensgefühl einer Zeit und die Gesetzmäßigkeit ihres inneren Aufbaus" (Vorbemerkung).

Basil übersetzt Rimbaud, Lautréamont, ist im ‚Apokalyptischen Vers‘ (1947) klar von Trakl beeinflußt. Hart und scharf ist seine Sprache im Vers wie in feuilletonistischer Prosa, die an Karl Kraus erinnert. Als er die Nachricht von Kafkas Tod erhält, schreibt er: „So etwa würde ein metaphysischer Reporter die Welt registrieren: ornamentlos, mit dem klaren Blick fürs Detail und fürs Ewige, mit der Begeisterung für das Träumerisch-Paradoxe und der Erkenntnis der ewigen Einordnung menschlicher Verhältnisse in den Kosmos". (1) Das trifft weitgehend auf ihn selbst zu. Die Auswahl ‚Die lyrischen Kostüme‘, ein Jahrzehnt darauf erschienen, wählt ein Motto von Salvador Dali; im Versrhythmus wie in der Wortwahl Benn verpflichtet, schafft er archaisch wirkende, in ihren Metaphern mehrschichtige Raumgebilde. Der Abschnitt ‚Nicht Componiertes im Raum (Paul Klee)‘ verweist einmal auf Novalis. „[...] Der Alltag = All-Tag. In erzenen Händen.

Pindarisch. O beinerner Mond! Glühender Amboß. Die knospenden Räder. [...]" (S. 61). Basil verzichtet hier auf äußere Formung und entspricht ganz der Anforderung des Surrealismus: die „erregende Gewalt und poetische Wirklichkeit" des Bildes hängt ab von der Entfernung und Richtigkeit der Beziehungen von Realitäten. Das Zitat entstammt dem 1950 von Edgar Jené und Max Hölzer herausgegebenen einzigen Heft der ‚Surrealistischen Publikationen' (S. 9).

Jené gehörte dem Art-Club an, der von Gütersloh geführten wichtigsten Künstlergemeinschaft dieser Jahre, um ihn selbst bildete sich ein Kreis, dem Celan, Demus, Hölzer angehörten, und es spricht für die Bedeutung der hier vermittelten Erlebnisse, daß Celan wie Hölzer nach Frankreich emigrierten. Der Buchtitel von 1959: ‚Im Labyrinth, französische Lyrik nach dem Symbolismus' bezeichnet gut die Zielrichtung Hölzers, dessen eigene Lyrik mit ‚Nigredo' unter der Devise: ‚Sein ist nur Bewußtsein' alles mit allem vertauschbar und die Gegensätze nicht als widersprüchlich erlebt: außen — innen, Leben — Tod. Der mehrteilige Gedichtband ‚Mare Occidentis' schafft sich literarischen Hintergrund durch Bezüge zu Celan und dem Spätwerk Rilkes, er verhindert oft die zusammenhängende Vorstellung der genannten Gegenstände, unterbaut aber das Erlebnis durch eine kaum ins Bewußtsein dringende Symbolebene der ‚Konsonantenfolgen' (S. 52).

Werner Riemerschmid, der im ‚Plan' über surrealistische Lyrik schrieb, hat gutteils die gleiche literarische Ahnenschaft wie Basil Hölzer; auch er versteht die Logik als unbrauchbares Instrument, die Wahrheit ist nur ein Paradoxon; aber er hat einen kraftvollen Humor, versteht die Landschaft als Schrift: den Kirchturm also als Rufzeichen, die Außenwelt als Material zur Schilderung seiner Zustände. Der Surrealismus wurde von der Grazer Gruppe in den sechziger Jahren nochmals rezipiert, aber er erzeugte keine länger währende Strömung in unserer Literatur, während der Dadaismus in den Fünfzigerjahren in Wien bedeutenden Einfluß gewann.

Die Anfänge

1975 hat Andreas Okopenko in den ‚Protokollen' über ‚Die schwierigen Anfänge österreichischer Progressivliteratur nach 1945' geschrieben, zu einer Zeit also, da der Erfolg eingetreten war und die Anfänge schon Geschichte geworden, das heißt zugleich: vergessen oder unbekannt waren.

Ein Hauptverdienst des Aufsatzes ist der Hinweis auf *Hermann Hakel,* der Bachmann, Fritsch, Haushofer entdeckte, 1948 die Zeitschrift ‚Lynkeus' herauszugeben begann, die er nach acht Heften einstellte, eine Zeitschrift von hohem Niveau, in der gutteils Autoren des ‚Plan' wieder erscheinen, neben ihnen Kießling, Jeannie Ebner, Kräftner. Im Heft 4 sagt Hahnl, Musils Utopie ‚Der Mann ohne Eigenschaften' sei „die geheime Bibel des modernen intellektuellen Europäers". In den folgenden Jahren gab Hakel, der ein besonderer Kenner des Kabaretts, Wiens und der jüdischen Literatur ist, eine Reihe von Anthologien und Sachbüchern heraus, in Parodie Halbzitat Übertreibung Zeugnisse seines Einfallsreichtums und seiner Liebe zu Wien: ‚Wienärrische Welt', ‚Wigl Wogl', ‚Die Bibel im deutschen Gedicht des 20. Jahrhunderts'. Die zweite Periode des ‚Lynkeus' (1979—81) erreicht ihren Höhepunkt mit dem ‚Sonderheft' zu seinem siebzigsten Geburtstag: In Lyrik, Tagebuch, Traumaufzeichnungen ist es ein Querschnitt durch sein Leben und Werk, bedeutend und erschütternd: ‚Das Wort' ist mit uns emigriert, „Es war und ist unser Heim. / Deutsch haben wir jüdisch gedichtet. / Ich bin der letzte Reim" (S. 63).

Neben und nach Hakel bemühte sich Hans Weigel unentwegt um die Förderung junger Dichter; sein Stammlokal war das Café Raimund. 1951 bis 1954 gab er ‚Stimmen der Gegenwart' heraus, Felmayers Parallele trägt den Titel ‚Tür an Tür'; 1950 erschien der erste Band, 1970 in längerem Abstand der vierte. In diesen Bänden sind fast alle Erfolgreichen der kommenden Jahre zu finden, sie gewannen hier die Grundlage für Zeitungs-, Zeitschriften- und Buchveröffentlichungen, und diese Möglichkeit wird durch die von Felmayer betreute Reihe ‚Neue Dichtung aus Österreich' seit der Mitte der Fünfzigerjahre verstärkt; sie tritt neben die beiden auf Gesamterfassung österreichischen Literatur- und Geisteslebens abzielenden Kleinbuchreihen ‚Das österreichische Wort' und ‚Österreich-Reihe'. Die beiderseitige Bereitschaft zur Zusammenarbeit führte zur Aufnahme einer Reihe junger Schriftsteller in die Zusammenkünfte der Gruppe 47, und das war für Ilse Aichinger und Ingeborg Bachmann entscheidend, weil sie damit auch ihren Wohnsitz in Österreich ganz oder fast ganz aufgaben.

Zeitgemäßheit und Eigenheit Ilse Aichingers wird noch klarer einsehbar, wenn man sie mit Vera Ferra-Mikura, der um zwei Jahre Jüngeren, vergleicht. Die Vorstellungen Vera Ferras gehorchen teilweise surrealistischer Schaltung; gemeinsam ist ihren Erzählungen und Gedichten die Aufeinanderfolge des Nichtentsprechenden: die Mauer ohne Türe trennt Mutter und Kinder leiblich, nicht für das Ohr der Mutter; die alte Frau versieht ihr Gewand mit einer steigenden Zahl von Sicherheitsnadeln, um dem Zerfall ihrer Persönlichkeit entgegenzuwirken; aber es kann auch sein, daß die Türe aufgeht, „und alte vergessene Kinderreime / rollen herein wie Äpfel" (2): diese unheimliche Welt ist nach dem Märchen offen, und das Kinder- und Märchenbuch macht einen guten Teil ihres Werkes aus.

Ilse Aichinger war als Gegenstand der Verfolgung von den Jahren 1938/45 noch tiefer getroffen. Daß man den Einfluß Kafkas und des Surrealismus in ihrem Werk jetzt abweist (3), ist mehr kennzeichnend für die Auffassung im Abstand einer Generation als ein Zeichen tieferer Einsicht. ‚Die größere Hoffnung', Aichingers einziger Roman, ist die verfremdende Darstellung der Leiden verfolgter Juden in Wien während des Zweiten Weltkriegs. Wir erleben mit dem Mädchen Ellen, und dadurch gewinnen Aussagen wie ‚Großmutter hat ihre Telefonnummer geändert' statt ‚sie ist gestorben' oder die Taufe der Großmutter mit dem Rest des Giftes durch die Hand der Enkelin noch an Gewalt. Das Kind überlebt, aber es wird nie mehr ganz mit den anderen sein; darum ist Glück: unauffindbar sein (‚Wo ich wohne'), darum sind Dialoge voll Widersinn, weil die Sprache nicht mehr verbindet; sie will Gebote und Zusammenhänge vermeiden, das heißt aber: sich dem Zugriff entziehen, dazwischen sein (‚Schlechte Wörter'). ‚Meine Sprache und ich' (1978), „wir reden nicht miteinander, wir haben uns nichts zu sagen" (S. 219). Die Entwicklung des Hörspiel-Werkes läuft dieser parallel: von den berühmten ‚Knöpfen' — wer seine Persönlichkeit verliert, sich vereinnahmen läßt, verschwindet, wird aufgeteilt — über den ‚Besuch im Pfarrhaus', in dem die Ordnungen von Zeit und Raum, Hier und Dort fallen und die Menschen einander kein verläßliches Gegenüber bieten können — zu ‚Auckland', der Vereinsamung der Sprechenden; Sprache verbürgt nicht mehr Menschsein; Mensch ist das Kind, das sich spielend den Meereswogen überlassen will. Solche Verkürzung scheint der tiefen Problematik nicht gerecht zu werden; aber am Grunde dieser Entwicklung ist ein im ‚Gespräch' mit ihr sich entwickelndes und artikulierendes Lebensgefühl zu sehen, nicht ein Denkvorgang. Es ist die Entsprechung zu dem viel breiteren Vorgang des Verstummens: nicht der Sprache — in das Ende der Literatur —, sondern innerhalb der Sprache.

Das Erbe I

Rilke, Trakl, Weinheber

Im Zeichen des Untergangs der Donaumonarchie fanden die Lyriker die tiefsten Aussagen in dem Bemühen um die Bewältigung des Daseins, das den Dichtern immer aufgegeben ist, wenn nicht eine allen verbindliche Religion oder Weltanschauung sie zu bloßen Erklärern der Wahrheit macht. Die Antworten, die Rilkes und Trakls Werk bereithält, und ihre Weise, sie zu gestalten, erfaßten die allermeisten Lyriker bis in das Jahrzehnt nach dem Zweiten Weltkrieg. Die Zeit der traumhaft schwingenden Reime des frühen *Rilke* ist längst vorbeigegangen; das Gestaltgedicht hat unmittelbar und — besonders als ‚Blumengedicht' — über Weinheber weithin Einfluß geübt, wenn auch niemand mit solcher Folgerichtigkeit wie Weinheber selbst die Nachbildung des Dinges in den Schichten des Gedichts, in Klang Rhythmus Wortwahl, versuchte. Die ‚Duineser Elegien', ganz vom Gedanken her, nicht mehr von einem Metrum in Bewegung gesetzte Bildwelt, die Abstrakta und substantivierten Adjektive, das Rühmen als Aufgabe des Dichters, der Engel: das ist die eine Hauptquelle von Rilkes Nachwirkung nach 1945; die Erfassung der Innenwelt als Raum, das Atmen als Erleben des Einsseins und der Vermehrung dieses Raums, die Überwindung der Vergänglichkeit und des Gegenüberseins durch das ‚Aus- und Eingehen in der Verwandlung', unter diesem Vorzeichen besonders das 18. Sonett des Zweiten Teils der ‚Sonette an Orpheus': der „Braue dunkler Zug / rasch an die Wandung der eigenen Wendung geschrieben" ist die andre.

Trakl wird nach einer Periode meisterlicher Beherrschung der Form, überzeugender Paraphrasen zu Gedichten Goethes Mörikes Hofmannsthals, zum Verkünder der Trauer, des Untergangs, der Schuld. Zurücknahme des ‚ich', der Eigennamen, des Zeitworts, unvollständige Sätze, Nachstellung des Eigenschaftsworts und seine Verwendung als Hauptwort, zeitlose Gegenwart, Anrufung (‚o‘), konkrete aber durch den Widersinn bei wörtlichem Vollzug sich entziehende Aussagen, Wechsel der Aussage-Ebenen: das sind Merkmale seiner Sprache, die im Verein mit Farbwörtern ambivalenter Bedeutung eine Überwältigung des Bewußtseins bewirken. Die Neigung zum umschlungenen Reim und zum Zeilenstil fördert das Erlebnis einer Bilderfolge. Vieles in dieser Aufzählung ist im Verein mit Trakls Lieblingswörtern ‚Abend‘, ‚Nacht‘ . . . verfügbar geworden für das Lebensgefühl der Jahrhundertmitte.

Josef Weinheber hat im Stil Trakls wie Rilkes gedichtet, er hat seine Abhängigkeit von Rilke, den Kampf um seine Freiheit einbekannt, hat sich ihm in der ‚Späten Krone‘ wieder genähert und er schreibt in einem Brief am 23. März 1938, er habe Gedichte aus Rilkes Nachlaß gelesen, unter Tränen: „Was für ein Künstler! Nein, was für ein Dichter! Was ich insgeheim längst weiß, hier ging es mir deutlich auf: daß ich wohl ein genialischer Sprachkünstler, aber kein Dichter von bleibendem Rang bin“. Es ist im hier gegebenen Zusammenhang nicht wesentlich festzustellen, ob Weinheber damit sich selbst richtig bezeichnet, und ob es sich hier um eine von ihm dauernd aufrecht erhaltene Aussage handelt. Auch die Nachfolge Rilkes und Trakls und jede Nachfolge ist ja nicht an den ebenbürtigen Vollzug gebunden, fordert und verbürgt nicht das volle Verständnis, sondern bedeutet das Vorhandensein eines Klimas, eines Individualstils, der zum Zeitstil beiträgt und Folie wird. Sie ist anderseits keine Minderung des Ansehens, stellt keinen Zweifel an der Echtheit der Aussage dar. Und hinter Weinhebers Aussagen stand die Überzeugung, daß er der letzte Verwalter der abendländischen Dichtungsformen vor dem Untergang sei, gewachsen aus seiner düsteren Jugend, dem Erlebnis der Stoa, Nietzsches und Schopenhauers, aber auch der Herrlichkeit der Kunst, der Verbindlichkeit der Sprache. In der Nachfolge von Karl Kraus gewann er das Glück und die Sicherheit des ‚Wohnens‘ im Haus der Sprache (4) und den Weg, der ihn im letzten Gedichtband, ‚Hier ist das Wort‘, die Sprache preisen ließ als Vater, Sohn und getreuen Geist.

Der reine schwebende Rhythmus kurzer Verse, das Blumengedicht, das Sonett (und der Sonettenkranz), das Spruchgedicht, in einzelnen Fällen die antike Odenstrophe (Paul Anton Keller) und der Odenton (Ernst Jirgal), das Selbstgericht (Josef Marschall) und Selbstbildnis (Helmut Scharf), das sind die Hauptbereiche von Weinhebers Einfluß.

Rudolf Stibill hat in den späten ‚Markierungen des Lebens‘ (1975) den Einfluß Trakls und Rilkes nicht abgestoßen, sondern seinem Werk einverwandelt; er bekennt ihn in der ‚Hommage à Georg Trakl‘ und in den Wort- und Stilzitaten aus den ‚Duineser Elegien‘: der „Engel — nicht schrecklich, nicht schön, nur ein fremdes" (S. 69), die „Hiesigkeit, dröhnend vor lauter Bejahung" (S. 75); er überläßt sich wohlgelaunt dem Rhythmus und Klang in Kinderversen für Erwachsene oder gestaltet in zerbrochenen Sätzen den ‚Lübecker Totentanz‘, der im Zweiten Weltkrieg zerstört wurde. *Herbert Hinterleithner,* 26jährig in Griechenland 1942 gestorben, zitiert richtig: „Das Schöne ist nichts als des Schrecklichen Anfang" (5), er folgt Rilke nach in der Sehnsucht nach dem Ende des Gegenüberseins; und er schreibt in seinen letzten Lebensmonaten Terzinen von großartiger Eleganz und Beherrschung, die den jahrhundertalten Ton Dantes überwindet im Bekenntnis zu einer Leidenschaft über die Räume der Bändigung hinaus, schwankend zwischen Gottesdienst und Frevel. Auch er ist einer der Vergessenen.

Rilkes Einfluß, Zeit- und Persönlichkeitsstil sollen nun noch an drei Frauen dargelegt werden: *Erika Mitterer,* 1906 geboren, gab 1950 den ‚Lyrischen Briefwechsel‘ heraus, den sie mit Rilke führte: ihre Freiheit im Geist und in der Form hat darunter nicht gelitten, selten weist ein Ton auf Rilkes Werk. Vor dem großen Horizont der Bibel und der Antike begibt sich ihre Liebesdichtung und ihre religiöse Dichtung, immer hat das Leben das erste Recht, das Denken das zweite. Auch Judas lebt schon, ruft sie Jesus zu: bring ihm deinen Friedensgruß; komm, ich umarme dich, ruft sie Kain zu, „dann gehen wir beide zur Ruh". (6)

Christine Lavant, krank an Gesicht und Gehör und schwer leidend, liest mit Leidenschaft. Dreißigjährig gerät sie 1945 an Rilke, 1949 erscheint ihr erster Gedichtband, unter dem Vorzeichen Rilkes. Ihre tiefe Frömmigkeit, hingebend und fordernd, schafft sich nun die große charakteristische lyrische Sprache, während ihre Prosa bei aller geistigen Bedeutung dem Stil Waggerls verhaftet bleibt. Als Lyrikerin lebt sie in der Sprache, denkt in Klang-Assoziationen, nimmt Metaphern wörtlich und metaphorisiert sie neu; das einzelne Wort kann mit verschiedenen Bedeutungen erfüllt werden, alles wird konkret und dinghaft, auch das

Gebet. Gebet Beschwörung Magie gehen ineinander über, sie spricht zu sich, redet ihre Glieder an, Maria, Gott, alle mit demselben ‚du‘. Von Märchenton und kindlichem Gebet reichen die Tonlagen bis zu gewaltigem Ernst. Neubildung von Wörtern, Verwandlung der Umwelt zu Sprache besonders in pflanzlichen Metaphern, Neigung zum Passivum, zum ‚es‘, zum Erleiden also, verbindet sich mit dem Mut eines — nie maßlosen — Vorwurfs an Gott. Die Intensität des Erlebens bedient sich einander widersprechender Wörter und deutet damit ungewollt an, daß die Sprache ein unvollkommenes Mittel der Aussage ihres Erlebens ist. (7) Einem Aufsatz im Jahrgang 1975/76 in der ‚Brücke‘ stellt sie als Motto die Worte des Novalis voran: „Wo gehen wir hin? Immer nach Hause."

Die Überzeugungskraft dieser Lyrik reicht heran an *Heinrich Suso Waldeck,* den einzigen Lyriker der ersten Jahrhunderthälfte, der mit Rilke und Trakl vergleichbar ist, ganz glaubwürdig in seiner mystischen Religiosität, die in das Mittelalter hinabreicht in seinen Visionen, Gebeten und Balladen. Er hat außer einzelnen Spuren keine Nachfolge gefunden, Christine Lavant fand sie in dem gleich ihr aus Kärnten stammenden Josef Hopfgartner, in dem Lyrikbuch ‚In mir der Fremdling‘ (1962).

Christine Busta, im selben Jahr wie Lavant geboren, ist offen für die Tonlagen, Rhythmus und Zeilenstil, Formen und Satzbau der drei großen Lyriker der Zeit, aber nirgends wird Nachfolge als Unfreiheit spürbar. Natur, Bibel und Antike sind die drei Bereiche ihres Erlebens. Ihr meist gelesenes Gedichtbuch ist wohl das Märchenbuch ‚Die Sternenmühle‘, voll von Vertrauen auf die Heimat in Sprache und Welt. Es steht in der Mitte ihres Lebensgefühls, das in allem Dunkel, im Wortschatz Trakl verwandt, doch die Wörter ‚Verfall‘, ‚Verwesung‘, ‚Wahnsinn‘ fast nicht kennt und in den zahlreichen, teilweise neu-gebildeten Verneinungen die ihr eigene stille Bejahung bezeugt: ‚nieentwöhnt‘, ‚nieverjährend‘, ‚nieversiegt‘.

Während im Lauf eines Vierteljahrhunderts die Reime schwinden, die Gedichte kürzer, die Bilder karger werden, die Verse vielfach den Charakter einer stillen Prosa anzunehmen scheinen, ist die Formung nur inniger geworden, ist in den ‚Salzgärten‘ (1975) das Ja zum Dasein ungebrochen bewahrt. Es ist in dem Band ‚Wenn du das Wappen der Liebe malst . . .‘ (1981) so stark geworden, daß sie sich selbst mahnt: „vergiß nicht die Distel":

sonst würde die Spannung, der Anreiz zur Bewältigung vergehen. Diese Haltung, dem Aufgegebenen ein neues Verständnis abzugewinnen, äußert sich in dem mehrmals erscheinenden Titelwort ‚der andere‘, so in der ‚Anderen Heimkehr‘, der Antwort auf das Gedicht von 1975: ‚Der verlorene Sohn‘: diese Gestalt ist kennzeichnend für unser Jahrhundert, sie erscheint zum ersten Mal in großer Dichtung im neuen Verständnis in Rilkes ‚Aufzeichnungen des Malte Laurids Brigge‘ (geschrieben 1904—10): „Er war jetzt furchtbar schwer zu lieben, und er fühlte, daß nur Einer dazu imstande sei. Der aber wollte noch nicht.“

In den ‚Salzgärten‘ hatte der Sohn gebeten: „füll mich für immer mit Schlaf“, jetzt bittet er: „verstoß mich! Sonst ist es zu spät, daß ich noch einmal fortgeh — für immer“.

Bis zur Wortgleichheit näherte sich Franz Kießling in dem Band ‚Das ungefragte Herz‘ (1948) den Gestaltgedichten und dem Spruchton Weinhebers an; er vermochte die großen Hoffnungen, die er damals weckte, mit dem Folgeband nicht zu erfüllen. Seine späte Lyrik, die nun nach seinem Tod bekanntzuwerden beginnt, ist große religiöse Poesie.

Die Entwicklung der bedeutenden Lyriker der Gegenwart entfernt sich von den überlieferten Formen, schließt sich ab von der umgebenden Welt, führt in immer größere Sparsamkeit in Wort und Ausdruck.

Celan

All das gilt für das Werk Paul Celans, über den Milo Dor sagt: „Das Exil hat nur so lange einen Sinn, solange man auf Heimkehr hoffen kann. Wohin sollte aber ein in Czernowitz geborener, in deutscher Sprache schreibender Lyriker heimkehren?“ (8) Der Satz klingt wie die Festlegung des Wortes, das einem Buch über das Ostjudentum den Titel gab, auf eine bestimmte Person: ‚Weit von wo‘ (9). Die Gedichtbände Celans, von ‚Der Sand aus den Urnen‘ bzw. den Gedichten im ‚Plan‘ (1948) bis zu seinem Tod 1970 in Paris waren Ereignisse. Die Gedichte, schon von den Bandtiteln her (‚Niemandsrose‘, ‚Fadensonnen‘) immer tiefer aus der Verstehbarkeit sich zurückziehend, waren doch erkennbar als Proteste gegen die Zeit, einzelne von ihnen durchaus als politisch gemeinte Proteste gegen Unrecht und Unterdrückung. Die an Umfang sehr geringe Prosa unterstreicht die Befunde der Lyrik: Bezug zum Surrealismus, Rückzug aus der Welt der Gegenstände: Büchners ‚Lenz' erscheint als Ausgangs-erlebnis für das ‚Gespräch im Gebirg' (1959); nicht die herunter-brennende Kerze, sondern das Herunterbrennen der Kerze liebt er; und im folgenden Jahr spricht er anläßlich der Verleihung des Büchner-Preises die Rede ‚Der Meridian': „das Gedicht zeigt [...] eine starke Neigung zum Verstummen. Es behauptet sich [...] am Rande seiner selbst; es ruft und holt sich, um bestehen zu können, unausgesetzt aus seinem Schon-nicht-mehr in sein Immer-noch zurück". (10) Das ist die kürzeste Formel für Celans Lyrik.

Man hat bemerkt, daß mit ‚Von Schwelle zu Schwelle' die langen daktylischen Verse kurzen, teilweise nur mehr ein Wort langen, weichen; die Präzision der Sprache; die Reduktion der Farbwörter auf ‚weiß'; die Häufigkeit der Verneinung; den Wider-ruf der Aussage; die jüdisch-chassidische Tradition (11), die Privat-heit der Symbole, die biblische Grundlage als weitere Anlässe der Verständnis-Schwierigkeiten. Man kann auch bei Celan auf Be-züge verweisen, sie führen zu Mallarmé Baudelaire Novalis (12), Chagall, und es gab die Anschuldigung, Celan habe Entschei-dendes für den Text der ‚Todesfuge' von Yvan Goll bezogen, worauf eingehende Forschung die weite Verbreitung der Formel ‚schwarze Milch (der Frühe)' nachgewiesen und auch in die Jugend-zeit Celans zurück nach Czernowitz verfolgt hat. (13) Celan hat Zitate und ganze Verse aus bzw. in verschiedenen Sprachen in sein Werk eingearbeitet, besonders aus dem Französischen, er hat in der ‚Niemandsrose' (1963) erfundene Wörter und überlange Zu-sammensetzungen von hinreißendem Rhythmus verwendet, Wort-spiele getrieben, er hat Lieder und Kinderreime zitiert oder sich dem Rhythmus hingegeben.

Das alles ist wichtig, aber es erinnert etwas an die Beschreibung von Musikstücken durch Angabe der Tonart, des Instruments, der Struktur. Das Wesentlichste, das bisher über Celan gesagt wurde, steht wohl in Jerry Glenns ‚Paul Celan', New York 1973: der in hingebungsvoller, kenntnisreicher Interpretation erbrachte Nach-weis, daß Celan dem Christentum als einer in seinem Bewußtsein von Nationalsozialismus und Judenverfolgung nicht zu trennen-den Lehre und — im Sinne der Gläubigkeit — auch dem Juden-tum entfremdet, in seinem Werk eine Widerschöpfung, die Rück-nahme der Glaubensvorstellungen vollzogen habe, und daß er in seinen letzten Jahren bei reicher und vielfältiger Tätigkeit (auch als Übersetzer) viele Gedichte nicht abgeschlossen, sich auf verschiedene Orte bezogen und in einer verzweifelten Suche nach einer festen Richtung gelebt habe.

Das Gedicht ‚Nah, im Aortenbogen' — in ‚Fadensonnen' — beziehe sich mit der Nennung „Ziw, jenes Licht" auf das übernatürliche Licht, die Gegenwart Gottes, und meine die Lebenskraft der jüdischen Überlieferung. (14) Glenn gibt der Vermutung Ausdruck, daß vieles im Spätwerk unerklärbar bleiben wird. Der Sinnentzug nimmt Zuflucht zu mehrstufigen Neuschöpfungen wie „unendlich Entimmernde du" (15), und die Bezüge zwischen den Wörtern werden durch Satzzeichen vielfach gelockert oder verneint.

Dieses Werk offenbart eine menschliche Tragödie, und das in solcher Folgerichtigkeit und Hingabe, daß jede Bemühung darum gerechtfertigt ist. Es ist zum Urbild der Dichtung unter den Folgen des Nationalsozialismus geworden, und es hat außer mancher Verstärkung des Verstummens und mancher Annäherung in Einzelheiten der deutschsprachigen Dichtung eines ihrer großen Gedichte geschenkt, die ‚Todesfuge', deren Gültigkeit und immer neue Umgestaltung im Gesamtwerk Glenn eindringlich darlegt. Die Abfolge, Wiederkehr und Verflechtung der Teilmotive, die Verbindung des Gegensätzlichen und Unvereinbaren, der Bezug zur grausigen Wirklichkeit der Judenverbrennung, das sehnsüchtig anklingende Liebesgedicht, die saugende Wirkung der Langverse in Verbindung mit Wiederholung und Variation: all das macht dieses Gedicht unvergeßlich. Eine Sammlung poetischer Zeugnisse über ‚Deportation und Vernichtung' (1979) trägt den Titel ‚Der Tod ist ein Meister aus Deutschland'; Conny Hannes Meyer, 1931 in Wien geboren und der Ermordung entronnen, ist in seiner in den Grazer ‚Manuskripten' gedruckten frühen Lyrik von Trakls Bildwelt abhängig, aber in dem damals (1960) erschienenem Band ‚den mund von schlehen bitter' zeigt er neben verschiedenen aus seinem Leben sich ergebenden Parallelen zu Celans Lyrik Bezüge zur ‚Todesfuge'; so Améry in ‚Lefeu oder der Abbruch' — „mit den Gräbern in den Lüften" (16) —, Artmann in ‚Schön traurig ist der tag' (17), Wolfgruber im verfremdenden Nebeneinander von ‚schwarzer Milch der Frühe' und erhobenem Bierglas. (18)

Franz J. Heinrich (‚Meridiane', 1964) fügt seinem Werk, das um die Vorstellungen Stille, Schweigen, Untergang gelagert ist, Vokabeln und Stilmittel Celans ein. Das Motto ‚ich ist ein anderer'

(S. 55) stammt von Rimbaud, die ‚Straße nach Nada' weist auf
die heilige Teresa und auf Unamuno. Die Zurücknahme der
Vorstellungen in den Worten selbst als eines der wesentlichen Dar-
stellungsmittel Erwin Gimmelsbergers weist vermutlich ebenfalls
auf Celan. (19)

Das Außergewöhnliche, der Eindruck leidvoller Auserwählung
verbindet sich mit Paul Celan und gibt seiner Erscheinung einen
Stellenwert, der durch den plötzlichen Tod noch steigt. Ähnliches
gilt für Ingeborg Bachmann, deren Ruhm zunächst auf den Lyrik-
Büchern gründete; aber die Prosa, insbesondere das Spätwerk,
stellte die Gedichte wohl endgültig in den Schatten. Darum ist
vorerst von der erzählenden Literatur Österreichs nach 1945 zu
handeln.

Das Erbe II

Kafka, Musil, Broch

Max Brod glaubte früh an die dichterische Größe Kafkas. Er
förderte ihn, betreute seinen Nachlaß und deutete sein Werk.
Aber der Weltruhm kam nicht durch diese Veröffentlichungen,
sondern durch die Zeit. Ähnlich wie Kierkegaards Imperativ der
immer neu zu treffenden Entscheidung nach dem Ersten Weltkrieg,
trifft nun das Modell von Prozeß, Schloß und Verwandlung die
Menschen. Brod, besonders in den Romanen seiner expressionistischen Periode ein bedeutender Schriftsteller, hat 1960 in seiner Autobiographie ‚Streitbares Leben', in den Büchern ‚Der Prager Kreis'
und ‚Das Unzerstörbare' seine Erinnerungen, sein Verständnis des
geistigen Lebens seiner Zeit, für Kierkegaard gegen Heidegger,
seine Auffassung von der Sendung des jüdischen Glaubens und
natürlich sein Kafka-Bild dargestellt: Kafka fand den Weg der
Dichtung potentiell gefährlich als Hemmnis der Entfaltung des
Glaubens; Dichtung kann vorzeitige Befriedigung schaffen und
so den Weg zu Gott als die einzige wahre Lösung verhindern. Die
Deutung von *Kafkas* Werk hat durch die Verlagerung der Akzente, die Einbeziehung von Briefen und Tagebüchern, aber auch
durch die Veränderung der Zeitumstände bereits ihre Geschichte.
Sie reicht von dem Erlebnis einer nicht erreichbaren, mit Gleichgültigkeit den in ihr Getriebe geratenen Menschen vernichtenden
Macht — darin lag die Aktualität unmittelbar nach 1945 — über
die Deutung: lebenslange Einzelhaft des Menschen im eigenen

Gehirn (20) zu der Auffassung, Josef K. werde schuldig, weil er nicht ein Ziel außerhalb seiner selbst suche und sich also auch nicht verwirkliche (21) und zu Richard Thiebergers Überlegung zu Kafkas Eintragung von 1917: ‚Ein Käfig ging einen Vogel suchen‘, (22): Kafka heißt tschechisch die Dohle, der Vogel also ist Kafka, im Einklang mit anderen Werken Kafkas und mit einzelnen Kafka-Forschern ist der Käfig die Gnade, das Gesetz, das den Menschen sucht, um ihn zu retten, die Assimilation (?), das Judentum (?).

Der Ausgangspunkt: eine kurze Eintragung Kafkas; die Folge: eine mit Scharfsinn und gründlichem Wissen vorgetragene Untersuchung; das Ergebnis: die Verschlossenheit dieser Dichtung, die, der Parabel vom Verlorenen Sohn nicht nur vergleichbar, sondern hinsichtlich der Deutbarkeit sie weit übertreffend, ebenso wohl faszinierend wie bodenlos ist. Der Erzähler deutet nicht, er erzählt. Die dem ‚Prozeß‘ eingeschriebene Türhüter-Legende könnte ebensowohl für sich stehen. Was für Trakl oder Celan gilt, gilt auch für Kafka: die Teile seiner Konfession sind ein Ganzes, sie können wechselweise zur Interpretation herangezogen werden, sie bilden eine Welt, in der sie zum Aufbau von Teilen mit verschiedenem Stellenwert herangezogen werden können. Sie alle haben die Neigung, Modelle zu sein. Nur als solche sind sie sinnvoll, nicht im Außenweltbezug. Martin Walser weist in der ‚Beschreibung einer Form‘ (1961) darauf hin, daß im ‚Schloß‘ der Winter und die Leiden einer Familie unter der Hitze nebeneinander bestehen können, weil die Räume Ausdruckselemente seien.

Wir alle sind „die wahren Kinder Kafkas", sagt Hermann Gail und meint damit die nonkonformistischen Schriftsteller in Lagern und Kerkern. Der Satz „Der Autor unserer Tage ist auf der Suche nach der Realität", ohne Partner, macht das Ineinander von Ich- und Kafka-Bild deutlich. (23) Es ist also Kafka der Mensch und Kafka der Künstler gemeint und wirksam in der breiten Strömung dieser Nachfolge. Otto Grünmandls ‚Das Ministerium für Sprichwörter‘ (1970) ist neben den Späßen wie ‚Berge denken anders‘ — Gespräche und Interviews mit Information Null, aber guter Stimmung — weniger überzeugend und von bemerkenswerter Düsterkeit. Es erzeugt aus Wörtlichnehmen und Metaphorik eine Wortwelt, in der die Sprichwörter als Verwaltungs- und Überlieferungsräume eingelassen sind: der geheime 44. Hilfsarchivar lebt zwischen Traum und Wirklichkeit, und er könnte in diese Welt ohne Kafka (und Herzmanovsky) kaum geraten sein. In den ‚Imaginären Berichten' von Anton Fuchs (1974) ist die Düsterkeit, das ausweglose Ende, die Alptraumnähe Kafka und Dürrenmatt verpflichtet, und die ‚Memoiren, gefunden in der Badewanne' (1961, deutsch 1974) von Stanislaw Lem erfassen die Lage des modernen Menschen im Griff einer totalen Macht unter dem Bild eines Gebäudes.

Wieder sind es nur wenige Beispiele für den Einfluß einer großen dichterischen Kraft, von der die Färbung der Literatur der Zeit mitbestimmt wird. Wenn C. A. M. Noble im Heft 66/67 von ‚Literatur und Kritik' unter dem Titel ‚Kafkas Männer ohne Eigenschaften' behauptet, die zusammenhanglose Wirklichkeit verwirre Gefühl und Denken, das Wirkliche verliere seine Bedeutung vor dem Möglichen, Kafka wie Musil hätten das Problem: „Wie läßt sich Gott in der modernen Welt erreichen?" (S. 394), ist damit jedenfalls die Tatsache bezeichnet, daß im Blick der siebziger Jahre Kafka und Musil als Zeitgenossen auch im geistigen Sinn erscheinen können.

Ulrich Karthaus, einer der besten Kenner von *Musils* Werk, sagt 1980 im ‚Musil-Forum', man lese Baudelaire und George „mit den Augen Benjamins und Adornos", nicht Hugo Friedrichs (S. 116). Dazu stimmt Paul Stefaneks Mitteilung im selben Band: Die Rezensionen der Pariser Aufführung 1969 von ‚Vinzenz oder Die Freundin bedeutender Männer' bestätigen Musils Wort: die Komödie sei ‚dadaistischer Zweifel am einfachen Sinn und Wert der Worte' (S. 27); hier sei das Absurde zu spüren, das die K. und K. Administration erzeugt habe, und: Musil habe das Spiel an Hofmannsthal gesendet: der Diener Vinzenz des ‚schwierigen' Grafen Bühl wird entlassen, Vinzenz im Spiel Musils will Diener werden.

1933 veröffentlicht Musil eine Erzählung ‚Mondrausch' — sie entspricht größtenteils wörtlich dem Abschnitt ‚Beginn einer Reihe wundersamer Erlebnisse' des Romans ‚Der Mann ohne Eigenschaften' —, in der Ulrich und Agathe nicht Geschwister sind, sondern ein Ehepaar. Aber was dort Inzest hieße, wäre dem Willen der Darstellung zufolge hier nicht geringerer Absturz aus dem Sinn der Beziehung: sie fühlten „eine unaussprechliche Warnung, als ständen sie im Begriff, wenn sie dem süßen natürlichen Verlangen nachgäben, das Gebot eines höheren Verlangens zu verletzen". (24) Das ist derselbe Musil, in dessen ‚Vereinigungen'

(1911) eine Frau im Anhören von Musik die Ahnung erlebt, nicht ohne Erschrecken, „dort, im Unkenntlichen plötzlich noch ihre Seele zu spüren"; aber diese Frau vermag zu denken, „daß sie einem anderen gehören könnte, und er erschien ihr nicht wie Untreue, sondern wie eine letzte Vermählung, irgendwo wo sie nicht waren, wo sie nur wie Musik waren, wo sie eine von niemandem gehörte und von nichts wiederhallte Musik waren. Denn dann fühlte sie ihr Dasein nur wie eine knirschende Linie, die sie eingrub, um sich in dem wirren Schweigen zu hören, wie etwas, wo ein Augenblick den nächsten fordert und sie das wurde, was sie tat". (25)

Es hilft nicht, auf den Abstand der Jahre hinzuweisen zwischen 1911 und 1933. Musil hinterließ bei seinem Tod 1942 das Fragment ‚Der Mann ohne Eigenschaften' nach fast vier Jahrzehnten der Ahnung, Planung und Arbeit, und er schrieb nicht nur immer neue Fassungen einzelner Abschnitte, er änderte den Titel, den Inhalt, teilte Reden, ohne ihren Sinn zu verändern, anderen Personen zu. Azwei beendet die Erzählung ‚Die Amsel' mit den Worten: „es hat sich eben alles so ereignet; und wenn ich den Sinn wüßte, so brauchte ich dir wohl nicht erst zu erzählen. Aber es ist, wie wenn du flüstern hörst oder bloß rauschen, ohne das unterscheiden zu können!" (26) Schreiben ist Erkenntnisvorgang, in einer flimmernden, keine festen Ordnungen anbietenden Welt; „Immer entscheidet das Ganze die unaussprechliche Balance", steht im ‚Zweiten Brief Susannens'. (27) Und nur das Böse hält die Welt in Bewegung. Der erste Teil der ‚Heiligen Gespräche' Ulrichs und Agathes sagt dazu: die gleiche Handlung kann gut oder bös sein, der Zusammenhang entscheidet; das (jeweils) Böse ist also das der Starre, die mit jeder Einheitlichkeit droht, Entgegenwirkende. In diesem Sinn ist, mit leichter Abänderung der Worte von Ulrich Karthaus (28), das Romangeschehen um die geplanten Aktionen zu den Regierungsjubiläen Wilhelms des Zweiten und Franz Josephs des Ersten und also der Raum der Donaumonarchie mit ihren einander entsprechenden und widerstreitenden Menschenpaaren und -gruppen ein Koloß, der sich ‚in einem Spielfeld poetischer Zeit, im Fluß der Kalenderzeit, langsam in die Zukunft hinein verschiebt'. Und Musils Plan, den Roman mit dem Ausbruch des Ersten Weltkriegs enden zu lassen, ist nicht nur eine Anerkennung des Kriegs als Problemlösung, sondern eine Zuflucht im Technischen: das sich Verändernde wie

/Er findet den goldnen Schlüssel im Bassin. Cyane trägt den
Schlüssel./ Kommt in die Höhle,
wo Mathilde schläft. Meine erfundene Erzählung. Nur erwacht
die Geliebte nicht gleich.. Ge-
spr/äch/ mit dem kleinen Mädchen, das ist Sein und Mathil-
d/ens/ Kind. Er soll die blaue
Blume pflücken und herbringen.
/Das Hirtenmädchen pflückt sie
für ihn und/ Zyane trägt den
Stein weg. Er /holt/ pflückt
die blaue Blume und wird /zum
klingenden Baume/ ein Stein.
/Mathilde kommt und macht ihn
durch seine eignen Lieder/
/Edda, die eigentliche blaue
Blume/ Die Morgenländerinn op-
fert sich an seinem Steine, er
wird ein klingender Baum. Das
Hirtenmädchen haut den Baum um
und verbrennt sich mit ihm. Er
wird ein goldener Widder. /Mat-
hilde/ Edda oder Mathilde muß
ihn opfern. Er wird ein Mensch.
Während dieser Verwandlungen
hört er
hört er allerley wunderliche
Gespräche.

Friedrich Freiherr von Harden-
berg Novalis , Skizze zum
zweiten Teil des Romans Heinrich von Ofterdingen, 1800/1801

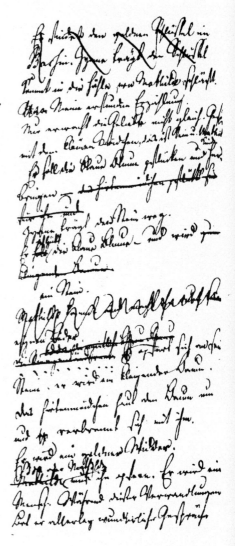

einen Film gewaltsam zum Stillstand zu bringen. Agathe, Schwester Ulrichs im Romanfragment und geistige Utopie im Verständnis Musils, lebt nicht nur mit Ulrich den ‚anderen Zustand‘, die ‚Reise ins Paradies‘ (einer der geplanten Titel), sie ist dieser andere Zustand in Ulrich, während sein nach der Uhr der äußeren Zeitmessung lebender Gegenspieler Arnheim der Mensch des Wirklichkeitssinnes, des (falsch verstandenen) Guten ist.

Der Sinn für die mögliche Wirklichkeit in Ulrich, das Abenteuerliche, ist das (produktive) Böse. Wenn Karthaus unter dem Titel ‚War Musil Realist?‘ (29) zu der Antwort kommt, er sei ein „utopisch denkender Romantiker“, deckt sich diese Erkenntnis mit der Tatsache, daß Novalis auf Musil wesentlichen Einfluß geübt hat. Am deutlichsten ist dieser Einfluß greifbar in jeder der drei Erzählungen, die unter dem Titel ‚Drei Frauen‘ zusammengefaßt sind. (30) Aber Musil ist auch Realist, er ist ein scharfer Denker, ein Meister des ironischen Stils, mit dem er die Unwirklichkeit der Wirklichkeitsmenschen von 1913 kennzeichnet, er ist auch ein Meister der Gestaltung des Reichs der Ahnungen, der mystischen Erlebnisse. Er bedient sich der ‚Fachsprache‘ der Mystiker — nicht bekennend und nicht aus Ausdrucksmangel, sondern wegen ihrer Gemäßheit — wie der ihm geläufigen Sprache der Mathematik, aus der die tiefste Erkenntnis des frühen Romans ‚Die Verwirrungen des Zöglings Törleß‘ stammt: es kann sein, daß eine Aufgabe aus realem Beginn über imaginäre Zahlen zu realem Ende führt: Das ist die Formel für die Bedeutung der Erlebnisse des Zöglings Törleß im Internat.

Es ist schon richtig, wenn Jean Gyory unter dem Titel ‚Musil, Homo austriacus‘ sagt: der homo austriacus ist das Ergebnis tausendjähriger Zivilisation, von einem Völker- und Rassengemisch gebildet, mit Grillparzer literarisch geworden, mit Stifter präzisiert, von Saar fortgesetzt, seinen Höhepunkt erreichend mit Roth Hofmannsthal Musil; ‚Der Mann ohne Eigenschaften‘ sei die genaueste Analyse, in allen Facetten und Einzelheiten, étrange et curieux, extra-ordinaire et fascinant, ancien et nouveau, attirant et repoussant; wenn man das Werk liest, sagt Gyory abschließend, erkennt man, was die Welt unwiederbringlich mit Österreich verlor: ‚Der Mann ohne Eigenschaften‘ ist die Bibel der österreichischen Welt. (31)

Musil hat schon in den ‚Verwirrungen des Zöglings Törleß‘ die Kunst der Metapher vollendet beherrscht, er führt auf der Ebene der Metapher den Text weiter durch eine Reihe von Sätzen und fördert so, berichtend und kommentierend zugleich, den Inhalt. Hier folgt ihm die Epik des zwanzigsten Jahrhunderts, mit besonderem Erfolg Doderer und Gertrud Fussenegger. Er gestaltet eine Welt, die mit dem Untergang der Donaumonarchie zum Zwischenreich von Wirklichkeit und rückgewandter Utopie werden konnte. Er erweitert die Möglichkeiten der Darstellung von Bewußtseinsvorgängen und schafft mit dem ‚anderen Zustand' die ebenbürtige, überstrahlende Welt des Innen, gleichzeitig mit Rilke. Musil nimmt vorweg, was 1968 Friedrich Hacker — ‚Über den Funktionswandel in der Kunst' — im Zusammenhang mit Happening, Op- und Pop-Art in die Worte faßt: Kunst ist „zum legitimen Experimentierfeld und Verwirklichungsversuch für mögliche Wirklichkeiten" geworden. (32)

„Der Mensch mag die Gottes-Existenz leugnen, aber niemals daß seine eigene deren Ebenbild ist." (33) Dieser Satz aus der Schrift ‚Politik Ein Kondensat' bezeichnet sehr gut die Denkbewegung *Brochs,* ihre Dynamik und Begrenzung. Leben, Denken, Dichten sind Auseinandersetzungen des Ich mit dem Non-Ich. Die dem Menschen gemäße Tätigkeit ist das Erkennen; es zielt auf Totalität, die in der Gleichzeitigkeit des Erkannten die Zeit — sie ist nichts als Erkenntnisveränderung — und damit den Tod aufheben würde. Diese Wertgleichzeitigkeit sieht Broch als räumliches Gebilde, „es ist die Musik an sich," (34), darum die weiten Sätze, die Leitmotive, mit deren Hilfe das gesamte Wortmaterial bewußt erhalten werden soll, die schwingende Bewegung der Sätze in der Umkehr von Wortgruppen durch Vertauschung von Hauptwort- und Eigenschaftswort-Stamm, in Wiederholungen; der wechselweise Übergang von Prosa- und Verszeilen im ‚Tod des Vergil'; die ‚Stimmen' in dem späten Roman ‚Die Schuldlosen', die Erhöhung der abschließenden Gespräche der Frauen in dem Drama ‚Die Entsühnung' sind im Sinne Brochs nicht einfach als Erhöhung zu verstehen, sondern als der lyrisch-irrationale Grund, aus dem sich die Denk- und Erkenntnisleistung aufbaut.

Broch ist ein eminent politischer Dichter. Das erste seiner drei Hauptwerke, die ‚Schlafwandler'-Trilogie, 1931 beendet, versucht in drei Querschnitten durch das deutsche Leben — 1888, 1903, 1918 — den Abschluß eines Vorganges zu fassen, den der dritte Band neben mehreren voneinander unabhängig parallel geführten Handlungen ebenfalls einkomponiert: dieser große Essay über den

‚Zerfall der Werte' ist das breiteste Zeugnis von Novalis-Einfluß in unserer Dichtung: er ist nach Ausgangspunkt und Struktur die verwandelte Wiederkehr der Abhandlung von 1799 ‚Die Christenheit oder Europa'. Mit der Reformation, sagt Novalis, mit der Renaissance, sagt Broch, zerbricht die Einheit des mittelalterlichen Wertsystems. Novalis führt es über die Gegenbewegung durch den Jesuitenorden zur äußersten Ferne, der Französischen Revolution, und sieht von hier die Gegenbewegung einsetzen; Broch gelangt über den Gegenwert — die „positivistische Wendung zum Unmittelbaren", und die Teilwertsysteme des nihilistischen, des kaufmännischen Lebensstils usw. zum wertfreien Individuum, zu Huguenau, dem Mörder in der totalen Sachlichkeit, der „nur noch vom Irrationalen her bestimmbar ist". Hier, aus äußerster Einsamkeit, tönt die Stimme des Trostes, der Umkehr, mit den Worten der Apostelgeschichte: „Tu dir kein Leid! denn wir sind alle noch hier!" (35)

Der Versuch, dieser Trilogie eine religiöse folgen zu lassen, scheiterte, und es entstand (in der Emigration) ‚Der Tod des Vergil', die deutlichste Auseinandersetzung mit der Aufgabe des Dichters, die Verwerfung der ‚Aeneis' als nicht der Erkenntnis dienend und die Heimkehr des Vergil in dem letzten der nach den vier Elementen benannten Teile, ‚Äther': Rückverwandlung aus dem Ich in das All, in den Zusammenfall der Gegensätze: „Da durfte er sich umwenden, da kam ihm der Befehl zur Umwendung, da wendete es ihn um", und das Nichts wird wieder „zu Seiendem und Gewesenem", und nochmals wird die Welt wieder, in ihrer Mitte das Lächeln von Mutter und Kind, „gezeugt vom Worte und in der Zeugung schon des Wortes Sinn", und aus dem Wort neu die Welt, und das Wort, das ihn umbraust, unaussprechbar, „jenseits der Sprache". (36) In diesem Hymnus hat Broch den Höhepunkt seines Werkes erreicht, denn in ihm hat er dichtend vollzogen, was er als Denker ersehnte und was unser Maß übersteigt: die Aufhebung der Zeit in der Gleichzeitigkeit des Alls, in der Vereinung des Menschen (in Vergil) mit der Sprache (im Wort).

Während Broch in den ‚Schuldlosen' versucht, auf verschiedenen Ebenen, auch mit der Symbolik der Buchstaben (A Andreas, Z Zacharias, M Melitta in der Mitte) Gericht zu halten über die gesetzlose Zeit, bleibt das dritte Hauptwerk in der dritten Fassung unvollendet. ‚Bergroman', ‚Demeter', ‚Der Versucher': es ist ein in engstem Bezug zum ‚Wertzerfall' und zur Zeitgeschichte stehendes Werk. Ratti ist nach allgemeiner Auffassung mit Hitler gleichzusetzen. Der Romaninhalt steht im Zusammenhang mit jenen Gedanken, die Broch während des Krieges in Amerika als ‚A Study on Mass Hysteria' darlegte und mit den Worten abschloß: wenn es gelingt, den Massenwahn aufzuhalten, wird eine totale, das heißt auf Weltbürgersinn gerichtete Demokratie vielleicht zu verwirklichen sein. Dieses Ziel, und nichts sonst könne die Leiden von Millionen Soldaten im Kampf gegen den Faschismus rechtfertigen. In diesem Sinn des Zuende-Denkens spricht Broch dem Dichter eine Verwandtschaft mit dem Seherischen zu; das Dichten als solches bezeichnet er wiederholt als „Ungeduld der Erkenntnis". (37)

In einem Bergdorf führt der von Ratti verschuldete Massenwahn zu einer Polarisierung der Gemeinschaft. Der Wendepunkt, keineswegs das Ende ist gegeben mit der Ermordung Irmgards, deren Blut das Oben und Unten, Mächte und Menschen versöhnen und das Gold des Berges den Menschen gewähren soll. Der Ablauf des Jahres, Annäherungen an den Stil der Heimatdichtung, die Symbolisierung innerer Vorgänge durch die Landschaft sind von Broch bewußt gestaltete Schichten über und hinter der Handlung. In den vier Frauengestalten sind die vier Phasen des Zerfalls der Werte Person geworden, in Mutter Gisson — Anagramm für Gnosis — die Gleichzeitigkeit des totalen Wertsystems, in Agathe, die ein Kind erwartet, das Nahen einer neuen Epoche.

Broch hat von seiner Dichtungstheorie her Goethe, Joyce und Musil gewürdigt; er schließt den Vortrag ‚Das Weltbild des Romans' mit den preisenden Worten: „der neue Roman in seiner rational-irrationalen Polyphonie ist ein so herrliches symphonisches Instrument, daß in seinem Orgelton für jeden, der hören will, auch das Rauschen der Zukunft mitschwingt". (38) In Theorie, Dichtung und Kritik ist Broch in gleicher Weise Ethiker, überzeugt von der hohen Aufgabe des Dichters, aber aus der Geschlossenheit seines Werkes ergibt sich auch, daß er fast keine Nachfolge findet.

Prosa - Epik

Doderer und die Nachfolge

Heimito von Doderer dagegen schafft eine Schule. Seine frühe Erzählung ‚Die Bresche' (1924) enthält den Grundgedanken seines

Gesamtwerks: Jan Herzka kauft das Martyrologium, weil ihn die Gestalt der gemarterten entblößten Heiligen reizt; er vollzieht die Marter an seiner Freundin und verläßt sie, lebt eine Nacht und einen Tag fern der Zivilisation, erwacht, „kam langsam näher unter die Oberfläche, trieb indessen noch lange dumpf und gedämpft darunter herum" (S. 70): Das ist noch weit entfernt von den kunstvollen überzeugenden Metaphern der späteren Bücher, aber es ist die Verschiebung von Zeit zu Raum, die in Doderers berühmtestem Roman, ‚Die Strudlhofstiege', in eben dieser Stiege im 9. Wiener Bezirk breit und geschwungen die Vergangenheit mit der Gegenwart bindet, sieben Jahre vor und sieben Jahre nach dem Ende des Ersten Weltkriegs, selbst wieder eine Rampe für den vorher begonnenen nachher vollendeten Roman ‚Die Dämonen', das figurenreichste Werk Doderers. Die Handlung erfaßt die Jahre 1926 bis 1928, sie gipfelt im Brand des Justiz-Palastes, der hier ähnlich tragende Bedeutung hat wie der Ausbruch des Ersten Weltkriegs in vielen Romanen der Zeit.

Doderer steht als Romantheoretiker (‚Grundlagen und Funktion des Romans', 1959) ganz auf der Höhe der Zeit: von Prousts ‚Auf der Suche nach der verlorenen Zeit' her das Bekenntnis zur Erinnerung als der Wiederkehr des Abgeschiedenen und also Vollendeten, von Joyce und Dujardin her (39) mit dem über die Leitmotivik hinausgehenden Bekenntnis zur symphonischen Form, die über den Inhalt dominiert. Eisenreich hat 1956 unter dem Titel ‚Die Romanciers erzählen wieder' über Doderer gehandelt, der gleich Faulkner nach der Zeit eines Gide Mann Broch Musil, nach der Zeit des Experimentierens, nach der Beurteilung des Kunstwerks aufgrund „seiner Funktion innerhalb der artistischen Situation und Entwicklung der Epoche" wieder zur ‚Naturgeschichte des Menschen' zurückgekehrt sei. (40) Eisenreich kannte damals die Entwicklung nicht, die wir ein Vierteljahrhundert später nun vor uns sehen, aber es ist wahr, daß Doderer in souveräner Beherrschung der Metapher, als ein Meister des Aufbaus und der Verstrebung von Personen und Sprachschichten gegeneinander seine Auffassung vom Menschen dargelegt hat, Thomas von Aquin und seinem Analogie-Denken verbunden, daß seine Metaphern diesem Denken entsprachen und in der Verräumlichung des Zeitbewußtseins jene Angst überwinden, die Hofmannsthal an der Marschallin im ‚Rosenkavalier' so überzeugend geformt hat:

> Die Zeit, die ist ein sonderbares Ding. [...]
> O Quin-quin!
> Manchmal hör ich sie fließen unaufhaltsam.
> Manchmal steh ich auf, mitten in der Nacht,
> und laß die Uhren alle stehen.

Der Bau nach musikalischen Grundsätzen, von Doderer wiederholt vollzogen und theoretisch begründet, hebt die dargestellte Welt über die Vergänglichkeit hinaus und entspricht Doderers Überzeugung, daß sie zuinnerst heil sei, und daß es die Aufgabe des Menschen ist, sie zur Kenntnis zu nehmen. ‚Apperzipieren‘, das ist für ihn: wahrhaft Mensch sein, offen sein; es ist die Entsprechung zu Brochs Auseinandersetzung mit dem Non-Ich. Doderer war überaus erfindungsreich in der Darstellung dieser Haltung: sie bewirkt die Einschlüsse anderer Sprachstrukturen in seinen Romanen, die Amtssprache des Amtsrats Zihal in den ‚Erleuchteten Fenstern‘, die spätmittelhochdeutsche Chronik in den ‚Dämonen‘, die verschiedenen Arten von Tick und ritualisiertem Unsinn in Doderers heiterstem Roman, ‚Die Merowinger oder Die totale Familie‘, dessen ganz sprachliche Konzeption und Unübersetzbarkeit in andere Medien durch eine Verfilmung erwiesen wurde. Wer die Apperzeption verweigert, wird bös; wenn viele sie verweigern und ihre gleichermaßen abweichende Innenwelt dem Außen aufzwingen wollen, werden diese Ideologien zur Dämonie und gefährden das Leben. Doderers Akzent ruht nicht auf der Kritik der bestehenden Gesellschaft, sondern auf der Ordnung; diese Position und die Tatsache, daß der erste Entwurf der ‚Dämonen‘ antisemitisch gerichtet war, hat zwischen dem Charakter seines Werkes und dem Willen der Zeit eine Kluft entstehen lassen. (41) Die politische Einstellung hat Doderer vor 1945 geändert, die ‚ideologische‘, der Ton auf Ordnung und Offenheit, besteht. Doderer ist ein großartiger Erzähler, ein leidenschaftlicher Realist im Sinn der Treue gegenüber dem Gedächtnis und der Hingabe an die Sprache, voll Bewunderung für die Möglichkeit des Dichters: „Architektur des Aufbaus, Musik der sprachlichen Kadenz — der Satz im symphonischen Sinne — und die Leuchtkraft der Bilder". (42) Die Fiktion ist nicht mehr, aber doch das: „jenes erfundene Gewand, durch das man bei wirklichen Ärmeln herauskommt". (43) Die Ebenbildlichkeit erstrebte (erreichte in seiner Weise) Doderer in seinen letzten Romanen, den ‚Wasserfällen von Slunj‘ und dem ‚Grenzwald‘, indem er die Handlung — ganz im Sinne seines lebenslangen Verständnisses von den Wegen der Natur als Umwegen zu einem vorgegebenen Ziel — an den Ausgangsort zurückführen und dort enden ließ.

Doderers Metaphernkunst, die Material einbezieht, vom Text befreit, versinnlicht, seine Ironie — gegen den Erzähler, nicht gegen die Wirklichkeit —, die Abhebung und Beziehung von äußerer und innerer Wirklichkeit, die souveräne Haltung des Erzählers — mit Illusionsbrüchen, indem er sich selbst unterbricht —, die Delegation der Berichterstattung an andere Beiträger und Gewährsleute (in den ‚Dämonen‘), das Bereitlegen von Einzelheiten bzw. der Vorgriff aus der Überschau dessen, dem ja alles bekannt ist; die Parallelebene anderen Sprachspiels (Amtsdeutsch), die Neigung zum Phantastischen als dem aus poetischer Freiheit rein in der Sprache Gestalteten, die Sexualität als Metapher für Ideologie und totalen Staat * — das ist eine sehr unvollständige Aufzählung von Eigenheiten und Merkmalen, die Doderers Prosa charakterisieren, sie mit Zeiterscheinungen verbinden (die letztgenannten beiden mit Herzmanovsky-Orlando, mit Canetti, Fritsch und anderen) und so das Netzwerk der Literatur stärken, zugleich ein Bekenntnis darstellen.

Eine Reihe von technischen Einzelheiten in Peter von Tramins Roman ‚Die Herren Söhne‘ (1963), inhaltlich Wolfgang Bauer nahe, Doderer fern, weist auf Doderer; Tramins Erzählungen (‚Taschen voller Geld‘, 1970) sind von der gleichen Struktur bestimmt wie der Roman: Anstöße, die von verschiedenen Menschen kommen, treiben einen Menschen in eine Richtung und lassen ihm keinen Ausweg. In der Kultivierung der Metapher, im Pseudo-Traktat (über die Gründe zur Verwandlung eines Menschen in einen Fisch) ist Peter Marginters erster Roman ‚Der Baron und die Fische‘ (1966) ein Zeugnis des Doderer-Einflusses, zugleich der Romantik (E. T. Hoffmann, Novalis) und Herzmanovsky-Orlando nahe. ‚Königrufen‘ (1973), reich an Zeitanspielungen und an Einfällen, ist auch in den Phantasienamen und im Doppeladler-Motiv und in dem übergeographisch existierenden Staat Carien nicht Doderer, sondern Herzmanovsky zuzuordnen. Hans Heinz Hahnls ‚Die Einsiedler des Anninger‘ (1978), eine

---

* Vergl. Schlaggenbergs ‚Dicke-Damen-Doktrinär-Sexualität‘ in den Dämonen; ebenso ‚Die Wiederkehr der Drachen‘, München 1970: ‚Sexualität und totaler Staat‘, S. 273—298: die Sexualität als intensivste Apperzeption.

Art von Naturgeschichte der species Einsiedler, zeigt sich dieser Schule zugehörig durch die Pseudo-Dokumentation, den Eigenkommentar, das Dazwischenreden, die Gruppe der Erlebenden und also Verantwortlichen, die Exkurse. Der Gesamtcharakter bleibt in den Folgebänden über die ‚Riesen vom Bisamberg‘ und die ‚Verschollenen Dörfer‘ (1980) erhalten, aber der Einfall erweist sich doch nicht so lange Zeit tragfähig. Auch der Versuch, im dritten Band Verfall und Altern als Thema zu statuieren und eine Enzyklopädie zum Thema, mit Einschluß Trojas etwa, zu erzeugen, hebt diesen Eindruck nicht auf. Witz und Spott am unrechten Ort, die Apposition „Mein Vater, die Rauchfahne" (S. 247) sind echte Entgleisungen.

Jörg Mauthes ‚Die große Hitze oder Die Errettung Österreichs durch den Legationsrat Dr. Tuzzi‘ (1974), einfallsreich geschrieben und genußreich zu lesen, von der Rettung aus großer Dürre durch das Unternehmen des Legationsrates, endend mit dem Doppeladler, der die ferne kleine Welt in seine Fänge nimmt — das ist geradezu ein Puzzle, mit Musil (Tuzzi), Joseph Roth (Trotta), Johnson im Textbeginn, Erwähnung Eisendles, viel Doderer und noch mehr Herzmanovsky, und alles unter dem Gesichtspunkt: Österreich, das Land, in dem die Gegensätze nicht ausgebildet sind: Märchen und Bericht, Traum und Wirklichkeit, Wort und Tat. Relativierung ist das Mittel zur fortschreitenden Verösterreicherung.

Herzmanovsky-Orlando und die Nachfolge

Der eben mehrmals genannte Fritz von Herzmanovsky-Orlando ist fast mehr eine Sage als eine literarische Wirklichkeit, aber von bedeutender Wirkung als Festpunkt für eine bestimmte Art von Darstellung. Seine Skizzen, Bilder, Zeichnungen, die nicht nur selbständige Kunstwerke und Illustrationen, sondern auch Erstfassungen von Teilen seiner literarischen Werke sind, sind nicht nur treffsicher, aussagekräftig, skurril, sondern erreichen die Grenze der Pornographie. Ein Bruchteil seines Werkes, ein einziger Roman (‚Der Gaulschreck im Rosennetz‘) im freien Buchhandel, wurde zu seinen Lebzeiten gedruckt. Sein Werk ist in Wesentlichem noch unediert, und Torbergs Ausgabe hat viel Anlaß zur Kritik geboten, weil sie eine — erfolgreiche — Ausgabe für den Leser, von wissenschaftlichem Gesichtspunkt also nicht

wegen ihrer Mängel, sondern schon wegen ihrer Absicht abzu-
lehnen ist. ‚Der Gaulschreck im Rosennetz‘, ‚Eine skurrile Erzählung‘ von dem Untergang des Hofbeamten Eynhuf auf der Suche
nach dem einen noch fehlenden Milchzahn für die Sammlung, die
er dem Monarchen zur Thronbesteigung überreichen will, ist vom
Zentrum seines Werks ähnlich weit entfernt wie das erfolgreiche
Spiel ‚Kaiser Joseph und die Bahnwärterstochter‘. Die noch weniger bekannten Werke aus dem Bereich von Ballett, Pantomime,
Komödie, Erzählung führen näher an ihn heran durch das Rätsel-
und Märchenhafte, die Maske, die eigenwillig siegreichen jungen
Mädchen, die Eigennamen (auch der Orte) und Örtlichkeiten:
Kärnten, Oberitalien, Griechenland und die griechischen Inseln.

Die Herzmanovsky-Forschung und der Einblick in das unge-
druckte Werk ergeben zwei Brennpunkte: ‚Scoglio Pomo oder
Bordfest am Fliegenden Holländer‘ beginnt mit einer ‚Vorbemerkung des Autors‘: „Was ich hier schildere, soll als der letzte, unwirkliche Goldhauch über dem Aspekt eines versunkenen Österr-
reich angenommen werden, dessen geheimnisvoll dynamische Potenz dazu angetan war, die Welt zu erobern — und von dem
heute, als Hymne erschütternder und beklemmender Schönheit,
eigentlich nur noch Schuberts ‚Unvollendete‘ übriggeblieben
ist". (44) Im ‚Maskenspiel der Genien‘ erklärt Streysand, der
plötzlich wie Zeus erscheint: „Wir kontrollieren die letzten, ver-
glühenden Regungen der Antike, um im Nullpunkt einzuschreiten.
Seit Byzanz, unser rechter Flügel, vernichtet wurde, hat Österreich
das magische Erbe Griechenlands zu hüten". (45) Das ist die
Sehnsucht nach dem Großreich, das sich unter dem Doppeladler
Österreich als geistiger Erbe des Doppeladlers von Byzanz
(Trapezunt) erwies, in seinem Beamtenapparat das Alte bewah-
rend, in seiner Wirklichkeitsferne offen der Utopie. Diesem Raum
fühlte Herzmanovsky sich durch den Stammbaum seiner Mutter,
den er bis in das zehnte Jahrhundert hinab verfolgte, verbunden.
Neben dieser ‚politischen‘ Beziehung besteht die intime: Gagern
hat den Briefwechsel mit Kubin bearbeitet und daraus eine starke
Bindung des Dichters an seine Braut Carmen erwiesen: „der
düstere Roué Carmen [ist] zu einem entzückenden herzlichen
Mädi geworden deren Liebkosungen zwar immer ein bis-
chen (!) nach Panther schmecken": und Diana wird im ‚Maskenspiel‘ als „pantheräugige Prinzessin" bezeichnet. (46) Die Tarockei
(nicht ‚Tarockanien‘) des ‚Maskenspiels‘ ist das Land um Meran,

sein Lebensraum mit Carmen; die Reise in das östliche Mittelmeer, die er mit ihr unternahm, schlägt sich in dem Roman nieder in der Fahrt Cyriaks mit Cyparis nach Kreta, wo er vor den Augen Dianas und ihrer Schwester Cyparis zum Hirsch wird, ein anderer Aktäon, den die Hunde zerreißen. Die verschiedenen Fassungen von Spiel (,Die Krone von Byzanz') und Erzählung (,Der Kommandant von Kalymnos') lassen Helena Laskaris — das ist Eros Puella, Prinzessin Eros, Fürstin Lusignan, die Herrscherin und Königin, Aphrodite (im Tod) — untergehen in dem Versuch, die wiedergefundene Krone von Trapezunt zu gewinnen, ohne sich an einen Mann (und also eine andere politische Macht) hinzugeben.

Die Maskenhaftigkeit der Figuren, mit denen etwas gemeint ist, und die Vielfalt der von Herzmanovsky-Orlando angezielten, von ihm eigenwillig festgestellten und nicht mitgeteilten Deutungen, sein Glaube, durch Ortsnamenforschung ,magische Kraftfelder' zu erkennen und mit seiner Dichtung verborgene Wirklichkeit zu offenbaren, die ,schönen, androgynen Mädchen' als Mittlerinnen des Göttlichen (47), der Glaube an die Endphase der Männerwelt seit dem Biedermeier, das sind neben seiner künstlerischen Begabung als solcher die Gründe für die faszinierende Wirkung dieses Dichters, die in der Gegenwart weit über seine Zeitgenossen Meyrink, Perutz, auch über Kubin hinauswirkt. *

Herbert Rosendorfer, der mit dem ,Ruinenbaumeister' schon einen geschickt angelegten phantastischen Roman geschrieben hatte, beruft sich im ,Messingherz' auf die Verwandtschaft mit den Herzmanovskys, spricht von einem Leutnant Schosulan und übernimmt damit einen Frauennamen aus dem ,Gaulschreck im Rosennetz'.

Jeannie Ebners erster Roman ,Sie warten auf Antwort' ist in der Stimmung Kubin Kafka und den Mächte-Romanen wie Ernst Jüngers ,Heliopolis' ähnlich, ein Versuch, durch anthropomorphe Hierarchien und Gruppen die Undurchschaubarkeit der Welt darzustellen. Angelica (das heißt Engel, Botin!) lebt ganz nahe den andren Menschen und doch unerreichbar, nur einem Mann sich offenbarend, bis zu ihrer Abberufung. Es ist reizvoll, die Verwandlung und Entwicklung dieser Botin in Ebners Werk zu ver-

* Über Herzmanovskys Bezüge zu Lanz-Liebenfels und zum Glauben an die Auserwählung der nordischen Rasse vgl ,Das Pult' 55, Alois Eder.

folgen. Sie ist die geliebte Tote, Pia (die Fromme), um die nun die Frau des Malers wirbt als um ein Leitbild für ihr eigenes Leben, um so den Gatten zu gewinnen (,Die Wildnis früher Sommer'). Viel- und weiträumig, rücksichtslos in Sprache und Darstellung faßt der Roman ,Figuren in Schwarz und Weiß' (1964) die Zeit des Zweiten Weltkriegs und blüht erst im Schluß zu einem lyrischen Bild für das Zueinander der beiden Menschen auf. Die zweite Schicht der Wirklichkeit ist hier in einzelne Motive, in Analogien und Metaphern zurückgedrängt. Aber das Mädchen lebt immer wieder „in einem anderen Zustand, innerlich aus dem Ort und der Zeit hinausgerückt". (48)

Nun soll man nicht wegen eines Ausdrucks auf Einflüsse verweisen wollen, aber der ,andere Zustand' läßt doch an Musil denken, wenn auch der Ausdruck geläufig ist und durchaus in den Kontext paßt. Nach dem ,Protokoll aus einem Zwischenreich', in dem ganz im Sinn der Epik der Gegenwart die Zeit in Raum verwandelt scheint, das Vergangene wiederkehrt als Gnade, damit in einer zweiten Entscheidung das falsche Handeln gutgemacht werden kann, folgen 1981 die ,Drei Flötentöne': angedeutet als Leitmotiv, hinweisend auf die drei Frauen, von denen nur die reife Dichterin am Leben bleibt, die Jüngste der drei noch durchatmet ist vom großen Atem der Welt, durchlässig, noch nicht feste Gestalt geworden — und sie erinnert sich des Großvaters, der ihr vorgelesen hat, es war wie das Rauschen von Wassern — treten die beiden verstorbenen Frauen ein in die Überlebende ? und neben der Welt dieser Menschen ist die innere Gegenwelt von Märchen und Erzählung von dem seltsamen Kind — es ist wie eine ferne hommage für Musil. Damit soll nicht so sehr auf verdeckte oder offene Bezüge, sondern auf das Durchtränktsein unserer Dichtung mit Werken und technischen wie inhaltlichen Motiven hingewiesen sein, mehr noch darauf, daß das Phantastische eine Färbung ist, die sich vorübergehend oder dauernd mit einem Werk verbinden, Motive sich anverwandeln kann, die auch auf andrem Grund gedeihen.

Hans Lampalzers Hauptwerk, der Roman ,Reise nach Felizitanien oder Meine kleine Contessa', die Traum- und Seelenreise in das Land einer Gegenwart, die bar ist alles Düsteren, Gewaltigen, aber auch der Liebe, und die von der Wirklichkeit löst, ist die Gestaltung eines Zwischenreichs, parallel der Tarockei etwa, aber mehr Zustand als Handlung. *Barbara Frischmuth* hingegen, einfallsreich und mit der Vorliebe der Frauen, die ihr Leben und die Beziehungen zum Mann frei gestalten, hat mit den ‚Mystifikationen der Sophie Silber‘ ein Werk geschaffen, das in ihrer Heimatlandschaft, dem steirischen Salzkammergut, angelegt ist und die Erlebnisgrundlage nicht bei den Menschen, den ‚Enterischen‘, findet, sondern bei den Feen und Geistern der Landschaft. Sie beraten, wie sie den Menschen helfen können, die keine Phantasie mehr haben und so „ihrem Tod nicht mehr gewachsen" sind. (49) Sophie, dem Feengeschlecht verwandt, von Amaryllis Sternwieser betreut, wird durch eigene Wahl Mutter. Die Folgebände erreichen nicht die Dichte und Lebendigkeit dieses Buchs, das die Vorgänge der Jahre 1938 bis 1945 einbezieht, also die Wirklichkeit nicht vergißt, und mit der Verjüngung der Fee Amaryllis in Avalon eine sprachlich überzeugende Variation zum Märchen von der Blauen Blume gestaltet. Das Nebeneinander von Novalis und Herzmanovsky ist rein geglückt.

Barbara Frischmuth hat ihre Kraft zu physiognomischer, entlarvender Darstellung, zum Spiel mit der Sprache in ihrem ersten Roman ‚Die Klosterschule‘ (1968) und in der ‚Amoralischen Kinderklapper‘ früh bewiesen. In einem Fernseh-Interview hat sie ihre Liebe zu Alt-Aussee bekannt; es war die Rede von der ‚archaisch‘ wirkenden Landschaft — ‚uterin‘ sagt ihre Freundin —, von dem stimmungsabhängigen ‚statischen Theater‘ in der Maserung der Holzdecke ihres Schlafraums. Damit wird ein möglicher und hier glücklich entwickelter Zusammenhang von Landschaft und Dichtung greifbar. Dem kommt in der Problematik der Heimatdichtung, von der noch zu sprechen sein wird, Bedeutung zu.

Die interessanteste, dichterisch bedeutendste Leistung im Zusammenhang des phantastischen Romans gelang *Gert Jonke*. Er ist bekannt geworden durch den ‚Geometrischen Heimatroman‘ (1969), mit entfremdender Genauigkeit, Verweigerung einer echten Handlung, Rücknahme des Gesagten durch Einsetzen des Wortes ‚nicht‘ in die Wiederholung des Textes, Anbieten zweier Fassungen für einen Inhaltsteil. Jonke erweitert seine Darstellungskraft durch vielfaches Experimentieren mit Sprache und Inhalt. Er treibt ein Spiel der Ketten, Erweiterungen, Wortwiederholungen, Wiederholung von Sätzen, Inhalten, etwa Wiederholung eines Festes oder eines Badeausfluges, wobei ein Umstand verändert wird — so entgeht der Vorgang (die Welt) der unabänderlichen Wiederholung; er glaube nur an Erzählungen, die von andren unterbrochen werden (‚Musikgeschichte‘); er stellt eine verkehrte Welt dar, fügt in einen Text Wörter höherer (abstrakter) Ebene ein, etwa ‚Topographie‘ statt ‚Landschaft‘ (‚Die Vermehrung der Leuchttürme‘). 1979 erschien der Roman ‚Der ferne Klang‘, über den Helmut Schödel (‚Die Zeit, 14. März 1980) sagt, nachdem er auf manches Althergebrachte hingewiesen hat: es sei neu an der alten Geschichte, daß der Held durch das Absurde amüsiert wird. Er lobt Jonkes Anmut, „einen Witz der Angst, eine Leichtigkeit der Panik". Es ist wohl ein musikalisch strukturiertes Werk in Wiederholungen, Variationen, Verwechslung von Themen und Motiven. Einer erwacht in einer Anstalt, wegen Selbstmordversuchs interniert, flieht und macht immer neue Versuche, die entschwundene Pflegerin zu finden. Die Dinge sind mit sich nicht identisch, das Haus kann ein Boot sein, das Seil Luft, Innen und Außen sind nicht zu scheiden, das Außen ist vielleicht Anzeige der Innenzustände. Spiegel und Wasser sind immer wieder eingesetzt als Mittel, den Vorgang von der Wirklichkeit abzuheben. Der Erzähler spricht sein Ich als ‚du‘ und als ‚Sie‘ an, es scheint uns, daß er geträumt hat, aber dann war das eben ein Traumerlebnis, und so auch der Klang, der die Luft erfüllte und aus den Maisstangen kommen soll, wenn der Wind durch die vielleicht von Bakterien hineingefressenen Löcher weht — so ist die Geschichte aus Zeit und Wirklichkeit abgehoben, aber nicht völlig in sich geschlossen, sondern mit zackigen Rändern ihr wieder zugeordnet: keine Botschaft, aber eine Etüde für das Gefühlsleben, für die Vorstellungsgabe, für die Sinnsuche. Es ist eine Steigerung der teilweise schon im Titel auf musikalische Struktur verweisenden Erzähltexte. Die Wiederholungen und Verfremdungen des Inhalts sind vielleicht wie in den Dichtungen von Konrad Paulis als musikalische Variationen, enharmonische Verwechslungen, Rondo-Strukturen und Ähnliches aufzufassen. (50)

Joseph Roth, Drach, Saiko

Es gehört zu den für die Epoche nach 1945 kennzeichnenden Zügen, daß Schriftsteller nochmals berühmt werden, nachdem ihre Werke verboten oder verdrängt gewesen waren, oder daß sie in vorgerücktem Alter zu Ansehen gelangten wie Doderer — oder Gütersloh und Nabl, von denen in andren Zusammenhängen die Rede sein soll.

Der Ruhm *Joseph Roths* gründete sich auf die beiden Romane
‚Radetzkymarsch‘ und ‚Kapuzinergruft‘: vier Generationen der
Trotta, von der Schlacht von Solferino, in der Leutnant Trotta
den Kaiser rettet und geadelt wird, bis zum März 1938, da ein
erfolgloser Nachfahre sich vor der Kapuzinergruft — „wo meine
Kaiser liegen" — fragt: „Wohin soll ich jetzt, ein Trotta? — —".
Das Werk war als liebevolles Bekenntnis zum alten Österreich, als Familienroman in der Zeit, da die ‚Forsyte-Saga‘ und
eine Reihe vergleichbarer Romane sich großer Beliebtheit erfreu-
ten, doppelt erfolgreich. Allmählich wurde die menschliche Tragödie Joseph Roths sichtbar, die ‚Flucht ohne Ende‘, der neue
‚Hiob‘, ‚Die Geschichte von der 1002. Nacht‘, von dem Mann,
der ungeschickt war und kein Glück hatte; dann sein Gericht über
die Zwischenkriegszeit: ‚Der Antichrist‘. Erst seit den späten
sechziger Jahren wird der politische Dichter, der Journalist und
sozialistische Agitator, Mitarbeiter von Wiener, Berliner, Prager
Zeitungen bekannt, der Verfasser des Romans ‚Der stumme Pro-
phet‘ nach der Enttäuschung, die eine Rußlandreise 1926 und das
Schicksal Trotzkis ihm gebracht hatten. Mit leiser Ironie, die das
Menschliche versteht, erzählt er zuletzt in diesem Buch die Freu-
den der Liebe, aber auch und erst recht die Sehnsucht nach der
Weite Sibiriens, in die Friedrich Kargan zurückkehrt, weil ihm sein
Freund mehr bedeutet als eine Frau, und weil Rußland unter dem
Zeichen der Technik, statt der Sichel und des Hammers, nicht mehr
das Land seiner Sehnsucht ist. Von diesen Erlebnissen her wird
man Roth neu lesen können, seine Liebe zu dem untergegangenen
Österreich neu verstehen, als Zeugnis zweimal erlebten Untergangs.

Albert Drach, Rechtsanwalt von Beruf, hat nach seinem 60. Lebensjahr ‚Das große Protokoll gegen Zwetschkenbaum‘ veröffentlicht, von der Ebene der Wirklichkeit abgehoben nicht nur als die
Geschichte eines Sonderlings, sondern als Protokoll (eines Unbe-
teiligten also) und damit im Sprachspiel der Gerichtspraxis und
schließlich durch die Tatsache, daß der zu Beginn unter einem
Zwetschkenbaum unter dem Verdacht, Zwetschken gestohlen zu
haben, verhaftete Schmul Leib Zwetschkenbaum aus Ostgalizien
im letzten Satz des Romans zu Protokoll gibt, „daß er die
Zwetschken nicht gestohlen habe". Drachs Stil, kalt, genau und
schnörkelhaft umständlich, eine Neigung zu auffälligen Namen,
zum Skurrilen, Fremdartigen hat in diesem Werk in geradezu

enzyklopädischer Breite eine untergegangene Welt der Fremd-
heiten gestaltet: die Verwaltung, Kafkas Gerichten nicht unähn-
lich im Blick von außen, aber in Wahrheit unseriös und eigentlich
hilflos, und die Welt der Rabbiner, Trödler, Vagabunden, kleinen
Leute mit uralter Überlieferung, vor dem Hintergrund der Bibel,
in Schmul selbst von einer durch Inhalt und Berichtston sowohl
erscheinenden wie aufgehobenen Größe des Glaubens und Leidens.

In ganz anderer Weise hebt *George Saiko* die Menschen und
Begebenheiten von der Wirklichkeit ab. Heinz Rieder beginnt
seine Darstellung des künstlerischen Willens von Saiko mit dessen
Essay ‚Der Roman von heute und morgen‘, das heißt: mit Joyce
(und Faulkner), der , „Erweiterung des Aussagbaren im Vor- und
Unbewußten“ ‘, und er benennt nun, im Beginn der Besprechung
des Hauptwerks ‚Auf dem Floß‘, die Romanwelt Saikos als
‚merkwürdig unwirklich, fast utopisch‘. (51) „Zwischen der Sumpf-
landschaft, in der die mumifizierte Leiche Joschkos versenkt wird,
und der Landschaft, die von den Runzeln auf den Gesichtern der
Personen gezeichnet wird, existiert kein wesentlicher Unterschied“,
sagt Claudio Magris über denselben Roman. (52) In diesen Analogien liegt das Kompositionsprinzip Saikos. Es ist nicht das Außen
gemeint als ein in Geheimniszustand versetztes Innere wie bei
Novalis, dem so vieles in der österreichischen Literatur verwandt
ist, sondern, mit Saikos Wort und im Sinn des Titels: Wasser und
Blut rauschen ‚denselben Gesang‘. (53)

Als Alexander Fürst Fenckh sich von Marischka trennt und sie
seinem starken Diener Joschko zum Weib gibt, rächt sie sich,
indem sie ihren Mann langsam vergiftet und seine Leiche im
Sumpf versenkt. So verhindert sie auch den Plan des Fürsten, den
Leichnam in einem Glaskasten, als Wächter über den Tod hinaus,
aufzubewahren. Joschko und Fenckh sind nicht Entsprechungen,
sondern ein Fürst und dessen in seinem Leib nicht vorhandene
Lebenssicherheit und Kraft. Daß Mary von Tremblaye den Heu-
schober anzündet, ist die „intimste Szene“ zwischen ihr und
Fenckh. Saiko kommentiert in Metaphern und in Feststellungen,
aber er meint nicht das psychologische Verständnis, sondern das
anonyme Triebverständnis, dort, „wo man die Grenzen vertauscht
und selbst der leiseste Vorbehalt des Eigenen längst aufgehört
hat“. Die Personen handeln also, und sie sind Personen mit Wille
und Verantwortung und Planung, aber etwas in ihnen steuert,
und das ist nicht Gott Vorsehung Schicksal, sondern die Strömung

des Trieblebens. Das Floß treibt mit der Menschengruppe des Romans „ins Ungewisse".(54) Gegen Ende des Buchs wird diese Metapher mehrmals eingesetzt.

Was mit Joschko geplant war, wird als Metapher verwendbar: Mary ist ungenannt da wie hinter einer dünnen Wand, auf die ihr Schatten fällt, Imre, mitschuldig an Joschkos Tod, ist ausgesondert wie hinter gläserner Wand. (55) Vorgänge liegen bereit in Menschen und kommen zu gegebener Zeit an die Oberfläche, dann erfüllt sich der Sinn eines nicht oder ganz anders gesteuerten Vorgangs.

Saiko schreibt eine starke und geradezu zermürbend folgerichtige Prosa. Das Abheben der Haut, das Freilegen der unpersonalen Logik des Triebs oder des Gehorsams wirkt stellenweise bis zum Hohn grausam in den Erzählungen, es vernichtet jedes Pathos, so in dem ‚Mann im Schilf', der Darstellung des Juli-Putsches 1934. Die Kapitel-Titel der Romane in ihrem Gemisch von Worten (Namen) und römischen Zahlen betonen die klare Folge der Geschehnisse. Die Metaphorik, die Schleifentechnik von Bereitlegen oder Seitenpfad und Rückführung zum Hauptstrang, die Ersatzhandlungen und manches andere ergeben ein Gesamtbild, das den Schriftsteller Saiko am engsten zu Musil und Doderer rückt.

Bachmann

Ingeborg Bachmann ist in ihrer geistig wie künstlerisch überzeugenden Größe wie durch ihr Dichten in der Gegenwart des Todes mit Paul Celan gleichzustellen. ‚Die gestundete Zeit' (1953) gehört zu den Ereignissen — als Gedichtband — und zu den Kennworten, von denen die Zeit sich angesprochen wußte. Es sind weniger die Gedanken und Stimmungen als die Tonlagen, die sich in der Entwicklung ihres lyrischen Werks ändern: von dem Singen und Schwingen mancher frühen Gedichte zu den prosanahen kurzen Sätzen, den Anrufungen, Befehlen, Befunden der späten. Und nicht einmal das gilt als Richtschnur. Es ist also auch unwesentlich festzustellen, daß Rilke Trakl und andere Dichter Spuren hinterließen in diesem Werk. Es ist ein Aufbruch, Fernweh aus der Enge des Tals ihrer Jugendjahre und dem Bewußtsein der nahen Grenze, wie Bachmann selbst vermutet. (56) Es ist immer neuer Aufbruch in die Vorzeit, in die Welt, in Gemein-

*Szenenbild aus der Dramatisierung von Fritz von Herzmanovsky-
Orlando „Der Gaulschreck im Rosennetz", Serapions-Theater
Wien 1980*

schaft mit andren oder in der Liebe — mit immer neuem Scheitern. (57) Tod — Schiff — Meer — Sonne — Untergang: das ist eine kleine Reihe ihrer Lieblingsvorstellungen (-wörter) und der allgemein gesagte Ablauf der Vorgänge.

> Sieben Jahre später
> fällt es dir wieder ein,
> am Brunnen vor dem Tore,
> blick nicht zu tief hinein,
> die Augen gehen dir über,

sagt ‚Früher Mittag‘, ein im Ton verfremdendes, im Beginn auch an Celan anklingendes Mosaik der zornigen Trauer. „Ein Toter bin ich der wandelt gemeldet nirgends mehr“ beginnt ‚Exil‘; eins der späten Gedichte, immer noch Gesang, aber als Gedichtganzes zerbrochen in viele Teile, die immer neu zu anderen Rhythmen den Gesang anheben.

Ingeborg Bachmann dissertierte 1950 über ‚Die kritische Aufnahme der Existenzphilosophie Martin Heideggers‘; sie endet nach einem Rundgang durch die Aspekte und Aussagen der Kritik mit der Feststellung: Die Gegenwart ist sich des notwendig wissenschaftlichen Charakters der Philosophie bewußt, daher ist ein Versuch, den Zugang zur Wirklichkeit in Erleben und Stimmung zu sehen, zu kurz geraten. Da ist die Kunst in besserer Position: nicht ‚nichtendes Nichts‘ Heideggers, sondern ‚Kronos verschlingt seine Kinder‘. Sie hat 1953 eine Abhandlung über Wittgensteins (Sprach-)Philosophie veröffentlicht, in den ‚Frankfurter Vorlesungen‘ 1959/60 zunächst von der ‚Fragwürdigkeit der dichterischen Existenz‘ gehandelt, die in der Gegenwart erstmals eingesenkt sei in die totale Unsicherheit, auch die der Sprache gegenüber. Natürlich zitiert sie ausführlich aus Hofmannsthals Lord Chandos-Brief; das alles ist nicht methodischer Beginn, sondern ihre Überzeugung. ‚Die Wahrheit ist dem Menschen zumutbar‘; diese Rede, gehalten bei der Entgegennahme des Hörspielpreises der Kriegsblinden, sagt im Text viel sanfter: „bei allem, was wir tun, denken und fühlen möchten wir manchmal bis zum Äußersten gehen“. (58) Sie tat es immer wieder. Sie ruft in dem Gedicht ‚Ihr Worte‘ in einem Ton wie ein Monolog Kleists in einem der Augenblicke schrecklichster Gefühlsverwirrung: sagt die Welt nicht, laßt „den Muskel Herz sich anders üben“. Bis zum Wortspiel und zur Rücknahme des Gesagten widersagt sie hier dem Wort. Sie ist vielseitig gebildet und weit gereist, sie hat in Reden,

Rundfunk-Essays, Abhandlungen philosophische und literarische Themen gestaltet, die wichtige Beiträge zu ihrem Weltverständnis und ihrem dichterischen Werk bedeuten, so über Robert Musil, Simone Weil, Franz Kafka, ,Literatur und Utopie'.

Das erste ihrer Hörspiele, ,Der gute Gott von Manhattan', gestaltet den einfachen Gedanken, daß die Liebenden die Gemeinschaft der Menschen verlassen — sie sind schon in das 57., letzte Stockwerk des Hotels übersiedelt; in einem ,anderen Zustand' leben sie, sagt der ,gute Gott' im Gerichtssaal, und sie gefährden die Welt; und also muß Jennifer durch eine Explosion sterben, Jan lebt weiter, der Aufbruch aus der Ordnung ist beseitigt. In dem letzten Liebesgespräch hat Jan gesagt: Ich will mit dir leben und sterben „und zu dir reden in einer neuen Sprache". (59) Damit sind die Hauptanliegen Ingeborg Bachmanns gegeben und bereitgelegt. Sie kommen in ihrer Prosa immer wieder zu Wort: die Sehnsucht nach einer neuen Sprache, nach einem nicht von der Gesellschaft vorgeformten Umgang mit Welt und Menschen, besonders in der Erzählung ,Alles', von dem Mann, der die Bindung zu Frau und Kind verliert, weil er es nicht vermag, das Kind der Sozialisierung zu entziehen, es zu sich selbst, einer noch unverbrauchten Sprache der Schatten, des Wassers, kommen zu lassen. Diese Prosa verwirklicht das Mögliche vom Sehnsuchtsziel der Dichterin: sie ist wie Musik Sprache: selbstverständlich im Ton, aufregend in den Aussagen: „In früher Zeit mußten Schwan und Goldregen noch die Ahnung gehabt haben von dem größeren Spielraum, und ganz vergessen konnte in der Welt nicht sein, daß der Spielraum größer war, daß das kleine System von Zärtlichkeiten, das man ausgebildet hatte und überlieferte, nicht alles war an Möglichkeit". (60)

,Undine geht' ist ein Abschiedswort an die Männer, die so wunderbar neu sind in der Liebe, an die sie selbst glauben, und so abscheulich und herzlos, und sie endet doch mit dem Ruf: „Komm. Nur einmal. Komm."

,Malina' ist 1971 postum erschienen, der erste Band einer geplanten Romanreihe ,Todesarten'. Die Erzählerin lebt glücklich im ,Ungargassenland', weil hier Ivan, wenige Häuser von ihr entfernt — mit seinen beiden Kindern — wohnt. Ivan und Malina sind einander fremd: „Ivan und ich: die konvergierende Welt. Malina und ich, weil wir eins sind: die divergierende Welt". Malina wird mir nie verlorengehen — „und ginge ich selber ver-

loren". (61) Gelöst von Ivan, verfeindet und doch gebunden mit
Malina, nach Träumen, die ihre Ängste vor dem drohenden Vater
(Malina?, ihr Vater?, der Mann?, jedenfalls auch die Gewalt-
ordnung unter dem Bild eines Schlächters) gestalten, mit Todes-
gedanken längst vertraut, in Erinnerung an einen Text von der
‚Prinzessin von Kagran‘, den sie in ihrer glücklichen Zeit schrieb,
so geht sie in die Wand des Zimmers ein — ein altes Legenden-
motiv —, und Malina zerstört die Dinge, die an ihr Dasein erinnern. Ob mit Malina Max Frisch gemeint ist, besagt für das
Werk nicht mehr als die Biographie Hans Carossas für die ‚Ge-
heimnisse des reifen Lebens‘. In einer Reichhaltigkeit von Text-
arten, wie sie keines ihrer bisherigen Werke geboten hatte, wird
hier traumhaft, mit allem Gewicht einer menschlichen Tragödie
und doch nicht als Realität nachvollziehbar, der Untergang einer
Frau gestaltet, die seelisch allein gelassen wird. Das bereits weit
gediehene Fragment ‚Der Fall Franza‘, zu dem das ‚Gebell‘ eine
Vorstudie sein mag, handelt von dem Tod Franzas, nachdem sie
ihren Gatten verlassen hat — er, der Psychiater, hat sie geistig
gefoltert — und mit ihrem Bruder nach Ägypten gereist ist, dort
von einem Mann gegen einen Quader der Pyramide von Gizeh
gestoßen wurde, und selbst nochmals zustieß: der Gatte, der Vater,
der Fremde werden ihr eins. Der ‚andere Zustand‘, die enge
Bruder-Schwester-Bindung, „Unter hundert Brüdern dieser eine.
Und er aß ihr Herz. Nun, und ? Und sie das seine" (62) und das
von Bachmann in dem Radio-Vortrag zitierte Isis-Osiris-Gedicht
Musils, die spurenweise ironische Sprachhaltung mit präzisen Metaphern, die eine tieferliegende zweite Ebene bilden — diese
großartige Prosa ist wohl die einzige, die man im Roman der
Gegenwart Musil ebenbürtig nennen darf, und sie ist es offenbar
mit bewußtem Bezug.

Der in den frühen fünfziger Jahren entstandene Radio-Essay
‚Der Mann ohne Eigenschaften‘ zitiert und umspielt den Text von
Musils Roman so, daß ‚Der Fall Franza‘ als seine späte roman-
artige Ausgestaltung erscheint, die Utopie dieser Geschwisterliebe,
abgelöst von ihrem historischen Hintergrund. Die Flucht aus der
Umwelt führt in den notwendigen, von Franza selbst zu Ende
vollzogenen Untergang. Und das damals in den Text eingeglie-
derte Gedicht wird nun mit seinen Schlußzeilen zum ‚Kult-Satz‘
dieser Beziehung, an den sich der Bruder auf der einsamen Nachtfahrt zu seiner Schwester erinnert.

Robert-Musil-Archiv Klagenfurt

Nur der Knabe, den sie in den Nächten rief,
Findet sie, wenn Mond und Sonne wechseln,
Aller hundert Brüder dieser eine,
[Alle 100 Jahr nur dieser eine,]
Und er ißt ihr Herz, und sie das seine.

Robert Musil, Isis und Osiris, Gesammelte Werke herausgegeben von Adolf Frisé, 9 Bde, Reinbek bei Hamburg 1981², 6. Bd, 465

II

Heimkehr, Krieg und Verfolgung

Felix Braun, Franz Theodor Csokor, Kurt Frieberger, Wilhelm Waldstein, aus dem Exil heimgekehrt oder aus dem Schweigen wiedergekehrt, waren ihrer Umgebung ehrwürdige und bedeutende Gestalten. Ihre Anwesenheit bedeutet das Bekenntnis zu Österreich und zu hohen Idealen; die Gegenwart der geistigen Leistungen des Jahrhundertbeginns.

Felix Braun verwandelt die Stoffe der antiken Tragödie herüber in christliche Deutung, er hält trauernd Gericht über Rudolf den Stifter und Karl V., weil sie die Liebe versäumten, und sieht den Untergang nicht nur der Macht, sondern auch der geistigen Schöpferkraft Österreichs mit 1918 bestätigt in dem Roman ‚Herbst des Reiches‘, der 1927 noch unter dem Namen der Heldin des Romans erschienen war. Seiner eigenen Bescheidenheit stand ein hoher Anspruch des Künstlers gegenüber: aus ihm kam die feierliche Würdigung Rudolf Kassners, das Bekenntnis zu Ferdinand Ebner, die von Rilke überkommene Überzeugung, daß Rühmen der Auftrag des Dichters sei, das harte Urteil gegen die Kunst der Jungen: „Eine kalte Prosa mit Konsonanten aus Beton und Vokalen aus Stahl usurpiert den geweihten Raum der Poesie". (63)

Csokor ist geistig einen weiten Weg gegangen von seiner frühen extrem expressionistischen Periode, da er Mysterienspiele schrieb und in dem Gedichtband ‚Der Dolch und die Wunde‘ Gott zur Rechenschaft zieht — „Wofern Du — bist!", als sein Bruder im Krieg gefallen ist, über sein erfolgreichstes Werk, das Drama ‚3. November 1918‘, in dem wie bei Joseph Roth die Monarchie zuletzt noch in ihrer Armee lebt: sieben Offiziere aus verschiedenen Landschaften des Reichs, durch Eid, gemeinsame deutsche Sprache und die Stärke von Oberst Radosin geeint, bis ein Matrose der ‚Viribus unitis‘ (!) von der Niederlage berichtet. Zerfall und Treue, oder, wie das Vorwort der Buchausgabe sagt, dieser in Jahrhunderten gewordene ‚fast irreale Begriff österreichischen Wesens‘ (64): gläubig und skeptisch, leichtsinnig und schwermütig — das ist ein Denkmal und ein Bekenntnis, das nicht nur dem Anlaß gerecht wird, sondern dem Wesen Csokors entspricht.

Sein Büchner-Drama ‚Gesellschaft der Menschenrechte‘ (1929), ‚Der Verlorene Sohn‘ (Partisanenkampf, 1947), Dramen um Ignatius von Loyola, die Anfänge des Christentums, der Wiedertäuferroman ‚Der Schlüssel zum Abgrund‘, das wenige Tage vor seinem Tod (1969) beendete Drama ‚Alexander‘, der als tot gilt und als Büßer lebt: das ist der Endpunkt über das Ringen um Macht, um Gott, um Verständnis zum Dienen ohne Außenziel.

Die Wendung zu religiöser Thematik ist diesen Werken gemeinsam mit Kurt Frieberger, dessen Hauptwerk der Roman ‚Der Fischer Simon Petrus‘ (1953) ist.

Aus der Geborgenheit des christlichen Erbes und des österreichischen Großstaats, den formenden Kräften seiner Jugend, gewann Wilhelm Waldstein die Kraft, die Jahre 1938 bis 1945 zu überdauern. Die Weisheit Goethes — Einatmen und Ausatmen, Prometheus und Epimetheus — verband sich in seinem Erleben mit dem österreichischen Erbe des Denkens in Polaritäten. ‚Pole der Menschheit‘ ist der Titel der lyrischen Ernte dieser Zeit; es folgt die ‚Waage des Lebens‘ mit dem Sonettzyklus ‚Gethsemane‘ von 1938: unsere Aufgabe ist es, ‚an den Schmerzenssäulen des Himmels mitzutragen‘. Sprache ist ihm Erkenntnismittel geworden, aus Doppelsinn und Bedeutungsschattierungen entwickelt er gern seine Gedanken spruchhaft oder in leicht ironisch schwebendem Ton nach dem ‚Westöstlichen Divan‘ Goethes, dessen Denken und Wort immer wieder durchklingt. Als Leiter der Abteilung für Kulturförderung im Unterrichtsministerium verfaßt er eine Reihe von Abhandlungen, die gleich dem selbstbiographischen Werk ‚Zwischenreich‘ dieselbe Geisteshaltung bezeugen: Erkenntnis, fortschreitend in der Sehnsucht, aus dem Bedingten in das Vollkommene zu gehen, aus der „Duplizität von Kunst und Leben, Kunst und Natur, Kunst und Ethos in ihrer zeitlichen Erscheinungsform" auf „ihre ideelle Identität" zuzugehen in ehrfürchtiger Ironie: reduzierend, um einzuordnen, denn das Absolute ist nicht unser Bereich. (65)

Auch *Rudolf Felmayer* hatte in den Jahren der Besetzung Österreichs geschwiegen. 1948 erschien sein Gedichtband ‚Gesicht des Menschen‘, dessen Titelgedicht eines der bedeutendsten Zeichen dieser Zeit ist; das Sonett auf einen altsumerischen Statuenkopf endet mit den Versen:

> Von Schwären krustig und verstümmelt von der Zeit,
> Gesicht des Menschen, blieben dir erhalten
> die aufgerissnen Augen und der Mund, der schreit.

‚In eigener Sache‘ redend, rechtfertigt er sein Schreiben als ‚Beamten-Barock‘; dieses Wort weist auf altösterreichische Tradition besonders des 18. (und 19.) Jahrhunderts, und er bejaht auch die ‚sakrale Kunst‘, aber ohne Pathos frei von Überheblichkeit als Beheimatung „in den niedersten Regionen des Göttlichen [...], wo es sich mit dem Physischen zu jenen chimärenhaften Gebilden formt, die auch die Gestaltungsfreude am meisten locken". Vom Thema ausgehend, nur durch einen ganz zarten epischen Faden den Ablauf ordnend, trachtet er den Leser zu führen. Er nennt selbst die Hintergründe seiner Technik: Rilke, Hofmannsthal, Loerke, Meyer, und er kann es umso leichter tun, als er sich von ihnen gelöst hat zu der schwebenden Form seiner von fernöstlicher Kunst und Landschaft bestimmten Gedichte, deren Ziel eine ‚diaphane Kunst‘ ist. (66) Otto Forst de Battaglia nennt in ‚Abgesang auf eine große Zeit‘ (1967) Österreich ein Reich der Mitte, er findet Entsprechungen zu China, nennt den Zauber der Sitte, den Traditionalismus; das kleine Österreich habe ungleich China seine Tradition gewahrt. Das klingt fast wie eine Laudatio auf Felmayer, der hier die ‚niederen Regionen des Göttlichen‘ fand. Manches ist nur spielerisch mythologisch übermalt und ein freundlicher Spaß, aber Felmayer meint es ernst mit dem Hinweis auf diese so ganz andere Weise zu leben; ganz besonders ist ihm die durch Rhythmus und Bilderfolge bewegte ‚Chinesische Legende‘, voll andächtiger Heiterkeit, gelungen.

> Mein Drache wiegt sich oben, ich mich unten:
> durch eine dünne Schnur sind fühlend wir verbunden
> in hingewiegter Welt [...]
> Was willst du da noch fragen?

Der Weg Felmayers zum ‚China der Seele‘, zum Verzicht auf Lebensgier hat auch seine europäischen Stationen, eine wichtige in Wien: 1963 ‚Eine wienerische Passion‘, die zum Teil auf die ‚Kleine Passion‘ (1938—1945) nach Dürer zurückgreift. Was hier die ‚böhmakelnde‘ Veronika dem Pane Richter erzählt, ist ein Anruf an die sich verschließenden Herzen; der Voraustext erklärt kritisch und fast zornig die Absicht des Werks: „Heute nun, ungefähr ein Vierteljahrhundert später, hat sich der Höllenrachen scheinbar wieder geschlossen und ein übersättigtes Nichtwissenwollen, eine rülpsende Selbstzufriedenheit haben breitgesäßig Platz genommen." (67)

Das Werk von Martina Wied, das von seinem Beginn mit den Gedichten von 1919 bis zum Ende religiös ist im strengen Sinn des Wortes, ist bedauerlicherweise in Vergessenheit geraten. Allen Gedanken und Gestalten ihrer Zeit offen, beginnt sie nach Einfluß, Zitat und Thema mit Christus, Villon, Li-tai-po, van Gogh; mit Dehmel, Rilke und dem Expressionismus; sie nimmt Stellung zum Existentialismus (,Kellingrath'); in realistischer Schilderung läßt sie uns erleben, daß durch die Pläne der Menschen hindurch Gott ans Ziel gelangt, daß ein Mensch plötzlich in eine tiefere Schicht gelangen kann und aus aller Unruhe des Daseins in die Fülle eintaucht (,Die Geschichte des reichen Jünglings', 1952). Das Erlebnis dieser Schicht kann verglichen werden mit Entsprechungen bei Musil, Doderer, Saiko, es ist aber im Weltgefühl ungleich näher der Auffassung Werfels: Wie hier ein Mensch hinübertritt in die Ebene dessen, was eigentlich mit ihm in diesem Augenblick gemeint ist, so brechen Werfels Menschen manchmal durch in eine gleichartige Situation vergangener Zeiträume — am ausführlichsten gestaltet in dem Verhältnis von Rahmen und Innenvorgang des Romans ,Höret die Stimme'. Werfels ,Spiegelmensch', das ist die Bereitschaft zu vollkommenem Dienst ohne Rückbezug zum Ich, und der Hochschwebende im ,Stern der Ungeborenen' weiß, daß der höchste Augenblick der beziehungsreichste ist (die Annäherung also an die Versammlung aller Orte, aller Zeiten im Hier und Jetzt). Das sind die obersten Symbolgestalten in Werfels Werk.

Eine mystische Haltung, Verzicht auf die Außenwelt und auf das freigelebte Leben als Selbstwert — zugunsten eines tieferen Verständnisses, stellvertretenden Vollzugs: das bindet als weite, aber nicht inhaltlose Formel die österreichische Romankunst dieser Epoche zur Einheit.

Aus dem Bildband ,Ende und Anfang' von Ernst Haas (Düsseldorf 1975) und dem von Ivo Andric sehr geschickt erfundenen, die Treue und Untreue der Menschen um 1945 und ihre Abhängigkeit vom kaum mehr täglichen Brot kennzeichnenden Text ist ein wohl erschütternder Teil, aber nur ein Teil dessen nachzuerleben, was die Österreicher nach dem 4. April und nach dem 8. Mai 1945 erlebten; dazu gehört die langsame Heimkehr der Kriegsgefangenen und die rasche Vertreibung der deutschsprechenden Bürger aus der Tschechoslowakei, soweit sie die Grenze zu überschreiten vermochten. Darum gehört hierher, was der Priester Emanuel Reichenberger in der ,Ostdeutschen Passion' (1946) berichtet und in mehreren Büchern in den folgenden Jahren, ebenso ‚Der Galgen im Weinberg' von Josef Mühlberger (1951), der es vermochte, persönliches Leid ohne Haß darzustellen.

Die Soldaten des Zweiten Weltkriegs, auch die der Sieger-staaten, sind in ihren Berichten und Dichtungen überzeugte Gegner des Kriegs. Was aber bei Monsarrat (‚The Cruel Sea'), bei Norman Mailer (‚The Naked and the Dead') sich immerhin in Kampf-berichten niederschlägt, ist in Hans Werner Richters ‚Die Ge-schlagenen' (1949) und in der österreichischen Literatur Bericht über die Kriegsgefangenschaft: 1950 Heribert Schwarzbauer, ‚Men-schen ohne Angesicht', 1961 Felix Gamillscheg, ‚Die Getäuschten', weiterführend in die Probleme des Heimkehrers, Ehe und Beruf. Die Leiden der Gefangenen sind ein Teilthema, bedeutender ist in diesem Buch die Auseinandersetzung mit dem Erlebnis der Gemeinschaft, der Menschlichkeit, der Rachsucht, Grausamkeit und Furcht, der Sühne und Verzeihung.

Um 1960 erwarb Fritz Wöss Anerkennung mit den beiden Romanen ‚Hunde, wollt ihr ewig leben' und ‚Der Fisch beginnt am Kopf zu stinken'. Hier ist der Abstand der Jahre deutlich: die Erinnerung als Instanz; denn der Bericht ist Erinnerung des Gefangenen, der sich auf einem russischen Auto befindet, und Erfüllung eines Versprechens an die Kameraden: zu sagen, was sie ertrugen; einer späteren Generation zur Warnung. Die Sprache ist plakatartig, Momentaufnahme, der Inhalt kritisch gegenüber der deutschen Führung als überstreng und hilflos.

Kurt Ziesel, der sich nach 1945 zu seiner nationalsozialistischen Vergangenheit bekannte, zugleich als in der Bundesrepublik Deutschland Lebender am Literaturbetrieb heftig Kritik übte — dieser Betrieb sei undemokratisch und unmoralisch —, machte mit dem Buch ‚Und was bleibt ist der Mensch' den Versuch, das Pro-blem der Schuld des Soldaten zu lösen: Er stellt den Fall dar, daß ein amerikanischer Flieger der Witwe des Gegners dessen Tagebuch überbringt und sich vor ihr schuldig bekennen möchte; der alte Arzt fordert: Schweigen Sie, tragen Sie die Schuld. Damit wird Versöhnung und die Fruchtbarkeit des Schuldgefühls dar-gestellt, aber hier liegt kein Zugang zum Grundproblem. Die ‚Passion' von Egon Schoß, Begegnung eines Kriegsgefangenen mit einem französischen Mädchen, seine Arbeit als Bergmann, mit einer nach Novalis gestalteten Unterreich-Vision, und die Trennung der beiden strahlt rein nach innen und gewinnt keine exemplarische Bedeutung.

Während allmählich der Abstand der Zeit die Biographien, die Bildbände und die Bestseller gedeihen ließ, hat nur ein Dichter Österreichs als Dichter auf das gewaltige Erlebnis geantwortet: *Herbert Zand,* 1923 in der Steiermark geboren, 1970 an den Folgen der Kriegsverletzung gestorben. 1953 bereits erscheint sein Roman ‚Letzte Ausfahrt Roman der Eingekesselten‘, nicht nur in der Neigung zu Kapitel-Überschriften mit ‚oder‘, sondern auch in der Metaphorik eine zweite Ebene schaffend, in der das Romangeschehen bestätigt und aufgehoben wird: der größere Glaube, das tiefere Leben siegt. Um den Kessel ist vollkommene Ordnung. Die Einengung zerstört die Ordnung des umschlossenen Raums und bringt damit den Tod. Das Erlebnis des Kampfes gegen eine Übermacht, der Bedrohung, der Selbstentfremdung, der immer tieferen Gefährdung des Lebens bewegt ihn in seinen Erzählungen und Romanversuchen, während er lesend, übersetzend, rezensierend sich mit der Literatur der Zeit, besonders mit der französischen Literatur seit Baudelaire und über den Surrealismus bis zum nouveau roman auseinandersetzt. Aus seinen postum veröffentlichten Aufzeichnungen spricht der totale Widerstand gegen den Untergang, eine Revolte aber nicht mit Camus, sondern trotz deutlicher Grenzüberschreitung auf dem Boden des Christentums gewachsen. An der Lyrik läßt sich ablesen, wie mit sinkender Lebenkraft die Weite des Denkens weicht und das Auge sich an den kleinen konkreten Dingen festhält. 1966 war ihm seine „arme geschundene Sprache" der Strohhalm, an dem er sich retten konnte; drei Tage vor dem Tod beginnt er sein letztes Gedicht mit den Worten: „Ich nehme Abschied von den Strohhalmen, die ich am Wegrand aufgelesen habe". Die erstaunlichste Leistung seines Lebens ist ‚Der Weg nach Hassi el emel‘ (das heißt: ‚Brunnen der Hoffnung‘), 1956 veröffentlicht. In den Notizen Zands steht zum Todestag Brochs: „Ich bin dann nicht schlafen gegangen und habe nach einiger Zeit angefangen, im ‚Vergil‘ die Überfahrt zum Hades zu lesen. Am liebsten hätte ich aber geweint wie ein kleines Kind". (68) Und dieser ‚Weg‘ ist Zands Paraphrase auf den vierten Teil von Brochs ‚Tod des Vergil‘, in der Bildwelt dem Surrealismus verpflichtet, im Inhalt dem Krieg, im Ausgang der Hoffnung.

Es gibt im Werk der Zeitgenossen Hinweise auf die Leiden

der Völker und einzelner während der Herrschaft des Nationalsozialismus und danach, so bei Torberg und Fussenegger. Spät begann die ernstzunehmende und öffentlichkeits-wirksame Auseinandersetzung mit Quellen, Werken und Folgen dieser Zeit, und
Umfragen ergaben weitgehende Unkenntnis der Tatsachen bei
jungen Menschen. Bücher wie ‚Du hast mich heimgesucht bei
Nacht, Abschiedsbriefe und Aufzeichnungen des Widerstandes
1933 bis 1945‘ (1954) — 5. Auflage des Taschenbuches 1977 —
und ‚Der Nationalsozialismus Dokumente 1933—1945‘ (1957) —
704.—728. Tausend Juli 1976 — kämpften dagegen vergeblich
an. Rolf Hochhuths ‚Der Stellvertreter‘ (1963) tat so große Wirkung wegen der Massivität des Angriffs gegen die Katholische
Kirche, aber erst der vierteilige Film ‚Holocaust‘ brachte die Wirklichkeit dieser Zeit vor aller Augen: ein Material, wie Reinhard
Lettau im Band 17 des ‚Tintenfisch‘ 1979 sagt, vor dem „die
Frage der künstlerischen Konkretion vollkommen irrelevant ist“.

Ja; das schließt aber nicht aus, daß dieses Geschehen den
Künstler fordert, und daß es nicht nur als Leid des einzelnen,
sondern in seiner apokalyptischen Dimension angenommen und
gestaltet wird. So wenig es wahr ist, daß man diese Welt nicht
mehr erzählen kann, daß man — mit Adornos immer neu wieder-
holter Aussage — nach Auschwitz nicht mehr Gedichte schreiben
könne, so wenig darf dieses Geschehen ausgeklammert werden aus
den Werken der Kunst.

Im Juli 1946 schrieb Ernst Wiechert das Nachwort zu seinem
großen Zeitroman ‚Die Jerominkinder‘: „Den dritten Band dieses
Buches hat die Geschichte geschrieben, mit schweren und grauen-
vollen Buchstaben, und es ist keiner Dichtung das Recht gegeben,
über dieses Grauen den Schimmer der Verklärung zu legen“.
Adorno lehnte Celans ‚Todesfuge‘ ab, weil sie das Geschehen sinnvoll erscheinen lasse. (69)

Der Stil der Zeit

Die Kunst endet nicht nach Auschwitz, sie hat sich geändert;
es ist nicht richtig, daß sie verklärt schon, indem sie einen Gegenstand ergreift: das ist Entscheidung des Künstlers, die in Grenzen
vorausvollzogen ist durch die Tradition der Form, deren er sich
bedient. Darin eben liegt die Rechtfertigung grundlegender Ände-
rungen in der ‚Sprache‘ der Formen.

Vor dieser Entscheidung also standen die Dichter und Schriftsteller der Nachkriegszeit: wie im Angesicht des Geschehenen zu schreiben sei; aber auch die Leser: ob die vorliegende, die neu angebotene Literatur ihnen entsprach oder nicht, ob sie die Auseinandersetzung forderten oder in der Kunst das Leben von einst weiterleben wollten. Es ist die Zeit, in der Methoden zur Erfassung des Bezugs von Leser und Werk erarbeitet werden: die Rezeptionsforschung ist ein Instrument im Schnittpunkt von Literatur, Politik, Gesellschaftsforschung, Verlagsinteressen.

Es gibt Tonlagen, Inhalte, Formen, die den Jahren vor 1945 angehören und sich über die Grenze zu bewahren vermochten: Robert Neumann, der Meister der Parodie, ist etwa mit den ,Puppen von Pohansk' immer noch aktuell: der sowjetische Machtapparat bedarf nicht immer der Grausamkeit, um sich seiner Gegner zu erwehren. Fritz Habeck hat den historischen Roman weitergeführt. François Villon, die Jugendbücher über Faust und die Türkenzeit, der Roman ,Der Tanz der sieben Teufel', der im Schicksal seines Helden, in der balladenhaften Wucht und in der im Titel angedeuteten Ebene der Mächte an de Costers ,Uilenspiegel un Lamme Goedzak' erinnert, haben ihm eine große Leserschar erworben. Ein Versuch, den Mythos vom Menschen, der von dunkler Leidenschaft und heller Sehnsucht getrieben wird, im Gewand keltisch-nordischer Mythologie zu gestalten (,Roman Gabain'), ist nicht überzeugend geglückt, aber im Vorwurf höher zu stellen als ,Der schwarze Mantel meines Vaters' (1976), die Verwirrung um die unerwartete Lebenswirklichkeit von Personen, die der Held des Buches erfunden zu haben meinte, und ,Wind von Südost' (1979), eine Wiederkehr der Nibelungen-Familie: Der Versuch, den Tod des Vaters zu klären, gelingt, verursacht aber den Tod der Familie. Es fehlt diesen Werken bei aller Beherrschung der technischen Mittel die Einheitlichkeit, der Eindruck: so muß es sein. Das gilt auch für Habecks bekanntestes Hörspiel, ,Der Fremde jenseits des Flusses', weil die Erkenntnis, die der Vater gewinnt, nicht auch für die Tochter, die er souverän zu leiten vermochte, und für deren Geliebten gilt: daß wir nicht über uns hinausgelangen können, „wenn wir im Gefängnis von Vernunft und Logik verharren". (70)

Auch *Alexander von Lernet-Holenia* hat, als Lyriker einst von Rilke ausgehend, als Dramatiker von Hofmannsthal, und dann in einigen Lustspielen erfolgreich — deren Verdienst nicht Handlung, sondern Atmosphäre und Situationskomik ist und Spott über eine wertlose Gesellschaft —, in Romanen und Erzählungen sein Hauptgebiet gefunden. Sein erster Roman, ,Die nächtliche Hochzeit' (1930), ist aufregend, dicht und stimmungsvoll. Was sich hier als Kenntnis geheim gebliebener Vorgänge gibt, wird aber im Lauf der Jahrzehnte zum Anspruch auf Einsichten in den Gang des Schicksals, den Mechanismus der Weltbegebenheiten. Die Kultur der Darstellung beginnt zu zerfallen, die Lust an komplizierten Vorgängen und ihrer endlichen Auflösung ergreift und gestaltet Handlungen ohne Glaubwürdigkeit. Frauen werden zu schönen Gegenständen, an denen der Held ein Erstrecht ausübt, eine ganze Schwadron muß untergehen, damit ,Baron Bagge' visionär erleben kann, was im Leben nicht vollziehbar war, und die autobiographische Notiz im Anhang der ,Hexen' (1969) berichtet über die Verdienste der Lernets und die Zusammenstöße, die sie in den letzten Generationen mit Staat, Habsburgern, Offizieren hatten. Das ist nur möglich unter der Voraussetzung einer Lesergemeinde, die verläßlich und treu, aber nicht kritisch reagiert.

Im neunten Jahrzehnt seines Lebens veröffentlicht *Franz Nabl* den Roman ,Vaterhaus', der sechzig Jahre vorher als erster Band einer geplanten Reihe ,Menschwerdung' entstanden ist. Die verschlossene Selbstherrlichkeit des Vaters, die Härte und Erbitterung der Mutter, die Folge nicht Wort um Wort, sondern Wort um Reaktion oder Wort um Tat zerstört nicht nur das Glück des Sohnes, sondern auch seine Liebesbereitschaft.

Von diesem Buch her ergibt sich noch klarer, daß Johannes Krantz, tragende Figur einer Reihe von Erzählungen, Nabls Deckfigur ist, daß seine Kindererzählungen Stücke einer wenig verhüllten Konfession sind, daß die Menschen seiner Werke in ihrer Verschlossenheit, in der Unfähigkeit zu reden, oder durch das Unglück, das sie anrichten, wenn sie sich zum Wort entschließen, er selbst und seine Eltern sind. Nabl ist ein grübelnder Denker, ein Realist, völlig unmodern in seiner literarischen Herkunft, Saar und Marie von Ebner-Eschenbach nahe in der Wortwahl und Eingangsgestaltung, E. T. A. Hoffmann und Perutz in der magisch-phantastischen Erzählung ,Griff ins Dunkel'. Er erliegt der Gefahr des Kitsches, wenn er (,Ein Mann von gestern') das seelisch Zarte in behutsamen Worten zu sagen versucht. Im Gedicht (,Opferschändung', ,Kreuzweg'), in der Erzählung ,Das einsame Kind' darf er seine Liebessehnsucht, seine Ahnung stellvertretenden Leidens bekennen; für das erzählende Werk gilt, was das Gedicht ‚Warnung‘ dem Leser zuruft: Versuch nicht, die Wahrheit, das Erlebnis des Dichters, aus der Verborgenheit hervorzuholen: „denn wer weiß, ob deine Hand das Schöne dir nicht als ein Schreckensbild enthüllt". Das ist kein Anklang an Rilkes ‚Elegie‘, es ist Grillparzers Bekenntnis im ‚Abschied von Gastein‘. Und mit geradem Bezug zu Goethe benennt er sein Bekenntnis zum Realismus, zur Selbsterkenntnis, zur ‚unbarmherzigen Klarheit‘, zur Gestaltung dessen, was in der „Stunde der Erfüllung" — nicht vor den äußeren Augen —, aus „geheimnisvollem Schacht" aufsteigt und Form annimmt, als ‚Wahrheit und Dichtung‘. (71)

All das wirkt zusammen zu der Wucht des frühen Hauptwerks ‚Der Ödhof‘: Gestaltung, Rache, Befreiung des jungen Mannes Nabl könnte man das Buch nennen, und so verständlich Hinweise der Sekundärliteratur auf Nietzsche und Darwin sind, so wenig treffen sie hier die Wurzeln. Das zweite Hauptwerk ist der Roman ‚Grab des Lebendigen‘ (1917), zwei Jahrzehnte später umbenannt ‚Die Ortliebschen Frauen‘; darin zeigt sich der veränderte Blickpunkt: nicht Symbol oder Allegorie, sondern schon im Titel konkret das Gegenstück zum ‚Ödhof‘ und im Inhalt die Zerstörung einer Familie durch die krankhafte Ehr- und Ichsucht der ältesten Schwester. ‚Studie aus dem kleinbürgerlichen Leben‘, sagt Nabl im Untertitel, und in den ‚Autobiographischen Skizzen‘ ‚Spiel mit Blättern‘ (1973) bekennt er: „Meine besondere Liebe galt seit je den Dichtungen Adalbert Stifters". (72) Hier ist das Denkmal dieser Liebe: Das Buch ist eine großartige Paraphrase auf Stifters ‚Turmalin‘.

Die Düsterkeit und Folgerichtigkeit des Werkes ließ Franz Nabl nach 1945 allmählich eine zweite Berühmtheit erlangen, die seine erste in den Schatten stellt. Er erlebte die Schätzung durch die jungen Schriftsteller und antwortete mit Bekenntnissen aus seinem eigenen Leben.

Diese Werksgeschichte erklärt zugleich das Zurücktreten Max Mells im Bewußtsein der Zeit. Sein Werk wächst aus der Verbindung des Volkstümlichen mit dem Christlichen und dem Antiken. Er kannte und schilderte das bäuerliche Spiel und dichtete aus diesem Geist und seiner Form-Überlieferung das ‚Apostelspiel‘, das ‚Nachfolge Christi-Spiel‘, erneuerte ‚Die Sieben gegen Theben‘ und ‚Der Nibelunge Not‘. Die Verbindung von Sinnigkeit und Ordnung, Verständnis und dem Anspruch, gehört zu werden, setzt auch seine bedeutende lyrische und erzählende Dichtung außer Kurs, so ‚Barbara Naderers Viehstand' vom Untergang der Selbstgerechten, die einmal die Ordnung durchbrach. Das stolze Wort in der Rede zur Gründung des österreichischen Kunstsenats 1954: „Darüber, was schön ist, meine ich, braucht es zwischen uns keiner Verständigung" und: „daß Schönheit untrennbar verbunden ist mit dem organisch Gewachsenen und dem Beseelten" (73) — überzeugt nicht mehr: die Statik des ersten Wortes widerstreitet in einem von Mell nicht gemeinten Verständnis der Dynamik des zweiten.

Im Bereich der Formen erweist sich der Spruch, die kurze Betrachtung, die Fabel als lebensfähig. Friedrich Sacher hat sich nach impressionistischen Anfängen an Kleists Sprache zur Knappheit geschult, hat die Genauigkeit des Wortes, die Verbindlichkeit der Form in enger Freundschaft mit Josef Weinheber immer wieder bedacht und ist in geradliniger Entwicklung zu Spruch, Anekdote, Fabel, Miniatur, zu den kleinen, zweischichtig auf eine Pointe hin gebauten Formen gekommen. Walter Sachs hat in einer Erzählung des Bandes ‚Der Sammler' den Abschied eines Soldaten von den Dingen dargestellt: „Alle geliebten Geschöpfe werden mir immer mehr zum Wegweiser, zum Gleichnis". (74) Nachvollzug im Wort wird verwandelt in Zeichen, Schrift, in ‚Pinselstriche' (1981). Stellenweise nähert sich diese Kunst dem Haiku, das in der österreichischen Dichtung bereits Tradition hat, wenngleich es nicht immer in reiner Form geprägt ist. Hier sind vornehmlich Karl Kleinschmidt und Imma von Bodmershof zu nennen.

Die hier angedeutete Entwicklung entspricht dem an Celan und Busta besprochenen Vorgang des Rückzugs, der Entfernung von Welt und Klang. Sie ist zugleich eine Entfernung von den lange gültigen Vorbildern, den großen Lyrikern des 19. Jahrhunderts: Hebbel und Mörike sind spürbar in Hedwig Katschers Gedichten des Bandes ‚Flutumdunkelt' (1963); aber ebenso der Weg ins Gegenwärtige: in Mythen gestaltetes Naturerleben, dann der Verzicht auf den Nachvollzug von Handlung oder Gedankenfolgen im Bewußtsein des Lesers; ‚Zwischen Herzschlag und Staub' (1969), ‚Steinzeit' (1977) sprechen in harten, kurzen Versen, reimlos, düster, anklagend.

Die Lyriker, deren Geburtsjahr etwa zwischen der Jahrhundertwende und dem Ersten Weltkrieg liegt, sind fast mit Notwendigkeit von Rilke und Trakl ausgegangen, die Einstimmung in die Entwicklung führt zu den Einwortversen, zeigt sich in der Neigung zu Zitaten aus Sprüchen und Gedichten, in der Entfernung der Vorstellungen voneinander, sodaß Raum einströmt in die Verse, die Leere zwischen den feststellbaren Dingen fühlbar wird. „Gefrorene Zeit", sagt Juliane Windhager in ‚Schnee-Erwartung' (1979). (75) „Die Zeit der Zeit ist vorbei", sagt Linus Kefer in den ‚Weissagungen der Regenmacher'. Volksliednahe, sehnsüchtig war seine Lyrik, nun setzt sie das Erlebnis der Sinnlosigkeit genußvoll spielerisch ein. Die großen Worte, sagt er, waren nicht mehr gedeckt, nun zeigt die erste Ebene der Aussage die Sinnlosigkeit als ‚Sinn' des Lebens, die zweite Ebene vermittelt ein Verständnis jenseits der Logik. (76) Das Erlebnis solcher inneren Folgerichtigkeit ist der Ausweis der Echtheit. Darum müssen die Parallelen innerhalb der Lyrik einer Periode der Dichtung doch jeweils zum unverwechselbar Anderen führen.

Im ‚Fremden Dorf' erlebte *Wilhelm Szabo* in den dreißiger Jahren seine Einsamkeit. Meier Helmbrecht, der Fremdling, „Ich bin der Erde verlorener Sohn" (77) waren die Folien für sein in ganz konkretem Wortschatz gefaßtes Erleben. In den fünfziger Jahren folgte ‚Herz in der Kelter', die ‚Widerrufung' des schönen, klingenden Verses, der Ruf nach dem wahren, rechten Wort. Die religiöse Bindung führt bei ihm wie bei Juliane Windhager zu einzelnen Hinweisen auf Heinrich Suso Waldeck. Die Wendung zu Sprache und Dichtung als Thema der Dichtung läßt ihn — wie Weinheber — klagen, daß nichts erkannt, das Geheimnis der Dinge im Wort nicht erschlossen ist, die Metapher blendet. (78) ‚Schallgrenze' (1974) ist schon im Titel, wenngleich hier verhüllt, Fortsetzung dieser Kritik: das Ich zerrissen zwischen Erniedrigung und Anspruch, die Sprache geschändet, die Jugend zurecht unzufrieden, das Ziel nicht erreicht. Szabos Wandlung vollzieht sich im Bereich der Gegenstände: vom Ich zur Sprache und Gesellschaft.

Die Lyrik Josef Marschalls würde vielleicht aus ähnlicher Grundlage zu vergleichbaren Ergebnissen geführt haben. Er arbeitete unermüdlich an seinen Gedichten, fügte späteren Bänden Neufassungen ein. Trauer und Zorn über Armut, Unglück, das Häßliche und Böse ließen ihn den Wortschatz, die Vorstellungswelt und die Verskadenzen der skeptischen Gedichte Gottfried Benns aufnehmen. Er starb 1966.

*Gertrud Fussenegger im Gespräch mit Hermann Lenz während der
Präsentation des Buches „Maria Theresia" 1980*

Im wiedererstandenen ‚Plan' ergriff *Johann Gunert* nach sieben Jahren des Schweigens wieder das Wort. Sein soziales Pathos und sein Bewußtsein hoher Verantwortung des Dichters gestalteten sich zu strömenden Versen von starkem Rhythmus, den er im Vorlesen seiner Verse unterstreicht. Die Sonette ‚Das Leben des Malers Vincent van Gogh' haben bis zu neun Takte lange Verse, und die Reime sind in dieser Zeit nicht nur eine Gegebenheit der Form, sondern ein Gliederungsprinzip für den Rhythmus. Nach der Lösung von den Vorbildern der Jugend nähert sich Gunert in seiner Neigung zur Monumentalität Ezra Pound. Seine Neigung zur antiken Mythologie, zur Mahnung und Warnung (Kassandra), aber auch zum Rühmen des starken und großen Lebens bewirkt, daß wie bei Pound Kulturen und Schichten des Daseins gegeneinander durchsichtig werden, daß er sich vom einzelnen Leben weg zum ‚Gesang von den Wäldern', vom Wind, von den Strömen wendet. „Wisset, die Götter lieben Verwandlung" (79) ist nicht nur Botschaft, sondern auch Charakter seines Werkes.

1920 erschien ‚Gott Erde Mensch' von Johannes Lindner, das große Werk der Lyrik Österreichs in diesen Jahren. Ihm folgten einzelne Gedichte im Lauf der Jahrzehnte, einigemale Gedichtgruppen, am wichtigsten 1969 die ‚Leseproben aus Welt in einer Handvoll Staub', weil sie einer vergeßlichen Zeit nach fünfzig Jahren einen Lyriker wiedergaben, der sich gewandelt, aber nicht geändert hatte. Da stehen Wörter: ‚Television', ‚Altamira', ‚Großhirnrinde', ‚Plejaden'; aber auch ‚Ulyß' — seit Joyce und Pound der Mythus unseres Jahrhunderts —, und: ‚Bockruf', ‚Kreuzotter', ‚Luftballon', ‚Spitzengespinst des Reifes', ‚wehendes Haar vor der Kirchentüre'. Man erlebt, daß man dem Bewußtsein dieses Mannes nichts Erstaunliches anzubieten vermag, weil er in beherrschtem Staunen die Vorzeit, die Milchstraße und die Kindheitserinnerung erfaßt, in seinem Garten die Welt erlebt und Verse zum Reim zusammenbiegt, ohne die Wirklichkeit zu beugen. Erd- und Weltzeitalter ziehen hier im Blick auf die ‚Peloritanischen Berge' in großen Bildgruppen vorbei, erzählt als das ‚Epos des Landes', vor dessen Blick — in dessen Dasein — Jahrtausende wenig verändern.

1946 ließ *Ernst Schönwiese* kurzfristig das ‚Silberboot' als ‚Almanach auf das Jahr 1946' wieder aufleben. Am Beginn stand Stifter, die Geschichte Deborahs (aus ‚Abdias'). Gütersloh, Blei, Broch, Grab waren unter den Mitarbeitern bzw. Texten, und das ist zugleich Bekenntnis zu dem Freundeskreis um Blei in den dreißiger Jahren. Die Gedichte ‚Ausfahrt und Wiederkehr‘ kündigen im Titel an, was eines der Leitmotive des Jahrhunderts ist und auch für Schönwiese Leitmotiv wird: Odysseus, Ausfahrt in die Ferne und Sehnsucht nach Heimkehr. Die geistige Heimat, die Schönwiese in der Philosophie und Dichtung des Ostens findet — und auch als Übersetzer verkündet —, ist hier in dem Gedicht ‚An ein Mädchen aus dem Osten‘, mit „Orient und Okzident" schon angesprochen, aber antike Strophen und Goethe behaupten noch das Übergewicht. Alle diese Traditionsstränge dauern an und verarbeiten steigend die Andeutungen christlichen Geistesgutes in östlicher Sicht, Mystik in schwebenden Versen, in Sprüchen, in der Form des Widerspruchs und des Paradox. Parallel dem Surrealismus, Erich Frieds ‚panta rei‘ (80) — „auch die Ufermauer / Ist der Fluß" — und dem letzten der ‚Orpheus‘-Sonette Rilkes werden auch hier die Widersprüche aufgehoben, „es fließen alle Brücken". (81) Wer mit dem Herzen denkt, dem ist 1 + 1 nicht 2, sondern 1; und dann 0; und schließlich: unendlich. (82) Idee und Erscheinung sind nicht zwei, sondern eins. Die ‚Neuen Gedichte‘ im Märzheft 1981 von ‚Literatur und Kritik‘ sagen diese Wahrheit aus Osten in der neuen, anderen Rationalität ohne Umschreibung und Bild aus: Wenn wir wüßten, daß wir Flügel haben und Gott sind, hätten wir sie und wären Gott; wir lernen nichts, das wir nicht wissen; nur wer nichts mehr weiß, weiß alles. Das entscheidende Buch Schönwieses, das die Wende vielleicht nicht bewirkt, aber bezeichnet, sein Patmos — mit dem Titel einer 1935 von ihm herausgegebenen Anthologie — ist ‚Das unverlorene Paradies Dichtungen von Demut, Tod und Ewigkeit zu neun Steinzeichnungen von Ernst Barlach‘ 1951: der Mensch, aus den Händen des Demiurgen kommend; Brudermord; ‚Anno Domini ... post Christum natum; bis zu ‚Tod und Wiedergeburt‘, ‚Wenn Zeit in Ewigkeit ...‘: im schon unterhöhlten (christlichen) Gottesbegriff, in genauer Anlehnung an Hebbels ‚Weihe der Nacht‘ erfüllt sich hier hohe Poesie und das schöpferische Ineinander von Gott und Mensch.

Rudolf Bayr, 1919 geboren, hat 1947 zwei Arbeiten herausgegeben: ‚Karl Heinrich Waggerl Der Dichter und sein Werk‘ und ‚Essays über Dichtung‘. Der Stil Waggerls, allerdings verwandelt durch Bayrs Sarkasmen, wird in der Erzählung ‚Der Zehrpfennig‘, über den Besuch des Internatszöglings bei den klein-

bürgerlich unerlösten Eltern, weitergeführt. Seine Prosa bleibt bis
in die siebziger Jahre scharf kritisch, als Sprach- wie Gesellschaftskritik; in den ‚Anfangsschwierigkeiten einer Kur' (1973) bedient
auch er sich der Fragebogen- (Fragen-) Technik und der Tagebuch-
Form, um die — vermutlich erlebte — Fehlordnung solchen An-
staltslebens anzuprangern.

Die ‚Essays über Dichtung' sind sehr aufschlußreich und für
Bayrs literarische Wirksamkeit richtungweisend: Rilke, der Existentialismus und die Antike sind die Quellgebiete seiner Anschauungen; Dichtung ist Eroberung neuen Seinsbereichs, provoziert durch Gefährdung unserer Existenz; er erkennt Analogien
zwischen Antike und Gegenwart: die Orientierung an Mächten
der Zerstörung, die Skepsis gegenüber dem Sinn des Lebens, aber
an die Stelle der Götter sind „psychologische und existentialphilo-
sophische Termini" (84) getreten. In Nachbildungen antiker
Lyrik — unter vorherrschend ästhetischem Gesichtspunkt — und
in den zehn Oden ‚Der Dekalog' wie in der Übersetzung und
Nachdichtung antiker Dramen bleibt Bayr ernst, streng, nahe
dem Rilke der ‚Elegien', aber härter im Ton, mit einer Ahnung
der Hymnen Hölderlins. Als Leiter der Abteilung ‚Literatur und
Hörspiel' von Studio Salzburg hat er antike Dramen auch als
Hörspiele bearbeitet.

Auch *Herbert Eisenreichs* schriftstellerisches Werk verläuft in
beiden Spuren: Dichtung und Kritik bzw. Essay. Als Erzähler ist
er schon früh von Doderer beeinflußt, zu dem er sich mit hoher
Achtung bekennt: in der Technik des Umwegs zum Ziel, in der
Metapher, in der Erzählhaltung; aber er ist skeptischer als Doderer, er sieht die Welt als gefährlich, zu Unerwartetem bereit;
Illusionen zerfallen, wenn wir genau zusehen. Sein Carnuntum-
Text (1960) zu den Bildern Kurt Absolons ist ein gutes Beispiel
für den kritischen Ernst, mit dem er meist an die Arbeit geht,
sodaß der Gegenstand, hier die Landschaft, zur Instanz wird, vor
der wir uns zu bewähren haben. Die Essays zur Literatur, ‚Reak-
tionen' (1964), weisen ihn als einen der literarisch meist gebildeten
Autoren Österreichs aus: Doderer, dessen saloppes ‚s' — „um die
Menschwerdung geht's in dem ganzen Oeuvre" — er übernimmt,
Nestroy, den er an Empfindungstiefe neben Shakespeare stellt,
Kassner als Zeuge einer „unwiederruflich vergangenen Epoche
österreichischen Geistes" (85), Güterslohs hohe Kunstauffassung.
‚Das schöpferische Mißtrauen oder Ist Österreichs Literatur eine

österreichische Literatur?', schon 1959 entstanden, gibt eine Reihe von wichtigen Hinweisen: „Verzicht auf aktuelle Wirksamkeit", Abneigung gegen alles Laute; Bewahrung, Mißtrauen gegen das angeblich nicht-zu-Bezweifelnde, „Zweifel an der faktischen und der Glaube an die sprachliche Realität". (86) Man spürt Karl Kraus, wenn Eisenreich sagt, in der Zeit von Krieg und Hungersnot kann der Schriftsteller „nichts Besseres tun als: möglichst gute deutsche Sätze schreiben", und Musil in dem Untertitel ‚Ein Nachruf zu Lebzeiten' — gemeint als Anleitung, wie er gesehen und kritisiert werden möchte (87); das ist neben Doderer und dem Bekenntnis zu Stifter im ‚Kleinen Stifterbuch' (1967) eine gute Ahnenschaft.

Eisenreich schreibt keine Romane. Sein überraschendstes Buch sind die ‚Verlorenen Funde' (1976), Gedichte aus den Jahren 1946 bis 1952: tiefer Ernst und gelegentlich souveränes Spiel, und davor ein ‚Dank dem Gedicht', der so gekonnt ist, daß er sich mehr an den Verfasser als an das Gedicht wendet, des Lesers kaum mehr bedürftig.

Schon im Titel des Gedichtbandes, den Alois Hergouth zum 50. Geburtstag 1975 veröffentlicht, steht das Bekenntnis zur Antike: ‚Flucht zu Odysseus'. Hergouth ist Lyriker, sein Werk ist schmal, seine Leistung hoch. ‚Stationen im Wind', Gedichte aus zwanzig Jahren, waren schon starr, schmucklos, unbeheimatet, metaphorisch durch das Aneinanderrücken der Hauptwörter — „die Farbe Mond" (88) —, keine Sachwelt wurde erzeugt, sondern eine Gestirnkarte. Der jüngere Band ist an Formelementen ganz sparsam, im Inhalt klar, hart, ohne Beschreibung, mit einer Neigung zu mythologischen und geographischen Eigennamen; der Gesamteindruck ist: zu Archaik neigende ganz späte Kultur, Erinnerung an Ezra Pound, aber stark entsinnlicht, knapp bis an die Grenze der Vorstellbarkeit, in meisterhaft verfremdeten Zitaten auf Rilke und Bachmann verweisend, ohne ein Nachfolge-Verhältnis anzudeuten. Diese Lyrik gehört zum Besten, das unsere jetzt lebenden Dichter schreiben.

Die erzählende Dichtung hatte um 1940 weniger ausgeprägte, aber doch greifbare einzelne Vorbilder: Hamsun - Waggerl im weiten Bereich der Heimatkunst, die isländische Saga und ihre Nachfolge, besonders Hans Grimm, im Bereich der heroischen Epik. Das zentrale Buch Franz Tumlers ist ‚Volterra', das kleine

Werk des Fünfzigjährigen. Mit Erzählungen von eigentümlich verhaltener, wie verschleiernder Sprache hatte er begonnen, die Figuren waren urbild- und mythennahe und ihre Entscheidungen unwiderruflich. ‚Ein Schloß in Österreich‘ (1953) hat sich schon aus dem Erzählstandpunkt entfernt: „Es sieht nach Roman aus, aber für Romane ist es zu spät geworden in diesem Jahrhundert". (89) Aber es werden doch Vorgänge in diesem Haus und dieser Zeit der Besatzung gezeigt, und wenn eine vermauerte Tür aufgebrochen wird, dann ist etwas von Symbolik zu spüren. Auch die folgenden Bücher der fünfziger Jahre kommen über diese Position, daß etwas hinter dem Inhalt gemeint ist, nicht hinaus. ‚Volterra‘ bricht die Zweiheit auseinander in Volterra und Ansedonia: ich, du, wir, Gegenwart, Erinnerung, Gespräch, Bericht: das sind die Blickweisen; Ansedonia, unbewohnt, Ruinenstadt; Volterra, gegenwärtige Stadt; Bericht von beiden, mit vorausgehender Benennung oder ohne sie, Wiederholung gleicher Situationen, derselben Wörter, gegensätzlich und gleich bis zur Engführung Satz um Satz: „Ansedonia: Die Zisternen sind leer. Volterra: Die Taufschale im Baptisterium, fugenlos, tiefgewölbt, ist trockener Stein." Der Unterschied? Tumler läßt uns allein mit den Dingen, die ja eigentlich (nur) Worte, ja fast nur Wörter sind: „Ich hörte es; Worte, Benennung, Schritte; und langsam erinnerte ich mich, wie es dort war". (90) ‚Nachprüfung eines Abschieds‘, ‚Aufschreibung aus Trient‘: die Parallele zu der Verwandlung der Lyrik ist deutlich, aber auch: daß hier Gestaltung, Welt, Kunst ist.

Gertrud Fussenegger hat im Bereich der Saga und im Einflußbereich des Nationalsozialismus begonnen, wie nicht nur eine Romanfigur (‚In deine Hand gegeben‘), sondern sie selbst im ersten Band ihrer Selbstdarstellung (‚Ein Spiegelbild mit Feuersäule‘, 1979) darlegt und begründet: sie wurde 1912 in Pilsen geboren. Lyrik, Hörspiel, Landschaftsbuch, Erzählung, Literaturkritik und Dichtungstheorie sind wichtige Nebenbereiche ihres Werkes. Das Hauptgewicht liegt bei den Romanen, deren innerste Gestalt mit ‚Geschlecht im Advent‘ (1937), dem ersten Buch, festliegt. Liebe, Schuld und Leid werden immer neu abgewandelt. Die Erzählungen sind mit den Romanen eng verflochten, die Erlebnisse und Entscheidungen der Gestalten aus dem Leben der Dichterin nicht nur gespeist, sondern geworden, die Inhalte von den Problemen — und vielfach auch von den Begebenheiten — der

Zeit getragen. Früh schon bestand eine enge Beziehung zu Stifter, die sich in Stil und Schilderungen bezeugt.

Gertrud Fussenegger kennt die literarischen Techniken der Gegenwart und bedient sich ihrer, mit besonderem Genuß tut sie das bewußt und geradezu spielerisch in dem Spukroman ,Die Pulvermühle', einem Buch um die Bewältigung der Vergangenheit. Ihre bedeutendsten Leistungen sind ,Das Haus der dunklen Krüge' und ,Zeit des Raben Zeit der Taube'. Der erstgenannte Roman ist ebenbürtig vergleichbar der ,Forsyte-Saga' und den ,Buddenbrooks' in der Gestaltungskraft, der Personenfülle, der Erkenntnisleistung: das Zusammenleben von Deutschen und Tschechen, die Probleme des Familienlebens in vielen Schattierungen; in der menschlichen Schönheit der Zentralgestalt und in der Einheit durch die ausgewogene Vielfalt der Personen, das Netz der Leitmotive, die Aussagekraft der Metaphern und den fast mythenhaften Einsatz des Titels. Der zweite Roman ist ein ganz seltenes formales Experiment, das Ineinander und Aneinandervorbei der Lebensläufe von Madame Curie und Léon Bloy, der Physikerin und des mystischen Dichters. Nichts an diesem Experiment ist Selbstwert, es ist ganz dem Willen zur Erkenntnis und dem Glauben an die Gegenwart beider in einem großen geistigen Raum gewidmet. In ihrem Bewußtsein steht wie bei Reinhold Schneider und vielen Menschen unserer Zeit Pascal, der Naturwissenschaftler und Mystiker.

In der Gedenkrede für Felix Braun 1973 sprach *Rudolf Henz* von dessen Ehrfurcht vor den großen Dichtern und ihren Werken und „den für Dich unwandelbaren Gesetzen der Schönheit". (91) Die Rede spricht weder Lob noch Tadel aus, indem sie die Ehrfurchtlosigkeit der folgenden Generationen als Grund für Felix Brauns Einsamkeit nennt. Rudolf Henz, der Publizist und Abteilungsdirektor der RAVAG in der Ersten Republik, der Programmdirektor des österreichischen Rundfunks von 1945 bis 1957, ist ein kämpferischer Mensch. Als Kulturpolitiker ist er ein Nachfolger Richard von Kraliks, als Dichter verkündete er in liturgischen Spielen, in der Mitgestaltung des Österreichischen Katholikentags 1932, in seinen historischen Romanen und Zeitromanen den Menschen in der Heilsordnung. Seine überzeugendste Antwort auf den Nationalsozialismus ist nicht das Terzinenepos von den Stummen und Tauben, ,Der Turm der Welt', sondern seine Tätigkeit als Restaurator und der Gedichtzyklus ,Bei der Arbeit an den

Klosterneuburger Scheiben' (1950). — ‚Wohin mit den Scherben?‘:
Dieser Roman von 1979 antwortet: nicht ein Heiligenbild, sondern aus den alten Glasstücken ein Fenster mit Atommodell und
Weltformel. Die ‚Neuen Gedichte‘ des 75jährigen (1972) stehen
unter dem Motto: „schreiben gegen den Tod" und enden mit dem
stolzen schönen Spruch:

> Einmal noch
> an einem Abend im späten Sommer
> in meinem Garten sitzen, den Weltapfel in der Hand.
> Und die Hand zittert nicht.

Als Dichter, Zeitgenosse, Mensch a. D. bezeichnet er sich in
diesem Band in der ‚Großen Altersfuge‘, aber es heißt bei diesem
stets Wandelbaren in dem Sinn, daß er als Christ seiner Zeit antwortet, so wie er es für recht hält, nicht ‚außer Dienst‘, sondern
‚anno Domini‘. In der ‚Kleinen Apokalypse‘, dem ‚Lyrischen
Pamphlet gegen Scharlatane und Anarchisten‘, hat er sich zum
Weisbarth ernannt und führt den Zeitgenossen in Litaneien
von atemberaubendem Tempo vor, welche Welt sie sich da aufgebaut haben.

Heimatdichtung und Anti-Heimatdichtung

Die Heimatkunst war ihrem Wesen nach nicht wandlungsfähig.
Es ist dem Zeitbewußtsein nicht gegenwärtig, daß Michael Georg
Conrad 1902 in der Schrift ‚Von Emile Zola bis Gerhard Haupt-
mann‘ sagte: „Im Geheimnis des Blutes und Bodens ruht das
Geheimnis der Kunst" (92), daß Heimatkunst also von ihrer
Ausgangsposition her auch naturalistisch ist, neben dem idealisie-
renden Ast von Langbehn her (‚Rembrandt als Erzieher‘) und
Friedrich Lienhards ‚Die Vorherrschaft Berlins‘ (1900). Was sich
wandelte, war die Umwelt und die Stellung bzw. Funktion der
Heimatkunst. Sie kam der nationalsozialistischen Rassenlehre, der
Aufhebung der Standesunterschiede, dem Irrationalismus, dem
‚regressiven Eskapismus‘ entgegen. Mit diesem Zitat befinden wir
uns im Jahr 1976, es stammt von Uwe-K. Ketelsen, ‚Völkisch-
nationale und nationalsozialistische Literatur in Deutschland
1890—1945‘, und es betrachtet deutsche Gegebenheiten. Auch der
Sammelband ‚Die deutsche Literatur im Dritten Reich‘ (1976)
kennt mit Ausnahme einer Zeile mit dem Namen Waggerl in Verbindung mit Hamsun nichts Österreichisches. Wahr ist, daß Enrica

von Handel-Mazzetti 1904 in Carl Muths ,Hochland' den Roman ,Jesse und Maria' veröffentlicht, daß sich mit dem Gralsbund Richard von Kraliks eine ganze Schule christlich-deutsch betonter Dichtung, mit den Romanen der Handel-Mazzetti eine Romanschule entwickelte, die hohes Pathos, katholisch anti-reformatorisches Gedankengut und Heimatverbundenheit gestaltete; weiters, daß auch der Stil Knut Hamsuns in diese Literatur eindrang und besonders durch Waggerl und dessen Einfluß Boden gewann: Dieser Zweig der Heimatliteratur ist nicht betont oder kämpferisch christlich, ruht aber meist auf christlichem Lebensgefühl und bleibt Hamsun manchmal so stark verbunden, daß die Schönheit der Natur im Wandern, in Naturfrömmigkeit und Allhingabe erlebt wird, so bei Herbert Strutz, ,Die ewigen Straßen' (1947).

Die Macht der Ohnmächtigen, die Steigerung in äußerste seelische, oft auch körperliche Leiden und der Sieg des Glaubens aus dieser Miterlösung: dieses Thema ist für politische Dichtung nicht mißbraucht worden; aber auch in Österreich schafft die Heimatkunst eine Literatur der zuinnerst heilen Welt, eine Mythe der Landschaft mit Paula Groggers ,Grimmingtor', ein Hohelied des Opfers für Land und Hof bei Joseph Georg Oberkofler, den Sieg der (dämonisch gezeichneten) Mächte des Landes gegen die Landfremden in den Spielen Richard Billingers. Darum traf die Ablehnung diese Literatur in voller Breite auch in Österreich, und zwar in den sechziger Jahren, als die Versuche, Österreich als heil gebliebene Welt anzusehen, nicht nur auf Gegenargumente, sondern auf Erbitterung stießen.

Im Stimmungsbereich des Jahres 1968 war eine Verherrlichung erdgebundener Zeitlosigkeit vor der Gegenwart der Technik und der Zeitprobleme tatsächlich untragbar und wurde zur Erbauungsschriftstellerei. Aber wenn Gerhard Schweizer (,Bauernroman und Faschismus') im Zusammenhang mit der Darstellung Waggerls sagt, wie in Deutschland habe man in Österreich „auf die Ideale der parlamentarischen Demokratie mit einer Verstärkung neuromantischer und irrationalistischer Tendenzen" geantwortet, und: die „Kleinbürger aus der Provinz [entwickelten] eine rein irrationalistische Abwehrhaltung gegenüber dem modernen Pluralismus" (93), zeigt das, daß er die österreichischen Verhältnisse der dreißiger Jahre zu wenig genau kennt. Die Wendung aus extremer Position begab sich in Deutschland im Zusammenhang mit Umweltschutz und Atomkraftwerk. Im Jahr 1977 sagt Jahrbuch 12

des ‚Tintenfisch': in den sechziger Jahren habe man Wald und
Schäferhund — es ist interessant, hier auf die ‚Hundejahre' von
Günter Grass hinzuweisen — als „Inbegriff des Faschismus" angesehen; Brokdorf habe auch linken Literaten manches klar-
gemacht.

Sicher scheint, daß Heimatkunst und Faschismus in Österreich
nicht ohne Ansehung der Person gleich oder auch nur in ein
Parallelverhältnis gesetzt werden dürfen; daß die andere Zeit,
die jungen Menschen heute auf diese Literatur mit Ablehnung
wenn nicht Widerwillen reagieren, daß die Selbstverständlichkeit,
mit der Lorenz Macks ‚Sohn der Erde' 1976 als Wanderarbeiter
von Frauen begehrt wird und seine Überlegenheit zeigt, geradezu
peinlich wirkt. Selbst die Idyllik vieler Dichtungen Perkonigs ist
hinter den Horizont hinabgeglitten, wenn auch sein Bemühen um
das Verständnis der Volksgruppen in Kärnten immer verdienst-
voll bleibt. Georg Rendls ‚Glasbläser'-Trilogie, Adelbert Muhrs
Donau-Theiß-Mythe ‚Der Sohn des Stromes', Imma von Bodmershofs ‚Die Rosse des Urban Roithner' — all das ist vorbei, und
es ist nicht sinnvoll, darüber zu trauern, sondern nur zu fragen:
ob damit über gute Schriftstellerei hinaus Lebens- und Erkenntnis-
Lösungen angeboten werden.

Die Heimatkunst als Dialektdichtung, das Verhältnis von
Stadt und Land, das Bauerntum in der Dichtung: das sind die
wesentlichen Fragenbereiche, die sich in dieser Entwicklung ergeben. Die traditionelle Mundartdichtung — ihr gehören Josef
Viktor Stummer wie Wilhelm Rudnigger als zwei der Erfolg-
reichsten zu — hat die Liebe zu den kleinen heiteren, tröstlichen
Schmuckgebilden zu Fest und Feier bewahrt, und über sie ist
nichts weiter zu sagen. Stummer hatte den Ehrgeiz der Sprach-
pflege, Karl Bacher gedachte der großen Vorgänger Josef Misson
(zum 75. Todestag), Franz Stelzhamer (zum 150. Geburtstag)
in dem Band ‚Ausklabte Äpfln'. Eben darauf kommt es an: ob
die Sprachgewalt das heimatlich Nahe — der Wortform und
wahrscheinlich der Inhalte — mit dem menschlich Gültigen zu
verbinden vermag. Der große Dichter im Medium der Mundart
wie Stelzhamer wirkt geradezu hilflos im Hochdeutschen. Der
Kärntner Gerhard Glawischnig beschreibt das Landleben in Vier-
zeilern, er schreibt bedeutende religiöse Lyrik modernen Tons,
darunter eine Vaterunser-Paraphrase als Klage über die Zeit,

hochsprachlich. ‚Und morgen wird Hiob anders heißen‘ ist der Titel dieses Gedichtbandes.

Eine Gruppe von Mundartdichtern schließt sich auf Grund eines Mißverständnisses H. C. Artmann an; man versucht seiner Lautnotierung zu folgen und meint damit der Zeit zu entsprechen — aber Artmann ist kein Mundartdichter, sondern ein Sprachkünstler, der sich auch dieses Sprachspiels bedient.

Nur *Hans Haid* und was in seiner Umgebung geschieht ist von Bedeutung für die österreichische Mundartdichtung der Gegenwart. Wer die Gedichte in Haids Heimatmundart, dem Ötztalerischen, zum erstenmal zu Gesicht bekommt, steht vielleicht ratlos vor Wortungetümen; die Oberfläche fängt zunächst jedes Verständnis ab. Man muß sie laut zu lesen versuchen, dann beginnen sie zu leben, sie sind so genau notiert wie Artmanns Breitenseer Deutsch und sicher in seiner Nachfolge. Haid hat (sich) die Zeitschrift ‚Dialect, Halbjahresschrift für Mundart und Mundartliteratur‘, 1977 geschaffen, um dem Dialekt Ansehen zu gewinnen, um — mit Fernand Hoffmann in Heft 1 von 1978 — die Hochsprache als „Herrschaftsinstrument der Oberschicht" zu entthronen. Sein Unternehmen hat eine volkskundlich-sprachliche Dimension, eine poetische, eine politische, eine — soweit das davon trennbar ist — gesellschaftlich-revolutionäre, mit der er über das Ötztal, Tirol, Österreich hinausgreift. Im zweiten Heft 1979 ist ein politisches Lied über die Not der Spinnerinnen in Bergamo enthalten. Haid sieht und fordert das Recht auf das freie produktive Spielen mit der Sprache wie das Recht auf die Sprache zur Artikulation der Unzufriedenheit, und so zeigt er, wie Spinnerinnen zur Sprache greifen gegen den Einbruch der Industrie in das bäuerliche Gebiet, und protestiert selbst gegen Mißstände in Tirol. Das Sonderheft 3 überschreitet allerdings mit den Beispielen — und zugegebenermaßen in der Interpretation — den Bereich, den der Titel ‚Anti-Heimatdichtung im Dialekt‘ andeutet, indem es auch graphische Montage der Wiener Gruppe aufnimmt.

Seit 1978 gibt Haid mit Markus Wilhelm in Innsbruck die ‚Zeitschrift fürs Tiroler Volk‘ ‚Föhn‘ heraus; Föhn „bringt die Leute durcheinander und verursacht Kopfweh". „Was nützt es dem Tiroler Bergbauern, wenn er sich die WC-Anlagen mit DM-Scheinen tapezieren kann, wenn aber sein Charakter vor die Hunde geht?" (94), fragt er schon im ersten Heft, beweist aus genauer Sachkenntnis, schlagkräftig und geschickt in der Auswahl der Mitarbeiter, daß Verkehrserschließung und Tourismus das äußere und innere Leben der Landschaft zerstören, und leistet Außerordentliches in den Heften zu bestimmten wesentlichen Themen (Jugend, Religion, Option der Südtiroler nach dem Hitler-Mussolini-Abkommen, Außenseiter). Bernhard Setzweins Doppelgedicht ‚Da Dorfdepp' (95) ist einer der eindrucksvollsten dichterischen Beiträge zum Jahr der Behinderten.

Haid führt den Kampf gegen die falsch verstandene Heimatdichtung auch in der Satire. ‚Abseits von Oberlangdorf' (1975) ist durch Sprache, Personen, Vorgänge, literarische Anspielungen — besonders durch Waggerl-Imitation — ein Anti-Heimatroman. Schon 1973 erschien Reinhard P. Grubers ‚Aus dem Leben Hödlmosers, Ein steirischer Roman mit Regie', in pseudowissenschaftlicher Genauigkeit, grammatisch überbetonter Sprache, Darstellung der Standard-Vorgänge Zeugung, Begräbnis, Hochzeit. Engelbert Obernosterer — ‚Ortsbestimmung', in der Buchreihe ‚Literaturproduzenten' erschienen — verneint den mitgeteilten Inhalt, indem er Metaphern verfremdet und damit auf ihre wörtliche Bedeutung zurückführt: „Die Gärten schlingen die Kräfte der Frauen hinunter". (96)

Aus diesen der Zeitumstände als Folie bedürftigen Protesten entwickelt sich sehr bald die ernstgemeinte Darstellung des bäuerlichen Lebens bei Innerhofer.

Wie man vielfach das Wort ‚Dialekt' vorzieht, weil ‚Mundart' mehr im Sinn der Herderschen Auffassung — die Sprache als Organismus mit Lebensaltern — verstanden wird, so vermeidet man auch das Wort ‚Heimat', belädt ‚Provinz' mit eindeutig negativen Inhalten. Provinz ist einfach die Vergangenheit, der Aufstand gegen den Fortschritt, sagt Paul Kruntorad; ein Zustand ohne entsprechende Information und Unterscheidung, Einstimmung in Klischee und Tradition, sagt Vormweg. (97) Amanshauser äußert sich 1967 in einem Beitrag in ‚Literatur und Kritik' (‚Die Provinz erobert Wien') sehr scharf über die ‚verwesende Provinz', und man sieht sofort, warum: Hitler erscheint ihm als ‚suggestiver Schauspieler', „der die stärksten Triebe der Provinz, und nicht nur der Provinz, medial verkörperte". (98) Man sieht, Provinz steht fast für Faschismus. Das ist die gemeinsame österreichisch-deutsche Auffassung um das Jahr 1968. Es wird sich noch wiederholt zeigen, daß die Aufbrüche und Radikalismen wieder absinken. 1980 schreibt Kurt Batt in den ‚Protokollen' über die ‚Mundartdichtung in der Nationalliteratur‘: Wie überwindet man den Provinzialismus? indem „der Schriftsteller im Mikrokosmos des mecklenburgischen Dorflebens mit seinen historischen und ortsgebundenen Besonderheiten Züge der nationalen Entwicklungstendenz aufspürt und gestaltet". (99)

Es bleibt vom Heimatroman als Anti-Heimatroman in äußerster Folgerichtigkeit zu sprechen; das ist Hans Lebert. 1955 begann mit seiner harten, aber ganz schönen Geschichte vom Untergang des Menschen, der gegen das Leben und die Liebe lebt, die Reihe ‚Neue Dichtung aus Österreich‘: ‚Das Schiff im Gebirge‘ — wie so oft in unsrer Zeit steht die Schiffs-Metapher als Zeichen der Fahrt ohne Ufer. 1962 folgte ‚Die Wolfshaut‘; der Matrose (!) kommt in das Dorf Schweigen am Ebergebirge — ein andres Übelbach —, er erkennt, daß hier Fremdarbeiter gemordet wurden, daß die Leute davon wissen und schweigen. Er kämpft vergeblich um die Wahrheit und verläßt den Ort, als er diese Vergeblichkeit einsieht. Das Motto des Romans ist Wagners ‚Walküre‘ entnommen. Vielleicht dachte Lebert damals schon an das Buch, das ein knappes Jahrzehnt später vorlag: ‚Der Feuerkreis‘. Gottfried Jerschek kehrt als britischer Offizier nach zehn Jahren in die Heimat zurück, findet seine Schwester Hilde allein im Elternhaus und erfährt allmählich die ganze Wahrheit; sie war SS-Helferin, sie hat gemordet. In schrecklichem Ringen, zwischen Ausbruch von Haß und Feindschaft und Inzest, reift Hilde allmählich zur Sühnebereitschaft, und so stirbt sie. Hinter dieser Ebene webt Lebert ein Netz aus Andeutungen und Beziehungen, aus dem sich eine heidnisch-antichristliche Welt um den Nibelungen-Mythos ergibt, Hilde als Brünhild und Wotan. Leberts geballte Kraft der Darstellung erzwingt hier manche Höhepunkte, aber die Anspielungen zersetzen, statt zu festigen, weil sie in verschiedene Richtungen weisen und teilweise nicht überzeugen. Das äußere Geschehen, das die Dorfbewohner kaum einbezieht, bringt auch diesesmal fast keine Ergebnisse, und so wird das Buch mit Hildes Sühnetod fast zum Erbauungsroman.

Wenn man die beiden Romane ‚Der Stein des Sisyphos‘ (1969) und ‚Sodom oder Das Vorbestimmte und das Zugefügte‘ (1978) von Ernst Vasovec neben diese von Lebert hält, den Dorfroman aus der Kriegszeit und das Ineinander von Sodom-Roman des verstorbenen Lehrers und zeitgeschichtlichen Vorgängen von 1938 bis in die sechziger Jahre, drängt sich der Gedanke auf, daß die

Gesamterfassung des Geschehens noch nicht gelungen ist — nicht gelingen kann?, daß der Roman bei einer Deck- und Hintergrundebene Zuflucht sucht, um sich des schon Bekannten als einer Deutungshilfe zu versichern; daß der Autor mit dem Stellenwert der zweibödigen Komposition gewinnen (ersetzen) will, was er als solches nicht zu fassen vermag.

Bernhard

Der Dichter von ,Auf der Erde und in der Hölle‘, ,Unter dem Eisen des Mondes‘, ,In hora mortis‘ fand noch wenig Beachtung. Und doch sind diese lyrischen Frühwerke Thomas Bernhards ein Versprechen, das ein Werk parallel zu Christine Lavant, auf Trakl ähnlich fest aufruhend wie ihres auf Rilke, erwarten läßt. Das von düsterer Landschaft und Natur bestimmte Vokabular, die Umkehrungen und Sinnwidrigkeiten sind nicht Aggression, sondern Trauer und Hoffnungslosigkeit. Mit dem Messer der Schwermut will er die Städte im Wald vergraben. Lieder und Wünsche erstarren im Frost, auch die Sprache hat keine Kraft, sie zerstört. Die Klage und die Todessehnsucht gewinnt die Konkretheit von Speise und Trank: „o hör mich an, / ich will nicht mehr allein die Übelkeit / und diese Welt ertragen". (100) Mit den Prosabänden ,Frost‘ (1963), ,Verstörung‘ (1967) und den kleineren Büchern und Sammlungen von Texten begann der Ruhm. Der Enkel Freumbichlers konnte mit seinen vielfach landschaftlich festgelegten, Landschaft (scheinbar) beschreibenden Prosawerken als neuer Heimatdichter erscheinen. Aber das ist er nicht, weder im Sinn der Zukehr noch der Abkehr, denn seine Abkehr ist total und meint weder Stadt noch Land als sie selbst.

Sehr verschieden von Handke, ganz zum Unterschied von ihm auf einer Einstellung beharrend, ist Bernhard neben ihm doch der einzig vergleichbare österreichische Autor hinsichtlich der Schnelligkeit der Produktion und der Beachtung in der Öffentlichkeit; diese Beachtung hängt gutteils mit dem Ärger oder Zorn zusammen, den Bernhards öffentliche Reden bei Preisverleihungen oder seine Interviews erregen, und wenn auch der Wille zu schockieren kaum in Frage steht, sind doch Worte wie „es ist alles lächerlich, wenn man an den Tod denkt" (1968), oder „wer denkt, löst auf, hebt auf, katastrophiert [...] Wir sind (und das ist Geschichte und das ist der Geisteszustand der Geschichte): die Angst, die Körper- und die Geistesangst und die Todesangst als das Schöpferische" (101) ganz ernst zu nehmen als Kernpunkte einer Auffassung von unserer Lage.

Das Packende an Bernhard ist zunächst die Konsequenz seiner Darstellung; alles weist auf Tod, Untergang; ,Frost' ist wörtlich und geistig zu verstehen, dem Maler scheint alles ,morbid' hier im Dorf Weng, der Berg „grenzt an die Hölle". (102) In Gesprächen wird das Insichverbohrtsein deutlich, die Erlebnisse des Malers sind von innen gesteuert, sie schneiden aus der Außenwelt nur Dunkles aus; die Körperempfindungen sind Kopfschmerzen, Frieren. Der Wahnsinn des Malers, sagt Bernhard Sorg, sei „eine mit unendlichen Schmerzen erkaufte Annäherung an die Wahrheit", Bernhard sei „von romantischen Vorstellungen stark beeinflußt", seine Verbindung von Wortungeheuern und Satzverfall nennt er „Poetisierung der Welt durch eine Wahnsinnssprache". (103) ,Wirklichkeitsverachtungsmagister' ist eine solche Wortballung (104), und sie könnte ein Hinweis auf romantischen Einfluß sein. ,Amras' (1964) trägt ein Motto von Novalis: „Das Wesen der Krankheit ist so dunkel als das Wesen des Lebens", und hier wird mit der Außenwelt als Symbolisierung der Innenwelt so ernst gemacht, daß sie unübersehbar ist. Die Brüder sind nach dem Selbstmord der Eltern „zweieinhalb Monate in dem Turm eingesperrt"; hier fühlen sie, „verstört, von der ganzen Natur ins Vertrauen gezogen, auf einmal die Weisheit der Fäulnis"; der Turm ist ,immer noch mehr verfinstert', die Brüder berauschen sich am Faulgeruch der Eingeweide ihrer Strohsäcke, sie zerfetzen „in der Finsternis, von Gerüchen und also Geschwüren geleitet, an nichts als an Luft, an das teuflische Oxygenische angeklammert, vor Lust" ihre Kleider, die Kindheit liegt verloren „hinter einem finsteren Wald von Enttäuschungen"; diese Nächtlichkeit hat mit der Einheit, mit dem hymnischen Erlebnis der Nacht, mit der Liebe, wie sie von Novalis vorgedacht und vorerlebt ist, nichts zu tun. Die ,blaue Blume' des Novalis ist ausgespart. Im Turm werden diese Brüder ihrer selbst bewußt; „da schauten wir uns, zum ersten Male, von außen und innen" an. (105) Wie hier in einer manisch wirkenden Steigerung durch Auswahl des Dunklen, Grausigen, der Verwandlung von Umwelt — so gilt das Oberinntal als in Millionen Jahren wie für die Eltern entstanden als die Todessucht erzeugend oder fördernd — das Erlebnis der Ausweglosigkeit entsteht, so steht das Buch von 1967 unter dem Vorzeichen ,Verstörung', das schon als Wortstamm (ver-, zer-stören) vorweggenommen war. Und das Motto ist Pascals ‚Schaudern vor dem ewigen Schweigen dieser unendlichen Räume‘.

Bernhard entwickelt seinen Stil in immer neuen Merkmalen zu einem Labyrinth = Kosmos des Dunkels: Konjunktiv, Satzungeheuer von Seitenlänge und darüber, Lösung vom Personbezug, Zurücktreten des Autors, indem er sich auf im Satz genannte, wechselnde Namen von Gewährsmännern bezieht und damit nicht Authentizität, sondern Verwirrung und Undurchschaubarkeit schafft. Ortsnamen weisen und verlegen die Wirklichkeitsbezüge: in ‚Verstörung‘ erscheint Gratwein (das ist Tragwein in Oberösterreich), Übelbach (aus dem ‚Kirbisch‘-Epos von Wildgans). Leibliche und seelische Verstörung sind verbunden, ihre Scheidung ist nicht wesentlich, wie jemand sagen kann: „mir kam es vor [...], als spräche ich von der Außenwelt" und damit erst andeutet, daß er es nicht tut. Die Welt, sagt der Fürst in ‚Verstörung‘, ist „ein fortwährendes Zitieren, das uns einschließt"; und das Leben ist ein Theater, und unser Dasein ist wie Ausgeliefertsein vor einem Höchstgericht, und Denken hebt das Dasein auf: der Bereich des Finstern, Hochgobernitz, ist also nicht ein Kontrastbereich zum Tal, er ist nur eine andere Welt gleicher düsterer Geschlossenheit, und so richtig es ist, hier an Monarchie und Österreichs Vergangenheit zu denken — als einsam, unverstanden, mißdeutet, zeitfern, menschenvernichtend bezeichnet (106) —, so unwesentlich ist es in dem Sinn, daß jede der oben genannten Analogie-Ebenen nur ein System nennt, das mit den andren struktur- und also grundsätzlich aussagegleich ist. Wenn man Bernhards Bücher erleben will, muß man bereit sein umzudenken: die Aussagen jeweils als wörtlich oder gegenteilig, als außen- oder innen-bezogen zu verstehen und auch wieder in der Gegenposition und Steigerung des Unsteigerbaren; in einem finsteren Haus befindet sich ein Raum, „der zum Unterschied von den andern, so hatte ich den Eindruck, total verfinstert war". (107) Da vermeidet jemand im Denken die Vergangenheit als furchterregend, aber die Vergangenheit ist auch die Gegenwart und die Zukunft, die Welt ist perverse Pest und widerwärtige Operette für den Mann, der sich erinnert. (108) Von diesen Positionen her geschehen immer wieder Angriffe auf den Justizapparat, auf die politische Welt.

Die großen Modelle dieses Werkes sind ‚Das Kalkwerk‘ und

die ‚Korrektur'. ‚Kalkwerk' ist Einsamkeit von Mann und Frau, Ermordung der Frau am Weihnachtsabend, darauf Gefangennahme des Mannes, des Täters; die beiden waren in Qual des Leibes und der Seele und in Quälereien aneinandergekettet. Das Buch enthält Exkurse, Erinnerungen, es wird aus dem ‚Heinrich von Ofterdingen' von Novalis vorgelesen. In dem Roman ‚Korrektur' ordnet der Freund des toten Roithamer, des Architekten, der als Wittgenstein-Kopie zu verstehen ist, dessen Papiere und erlebt dabei das im Landschafts-Stil an der Aurach-Engstelle erbaute Holzhaus der Höller, bei denen eben Roithamer wohnte bis zu seinem Freitod. Sein Lebenswerk war die Erbauung eines Kegels als Wohnturm für seine Schwester, aber der Inhalt des Buches ist eigentlich das Leben als immer neue Korrektur auf die Erfüllung hin: den Tod, die Vernichtung des Familienhauses und -erbes. Die letzte Korrektur ist der Selbstmord, das letzte Wort des Buches: ‚Lichtung', und das nur scheinbar deshalb, weil Roithamer sich auf einer Lichtung erhängte. Und der verlorene Aufsatz über eine Lichtung, den er einst geschrieben hat, war von Stifters ‚Kalkstein' angeregt.

Im selben Jahr 1975 beginnt die Reihe der selbstbiographischen Bücher zu erscheinen: ‚Die Ursache', ‚Der Keller', ‚Der Atem', ‚Die Kälte'; sie sind in Wesentlichem vorweggenommen durch den Einschub ‚Drei Tage' 1971 in dem Buch ‚Der Italiener'. Diese drei Tage sind drei Stufen der Selbstaussage: Die Lust am Gebäude aus Sätzen — er nennt das einen musikalischen Vorgang, worin Martin Esslin ihm in der Abhandlung ‚Ein neuer Manierismus?' (109) zustimmt, indem er Werke von Bernhard und Jonke bestimmten musikalischen Strukturen zuordnet — vergleicht er im selben Augenblick dem kindlichen Turm(!)-Bau mit Zerstörung des eben Gebauten. Zweifellos schreibt Bernhard mit Lust, sich steigernd in das Bauen und — im Bau — in die Zerstörung seiner Sprachwelten, was er im ‚zweiten Tag' darlegt. Sein Haus ist ein Kerker, die Kapitel der Bücher sind die Räume, die er im Haß gegen das Schreiben und aus Opposition gegen sich selbst errichtet, den Zeitablauf zwischen zwei Finsternissen — Geburt und Tod — zu überbrücken. Der Hinweis: finstere Bühne, auf ihr sich bewegende Figuren, „Wörter, die langsam zu Vorgängen äußerer und innerer Natur, gerade wegen ihrer Künstlichkeit besonders deutlich zu einer solchen werden" ist wichtig: einerseits wegen der Gleichsetzung außen — innen und Sprache — Welt

*Thomas Bernhards Haus in Ohlsdorf, laut Dietmar Grieser —
Schauplätze österreichischer Dichtung, München—Wien 1974 —
das Modell des Kalkwerks in dem gleichnamigen Roman*

(Wort — Figur), anderseits wegen der Metapher (Analogie) ‚Bühne'.

Die Bühnenspiele Bernhards sind Anti-Theater mit gleicher Konsequenz, wie seine Prosa Anti-Prosa ist. Innerhalb des Gattungscharakters wird die dargestellte Welt zurückgespielt, als nicht bestehend oder nur durch Nichtbestehen rettbar, erlösbar. Boris, einer der in der Anstalt lebenden Krüppel, stirbt (‚Ein Fest für Boris') am Ende des Festes nach einem rasenden Paukenwirbel, während der älteste Krüppel die geistige Autarkie der Krüppel proklamiert. In ‚Die Jagdgesellschaft' — in ‚Szene Bundestheater-Informationen' 1974 als ‚musikalisches Werk in drei Sätzen' interpretiert — stirbt Person um Person, vom Kommentar des Schriftstellers begleitet; ‚Die Berühmten', die großen Künstler, sind Geistes- und Körperkrüppel, sie erscheinen in der Szene der ‚Offenbarung' mit Tierköpfen, und ihre Stimmen gehen im Gewirr der Tierstimmen unter. ‚Minetti Ein Porträt des Künstlers als alter Mann', mit Motto aus ‚King Lear', stellt den letzten Lebensabend des Künstlers dar, der die klassische Literatur haßt, nur die Lear-Rolle liebt er, und mit ihr, in ihr bleibt er allein und wird zugeschneit, während die Pillen, die er eingenommen hat, zu wirken beginnen.

Werner Brettschneider stellt 1979 die Frage: „Ist Thomas Bernhard das Endspiel Österreichs?" (111) Wenn das heißen sollte: Österreichs Untergang oder den seiner Literatur spielend und damit anzeigend: nein, und das nicht nur wegen der anderen Schriftsteller Österreichs in der Gegenwart; da ist es ungleich näher der Wahrheit, sein Werk mit Gerd Ueding, in seiner Gesamtheit, „gereinigt von individuellen Zufälligkeiten" als „Baustein einer universellen Allegorie, die ganz barocke Züge trägt", zu verstehen. (112) Wenn die Endspiel-Anspielung aber Samuel Beckett meint: in gewisser Weise ja.

Thomas Bernhard ist der Initiator der breitesten Schule der österreichischen Prosa der Gegenwart, nach Kafka der Verkünder einer Umdüsterung, die den reduzierten Menschen als das repräsentative Menschenbild erkennt. Die Saugkraft des in einer Reihe von Merkmalen oben andeutend beschriebenen Stils, die besonders in ‚Korrektur' um einzelne Vorstellungen als Blöcke kreisenden Sprachwirbel, worauf die Sprache zum nächsten Block weiterfließt, das Ineinander von Innen und Außen, die so oft erscheinende Novalis-Welt also, verbindet sich mit den Einsamen, Kranken, Unglücklichen zu einem Komplex, der zeitgemäß, faszinierend und im einzelnen wie als Ganzheit zur Übernahme offen ist, sodaß sich wie bei wenigen anderen Schriftstellern, Herzmanovsky und Doderer besonders, aber derzeit sie überbietend, eine Einflußsphäre wie mit Isotopen nachweisen läßt.

In diesen Bereich gehört Ernst Nowak schon mit den Erzählungen — in Verbindung mit Kafka, über den er dissertierte —, aber bedeutender ist der Roman ‚Das Versteck‘, ein Knotenpunkt von Strängen des Kriminalromans, der Phantastik, der Auflösung des Ichbewußtseins, der Verfremdung durch Über-Ausführlichkeit. Nach Horst Bienek (‚Die Zelle‘, 1968) hat auch die österreichische Literatur den Gefangenen mit seinen Wahnvorstellungen, dem inneren Monolog, der Verfremdung und Reduktion des Ich als Motiv erkannt und mit Wolfgruber, besonders mit Hermann Gails großartigem Roman ‚Gitter‘ von einem Randbereich her den Menschen erfaßt. Der Mensch als Nummer, die Wortewelt als Zuflucht, der Ausbruch in die Literatur als Rettung, der Kassiber an den Griechen Odysseus — es ist fast beschämend, wenn man wagt, hier zu loben. Die Langzeitfolgen der in diesem Roman gestalteten Erlebnisse zeigen sich in den kurzen Geschichten, Beobachtungen, Gedichten der folgenden Jahre. Das Pathos der Sprache ist getilgt; es wächst das Pathos des Ekels, des Widersinns, der Gegenwelt: Die einzelnen Texte des teilweise im Handsatz vom Autor selbst hergestellten Bandes ‚Typen‘ (1982), die Montagen von Lettern und Bildelementen, die Aufzählung von 28 Gefangenen-Zeitungen, all das verweist auf das Gefängnis als den Bezugspunkt, von dem her die Welt ‚draußen‘ aus den Angeln gehoben wird.

Hierher gehört, von außen mitgesteuert durch ein wachsendes Problem der Zeit und die Erforschung der Sprache und des Verhaltens der Behinderten der Bericht von den beiden Außenseitern in Ingrid Puganiggs ‚Fasnacht‘ (1981), Hermann Friedls ‚Heilverfahren oder Das Fernglas‘ (1980) — das Buch scheint gleich vielen Günter Grass verpflichtet durch die therapeutische Verwendung der Selbstdarstellung —; die Romane von Einsamen und Sonderlingen, die Franz Rieger in den siebziger Jahren herausgab — ‚Paß‘, ‚Feldwege‘, ‚Der Kalfakter‘ —, schildern genau, manchmal ruhig und in Reihen wie Stifter, nicht Begebenheiten, sondern Beobachtungen, Erinnerungen unter einem festgehaltenen Gesichtspunkt, etwa dem des Wartens auf einen Menschen. Dieser

Motivgruppe ist auch ein bedeutender Lyriker zuzuzählen, Konrad Windisch. Die ‚Gefängnislieder', schon vor zwanzig Jahren entstanden, sind ähnlich glaubhaft wie die Prosa Hermann Gails, kleine Begebenheiten, mit wenigen Ansätzen zu bewußter formaler Gestaltung. ‚Sie nennen es Liebe' (1972) ist erfüllt von Enttäuschung und andren Menschen nur mehr in der Erinnerung verbunden; er schöpft Genuß aus dem Angebot der Sprache, etwa ‚Leere' neben ‚Lehre' zu stellen, worauf er ‚Im Torbogen zur Einsamkeit' (1980) — Bandtitel und Leitmotiv — in gereifter Sprache, offenbar in Kenntnis bedeutender Lyriker, in den unsinnlichen Strukturen von entfernt im Text wiederkehrenden Worten oder in Andeutungen eines Zeitverlaufs den Menschen im Tor zeigt, der endgültigen Einsamkeit nicht ohne Bitterkeit zugewendet, aber bereit, sich noch rufen zu lassen.

Exil

Alte und neue Heimat

Das Exil ist eine zu allen Zeiten sich begebende, dem Menschen unnatürliche Situation, weil es ihn aus der gewohnten Gemeinschaft ausschließt und damit seine Lebensbedingungen mindestens erschwert, ihn außerdem durch das Bewußtsein der zu seiner Vereinzelung führenden und vermutlich andauernden Umstände bedrückt. Unter den zahllosen Menschen unseres Jahrhunderts, die das Exil auf sich nahmen oder auf sich nehmen mußten, sind verschiedene Gruppen von Österreichern; die Hauptzahl sind jene, die aus Ablehnung des Nationalsozialismus oder als Flüchtlinge wegen der Gefahr politischer oder rassischer Verfolgung 1938 oder kurz nachher Österreich verließen.

Besonders die Emigranten im fremdsprachigen Ausland erlebten das Sprachproblem in mehrfacher Hinsicht. Martin Esslin, in Budapest geboren, in Wien aufgewachsen, emigrierte 1938 und war viele Jahre im englischen Rundfunk tätig. Als er 1975 im österreichischen Fernsehen einen Vortrag hielt, zeigte sich der Einfluß des Englischen in Aussprache, Wortschatz, Satzbau, und er sagte selbst, die deutsche Sprache sei ihm zur toten Sprache geworden. Lion Feuchtwanger spricht schon 1943 in einem Vortrag ‚Die Arbeitsprobleme des Schriftstellers im Exil' von der Kluft, die sich bildet durch das Ausscheiden aus der stetigen Entwicklung der Sprache (113), und Erich Fried, ebenfalls 1938 (nach

England) emigriert, sagt nach zwanzig Jahren im Nachwort zu dem Band ‚Gedichte‘, englische Lyrik und englische Art, „mit Gedanken und Gefühlen“ umzugehen, hätten auf ihn Einfluß geübt; weil man hier nicht heimisch werden könne, sei ihm seine Sprache geblieben, „bereichert und zugleich bedroht und furchtbar in Frage gestellt durch die Möglichkeit des Abstandes von Gebrauch und Mißbrauch des Alltags“; er wisse von einem Eindruck des Ungewohnten bei seinen deutschsprachigen Lesern, ohne dieses Ungewohnte genau aussagen zu können. (114)

Tiefer geht die Verletzung, wenn der Schriftsteller seine Sprache als die von den Nationalsozialisten mißbrauchte — ‚LTI‘, Lingua Tertii Imperii, nennt Victor Klemperer sie im Titel seines Buches 1969 — ablehnt. Jakov Lind warnt vor ihr, sie sei unehrlich, man „weiche ihr aus oder bringe sie um oder übersetze sie“. (115) Mit dem Pathos der Erbitterung schreibt Heinz Politzer, ein bedeutender Literarhistoriker, der 1938 in die Vereinigten Staaten emigrierte, das Gedicht ‚My language, once a holy shrine [...] now strumpeted by pagan voice‘ und übersetzt selbst: „Oh Sprache, einst ein heiliger Schrein, [...] Doch nun verhurt, von Haß verkehrt“, mit dem der Band ‚Die gläserne Kathedrale‘ endet (116): Fußbreit schwebt sie über dem Boden; auch das ist ein Bekenntnis der Heimatlosigkeit.

Auch an all das muß man denken, wenn man den Rückzug von Celans Gedichten aus der Gemeinschaft betrachtet. Unter solchen Voraussetzungen, unter vielen Sorgen entsteht diese Literatur, deren Veröffentlichung zunächst vielfach nicht gewährleistet ist.

Manche dieser Dichter und Schriftsteller starben im Exil, so Broch und Musil, Guido Zernatto, dessen letzte Gedichte von seinem Unglück sprechen: „Dieser Wind der fremden Kontinente / Bläst mir noch die Seele aus dem Leib“ entstand im Todesjahr 1943 in New York. (117) Stefan Zweig starb 1942 in Rio de Janeiro; seinem berühmten Abschiedsbrief, der Klage über die endlose Nacht, antwortet Alfred Döblin 1956 mit dem Romantitel ‚Hamlet oder Die lange Nacht nimmt ein Ende‘. Im Exil entstand Zweigs berühmte ‚Schachnovelle‘ und ‚Die Welt von gestern‘, eine der am meisten erhellenden Selbstbiographien, besonders über das Wiener Leben in den neunziger Jahren. Der Buchtitel ‚Sternstunden der Menschheit‘ ist zur Redewendung geworden, die sich von Zweigs Namen fast schon abgelöst hat. Aber die Gemeinde der Leser hat sich mit den sechziger Jahren wesentlich verringert.

In der großen Sammlung ‚Der Jüngste Tag‘ erschien 1920 *Johannes Urzidils* Gedichtfolge ‚Sturz der Verdammten‘, ein expressionistisches Dokument. Er gehört zu den feinsten Erzählern in den dreißiger Jahren, sein Buch ‚Goethe in Böhmen‘ (1932) ist ein Bekenntnis zu beiden, zu Goethe und zu seiner Heimat. Goethe, Kafka, Stifter, der seinen Geist und Stil wesentlich berührte, sind in seinem Werk immer wieder gegenwärtig. Unter allen Emigranten, die in der Ferne blieben, ist Urzidil der beste Botschafter zweier Kontinente. ‚Das große Halleluja‘ (1959) und ‚Väterliches aus Prag und Handwerkliches aus New York‘ (1969) vermitteln uns sein Erlebnis Amerikas, wobei die Geburt eines Kindes ihm mehr gilt als die erste Mondlandung; und die alte Liebe zu Lederarbeiten, neu auflebend im neuen Land, bezeugt ihm und uns, „welche Bedeutung und Kraft dem Beharren zukommt“, gleichgültig in welchem Bereich; er gehöre vielleicht einer Zeit an, „deren beste Geister an das Unverlierbare, das Bleibende, das Beständige glaubten“. (118)

Im selben Jahr 1896 wurde *Ernst Waldinger* geboren, der gleich vielen Ausgewanderten in Amerika Universitätslehrer wurde; als solcher hielt er einen Vortrag über ‚Tradition and Poetry‘ (1960 gedruckt), in dem er Goethe erwähnt und sich zu Form und Gestalt bekennt, die seit Homer und Vergil den Charakter des ‚westlichen Geistes‘ bestimmten. Er kritisiert in harten Worten das Unnatürliche und Abstruse der modernen (amerikanischen) Poesie, das Volapük des Chaos und ‚Desperanto‘ (mit Karl Kraus), wogegen Österreich mehr Zurückhaltung geübt habe. (119) Er hat auch in dem 1965 gedruckten Gedichtband ‚Ich kann mit meinem Menschenbruder sprechen‘, unter dem Titel ‚Rosenmystik‘, zu Gertrude Steins vielzitiertem ‚a rose is a rose is a rose‘ gesagt: ihm sei sie mehr. Ernst Waldinger verdient Ausführlichkeit deshalb, weil er wie Politzer, aber in viel größerem Umfang, auch in englischer Sprache dichtete — und zwar, oder: allerdings — als Übersetzer seiner eigenen Dichtungen, ebenso, weil er als Lehrer eine große Wirkkraft hatte, mit Dichtern in der Heimat wie in Amerika in Verbindung war und in ähnlicher Weise wie Urzidil die Überlieferung bewahrte und verteidigte. Seine besondere Neigung galt dem Sonett, in dessen strenger Form er ein Mittel der Heilung sah. Er war Weinhebers Lyrik in manchem nahe, vielleicht auch von ihm zu den Gedichten auf bestimmte musikalische Werke angeregt, von Weinheber geschätzt; in den Märztagen 1938 zerbrach das Einvernehmen beider. 1965 folgt das Gedicht ‚Schlaflose Stunden, Den Manen Josef Weinhebers‘: „Ich habe dich nicht ungerecht verlästert“: die Oden sind eitel, „Doch bleibt dein Ruhm“; er beklagt nicht, daß er die Wahrheit sprach, aber daß er sie „lieblos vielleicht“ sagte. (120) Das Titelgedicht des Bandes ‚Zwischen Hudson und Donau‘ ist von hohem Interesse als Wandlung von früheren ‚musikalischen‘ Gedichten her, auch als Gestaltung des Erlebnisses Amerika, es ist die Paraphrase einer Tango-Melodie: „Nimm mich doch mit, nimm mich doch mit, / In den Tanz, in den unermüdlichen Schritt“ und also eines der Zeugnisse für die Öffnung der Dichtung zu den anderen Künsten und die Übernahme eines von seiner Herkunft her ihr fremden Rhythmus. (121)

Der ganze Zwiespalt des Emigranten, im Gedenken der Leiden seines Volkes und als Dichter in deutscher Sprache, zeigt sich ‚Anläßlich des Auschwitz-Prozesses‘: Vielleicht ist es wahr, daß nach Auschwitz kein Gedicht mehr geschrieben werden sollte; aber es ist trotzdem notwendig, daß Gedichte geschrieben werden, damit „die Sehnsucht / Nach dem, was der Mensch sein sollte, entgegengehalten wird“. (122)

Heft 19 des ‚Lynkeus‘ (Februar 1982) nimmt Gedichte des 1981 in New York verstorbenen Kunsthändlers Friedrich Bergammer auf, der 1938 emigrierte. Die Folge seiner Gedichtbände zwischen 1955 und (postum) 1981 gibt die Geschichte seines Lebens in der Fremde schon in den Bandtiteln an: ‚Von Mensch zu Mensch‘, ‚Die Fahrt der Blätter‘, ‚Flügelschläge‘, ‚Momentaufnahmen‘. Ein ‚Alter Mann‘ ist er, der „weniger das verlassene Land / vermißt als die vergangene Zeit“, ein Realist im alten Sinn, dem die Schmerzen, Gram, Lust figurenhafte Wirklichkeit sind. Im Leiden, in den Gedichten von Marter und Verhöhnung der Juden, gewinnt die Stimme des einzelnen, dessen lyrische Technik den zwanziger und dreißiger Jahren angehört, einen hohen Stellenwert.

Die Menschen verschwinden in den Folgejahren fast völlig aus den Gedichten. Dinge werden lebendig, die Windrose duftet, Heimat wird fern und nicht mehr vollziehbar, die Welt wird konkav: der Baum im ‚Nebel‘ zur ‚schadhaften Stelle im Tuch‘, die Sprache der Dinge — der Wellen, Blätter, Farben, der Sprache (!), des Schweigens — „versteht mich nicht“, bekennt ‚Der

Abschied des Dichters', das letzte Gedicht dieses dritten Bandes. Die Verse bestehen zuletzt oft nur aus einem einsilbigen Wort, der Zerfall der gemeinsamen Wirklichkeit wird oft nur mehr in den Differenzbeträgen zwischen den aufgespaltenen Bedeutungen eines Wortes faßbar: ,Die Vorstellung', Gertrude Urzidil gewidmet, scheidet ,Josef K.' und Kafka, und er, Bergammer, liest nicht dessen Bücher, sondern verkehrt mit ihm, den er durch diese Bücher persönlich kennt, ohne ihn gekannt zu haben. Wie die Sprache uns nicht versteht, so heißt es hier von den ,Fragen': sie stellen uns, nicht wir sie. Die Welt wurde verkehrt. So kann die Sprache sie nicht mehr erreichen als Dingwelt, sondern nur mehr als Zeichen, als Sprache, die keine Gemeinschaft schafft.

Auschwitz ist geradezu zur Lebensaufgabe von Hans Günther Adler geworden: 1962 gab er das Sammelwerk ,Auschwitz Zeugnisse und Berichte' heraus, im selben Jahr die Dichtung in Prosa ,Eine Reise', Verwirrung und Wahn eines Opfers des NS-Terrors, 1974 ,Der verwaltete Mensch, Studien zur Deportation der Juden aus Deutschland': ein Monumentalwerk, dessen dokumentarische Kälte härter trifft als ein Haßausbruch: gegen den könnte ein Schuldiger sich wehren. Der Gedichtband ,Stimme und Zuruf' (1980) ist, wenn man mit Kraus vom ,Haus der Sprache' spricht, die Beschreibung einer Ruine: hilflose Satzbrocken und Wiederholungen von äußerster Eindringlichkeit: Wir halten die Sprache „nicht aus, die Worte fallen / In Ohnmacht dahin, die Lippen brechen". (123)

Theodor Kramer kehrte aus dem englischen Exil 1957 heim, im folgenden Jahr starb er. ,Die Gaunerzinke' war sein erster Gedichtband, und das Jahrzehnt bis 1938 ließ ihn zu einem der bekanntesten Lyriker des Raums um Wien werden, mit vielen Veröffentlichungen in Zeitungen und Zeitschriften. Nicht Mitleid mit den Armen kennzeichnet seine Lyrik, sondern die Nähe, das Erlebnis, daß hier einer versteht und spricht von den Armen, den Besitz- und Obdachlosen, den Huren. Es ist viel Nacht in diesen Gedichten; die Form ist stark, nicht gepflegt: Zeilenstil, Umstellungen, erzwungener Reim, Kehrreim, Neigung zur Darstellung des Grausigen; Notdurft, Pissoir, Spinnweben, Rost, immer wieder: Schweiß: Mächtig wie Waldecks Lyrik klingen manche Verse, so wenn dem Knecht das Lied ,wie schwarzes Blut aus dem Mund stürzt'. (124) Am bedeutendsten ist seine späte Lyrik, die Preisung des Lebendigen in ,Lob der Verzweiflung': er preist alles

Hinfällige, die Scholle, die schiefen Hütten, die Huren, den Kampf und seine Feder. Wiederholt wurde hohe Schätzung für Kramer bekundet, aber seinem Werk war bisher keine Wiederkehr beschieden.

Aus Saigon rettete sich Frank Zwillinger 1946 nach schwerer Verletzung und nach dem Verlust seines Industrie-Unternehmens nach Europa — mit seinen Manuskripten. Er kehrte nicht mehr nach Wien zurück, sondern lebt in Paris. Die Lyrik, in acht Bänden gesammelt, begleitet tagebuchartig sein Leben und bezeugt seine Sehnsucht nach Wohlklang, Harmonie und Schönheit, seine Antwort an die Zeit ist Verzicht auf vorgeformte Form, Reduktion zum aphorismusnahen, oft nur mehr in Wortbrocken vorangetriebenen Gedanken. Wortfolge und Druckbild machen die ,kosmischen texte' ,ortung' zu Gruppen gleichfarbiger Bausteine, die zum Turm, zum Kreis, zum Torbogen geschichtet werden. Es ist wahrscheinlich, daß diese die gewichtigere Leistung ist, nicht die Folge von Dramen, die, unter dem Titel ,Geist und Macht' zusammengefaßt, den Menschen in steigender Deutlichkeit als das Wesen sehen, dessen Kämpfe das Gleichgewicht des Kosmos nicht zerstören, sondern lebendig erhalten.

Heimatlos

Der Rundblick hat bisher Autoren erfaßt, die gleich einzelnen früher genannten (Brod, Werfel) als reife Menschen Österreich verließen und im Ausland ihr Werk aus den vorhandenen Grundlagen, seelisch leidend, meist unter drückenden Verhältnissen, aber auch mit Erlebnis- und Erkenntniszuwachs durch die neue Umgebung, weiter gestalteten. Nun ist von jenen zu sprechen, die durch ihren Geburtsort oder ihr Bekenntnis zu Österreich der österreichischen Literatur zuzuzählen sind, aber in jüngeren Jahren oder nach kurzem Aufenthalt Österreich verließen, und von Jean Améry.

Jean Améry, Hans Mayer, ist 1912 in Wien geboren. Nicht die Flucht, sondern Konzentrationslager und Folter entschieden sein Dasein, und er berichtet von diesen verwandelnden Erlebnissen in dem Buch ,Jenseits von Schuld und Sühne'. Er hat eine Anzahl von Büchern verfaßt und hat 1978 sein Leben geendet, nachdem er sich mit dem Gedanken an den Tod viel befaßt hatte; ,Über das Altern' schreibt er 1968, der Titel trägt den Zusatz „Revolte und Resignation', was an Camus erinnert; ebenso der

Gedanke: das Leben ist absurd; mit Sartre sagt er, erst im frei gewählten Tod erlangen wir uns voll. Dem totalen Zwang, der Aussonderung des Gefolterten, Preisgegebenen zum Objekt höhnischen Vernichtungswillens Gewordenen antwortete nur mehr die totale Freiheit.

1976 — ,Hand an sich legen Diskurs über den Freitod' — protestiert er „leidenschaftlich" gegen die Behauptung, der Mensch habe kein Verfügungsrecht über sein Leben; er glaubte nie an Blochs ,Prinzip Hoffnung'. (125)

Jedes seiner Bücher ist eine Abrechnung, ein Dokument des verlornen Bezugs, im Wechsel der Personen und Perspektiven, eine Verweigerung der Verzichterklärung wie die ,Unmeisterlichen Wanderjahre'; sein Roman, ,Lefeu oder Der Abbruch' ist im Abbruch des Hauses der Abbruch einer Existenz; ein absichtliches Fehlzitat aus Novalis, ein ,jenseits von Fried und Unfried', ist Anrede an die tote Geliebte Irene, deren Leib vor ihm liegt; es folgt das Interview mit Améry, von ihm selbst inszeniert: in den Konzentrationslagern geschah der ,qualitative Sprung', der seine Existenz veränderte; „es endigte die Geschichte mit den Gräbern in den Lüften" — dieses Zitat nach Celan ist ein weiterer Beleg aus der zum Sprachspiel erweiterten Zitierhaltung dieses Buches. Das Ende des Textes ist im eigentlichen Sinn schrecklich, Gleichsetzung, Ungleichsetzung und Stellvertretung von Améry und Lefeu, der den Tod stirbt, zu dem der Autor sich immer noch nicht entschließen konnte; Büchners ,Lenz' ist der letzte Bezug, der hier angesprochen wird. (126)

Wenn man Ernst Hinterbergers Zeitroman ,Das Abbruchhaus' (1977) diesem gegenüberstellt — Geschichte eines Hauses und Protest gegen die provozierte Abbruchreife —, wird nicht nur ein Abstand der literarischen Leistung, sondern ein Abstand von Fassade und Struktur, Zeitanliegen und Existenzfrage erlebbar.

Schon von fremdher klingt Amérys Stimme auch in dem aufschlußreichen Band zur Literatur und Politik der Zeit ,Geburt der Gegenwart' (1961), illusionslos gegen West und Ost wie dreißig Jahre früher Franz Werfels ,Realismus und Innerlichkeit' und einer der klarsten Hinweise auf die Nachkriegspolitik: Die Amerikaner und die Deutschen schonen die „Ablagerungen des Nazismus" (S. 176), loben den deutschen Soldaten und Beamten, die zu Opfern eines Narren und weniger Abenteurer geworden seien, und das alles, damit der Kampf gegen den Kommunismus nicht gefährdet würde. Um 1950 wurde der von Améry hochgeschätzte Reinhold Schneider, aus ähnlicher Auffassung ebenso offen schreibend, von Staat und Kirche als Verräter angesehen.

Es kennzeichnet nicht nur Améry, daß seine Meinungsäußerungen vielfach, ja in der Mehrzahl die Bundesrepublik und nicht Österreich im Blick haben — auch das ergibt sich aus dem Leben im Exil, denn Westeuropa hat Österreich mit bemerkenswerter Langsamkeit als um seiner selbst willen würdigen Gegenstand der Aufmerksamkeit zur Kenntnis genommen.

‚Literatur und Kritik‘ vermerkt 1971 in Heft 59 die Zunahme des Interesses an österreichischer Literatur im Ausland, und ähnliches gilt für den Staat Österreich. Eine Buchbesprechung Amérys hat darum vielleicht Anspruch auf besondere Beachtung: In der ‚Weltwoche‘ vom 8. November 1972 schreibt er über Ingeborg Bachmanns Novellenband ‚Simultan‘, unter dem Titel: ‚Trotta kehrt zurück‘, in mit französischen Wörtern untermischter deutscher Sprache, eine Gesamtstellungnahme zu Österreich. „Es ist in Wahrheit ein Totenreich, durch das die Autorin uns führt"; „wer also das literaturgewordene bürgerliche Österreich in sich trägt, der ist der hypnotischen Wirkung, die von diesen Novellen ausgeht, anheimgefallen". Hier wurde der Versuch unternommen, „eine österreichische Literatursprache zu schaffen oder wiedererstehen zu lassen". „Das auf den ersten Blick Archaisierende könnte sich, da es älteres Sprachgut auf einen höheren Punkt der Entwicklungsspirale hebt, auf die Dauer sehr wohl als verfeinerter und verfeinernder Modernismus herausstellen". „Die österreichische Magie inspiriert noch einmal, wie schon so oft zuvor, bei Raimund, bei Hofmannsthal, bei Roth und sogar beim frühen Artmann —, geheimnisreich und anmutsvoll die deutsche Dichtung". Das ist viel und es ist deshalb so besonders viel, weil Améry auf den Tag genau neun Jahre vorher in der ‚Weltwoche‘ vom Sterben der Kaffeehäuser in Wien und vom Sterben der österreichischen Literatur gesprochen hatte, und weil seine Sprache hier merklich aufblüht. Wie genau Améry die Dichtung Ingeborg Bachmanns erfaßt, dafür gibt es einen Doppelbeleg: in ‚Malina‘ die Antwort auf die sechste Frage im ersten Teil des Romans, und breiter in einem Interview, in dem sie vom ‚Haus Österreich‘ spricht: „Ich muß gelebt haben in diesem Haus zu verschiedenen Zeiten"; in Prag, in Triest; „die Kronländer sind an mich gefallen, ich habe abgedankt". (127)

Die Dichtung Jakov Linds, der dem Jahrgang 1927 angehört, ist Protest gegen eine Welt, in der der Nationalsozialismus möglich war, den er, mit gefälschten Papieren in Deutschland lebend, aus nächster Nähe erfuhr. „Ich bin das tier", das sind die ersten Worte, die ein Mensch in die Idylle von Fluß und Wiese und versunkenem Schiff hineinspricht in dem Buch ‚Eine bessere Welt', 1966; Setzung und Rücknahme von Figuren, Sprache als Lendentuch zur Enthüllung des Gedachten (S. 80), aber nicht als Werkzeug der Logik, die abendländische Philosophie als Hautkrankheit (S. 79), Sexus als Bereich der Revolte: die Konsequenz der Verneinungen und Verweigerungen auf allen Ebenen ist außerordentlich, das Wort ‚Exil' gewinnt hier die Dimension der Ausstoßung bei körperlicher Anwesenheit noch deutlicher als bei Améry. In dem Erzählband ‚Der Ofen' ist die Sprache verfestigt zu einfachem Satzbau, der Protest erscheint als Unterhöhlung meist biblischer Inhalte durch Umdeutung. Das sind Extrembeispiele zur allgemeinen Verwandlung des Sprach- und Weltverhaltens.

Von *Erich Frieds* Sprachproblematik wurde andeutend schon gesprochen. Sein Bild gewinnt menschliche Wärme, wenn man die in London während des Krieges, in den Jahren 1943 bis 1945 entstandenen Gedichte liest, die unter den Buchtiteln ‚Deutschland' und ‚Österreich' erschienen: zwischen Zorn und Trauer, Wehmut und Haß, mit Anklage an die Nazis, weil sie uns den Haß wieder lehrten. Das Herz durchleidet den Widersinn der Zeit, die Sehnsucht führt zu religiösem Pathos, aber es gibt auch Töne wie von Heinrich Lersch, dem deutschen Arbeiterdichter, der sich dann dem Nationalsozialismus annäherte.

Die Macht des Zeitstils ist außerordentlich, sie verführt nicht nur zu Einfluß-Vermutungen, sie ist auch ein Wegweiser, und sie muß bedacht werden, wenn Wörter mit einem Bann belegt werden wegen uns erscheinender Bedeutungen und Zusammenhänge. In seinen zahlreichen Gedichtbänden hat Erich Fried die Sprache wach und aufmerksam beobachtet, er hat sie oft auch zum Thema des Dichtens gemacht.

Seine Erbitterung und Einsamkeit führten zur ‚Verkargung' der Sprache in den sechziger Jahren; er protestierte gegen die politische Entwicklung vorwiegend in der westlichen Welt und — unbewußt? — auch gegen seine Einsamkeit durch (deformierte) Zitate: ‚So kam ich unter die Deutschen' (Hölderlin), ‚Stalin auf der Reise nach Prag' (Mörike), er schafft mit am Gewebe der Dichtung durch eine Montage aus Nelly Sachs-Texten als hommage, durch ‚Alles was der Sinn ist / für Helmut Heißenbüttel [...] der die Verfolger verfolgte', womit er Wittgenstein im Titel und Heißenbüttel im Text andeutend zitiert. (128) Auch manche seiner Bandtitel sind Proteste: ‚100 Gedichte ohne Vaterland' (aus den Jahren 1967—77) oder 1966: ‚und Vietnam und': Dieses Buch bewirkte viel Ärger, es gehört neben Bölls Stellungnahmen zu den wichtigsten politischen Taten deutschsprachiger Schriftsteller. Frieds politisches Engagement führt zu jenem kalten Pathos, etwa anläßlich der Morde an Bürgern in San Salvador, das Prosa zum Gedicht werden läßt, in dem Band ‚Zur Zeit und zur Unzeit' (1981): Er übernimmt einen öffentlichen Anschlag der BRD aus dem Jahr 1970 im Wortlaut — das Polizeipräsidium sucht gesunde und ‚schußgleichgültige' Schäferhundrüden — und teilt den Text in Verse ab. Ein Mißbrauch? — nein, eine politische Dichtung alter Überlieferung: scheinbare Zustimmung entlarvt im Zitat am besten — und das zur Zeit der Horváth-Renaissance, der Einsicht also in diese Technik der Selbstentlarvung. Diese Abteil-Methode hatte bereits 1969 eine wichtige Einsicht provoziert, Alois Brandstetters ‚Lyrik als Inszenierung der Grammatik', im Heft 38 von ‚Literatur und Kritik' abgedruckt: primär ästhetisch sei nicht der Rhythmus, sondern „die syntaktische Phrasierung" (S. 481); die Zeilen-Isolierung bewirke die Aktualisierung des ohne sie Verborgenen, verstärke das Gewicht, lockere den Zusammenhang. Der Informationswert des Wortes steigt, damit nicht seine Präzision, aber sein Beziehungsreichtum. Man kann auch sagen: Die Methode entspricht den Bestrebungen der Konkreten Poesie.

Erich Fried hat 1979 ‚Liebesgedichte' veröffentlicht, darunter die Kurt Schwitters-Kontrafaktur ‚An Anna Emulb' (aus: Blume), und er hat in den Band von 1981 ganz herrliche Liebesgedichte an seine tote Gattin aufgenommen. Seine Sprache hat jenseits aller Zerstörungen eine neue Einfachheit gewonnen. Zu seinen Verdiensten zählt seine Shakespeare-Übersetzung, die noch unvollendet ist, aber auch ein ganz seltsames Buch, eine Auseinandersetzung mit dem Problem der Kriegsverbrechen, die so sehr in Gefahr ist, den Bereich der Kunst und der reinen künstlerischen Bewältigung zu überschreiten, daß Fried eineinhalb Jahrzehnte an dem Roman arbeitete. Das ist der Inhalt: 1945, eine zum Tod verurteilte junge Lagerleiterin wünscht für ihre letzte Nacht: ‚mit dem Soldaten da schlafen': das ist einer, dessen Verwandte in Deutschland umgekommen sind. Die Schilderung weicht immer neu aus in den Bereich des Wortspiels — „wer erzählt, was noch zählt? — an diesem einen Ziel in der Nacht vor dem Zahltag". (129) ‚Ein Soldat und ein Mädchen', 1960 erschienen, erkennt die Aufgabe der Überwindung und der Verständigung. Das Werk wurde kein Erfolg, aber es macht seinem Verfasser Ehre und stärkt die Glaubwürdigkeit seiner Proteste zugunsten der leidenden, wenn auch schuldigen Menschen.

Das Ich, die Masse und die Sprache

Im Jahre 1905 wurden die beiden Schriftsteller geboren, die in vorgerücktem Alter vom Ausland her zu steigendem Ruhm kamen: Sperber und Canetti.

Manès Sperber stammt aus Galizien, er lebte in seiner Jugendzeit in Wien und lebt nun seit vielen Jahren in Frankreich. Jerusalem und Wien nennt er als Zentren seines Daseins: Wir, das heißt Sigmund Freud, Joseph Roth und andere, „waren Österreicher, weil es Wien gab, weil es den Kaiser gab, weil es ein Gebilde gab, das uns einzig erschien, nämlich einen Staat, der nicht mit einer Nation identisch war". Er nennt andere Namen, unter ihnen Berg, Mahler, Schiele, Wittgenstein; und Wien sei immer noch „Erbin und Verwalterin dieses ungeheuren Gutes", das um 1900 wurde; es habe etwas gemein „mit der Epoche einer Endzeit". (130) — ‚Der verbrannte Dornbusch' (1950), ‚Wie eine Träne im Ozean' (1961), ‚Leben in dieser Zeit' (1972), ‚Die Wasserträger Gottes' (1974), ‚Bis man mir Scherben auf die Augen legt' (1977), ‚Churban [das heißt: Verwüstung] oder Die unfaßbare Gewißheit' (1979): Alle diese Titel sind schwermütig. Sperber ist exiliert aus beiden Zentren. Er lebt im Bewußtsein der Jahrtausende seines Volkes, die durch die Bibel, die Geschichte und unsere Zeit den Menschen bewußt sind, ihn aber ganz anders betreffen. Die Spannkraft seines Wesens — er hat keine tröstliche Moral zu bieten, nur die Einsamkeit als die Gemeinschaft derer, die ohne Illusionen sind (131) — kann man so erst würdigen. Leidenschaftlich verurteilt er Unrecht und Lüge nach 1918, die Gewaltaristokratie der Sowjetunion; Lenin starb unter den Tanks von Berlin 1953, Budapest 1956, Prag 1968. (132) In den siebziger Jahren biegt sich sein Leben zum Ring: er spricht, glaubenslos seit seinem dreizehnten Jahr, von der Größe der Chassiden, erinnert sich der Talmud-Auslegung in seiner Kinderzeit, da nach Übersetzung und Kommentar die Frage ‚oder umgekehrt?‘ folgt, bedenkt die Geschichte der jiddischen Literatur und das Schicksal seines Volkes, das durch die Habsucht derer, von denen es abhing, immer wieder zur Gewinnsucht verurteilt gewesen und an der Integration gehindert worden sei. (133)

Schon 1939 ist Sperber — ‚Zur Analyse der Tyrannis‘ — als Mitarbeiter Alfred Adlers der Auffassung von Le Bon entgegengetreten. Er will die Masse ‚individualpsychologisch‘ aufgliedern. Er sieht den Menschen nicht mehr als Zellenstaat wie Rathenau (‚Zur Mechanik des Geistes oder vom Reich der Seele‘), sondern als „Knotenpunkt einer kaum beschreibbaren Vielfalt von Beziehungen", in denen er aktiv und passiv steht, und betrachtet ein „brauchbares soziales Selbstbewußtsein des einzelnen" als Abwehr gegen Demagogie und Tyrannis. (134) In diesem Thema trifft er sich mit Elias Canetti, dessen Hauptwerk ‚Masse und Macht‘ (1960) die derzeit bekannteste Gestaltung des Themas ist.

Canetti befaßte sich viele Jahre mit dem Thema, und man kann sein gesamtes Werk zu ihm in Beziehung setzen. Hermann Brochs Theorie und der Roman ‚Der Versucher‘ gingen ihm voraus, Hans Günther Adler fühlte sich von ihm bestätigt in seinem Buch ‚Die Erfahrung der Ohnmacht‘ 1964, Améry bezog sich schon 1961 darauf und stellte fest, es gebe noch Elite, nämlich in den exakten Wissenschaften, und sie habe bereits Macht. (135)

Canetti, 1905 in Bulgarien geboren, erlebte den Ausbruch des Ersten Weltkriegs in Wien, studierte seit 1924 in Wien Chemie und emigrierte 1938 über Paris nach London. In seinem Reisegepäck waren Ausgaben der Werke von Nestroy und Karl Kraus, dessen Lesungen zu seinen entscheidenden Erlebnissen gehörten. Er berichtet darüber unter dem Titel ‚Warum ich nicht wie Karl Kraus schreibe‘: Es herrschte bei diesen Lesungen eine Stimmung wie bei großen politischen Versammlungen; die Anklagen, die Kraus erhebt, haben etwas von ‚Gerichtsparagraphen‘; die öffentliche Vernichtung des Gegners ist schaurig und gewaltig; später erst habe er begriffen, daß Kraus vermochte, „eine Hetzmasse von Intellektuellen zu bilden", die bestand, „bis das Opfer zur Strecke gebracht war"; der Sprecher Karl Kraus sei also der unbesiegbare Kämpfer gewesen, der Meister des ‚akustischen Zitats‘. Aber, fügt Canetti nun hinzu, dieser Stil hatte kein „übergeordnetes Strukturprinzip". „Satz um Satz, Stück um Stück fügt sich zu einer Chinesischen Mauer". [Das ist der Titel eines Werkes von Kraus.] Sie ist überall gleich gut gefügt, [...] aber was sie eigentlich umschließt, weiß niemand". Der Anblick der „Wüste zu beiden Seiten" habe ihn gegen Kraus eingenommen, alles Leben der umgebenden Landschaft sei in die Quadern der Mauer eingegangen; er habe erlebt, „was es heißt, unter einer Diktatur zu leben". Ein anderes Erlebnis: Juli 1927, Justizpalast-Brand, ein Mann jammert über die verbrannten Akten, Karl Kraus läßt Plakate anschlagen, er fordert den Polizeipräsidenten, der den Schießbefehl gab, zum Rücktritt auf. (136)

Manfred Schneider stützt sich auf Canettis Bericht und stellt zwischen Brand, Hetzmasse und Autodafé des Peter Kien in dem Roman ‚Die Blendung' eine Beziehung her, wozu er auch auf eine Stelle in ‚Masse und Macht' verweist. (137)

Peter Kien, der Sinologe, der ‚Kopf ohne Welt', wird von seiner Haushälterin Therese verdrängt, ihr untertänig. Er flieht, gerät in die kopflose Welt der (biologisch) mächtigen kleinen Leute, kehrt in seine Welt der Bücher zurück und verbrennt sich mit ihnen. Dieser Roman wurde wiederholt als Vorwegnahme des Nationalsozialismus verstanden; er ist das nur, insofern Ideologie, Masse, Zerstörung zueinandergehören. Er ist in der wiederholten Konfrontation Kiens oder anderer mit der Masse oder Einbeziehung in sie bzw. mit der Steigerung von Personen zur Macht der Masse (und durch die Auffassungen von Kiens Bruder, einem Psychiater) ein Vorentwurf des Hauptwerks und der einzige von acht geplanten Romanen einer ‚Comédie humaine an Irren'.

Canetti hat mehrere Komödien verfaßt: ‚Die Hochzeit', das ist der Untergang aller Beteiligten, die von ihrer Gier und Selbstliebe beherrscht, sich im Einsturz des Hauses nicht retten; ‚Die Befristeten', das sind die Menschen, die in einer Kapsel angeblich ihr Todesdatum mit sich tragen und nach Aufdeckung des Betrugs nicht glücklicher sind, die ‚Komödie der Eitelkeit': das Spiegelverbot und die Reaktionen der Menschen darauf. Diese Spiele sind streng logisch gebaut, der Vorgang ist nicht durch Entwicklung gekennzeichnet, sondern durch eine Reihe von Stationen, in denen Charaktere sich enthüllen. Canetti erfaßt die Menschen von ihrer Sprache, ihrer ‚akustischen Maske' her, er nennt den Band, in dem er fünfzig Charaktere darstellt, folgerichtig ‚Der Ohrenzeuge'. Auch wenn wir die Bezeichnungen kennen, etwa

‚Die Silbenreine', ‚Die Geworfene', vermögen wir die Charakteristik nicht klar vorauszusagen. Ganz Ähnliches gilt für die ‚Aufzeichnungen' aus den Jahren 1942 bis 1972 (‚Die Provinz des Menschen'). Auch wenn wir das Thema kennen: Gott oder: der Dieb, werden wir von Canettis Gedankengang überrascht: „Gott ist der größte Hochmut des Menschen"; „Der Wutanfall des Diebes, dem man alles schenkt". (138) Sein Denken ist dem Zuhörer oder Leser voraus wie der Frager oder Befehlende dem Antwortenden. Diese Haltung ist die Grundfläche, auf der ‚Masse und Macht' wächst, das Material vielfach aus Primitivvölkern schöpfend: Die Menschen schaffen Abstände um sich aus Berührungsfurcht, aber (kurzlebige) Meuten und länger bestehende, manchmal langsame Massen mit Fernzielen, etwa religiös bestimmt mit jenseitigem Ziel, entstehen und zerfallen plötzlich, machen alle einzelnen gleich und zerstören sie als solche. Feuer erwähnt er als erstes der Massensymbole. Die Massen zielen auf Erhöhung, schaffen Machterlebnisse (vorwegnehmende oder wirkliche) und geben dem Führer die Möglichkeit des Überlebens im Machtkampf, der ein Kampf gegen den Tod ist. Der Haß gegen den Tod, zu dem Canetti sich bekennt, ist gegenwärtig in seinem Verständnis der Masse und ihres Führers wie auch in seiner Beschreibung und Ablehnung der Masse, in seinem Aufruf, vor der Tatsache des Todes nicht zu kapitulieren. Die Psychologie des Ergreifens und Einverleibens (als Machtgewinn), die Elemente der Macht (wie Frage, Befehl), die Dekadenz der Klagereligionen und der Ausweg aus dem Zirkel der Macht: Mittel finden, den Befehl „seines Stachels zu berauben" (139): schon in dieser starken Verkürzung zeigt sich, daß das Werk eine mechanistische, dem Objekt Mensch gegenüber statische Anthropologie gibt, und daß Joachim Schickel — ‚Aspekte der Masse, Elemente der Macht' — zurecht von Pendants zu Wittgenstein spricht. (140)

Um das Verständnis von Sprache und Mensch hat sich in diesem Jahrhundert eine Entscheidung von hohem Rang begeben. *Martin Buber*, ein universaler Geist, Kenner der europäischen wie der asiatischen Mystik und Erneuerer des Chassidismus, sieht das Du-Sagen zu Gott als die große Tat Israels. (141) Der Mensch kann das Wagnis auf sich nehmen, sich zur Es-Welt verhalten, indem er aus ihr das Du hervorholt, die Beziehung zu ihm schafft und am Du zum Ich wird, das nicht dem Gesetz der Ursächlichkeit unterworfen ist, sondern in der Freiheit und im

Jean Améry

Raum des Schicksals steht. Das Nachwort der Ausgabe 1954 der ‚Schriften über das dialogische Prinzip‘ sagt: Die Legende des Baalschem und die ihm folgende Überlieferung der chassidischen Legende „ist der Mythos des Ich und Du [...], des Endlichen, der ins Unendliche eingeht, und des Unendlichen, der des Endlichen bedarf"; das ist eine Antwort auf die Frage, die ihn seit seiner Jugend beschäftigt: „nach Möglichkeit und Wirklichkeit eines dialogischen Verhältnisses zwischen Ich und Gott". Er erkennt an den ‚Fragmenten‘ Ferdinand Ebners „stellenweise in einer fast unheimlichen Nähe, daß in dieser unserer Zeit Menschen verschiedener Art und Tradition sich auf die Suche nach dem verschütteten Gut begeben hatten". (142)

Die Lektüre von *Ebners* Gedanken, Formulierungen und Stationen im Studium anderer Philosophen und des Christentums, in das er im Ausgang seines Lebens wieder zurückkehrte, erweist die Einsicht Bubers, das weite Netz der Gedanken, das Ebner mit dem Brenner-Kreis Ludwig von Fickers und mit Reinhold Schneider verbindet, etwa in der Auffassung des Zusammenhangs von Zeit und Abfall von Gott. Nicht im Erkennen, sagt Ebner, ist das Ich gegeben, sondern im Wollen, im Verhältnis zum Du. Das Ich besteht nur in der Beziehung zum Du, das wahre Du des Menschen ist Gott. Indem Gott zum Menschen sprach, schuf er ihn. Und die Sprache des Menschen ist der objektive Ausdruck dafür, daß er als Geistwesen auf das Verhältnis zu ‚Geistigem außer ihm‘ angelegt ist. Diese Gedanken stehen im zweiten Fragment des Hauptwerks ‚Das Wort und die geistigen Realitäten‘, mit dem Untertitel ‚Pneumatologische Fragmente‘, das 1921 im Brenner-Verlag Fickers erschien. (143) Pneumatologie aber ist „in der Ich-Es-Dimension über das Ich-Du-Verhältnis" philosophieren. (144)

Im selben Jahr erschien in Ostwalds ‚Annalen der Naturphilosophie‘ *Ludwig Wittgensteins* ‚Tractatus logico-philosophicus‘, der mit dem Satz beginnt: „Die Welt ist alles, was der Fall ist". Und was der Fall ist, sagt Satz 2, „ist das Bestehen von Sachverhalten"; der Sachverhalt „ist eine Verbindung von Gegenständen" (Satz 2.01).

4.01   (= 4.021) „Der Satz ist ein Bild der Wirklichkeit".

4.06   und nur als dieses kann er wahr oder falsch sein.

4.11   „Die Gesamtheit der wahren Sätze ist die gesamte Naturwissenschaft (oder die Gesamtheit der Naturwissenschaften)."

4.111 „Die Philosophie ist keine der Naturwissenschaften."

6.41 „Der Sinn der Welt muß außerhalb ihrer liegen. In der Welt ist alles wie es ist und geschieht alles wie es geschieht; es gibt i n ihr keinen Wert — und wenn es ihn gäbe, so hätte er keinen Wert."

6.24 „Darum kann es auch keine Sätze der Ethik geben."

6.51 „Skeptizismus ist n i c h t unwiderleglich, sondern offenbar unsinnig, wenn er bezweifeln will, wo nicht gefragt werden kann. Denn Zweifel kann nur bestehen, wo eine Frage besteht; eine Frage nur, wo eine Antwort besteht, und diese nur, wo etwas g e s a g t werden k a n n."

7 „Wovon man nicht sprechen kann, darüber muß man schweigen".

Die Beziehung Ich-Du entspricht hier der Beziehung von Frage und Antwort; der Vollzugsraum ist nicht durch ein Gegenüber, sondern in einer Fläche, als Nebeneinander, bestimmt, die Analogie nicht durch Personalität, sondern Struktur. Die ‚Philosophischen Untersuchungen‘ — das zweite Hauptwerk — gehen von der Sprache als solcher über zur Betrachtung der konkreten, gesprochenen Sprache. Die Bedeutung eines Wortes ist seine Verwendung in der Sprache, eine Angelegenheit der gesellschaftlichen Übereinkunft, in Sprachspielen — den Regeln etwa des Schachspiels vergleichbar — geordnet. Die Flächigkeit der Konzeption ist aufrechterhalten, die Sprache ist Instrument (§ 569), das Sprachspiel eine Tatsache, die wir als Urphänomen (§ 654) zu nehmen, nicht zu erklären haben.

Die Entscheidung fiel gegen Ebner, zugunsten Wittgensteins. In Übereinstimmung damit entsteht die Konkrete Poesie, die Wiener Gruppe, eine Vielzahl von Erscheinungen der modernen Dichtung im allgemeinen, auch in der österreichischen und deutschen Literatur; ebenso Max Benses Ästhetik, für die das Schöne das Ergebnis einer unwahrscheinlichen Verteilung von Elementen ist. (145) Und die Entscheidung fiel ebenso für Canetti gegen Kassner, der 1959 im Schweizer Exil starb.

Rudolf Kassner, ähnlich Buber in der abendländischen wie in der asiatischen Welt geistig bewandert, ein Denker in weiten Analogien, nützt antik-griechisches und orientalisches Denken, Mythen und Sage als Anstoß und Gegensatz zur Durchdringung des Christlichen; ‚christlich‘ heißt ihm: auf den Jüngsten Tag hin gerichtet, gegen das unpersönlich Zyklische; oder: Weissagung ist in der Zeitwelt, was Seelenwanderung in der Raumwelt ist. Seine Analogien des Widersprechenden, das Denken in zwei Systemen, machen die Lektüre ähnlich — aus anderem Grund — überraschend wie die aphoristischen Formulierungen Canettis, der sich in ihnen dem Drang der Masse, dem Tod als dem Ende widersetzt.

„Für die Person ist jede Gleichung zugleich Un-Gleichung. Ich ist stets zugleich Nicht-Ich, Du-Ich“, sagt Kassner. (146) Die Einbildungskraft — ‚produktive Einbildungskraft‘ ist ein Zentralgedanke des Novalis — schafft die Verbindung von Innen und Außen, von Inhalt und Form, Seele und Leib, Traum und Wirklichkeit; sie ist die schöpferische Möglichkeit des Menschen; sie schafft das Gesicht, nicht die Maske: die Physiognomie, nicht die starre Form. Mit dem Untergang der — durchlebten — Formen und Konventionen wächst die „Macht des Kollektiven“ (147), verfällt die Spannung zwischen dem einzelnen, der ein Gesicht hat, und dem Kollektiv. ‚Zahl und Gesicht‘ (1979) ist nach den Worten des Herausgebers Ernst Zinn als Kassners Hauptwerk zu sehen, als „Grund zu dem Bau seines Physiognomischen Weltbildes“. (148) Und Alessandro Pellegrini berichtet 1981 über ein Gespräch mit Kassner: „Er dürfe nichts anderes lehren als das Eine: Den Weg zu gehen, der dem Menschen wieder zu seinem Antlitz verhilft“. (149) Hans Paeschke weist darauf hin, daß Kassners Denken über den einzelnen und das Kollektiv sich zeitlich genau trifft mit Ortega y Gasset, ‚Der Aufstand der Massen‘ (1930). (150)

Man erkennt, wie gering die Zahl der Probleme ist, wie vielfältig die Bewältigungsversuche sind, und wie sehr diese Zeit in ihren Entscheidungen Stil hat, der als solcher allerdings nur in seiner Stärke bestehen kann, weil die entgegengesetzten Entwürfe lebendig bleiben und wirken.

Hochwälder

Hans Weigel kehrte sogleich nach dem Ende des Kriegs nach Österreich zurück, Friedrich Torberg 1951. Beide nahmen am Leben der österreichischen Literatur so stark Anteil und gewannen so viel Bedeutung für ihr Werden, daß das Exil nur als Episode erscheint. Ähnliches gilt für *Hilde Spiel*, die aber als Korrespondentin des ‚New York Statesman' zurückkehrt, mit dem Buch ‚Rückkehr nach Wien' (1946) die Position des Exilautors und Journalisten bezieht und sie — trotz des Bewußtseins, heimgekehrt zu sein — in Grenzen immer noch wahrt, so in ‚Kleine Schritte, Berichte und Geschichten' (1976), in dem Vortrag über ‚Psychologie des Exils'.

Spiels Buch von 1946 verdient Interesse als Zeugnis des Erlebnisses: ‚ah, so siehst du jetzt aus'. Es ist bei der Lektüre allerdings zu bedenken, daß das kleinliche Verhalten und die Stimmungsumschwünge damals nicht nur subjektiv als Zeichen des Wesens der Wiener erklärbar waren. — Die Redaktionssitzungen des ‚Plan', das Erlebnis der Karl Kraus-Anhängerschaft, des Wortspiel-Zwangs in den Gesprächen, die Erinnerungen an die Diskussionen im Elternhaus über Kubismus und Expressionismus, das sind nicht nur Kostbarkeiten für den Leser heute, sondern wohl die Grundlagen für die Beiträge der Autorin zur zeitgenössischen Literatur, über Aufsätze bis zur Herausgabe des Österreich-Bandes von ‚Kindlers Literaturgeschichte der Gegenwart'.

‚Das heilige Experiment', im Schweizer Exil entstanden, 1952 durch den Erfolg der Pariser Aufführung durchgesetzt, blieb *Hochwälders* berühmtestes Spiel. Er hat selbst gesagt, „ewige Probleme der Menschheit, die Fragen nach sozialer Gerechtigkeit und dem Reich Gottes auf Erden" im geschichtlichen Raum zu objektivieren, sei seine Absicht gewesen; die ‚immanente Katholizität' habe bei ihm nichts mit Glaubensbekenntnis zu tun, sei Bestand des Wienerischen; er fühle sich der noch als Dunstkreis und Atmosphäre vorhandenen Tradition des Wiener Volkstheaters zugehörig und verdanke Wien die „Klarheit des Gedankens, Sinn für Form, Theaterblut". Er vertraut auf das Urteil der Wiener, das sich bei den Uraufführungen der Spiele Nestroys bewährte; er sieht das Theater nicht als Literatur, sondern „dem Zirkus zugewandter als dem Seminar". (151)

Das (heilige) Experiment der Jesuiten, der gewaltlose christliche Staat im Urwald, ist gescheitert, die Profitgier der europäischen Staaten hat das Verbot durch den Jesuitengeneral durchgesetzt. Daran ändert das Ergebnis der vom spanischen König angeordneten Untersuchung nichts mehr, das alle Anklagen als Verleumdungen erweist. Dieses Spiel zeigt die Vorzüge wie die Schwäche Hochwälders. Eingang, Gegenbewegung, Steigerung zur tragischen Situation: hier, im dritten Akt, müßte eine metaphysische Entscheidung stehen, aber es steht hier der Einsatz der irdischen Gemeinschaften, Werte und Mächte. Bestand des Ordens und Preisgabe der Seelen und der Freiheit von 150.000 Indios stehen gegeneinander. Die Erkenntnis der Schuld, weil die Indios an einen Christus irdischer Wohlfahrt glauben, zerstört Gewicht und Sinn der Entscheidung, entzieht dem Wort: „Diese Welt [...] ist ungeeignet zur Verwirklichung von Gottes Reich" den Boden. Das Schlußwort des vierten Aktes „Das Reich Gottes ist beim Teufel!" zerstört auch den Ernst des Augenblicks.

Hochwälders Werk stellt immer neu die Frage nach der Schuld und nach der Gerechtigkeit, vielfach im Zusammenhang mit Verbrechen des Nazismus: ,Meier Helmbrecht' — ,Der Befehl', strukturverwandt mit dem ,Öffentlichen Ankläger' — ,Der Himbeerpflücker'. Er nennt in dem eingangs bezogenen Aufsatz das Spiel ,Der öffentliche Ankläger' eine ,Art Teufelskomödie', weist dem Teufel eine Hauptrolle zu in der durch Namengebung und überzeugende Komik an Nestroy erinnernden Faust-Version ,Donnerstag'; in der komischen Sehnsucht Pomfrits nach der „Geborgenheit anheimelnder Verzweiflung" ist der Bezug eng umschreibbar mit ,Einen Jux will er sich machen'. Aber auch vom Teufel, dem immer wieder angesprochenen Gegenbild her, läßt sich das Übersinnliche nicht zitieren.

In den Stufen der Selbstüberwindung gelangt Donadieu in dem nach C. F. Meyers ,Die Füße im Feuer' gestalteten Drama ,Donadieu' zu dem Entschluß, an dem Mörder seiner Frau nicht Rache zu nehmen, denn er ist sein Gast und der Bote, der das Toleranz-Edikt zugunsten der Protestanten nach Nîmes trägt. So ist die Schonung des Gastes zur Rettung der Glaubensbrüder in Wahrheit nicht ein Akt der Verzeihung und Selbstüberwindung, sondern des Abwägens von Werten. Einzig die ,dramatische Legende' ,Die Herberge' überschreitet fast die Grenze zum Metaphysischen; die Suche nach dem Schuldigen führt zwar nur zu einer Verschiebung der Positionen, nicht zu einer Verbesserung der Welt; aber der Dieb gesteht, um den unschuldig verdächtigten Schimke zu retten, und dieses Geständnis wird Anlaß zu weiteren Geständnissen der eigentlich Schuldigen. In Schimke dem Wanderer leuchtet etwas von Erlösungskraft auf und überstrahlt die anderen. Das ist Gnade des Einfalls, die Besetzung des metaphysischen Augenblicks, der sonst ungenützt vorübergleitet, mit einer Person, ohne anderes Eigenleben.

Kulturkritik

Die reiche, vielfältige Literatur österreichischer Exil-Autoren gehört zu den wesentlichsten Auseinandersetzungen mit der Sprache und allen wesentlichen Problemen der Gegenwart, auch deshalb, weil das Exil Extremsituationen schafft und die äußersten Kräfte des Menschen aufruft.

Edwin Rollett war eine der führenden Gestalten in der Bestimmung von Ort und Aufgabe der österreichischen Literatur im Jahr 1945. Er war als Mensch und politisch bewußter Österreicher über jeden Zweifel erhaben, Chefredakteur der ‚Wiener Zeitung‘, ausgewiesen auch durch eine Arbeit über Karl Kraus. 1946 erschien seine kulturpolitische Standortbestimmung ‚Kulturpflicht und Wirtschaftsnot‘, über die Zerstörung des Zeitungswesens, die überdauernde Kraft des katholischen Schrifttums wegen seiner weltanschaulichen Festigkeit; er bekundet den Willen zur Zusammenarbeit mit unsrem eigentlichen Absatzgebiet — ebenso wie die Unzufriedenheit darüber, daß kein Versuch unternommen werde, die Österreicher aus den deutschen Verlagen zurückzuführen. Rollett würde über die weitere Abwanderung statt einer Rückführung in späteren Jahren vielleicht noch mehr unzufrieden gewesen sein oder auch zufrieden wegen der damit gegebenen Förderung. — Es kann leicht sein, daß Leser sich durch das eben verwendete Wort ‚Schrifttum‘ gestört fühlen: Rolletts zweite Schrift von 1946, ‚Österreichische Gegenwartsliteratur, Aufgabe, Lage, Forderung‘ spricht vom Problem der „volklichen und landschaftlichen Besonderheit innerhalb der" errungenen Einheit der Deutschsprechenden als einem besonderen Problem der Österreicher: Es zeigt sich darin der Sog der Sprachübereinkunft zu jeder Zeit, besonders in Zeiten so straffer Lenkung wirksam auch bei konsequenter Ablehnung. Rollett preist den Dichter Roman Karl Scholz, der 1944 als Widerstandskämpfer ermordet wurde; Scholz ist ein Musterbeispiel für die Verbindung von reiner Gesinnung und starkem Einfluß des Zeitstils.

Die entscheidende Frage, sagt Rollett, sei diese: Sollen die Länder sich auseinanderentwickeln? das rühre „an den geistigen Bestand des ganzen Österreich". (153) ‚Der Schriftsteller in der Demokratie‘ äußert sich bereits kritisch dagegen, daß (1947!) Kitsch und politisch fragwürdige Schriftsteller verlegt würden, während ein Wildgans und Schönherr wegen Papiermangels nicht gedruckt werden könnten.

Hans Weigel, aus der Schweiz heimgekehrt, brachte zum Einstand das Spiel ‚Barabbas oder der fünfzigste Geburtstag‘ dar — ein Bekenntnis zu Kafka und zum ‚Jedermann‘, der mit einer Bewährungsfrist noch einmal davongekommen ist, und den Roman ‚Der grüne Stern‘, eine 1940 entstandene Satire gegen den Nazismus. Er betreute die jungen Schriftsteller, worauf schon hingewiesen wurde, begleitete ‚Tausendundeine Premiere‘ mit seinen Kritiken (das Buch wurde 1961 herausgegeben), und begann in den ersten fünfziger Jahren, beziehungsreich in Text und Titel, über Österreich und seine Literatur zu schreiben: ‚Unvollendete Symphonie‘ 1951, ‚O du mein Österreich‘ 1956, worin mit den Worten ‚Flucht vor der Wirklichkeit‘ (S. 126) schon der Buchtitel ‚Flucht vor der Größe‘ (1960) vorausklingt; Österreich als ‚Versuchsstation der Übernationalität‘ ist Joseph Roth, der Titel stammt aus den ‚Letzten Tagen der Menschheit‘ von Karl Kraus als Zitatanklang. (154) Die ‚Flucht vor der Größe‘ war der augenscheinlichste Erfolg und ein zwar nicht unwidersprochenes, aber sehr wesentliches Österreicher-Bild; dazu eine Gelegenheit, die Berühmten dazustellen, die Liebe zu Nestroy und Stifter — nicht zu Grillparzer — zu bezeugen durch Angabe des Fluchtweges, z. B. Nestroy: in die Vorstadt —; die journalistische Komponente, die zu Weigel gehört, zu ihrem Recht kommen zu lassen. Sie führt zu manchen gewagten und widerlegbaren, aber wirkungsvollen Feststellungen. Auftrumpfend im Bewußtsein, daß er einen großen Vergessenen nennt, handelt er von Stoessl, mit Bewunderung von Nestroy, dessen Modernität er überzeugend ins Licht rückt.

Weigel ist reich an Wissen, gewandt in Ausdruck und Darstellung, in der Verwaltung der literarischen Bestände, so in der Anthologie von 1962 mit Elisabeth Pablé: ‚Die gute neue Zeit‘ — das Gegenteil ist gemeint —; er schreibt allerdings seit längerem in einer Lockerheit, die mehr dem mündlichen Vortrag vor Freunden ansteht.

Unter den zahlreichen Werken Weigels ist um des Themas willen jedenfalls ‚Das Wiener Kaffeehaus‘ und seine gerechte Bemühung um das Kabarett und die Kleinkunstbühnen der dreißiger Jahre zu erwähnen, schließlich, daß Karl Kraus ein eigenes Buch erhielt; nicht unter dem Vorzeichen der Flucht, sondern des

barocken und modernen ,oder': ,oder Die Macht der Ohnmacht'
(1968).

Es ist wahr, daß *Karl Kraus* als Herausgeber der ,Fackel' eine
ganze Generation hindurch, durch die Schärfe, Unbarmherzigkeit
seiner Angriffe, durch die Breite der Zielbereiche und das Ethos
der Stellungnahmen — freilich auch durch eine hinter Lessing
nicht zurückstehende Rechthaberei — ein Mythos, eine Legende,
ein Vorbild geworden ist, das herausfordert und, wie Hilde Spiel
1946 bezeugt, sprachbestimmend wurde. Sekundärliteratur, auch
über sein Leben, sein Verhältnis zu Zeitgenossen, das Register
und der Neudruck der ,Fackel', die Ausgabe seiner Werke, die
Aufführung der ,Letzten Tage der Menschheit' im österreichischen
Fernsehen halten sein Andenken wach. Zahlreich sind die Berichte
und Schriften über Kraus, und niemand dachte gering von ihm.
Berthold Viertel, der selbst eine großartige Prosa schrieb, verfaßte
mit ,Karl Kraus Ein Charakter und die Zeit' geradezu ein Manifest, im Stil der Wortspiele, eine Aphorismenfolge des Lobes.
Leopold Liegler — ,In memoriam Karl Kraus' 1936 — nennt ihn
einen Mystiker der Sprache, für den die Ideen und ihre Gesetze
höhere Wirklichkeit und Verbindlichkeit hatten als die Wirklichkeit unserer Welt. Gina Kaus berichtet im Abstand von Jahrzehnten (1979: ,Und was für ein Leben . . .') so lebendig, daß man
sie reden hört, auch wenn man sie nie reden hörte, über das Wiener Leben mit Werfel, Polgar, Kraus: „Er veränderte sich, während er las, er wurde schön [. . .] Das Publikum tobte am Schluß.
Ich weiß nicht, ob sie im Alltag seiner Meinung waren, sie wußten
nur, daß Kraus nicht unrecht haben konnte". (155)

Niemand erlebte sich nach 1945 mit Kraus so eng verbunden
wie *Friedrich Torberg*. Die Sammlung ,Pamphlete, Parodien, Post-
scripta' von 1964 zeigt ihn wortgewandt, klar, hart, Pointen
herausarbeitend, als Parodist an Blei und Neumann erinnernd;
reicher als Kraus, dem er in der Wucht nachsteht, in dem Bereich
zwischen Anspielung und Frozzelei, wenn er Hochwälder paro-
dierend Bramburi (statt Pomfrit) bitten läßt: Mach keine unheili-
gen Experimente, „schaffe dem Unschuldigen [ein Dramentitel
gleich wie das Folgewort] eine Herberge"; beißend, wenn er sich
gegen die Angriffe auf seine Herzmanovsky-Ausgabe zur Wehr
setzt. (156) Wie Kraus sieht er Sprachfehler als Kulturfehler an,
und als Herausgeber des einflußreichen ,Forum' ist er stolz darauf, Bekannte von Karl Kraus zu seinen Mitarbeitern zu zählen.

Schon 1930 hatte er durch seinen Roman ‚Der Schüler Gerber hat absolviert' auf sich aufmerksam gemacht. Seine Stellungnahme zu Schuld und Rache (nach 1945) ist bedeutend und menschlich schön; sie greift in dem Roman ‚Die zweite Begegnung' (1963) über den Bereich der Judenverfolgung hinaus in die politischen Vorgänge in der Tschechoslowakei 1948 ein, ‚Die Tante Jolesch' ist die Schöpfung einer Figur, die sich ähnlich Fritz Reuters Onkel Bräsig wohl verselbständigen könnte; aber ‚Süßkind von Trimberg', die Geschichte des einzigen jüdischen Minnesängers, ist dichterisch die Höhe seines Werkes, nicht nur ein historischer Roman mit authentischen Liedern, sondern die leidvolle Geschichte des verfolgten Juden überhaupt und also Torbergs selbst. So vieles und noch mehr drängt sich auf — so seine Lyrik —, wenn von Torbergs dichterischem Werk die Rede ist.

Mit dem Jahr 1958 trat *Günther Nenning* in Torbergs ‚Forum' ein, und es gibt kaum eine bessere Gelegenheit, seine Haltung und seinen Stil zu erleben, als die Lektüre seines Nachrufs auf Torberg. (157) Wenn es wahr sei, daß der amerikanische Geheimdienst an dem von Torberg und andren 1954 begründeten ‚Forum' beteiligt war, könne mag sagen: er hat „schon viel blödere Ideen gehabt". Er, Nenning, sei 1958 „frischgfangt aus der Provinz" — das heißt von der Grazer ‚Neuen Zeit' — gekommen, durfte sogar über Brecht schreiben, was Torberg und Weigel bis dahin verhindert hatten. „Die hiesige und bundesdeutsche Rechtsschickeria inkl. Springer-Presse machte aus Torberg den Großmeister und Gralshüter eines kulturbeleckten Konservativismus". 1965 habe Torberg sich zurückgezogen aus — wie er sagte — Nennings ‚Forum' und habe verlangt, daß die Zeitschrift nun ‚Neues Forum' heiße, es sei die Zeitschrift, „zu deren Bekämpfung das alte FORUM begründet wurde"; er, Nenning, habe das nie geglaubt, und der Name sei „ab sofort" wieder ‚Forum'. Das erste Heft 1981 übernimmt in der Leserbrief-Spalte aus ‚Multimedia Zeitschriftenspiegel' die Feststellung: ‚Internationale Zeitschrift links von der Mitte' und: die politischen Ideen des ‚Forum' seien vorwiegend extrem bis skurril, seine Gesellschaftskritik neige zur Vereinfachung. Tatsache ist, daß das ‚Forum', darin den Tageszeitungen verwandt, um Aktualität bemüht ist, zugleich aber im Umkreis der Themen und in der Darstellung am Christentum kritisch interessiert, allen Obrigkeiten gegenüber mißtrauisch, für die Schwachen engagiert, das heißt: gegen amerikanische Machtansprüche oder -gebärden, gegen Unterdrückung der Völker, der Arbeitnehmer, der Frauen, gegen die Gerichts- und Irrenhauspraxis: als Bericht, als Interview, Gespräch, Dokumentation.

Nenning ist locker im Ton, hart im Zuschlagen, stets ist er mit sportlicher Lust am Ball der deutschen Sprache. Seine Buchveröffentlichungen zeigen ihn viel mehr um Politik und Aktualität bemüht als Weigel, bewußt österreichisch, aber auf dem Weg zur Utopie Europa, für die Jugend, die man schuldig nennt, während ihr Verhalten vielfach die Folge der Untaten der Väter ist (,Ausblick in die Zukunft' 1963). ,Sozialdemokratie' (1965) spricht sich für die (christliche) Religion aus, weil es zwar Nächstenliebe auch ohne Religion gebe — „Sozialismus ist gesellschaftliche Nächstenliebe" (158) —, der Mensch aber nicht nur gut, sondern auch bös sei: das heißt angreifend, aber offen, im Ergebnis zur Versöhnung geneigt; nicht Religion, nicht Politik, sondern der Mensch, insbesondere der junge Mensch steht an der Spitze seiner Wertpyramide. Die Antwort auf 1968, ,Die Jugendrevolte — Protest oder reale Utopie?' (1970) ist ein wichtiges, gescheites Buch.

Die beiden bedeutendsten österreichischen Journalisten der Gegenwart, über den Vorstellungsbereich dieses Wortes weit hinausragend, bekennen sich zum Christentum, verhalten sich aber in verschiedener Weise äußerst kritisch: Nenning mehr im gesellschaftspolitischen und moralischen Bereich, *Friedrich Heer* mehr im Bereich der Glaubwürdigkeit der Übereinstimmung von Lehre und Handeln. Heers Aktionsradius ist überaus groß: als Redakteur der katholischen Wochenschrift ,Die Furche' begann er bekannt zu werden, er gewann hinzu die Bereiche Universität (im Fach Geschichte) und Theater (als Dramaturg des Burgtheaters); die erste große Leistung des Kulturphilosophen war die Darstellung des Hochmittelalters, ,Der Aufgang Europas'. Das Hauptgebiet des Publizisten ist seit langem die Folge der Stellungnahmen zum Dritten Reich, zu Hitler und der Kirche, zu Österreich, über das er in der Dankrede anläßlich der Entgegennahme des Österreichischen Staatspreises für Literatur sagte: „Geistesleben findet nicht statt". (159) Eine gescheite Besprechung von Rolf Schneider in der ,Zeit' (2. Oktober 1981) zu Heers ,Der Kampf um die österreichische Identität' nennt seine Vorzüge und Gefahren, unter denen die Ungenauigkeit in Anbetracht seiner Reichweite besonders zu bedauern ist. Heer produziert nicht nur rasch, er hetzt seine Leser durch eine Sprache, die nicht nur Fakten transportiert, sondern — besonders in dem Roman des Amerika-Heimkehrers, ‚Scheitern in Wien' (1974) — im Bewußtseinsstrom, in den zerhackten Sätzen, in Wiederholungen kleinster Abschnitte, ein rasendes Tempo erzwingt. Der Roman endet mit einer Art Apotheose, an die Stelle von Dietrichs Hengst tritt ein Auto. Ohne eigentliche Mit- oder Gegenstreiter verliert Heer die Dimensionen, er sieht Auschwitz als Rücknahme des Christentums — ‚Auschwitz als Herausforderung für Juden und Christen', 1980 — statt zu sehen, was Kardinal König im selben Buch sachlich feststellt: Die Theologie ändert sich dadurch nicht. Heer selbst aber hat 1970 mit ‚Abschied von Höllen und Himmeln, Vom Ende des religiösen Tertiär' in einem anspruchsvollen Werk breit gesagt, was im Titel steht, und noch viel mehr. Auch der Leser, der genau und suchend liest, findet keine Stelle, die Christus klar über Menschenmaß hinaushebt; in uns sind Höllen und Himmel, die Vernichtungswaffen der politischen Mächte unserer Zeit sind „Materialisation der mörderischen und selbstmörderischen Energien, die täglich in uns und von uns reproduziert werden". Das ist eine dem Spiritualismus mindestens nahe Haltung, es wird aber im Zusammenhang mit: ‚Erbsünde ist Erbtugend', die alten Tugenden sind „verhüllte Laster", die „Paradiese sind erreichbar", mit ungerechtfertigter Inanspruchnahme von Karl Marx und Teilhard eine Umwertung der Werte; es ist einschließlich der stellenweise poetisierten Sprache die Position Nietzsches, nicht material, aber im Verhältnis zum vorgefundenen Wertsystem. (160)

Spät und still wuchs *Franz Richter* in die Publizistik hinein. Chemieprofessor, Musiker, Lyriker, durch Neigung und Begabung in der Kulturgeschichte daheim, ist er im Besitz einer Reihe von Bezugssystemen, die er als Analogiesysteme versteht. Der Roman ‚Diogenes — ultraviolett' (1964) zeigt sein Ethos wie seinen Stil: die prometheische Größe des Menschen als Gabe und Gefahr, Analogien und Metaphern. Dazu kommen überraschende Wortzusammensetzungen und Formulierungen. Richter ist durchaus ein Denker unserer Zeit, ‚Anbruch der Vergangenheit' als Titel eines Gedichtbandes, ‚Keine Sintflut für Noah' zeigen das moderne Sprachverhalten. Bei aller Schätzung der genannten Werke, seiner Fabeln ‚Humanimales', der Erzählungen, Gespräche, darf man sagen: Richter ist seinem Wesen nach Essayist. In den ‚Salzburger Nachrichten' schreibt er am 22. Oktober 1977 zum Staatsfeiertag einen Beitrag: ‚Demokratie und der Begriff Menschenwürde', darin den Satz: „An Ort und Stelle der demolierten Würdehierarchie baut die Konsumhierarchie mit Lohnstufen an ihrem Pharaonenstolz" — welch ein Satz! ‚Stelle' widerruft statt zu bestätigen, ‚demoliert' weist auf ‚Demolierte Literatur', ‚Würde' steht statt ‚Würden' und hebt sich sanft aber entschieden davon ab, die nächste Hierarchie baut ganz anders, und ihr Stolz ist von seinem Anspruch soweit entfernt wie sie von den Pharaonen, deren Pyramiden ganz andere und zumeist überdeckte Stufen hatten. — Wie die Fabeln, die schon vom Titel her wechselweise in Frage stellen, ist dieser Text eigentlich ungeeignet für Alltagskonsum. Er müßte sich die Leser erst schulen und erziehen. Richter ist Erzieher. Er war es als Lehrer und versucht, es weiterhin zu sein. Seine Sprache hat nicht nur Stil, sondern Physiognomie. Ein ganz seltenes Buch, eine Steigerung des Lyrikbandes ‚Kosmo-Rhythmik', ist ‚Im Wendekreis der Blume': Natur und Kunst, Elektron — Lilie — Kathedrale sind analog, im Kosmos und für den Kosmos gleichnishaft da; ‚Blumensprache', ‚Liebespraxis der Blumen', ‚Pflanzen der Grausamkeit', ‚Kunstblumen und Blumen in der Kunst' ...: Wenn Goethes Urpflanze eine Enzyklopädie für Blumen verfaßt hätte: so könnte sie ausgesehen haben.

An das Ende dieses Rundblicks stelle ich *Gerhard Amanshauser,* dessen wesentlichste Leistungen in Buchform erschienen sind. ‚Schloß mit späten Gästen' (1975) ist besonders genußreich zu lesen auch deshalb, weil es leicht ist, die Metaphern, die den Inhalt konstituieren, und eine Reihe von Personen aus dem österreichischen Kulturleben der Zeit zu erkennen; außerdem verbirgt sich die kühle Skepsis Amanshausers hier hinter den Vorgängen mehr als in den Erzählungen. Die Satiren erfassen Teilbereiche der heutigen Welt oder des Lebens und wirken reizvoll durch ihre Einfälle wie durch das Erlebnis des Rätsellösens, wenn auch der düstere Grund, auf dem diese Gebilde errichtet sind, immer wieder sichtbar wird.

In den Aufzeichnungen ‚Grenzen' (1977) zeigt er durch die Beschreibung seiner Vergangenheit, wie er wurde, der er ist, und das ist eines der beiden wichtigsten Werke dieses äußerlich meist sehr kühlen Beobachters auch seiner selbst, sodaß man den Bandtitel ‚Aufzeichnungen einer Sonde' (1979) auch für seine Selbstdarstellung in Anspruch nehmen könnte: die Jugend unter der Hohensalzburg, das Christliche aus Kinderzeit her fern, unverständlich, als ‚orientalisches Viertel' in seinem Bewußtsein, ein tiefer Eindruck von Trakls traumhafter Geschlossenheit; Technik-Studium, Erlebnis Baudelaires; das häuslich Intime der christlichen Seele ist verweht, es bleibt „nicht Atheismus, sondern Entsetzen. Und eine schwer definierbare Mystik". Kunst heute muß „die Züge des Heillosen, das sich zunächst in den Formen und nicht im Inhalt verrät", an sich tragen. Sie „gehört zu den Strategien, mit denen sich die Menschen gegen den Untergang wehren". (161)

Hinter allen Schriften Amanshausers steht die Düsterkeit aus der Erkenntnis, daß die Freiheit bedroht ist von außen durch Konvention und Zwang, durch das (als solches nicht ins Bild geholte) Massenwesen, von innen durch den Mangel an Bereitschaft zur Sonderaktion, zur Wachheit und Bewunderung für die Herrlichkeit des Unerwarteten, Gesetzwidrigen.

‚Satz und Gegensatz', eine Essayfolge (1972), handelt von Gegensätzen, die einander entsprechen, und zwar auf der Ebene der Darstellung (und auf der höheren Ebene der Gruppentitel einfach durch den Akt der Zusammenfassung). Der Grundgedanke erwächst aus den naturwissenschaftlichen bzw. mathematisch-physikalischen Kenntnissen, die schon Musil und Broch so sehr gefördert haben. Und er wird durch Bezugnahme auf Hegel, Adam von Müller, Novalis, Broch und andere illustriert: Gegensysteme sind nützlich, sie erhalten die Spannung. Sie bewirken eine (un-hegelsche) Dialektik, indem Systeme, Spannung, Gegensystem einander steigern.

III

Zeitschriften

Einleitung

Die Vielzahl der in Österreich erscheinenden literarischen Zeitschriften ist ein Hinweis auf das reiche Leben der Literatur. Sie hat um 1970 zu mehreren Bestandaufnahmen geführt: nach 25 Jahren und nach dem Einschnitt, den das Jahr 1968, allerdings besonders in der BRD, bedeutet. Die Schwierigkeiten der Erfassung scheinen sich schon darin anzudeuten, daß Janet K. Kings Übersicht ‚Literarische Zeitschriften 1945—1970‘ erst 1974 (in Stuttgart) erscheint. Dort wird auf den Erfolg der Grazer ‚manuskripte‘ hingewiesen: die Absicht allerdings, Gesellschaftskritik mit Erfolg zu treiben, sei unerfüllt geblieben, und ebenso die Neigung der ‚Protokolle‘ zu avantgardistischen Themenkreisen.

Das 50. Heft von ‚Literatur und Kritik‘ enthält den Beitrag ‚Österreichische literarische Zeitschriften 1945—1970‘ von Hans F. Prokop; er stimmt im wesentlichen überein mit Victor Suchys ‚Literatur in Österreich von 1945 bis 1970‘, Wien 1971; die zweite Auflage 1972 nimmt die damals neu entstandene ‚Pestsäule‘ auf und die Gruppe ‚Kulturpolitische Zeitschriften‘ und verzeichnet damit 29 (und 9) Periodica, von denen 9 (und 3) zur Zeit der Berichterstattung noch bestanden. Die ‚Dokumentationsstelle für neuere österreichische Literatur‘ in Wien gab zu Ende der siebziger Jahre 64 österreichische Literaturzeitschriften an 19 verschiedenen Orten an, Ende 1981: 80 bis 90, mit der Vermutung, daß tatsächlich etwa 120 bestehen, dazu 200 bis 300 Schülerzeitschriften. Heft 52 (1979) des ‚pult‘ nennt 113 ‚Alternativ‘-Zeitschriften. Ein Beamter des Bundesministeriums für Unterricht und Kunst nannte zu Jahresbeginn 1980 30 Zeitschriften, womit offenbar die staatlich subventionierten Zeitschriften gemeint sind. ‚Literaricum‘ hat im Jahrgang 1978, dem letzten seines Bestehens, eine Aufforderung an die ‚Kronenzeitung‘ gerichtet, die 3.86 Millionen Schilling Presseförderungs-Beitrag den Zeitschriften zu überlassen. ‚Impulse Zeitschrift für Literatur und Kunst‘ wurde 1974 gegründet; im ersten Heft des Jahres 1975 sagt Valentin Austerlitz: Wir versuchen seit einem Jahr, im Gegensatz zur marktgängigen Literatur eine förderungswürdige zu machen; im zweiten Jahr wollen wir aus den Grundlagen in die Phase der Diskussion eintreten. Das war das letzte Heft.

Die Zahlenunterschiede weisen auf ein zu Ende der siebziger Jahre deutliches Wachstum, erklären sich im übrigen durch den raschen Wechsel im Bestand besonders der örtlich gebundenen Publikationen und durch die Verschiedenheit der Gesichtspunkte: Kulturzeitschriften, Literaturzeitschriften, Aufnahme oder Nichtaufnahme von Wochenzeitungen, Jahrbüchern, Magazinen, die nicht nur oder nur in geringem Maß literarischen Inhalt haben bzw. nur oder fast nur Primärliteratur und hier nur teilweise Erstdrucke enthalten wie die von Heinz Wittmann nun im 27. Jahr betreute Zweimonatschrift ‚Heimatland Schrifttum aus Österreich‘.

Man hat die Kleinzeitschriften auch als ‚Wartezimmer‘ bezeichnet, und es kommt vor, daß sie bei wechselnden Herausgebern einige Jahre bestehen wie ‚Eselsmilch‘ (seit Frühjahr 1968) — diese kleinen Hefte wurden sogar verschenkt, nicht verkauft —, dann in mehreren Richtungen, durch Aggressivität, extreme Positionen, um Anerkennung werben und schließlich aus dem Rennen ausscheiden. Die genannte Zeitschrift endete unter dem Namen ‚eselsohr‘, den sie seit 1972 trug.

‚Sterz‘ erschien zuerst in Preding in der Steiermark, die Mitarbeiter waren mit einer Ausnahme in den fünfziger Jahren geboren. Die Zeitschrift war als ‚Forum für kulturell Engagierte‘ gedacht (Juni 1977), war offenbar mit einer Jazz-Gruppe verbunden, schloß alle andre Musik von ihrer Anerkennung aus, trat für die Gesamtschule und für das Bauen niedriger Häuser ein, gegen die Erschwerung der Kommunikation durch den Bau von Hochhäusern, während das folgende Heft 6 sich gegen den ‚ungehemmten Landverbrauch‘ beim Hausbau ausspricht. Die Zeitschrift war Zeichen und Ventil der Unzufriedenheit, ohne eine darüber hinausgehende Planung sichtbar werden zu lassen. Eine über zwei Nummern erstreckte Erzählung übernimmt Wolfgang Bauers Spielregeln des Gruppenlebens.

Der Untertitel der Zeitschrift wurde mehrmals geändert; er lautet seit Heft 16 (Frühling 1981) ‚Unabhängige Zeitschrift für Literatur, Kunst und Kulturpolitik (und alles, was Spaß macht)‘. Die Redaktion wurde einem Team übertragen, die Hefte sind durch eine Wien-Beilage erweitert, geblieben ist die Ausrichtung auf bestimmte Themen, und die Vorankündigung führt dazu, daß aus einem Angebot von Einsendungen die Wahl getroffen wird. Heft 13 nennt die Auflagenhöhe: 6000 und dankt dem scheidenden Redactor Wolfgang Pollanz für die ‚Bearbeitung des Maisackers'. Diese Metapher ist berechtigt auch durch die Neigung der Hefte dieser Zeit zu den Themen Theater und ländliche Kultur, in deren Rahmen viel von Brauch und Gemeinschaft und Rückkehr zu älteren Formen, zum Stubenspiel etwa, die Rede ist. Heft 9 enthält einen Beitrag über die ‚Kultur des Alltags' von Hanns Koren, dem ‚Erfinder des Steirischen Herbst', und Abschnitt IX von Heribert Watzkes ‚Götter, Gräber und Geschaßte' im selben Heft stellt höchst aufschlußreich zur Nachwirkung der Nazi-Ideologie fest: „In den zerstampften Brei der Volkskunst ist der faschistische Geist in derart feiner Form eingearbeitet worden, daß man kein Volkslied absingen und keinen Volkstanz tanzen kann, ohne nicht Gefahr zu laufen, den faulen Geist zu beschwören".

Den ‚Marginalien' der ‚manuskripte' vergleichbar enthält Seite 2 redaktionelle Bemerkungen, darunter in Heft 14 über die ‚Abdruckpraxis' diese: „Wir wollen [...] nocheinmal unsere Absichten klarlegen: Wir sehen im STERZ ein Medium des Gedankenaustausches zwischen den unterschiedlichsten Schichten, Interessen und geografischen Bereichen", wobei unter den Einsendungen oft „die unvollkommene Arbeit eines Anfängers, eines Landmannes, eines Jugendlichen" den Vorrang erhält. Daraus und aus dem Wechsel der Themen — Flucht, Zukunft, Verbote, Lust und Liebe (von der wissenschaftsnahen Abhandlung bis zur Pornographie), Macht und Aggression — ergibt sich die immer andere Zusammensetzung der Autorenliste. Alois Hergouth und Gunter Falk kommen mehrmals zu Wort, Falk im Heft 14 mit einer über drei Seiten des Zeitungsformats (30 × 43 cm) erstreckten Abhandlung ‚Lesen in einer Klassengesellschaft' als Einleitung zur Problematik dieses Heftes: Lesen und Schreiben.

‚Sterz' enthält Lyrik, Erzählungen, Roman-Ausschnitte, Spiele, ist aber keine Literatur-Zeitschrift. Zweck und Leistung liegen im Angebot vieler Meinungen zu aktuellen Themen. Manche der Abhandlungen sind bedeutende Beiträge zur Erkennteis der Gegenwart, so Falks Untersuchung über die Verteilung und das Fortschreiten der Kultur im europäischen und nordamerikanischen Raum im Zusammenhang mit dem Selbstverständnis der Gesellschaftsgruppen und -schichten; oder der zwischen Essay und Dich-

Friedrich Torberg in seinem Haus in Breitenfurt

tung schwankende ‚Fenstersturz‘ von Brigitte Marketz auf den Seiten 22 bis 25 von Heft 11. Der deutlich emanzipatorisch-feministische Charakter des Heftes erreicht hier seinen Höhepunkt und eine Parallele zu den Ausführungen von Heide Göttner-Abendroth in mehreren ‚manuskripte‘-Heften 1980/81: Die Natur erzeugt und vernichtet, alles ist im Wandel; „Der Mensch mit der Steinkrone hat eine Krone aus Frage und Antwort. Der Mensch ohne Steinkrone fragt nichts, er ist einfach“: man kann den Ton auf ‚ist‘ legen oder auf ‚einfach‘, in jedem Fall steht hier die Welt aus dem Erlebnis der Frau gegen die Welt des Mannes.

Das ‚Literaturblatt‘ ‚Erde‘ (Wien) stellt nach einem Jahr im März 1977 sein Erscheinen ein. Es beklagt die destruktive und bürgerliche Haltung der meisten, verneint die Möglichkeit der gemeinsamen Bewältigung ‚existentieller Situationen‘. Mit geradezu lustvoller Verzweiflung wird das eben Gesagte hinterfragt und der Weg der Aggression, der Verneinung in den — mindestens geistigen — Selbstmord gezeigt.

Manche Publikationen enden also aus innerer Konsequenz, weil die Verneinung allein nicht tragende Kraft hat oder hervorbringt. Bei anderen entscheidet ein äußerer Grund den Untergang: nämlich der Aufstieg eines ihrer Beiträger in eine höhere Ebene und damit das Ende ihrer Wettbewerbsfähigkeit. Es ist ein Existenzkampf, der an Sportvereine erinnert.

Die Zeitschriften sind durch die teilweise oder weitgehende Gemeinschaft der Beiträger oft miteinander verbunden. Kontroversen ergeben sich meist zwischen weltanschaulich einander nahe stehenden Zeitschriften oder einzelnen; die Toleranz der Beiträger gegenüber der Ausrichtung des Organs, in dem sie das eine oder andere Mal veröffentlichen, ist bemerkenswert.

Der ‚Eckartbote deutscher Kultur- und Schutzarbeit‘ ist dem übrigen literarischen Leben gegenüber fast völlig isoliert. Das Jahr 1982 ist das 30. seines Bestehens. Er leistet treue Arbeit im Kampf für die deutsche Sprache, im Abdruck von Gedichten oder im Hinweis auf Geburts- und Todestage von Schriftstellern. Er berichtet von einer Hermann Löns-Feier, vom Anbringen einer Gedenktafel für Lois Schiferl, gewidmet vom Joseph Misson-Bund (1981). Die Tragödie, die der Nationalsozialismus abgesehen von den Millionen von Toten durch die maßlosen Zerstörungen und Traditionsbrüche statt zukunftweisender Entwicklungen verschuldet hat, zeigt sich auch darin, daß ein ganzer Bereich unseres Wortschatzes außer Kurs gesetzt wurde. Die Erinnerung daran, daß man zwischen 1938 — oder 1933 und auch noch früher — und 1945 gewisse Wörter zu Bekenntniszwecken mißbrauchte, ist nicht erstorben. Darum bewirkt der Satz „Stimmungsvoll erklangen dann die Weisen des Jagdhorn-Chores von Pulkau im Eichenwald der Pulkauer Heide" (Oktober-Heft 1981) bei vielen Menschen Ablehnung — immer noch und trotz der nicht weltanschaulich begrenzten Umweltschutz-Bewegung, die hier manches neu mit Bedeutung erfüllt hat.

Überregionale Zusammenhänge

Die einzelnen Zeitschriften haben natürlich ihr Programm, einen Mitarbeiter- und Beiträger-Stab, eine Zielgruppe, sodaß sich in ihnen und im Nebeneinander ein Prozeß ergibt. ‚Literaricum' wurde 1975 bis 1978 vom ‚Klub Österreichischer Literaturfreunde Amateurschriftsteller' (KÖLA) herausgegeben, der sich um Gesellschaftsarbeit bemühte mit Klub-Zusammenkünften, Literaturtagen und Seminaren, Betreuung von Pensionisten, Aktion Osterhase, ‚Literatur am Arbeitsplatz'; ‚Literaricum' versuchte auch, Angaben über den Umfang des Buch- und Zeitschriftenmarktes beizubringen: 1976 waren auf der Frankfurter Messe 4000 Verlage vertreten, 68 Länder; 278.000 Buchtitel wurden vorgestellt, darunter 83.000 neue; Österreich nahm mit 115 Verlagen teil. Diese Zeitschrift, die anerkannte Schriftsteller als Beiträger hatte, griff in ihrem Inhalt über den österreichischen Bereich hinaus in einem wesentlichen Sinn: Hans Haid handelte im Heft 3 von 1977 über ‚Dialektdichtung heute zwischen Nostalgie und Kampf' — ohne Blut- und Boden-Ideologie, wie er betont: auf soziolinguistischer Grundlage, über die Sprache als Kampfmittel bei den Katalanen, Elsässern, Bretonen; im Elsaß könne man „das Agieren mit Poesie" lernen. Das Internationale Dialekt-Institut befindet sich zwar in Wien, Haid auch, aber Haid ist Tiroler, und in Tirol gibt es eine alte Überlieferung, die über Nordtirol hinausgreift. Das gilt auch für die Tiroler Kulturzeitschrift ‚Das Fenster', für ‚Schmankerl Literarische Blätter für bairisch-österreichische Mundarten' — hier zeigt sich, wie stark Artmanns Mundart-Notierung sich durchgesetzt hat —, für das ‚Zifferblatt Zeitschrift für Literatur', das Vorarlberg, Tirol, Liechtenstein und die Ostschweiz einbezieht, im Heft 2 von 1977 von einem überregionalen Preisausschreiben der PEN-Gruppe Raetia berichtet.

Dem entspricht im Osten Österreichs die von Sebestyén verwaltete großformatige ‚Pannonia Magazin für europäische Zusammenarbeit'. Die Nummer 2 des achten Jahrgangs 1980 berichtet von der zehnten Tagung des Hörspielzentrums in der Alten Mühle in Unterrabnitz, über ein Bildhauer-Symposion in St. Margarethen. Die Zeitschrift reicht mit ihren kulturgeschichtlichen Themen nach Ungarn und bis in die Sowjetunion. Der dritte Raum der Zusammenarbeit ist von Lorenz Mack in dem Buch ‚Dichtung aus Kärnten' (1972) gekennzeichnet durch die drei Stadtnamen Klagenfurt, Laibach, Udine. Das war Bereich des Großstaates Österreich.

Längst überwiegt das Bewußtsein der Zusammengehörigkeit gegenüber den Vorgängen und Einstellungen in der Zeit der Zusammenbrüche. Das Land Kärnten gab 1971 bis 1973 die Zeitschrift ‚Im Schnittpunkt' heraus, der erste Jahrgang handelte wesentlich vom Theater, besprach die Klagenfurter Aufführungen von Brecht, Pinter, Strindberg. Horst Eder beruft sich mit ‚Theater für Kärnten — Theater für Europa?' (Heft 1) auf den Kulturaustausch Klagenfurt-Slowenien und Friaul-Julisch Venetien. ‚Im Schnittpunkt' endet 1973 und erscheint ab 1975 unter dem Titel ‚Die Brücke'.

Die österreichischen Zeitschriften haben in dieser Weise eine hohe Aufgabe ohne äußeren Auftrag in Angriff genommen, sie haben den landschaftlichen Bereich überschritten in den geschichtlichen Raum und machen Kulturpolitik hohen Ranges. Sie werden darin von den Dichtergemeinschaften unterstützt, die wie der ‚Turmbund' (Innsbruck) mit dem Ausland vorwiegend durch Tagungen verbunden sind oder wie die Grazer Gruppe mit den ‚manuskripten' die BRD erreichen oder, vergleichbar den Patenschaften der Städte und Schulen, mit einzelnen ausländischen Dichtervereinigungen in Beziehung stehen. Das ist allerdings ein anderer Bereich des literarischen Lebens, von dem später die Rede sein wird.

Einzelne Zeitschriften

‚Plan' war nicht die einzige Zeitschrift des Jahres 1945 und nicht die einzige, die nicht überdauerte. Vielfach mangelte es in kurzem an Geldmitteln. Wichtiger ist, daß aus Heimkehr und Befreiung sich viele Gemeinschaften ergaben, die als Zweckgemeinschaften den Erfolgen oder der Überlastung einzelner tragender

Mitarbeiter in wenigen Jahren erlagen. Die geistig höchststehende dieser Unternehmungen ist ‚Der Turm', der im August 1945 zu erscheinen begann und 1948 eingestellt wurde. Die führende Persönlichkeit war der Priester Otto Mauer, ein Mittelpunkt der katholischen Akademiker-Seelsorge und des literarisch-künstlerischen Lebens, ein durch seine glanzvolle Rhetorik hochgeschätzter Prediger. Der Horizont der Zeitschrift war weit, er umschloß Thomas Wolfe und Claudel, Eliot und Thomas Mann, Hermann Hesse und immer wieder Kassner; Felix Braun, Csokor, der (im zweiten Heft) die Zeitschrift die „Treuhänderin des geistigen Erbes Hofmannsthals in Österreich" nannte, und Ferdinand Ebner. ‚Der Turm' wendete sich gegen Franco, schrieb über die Größe Garcia Lorcas, trat ein für ein theologisches Verständnis der Kunst, die auf Wandlung im irdischen Bereich angelegt sei, und stand so in geistiger Nähe des ‚Brenner'.

Im Oktober 1945 wurde das ‚Theater der Jugend', das schon 1932 bis 1938 bestanden hatte, neu gegründet, es erhielt ein Mitteilungsblatt, und dieses, ab Nummer 35, Mai 1948, unter dem Namen ‚Neue Wege' erscheinend, entwickelte sich rasch zur ‚Kulturzeitschrift für junge Menschen'. Das ist die einzige österreichische Literaturzeitschrift, die seit 1945 besteht, und ihr Verdienst ist kaum zu würdigen.

‚Jugend spricht zur Jugend', ‚Der Jugend das Wort', ‚Dichter antworten'; Buchkritik, Aufsätze über das Bildsymbol im Film, über die Wiener Zauberoper, über Goethe, Kafka, Joyce: diese Zeitschrift war nicht nur Programm-Träger der Theater-Aufführungen, sondern Unterstützung des Deutsch-Unterrichts, Forum der Jugend, Information über die Träger der Kultur und Literatur, der Ort, an dem die jungen Dichter zu Wort kamen: fast alle, die heute anerkannt sind.

Die ‚Neuen Wege' verloren auch neben der Vielzahl der jüngeren Zeitschriften nicht ihren theoretisch belangvollen Raum durch fundierte Stellungnahmen zur Literatur der Zeit: 1967 über Wittgenstein, 1972 über subkulturelles Theater in Wien, 1975 kritisch über Handke, 1977 Achleitner über Rühm, 1979 Haid über den Liedermacher Sigi Maron.

Andreas Okopenko hat in Heft 9/10 von ‚Literatur und Kritik' unter dem Titel ‚Der Fall ‚Neue Wege' ' einen Überblick nicht nur über die frühe Geschichte dieser Zeitschrift gegeben, sondern über ein wesentliches Stück unseres literarischen Lebens. Er unterscheidet drei ‚Formationen' österreichischer Dichter in diesen Jahren: Zur ersten gehören Aichinger Kießling Busta, zur zweiten Celan Fried Mayröcker, zur dritten Jandl Zand Klinger; und eine traditionell gerichtete, eine linke und eine mittlere Gruppe — der er sich selbst zurechnet — in der Redaktion. Darauf folgt der vorübergehende und nach einem ‚Versöhnungsfest' anläßlich des 100. Heftes der endgültige Zerfall der Redaktionsgemeinschaft, im ‚Strohkoffer'-Lokal des Art Club die Bildung der ‚Wiener Dichtergruppe' um Artmann Rühm, dazu um Okopenko und Weißenborn je ein weiteres Zeitschrift-Unternehmen.

Mit Friedrich Polakovics gibt Okopenko 1951 bis 1953 die ‚publikationen einer wiener gruppe junger autoren' heraus: nahe dem Surrealismus, literarisch hochwertig, am eindrucksvollsten die von Rilke (und Hölderlin) inspirierte große Elegie von Polakovics „Wir, an des dunkeln Gestirnes unendlichen Wandel irdisch Gebundenen". *Okopenko* erweist sich als Meister der Formen und Nuancen. Vom ‚Grünen November' über ‚Warum sind die Latrinen so traurig?' (‚Spleengesänge') und ‚Orte wechselnden Unbehagens' zu ‚Akazienfresser' (‚Parodien, Hommagen, Wellenritte' von Hofmannsthal bis Jandl), 1957 bis 1973 entwickelt sich die Freude an der Erfassung feinster Stimmungen und Ahnungen im objektiven Korrelat, in einem Volkslied-Klang, einem Tonbruch, der eine Naturschilderung auf eine Varieté-Bühne stellt, zum Spaß an der vollendeten Parodie, an der überlegenen Beherrschung, illusionslos, kritisch. Das ‚Lexikon einer sentimentalen Reise zum Exporteurtreffen in Druden' (1970), die Reduktion also eines Reise-Romans zur frei verfügbaren Stichwortsammlung und der aus dieser Methode entwickelte Roman ‚Meteoriten' von 1976, der sein Material aus der ersten Nachkriegszeit bezieht, reichen nicht an die Erzählungen heran (‚Die Belege des Michael Cetus') und an die ‚Thrill-Geschichten' ‚Warnung vor Ypsilon' mit ihrer Mischung von Grausamkeit und Übertreibung, die sie erträglich macht. Kunst ist für Okopenko Spiel geworden, das er parallel zu Artmann treibt, aber stärker auf Kritik und Affront gesteuert. (162)

Okopenkos Übersicht erwähnt nun die in den Jahren 1954 bis 1956 und 1959/60 von Hanns Weißenborn und Kurt Klinger herausgegebene Zeitschrift ‚alpha', ‚Neue Dichtung'. Unter den Beiträgern sind Krolow, Celan, Jandl, in Heft 5 1955 Eugen Gomringer. 1953 war in den Frankfurter ‚perspektiven' die ‚typographische Lyrik' von E. E. Cummings und in der Spiral Press in Bern Konkrete Poesie von Gomringer erschienen. Nun nimmt Gomringer in ‚alpha' Stellung für die neue Schule, für die Konstellationen: Visuelles oder auditives Arrangement kann „den schöpferischen Sättigungs-, Verdichtungsprozeß ersetzen"; im folgenden Heft verwahrt sich *Klinger* dagegen: gegen den Dichter, der auf Grund seiner Begabung dem Gedicht zu dessen ‚Spieltätigkeit' verhilft, für „die Front des Geistes". Dieses Wort ist in einer überraschenden Weise kennzeichnend für Klingers gesamtes Werk und für seine Haltung. In: ‚Manchmal: Idylle' sagt er: „Streng und schön ist die Linie dieses Nachmittags im chaotischen Bild meiner Jahre [...] Das Rechteck meiner Pflichten trage ich in mir". (163) ‚Entwurf einer Festung' (1970) ist ein bedeutender Gedichtband, düster bis zum Hohn. Die Welt ist eine Meduse, alles bringt Tod. Wer den Flüchtling aufnimmt, wird mit ihm fliehen müssen. Das Gedicht ‚Gloire' ist der Text der ‚Marseillaise', durchschossen mit schrecklichen Illustrationen aus der Geschichte, die ‚Tagesnotiz' vermerkt die Leistungen dieses Tages, ohne einmal ‚ich' zu sagen, darunter auch diese: „dreimal meinen Namen verleugnet / und selber dazu gekräht"; schon ‚Der Erstandene' sagt: „Nicht euretwegen / Erheb ich mich aus engen Leichenfesseln. [...] Bezeuget, daß ich bin: / Ein Gott! / Und unversöhnlich". (164)

‚Schauplätze' nennt Klinger den Band seiner Dramen. ‚Odysseus muß wieder reisen' heißt das erste, ‚Helena in Ägypten' das wichtigste, ein Maskenspiel mit dauernder Aufhebung der Illusion: Erst schafft ihr euch den göttlichen Befehl, sagt Hermes, und dann den Retter, der alles für euch tut! Aber die Menschen wissen nichts anzufangen mit ihrer Freiheit.

‚Auf dem Limes' steht Klinger: Er nimmt Christentum und Antike wie/als Masken ab, es bleibt der einsame Mensch, ohne Aufblick und ohne Vertrauen. (165)

1955 bis 1966 gibt Rudolf Henz die Monatsblätter ‚Wort in der Zeit' heraus. Man kann sie die offizielle Literaturzeitschrift Österreichs nennen. Wer diese Zeitschrift las, hatte die wesentlichen Namen der Zeit gegenwärtig, und zwar unter gesellschaftspolitisch wie literaturtheoretisch konservativem Gesichtspunkt. Rudolf Bayr sagt 1957: Österreich ist „nicht unerheblich provinziell", wenn man mit Provinz meint: „die Summe jener Verhaltensweisen, welche an der vorindustriellen Gesellschaft orientiert sind". (166) Wieland Schmied nennt das Gedicht ein Mittel, „die Welt zu verwandeln" (167), und vergleicht die Wirkung Artmanns in Wien mit der Ezra Pounds in London (1959). Helmut A. Fiechtner verweist auf Hofmannsthal, ‚Österrerich im Spiegel seiner Dichtung' (aus dem Jahr 1916) (1959), Hermann Kesten schreibt über Joseph Roth und das Wesen der österreichischen Literatur, „die alles, Kunst und Leben, Traum und Wirklichkeit, für ein einziges Maskenspiel nahm". (168) 1961 folgt Eisenreichs ‚Das schöpferische Mißtrauen' und ein prachtvoller Aufsatz Basils über die paradoxale Welt Kakaniens und ihre Verwandlung in geistige Realitäten, das untergehende Reich erstrahlt „in mondenem, mondänem Licht". (169)

Vielfach schreiben Dichter über einander, die Anspielungen rufen das eben nicht im Wort Genannte in der Vorstellung auf, und wie in einem leitmotovisch gestalteten Musik- oder Literaturwerk ist die Zeit und das Erbe gegenwärtig.

Csokor glaubt an die Möglichkeit der Entstehung historischer Romane in der Gegenwart und bezieht sich (1962) auf seinen Wiedertäufer-Roman ‚Der Schlüssel zum Abgrund': das Vergangene müsse durch Intensität zum „gegenwärtigen Anliegen" werden; die Bibel sei hier durch Forderungen für das Diesseits gedeutet worden, wie sie erst von Marx und Engels formuliert wurden. (170)

George Saiko nimmt ohne Bezug auf Csokor zum Roman Stellung und erklärt, von Joyce und Faulkner ausgehend: Aufgabe des Romans ist es, die „leidenschaftsdurchpflügten Wogen unseres Daseins [. . .] mit Bewußtsein zu durchdringen". (171)

1964 ist ein Jahr der ‚Bestandaufnahme' und Entscheidung: Okopenko über Jandl, den Rühm zunächst nur als ‚Kleinkunst'-Erzeuger angesehen habe, Otto Breicha über die Phasen der österreichischen Lyrik seit 1945, Torberg über Herzmanovsky, einen ‚ins Groteske umgekippten Kafka' (172), Rieder über Kafka-Deutungen: als Chiffre einer nach Erlösung suchenden Menschheit, dem Existentialismus und Surrealismus verwandt; Eisenreich über György Sebestyén, die Lust am Konkreten, den ‚sinnlichen Reiz' in seinen Geschichten (173); ein Bericht über die PEN-Tagung in Budapest und über Csokors Vorschlag, Deutsch wieder als dritte Kongreßsprache anzuerkennen, was beide deutschen Staaten befürworteten.

Breicha hatte am Schluß seines Überblicks gesagt, moderne österreichische Dichtung werde „ohne viel Aufhebens zur Kenntnis genommen", erreiche zwar bloß einen engen Kreis von Kennern, aber die Kritik sei sachlich. (174) Tatsächlich folgte eine Reihe von Stellungnahmen, von bedächtig bis spöttisch und scharf. Felix Braun stellte eindeutig fest: „Analyse wird nie zur Kunst führen, die auf Synthese beruht". (175) Im November-Heft distanzierten sich ‚die Jungen' — Artmann, Ebner, Fried, Jandl, Mayröcker, Okopenko und andre — „von der Protestaktion einiger literarischer Würdenträger", sie protestierten ihrerseits „gegen das Bestreben einiger Konservativer, die einzige offizielle Literaturzeitschrift Österreichs unter Druck zu setzen". (176) — 1957 war Polakovics aus der Redaktion der ‚Neuen Wege' ausgeschieden wegen der Proteste gegen die Gedichte von Artmann Jandl Kein Rühm in zwei Heften. —

Damit verstärkte sich die Problematik: Was ist österreichische Literatur? und gewann im Jahrgang 1965 beträchtliches Gewicht. Der Jahrgang 1966 endet mit dem Juni-Heft. Die Zeitschrift schließt mit bedeutenden Beiträgen: Canetti über Karl Kraus, Hochwälder über sein Theater, Kurt Kahl über Horváth, Josef Laßl über die vier deutschen Literaturen, Pototschnig über politische Lyrik.

Das ‚Wort in der Zeit' hatte ein ganz eigenartiges Gegenstück im ‚Bogen Dokumente neuer Dichtung' 1961 bis 1965, keiner Tradition und keiner Gruppe verbunden, ohne ein Ziel außerhalb des dichterischen Aktes, reines Wort in der Zeit. Hans Leb, Architekt, Lyriker, Graphiker bei Villach, gab 1961 die ersten Folgen heraus, nach seinem Tod im Dezember dieses Jahres übernahm Heinz Pototschnig die Herausgabe, von der fünften also bis zur 19. letzten Folge. Die ersten drei Jahrgänge waren in Faltumschlägen als Sammlung handgebundener dünner Hefte erschienen und hatten so die Ferne vom Buchmarkt und die Individualität der Beiträger betont. Schon die zweite Nummer hatte mit Werner Riemerschmid die Umgebung Villachs verlassen, es folgten Felix Braun, Hans Egon Holthusen, Georg von der Vring, Artmann, Csokor, Sacher; Folge 14 enthielt Beiträge von Großbritannien und Spanien bis Finnland und Rumänien, Folge 19 auch aus Brasilien und China. Was als eine Gemeinschaft und eine in Ansätzen sich entwickelnde Schule gewachsen war, verließ damit durchaus den Bereich der Lenkbarkeit und wurde beendet. ‚Der

Bogen' hat also keinen Hintergrund, aber er hat ein Programm, die in Folge 5 abgedruckte Rede Hans Lebs vom 1. Dezember 1960, in der er sagt: Im Gedicht wird der ganze Mensch geopfert, es wird die Zeit überwunden in der Dauer der Sprache, in deren Existenz das Gebilde aus Erfahrung und Ergriffenheit einging, verwoben „mit dem unendlichen Gefüge des Weltganzen".

Hans Fabian Kulterer strebt diesen Gedanken nach, indem er in der Folge 8 die Aufhebung von Zeit Raum (Gestalt) als Kern des poetischen Geschehens versteht: „durch unser Gedicht die Pulsadern zum Nil oder Amazonas anschwellen zu lassen. Kraft, Atmosphäre und Dichte" entscheiden.

Als *Heinz Pototschnig* diese Aufgabe übernahm, hatte er die frühe Phase seiner Erzählungen und seiner Lyrik abgeschlossen, hatte zwei Jahre lang mit Leb photographierend die Landschaft um Villach erlebt und die Natur in Struktur verwandelt, in die Schrift einer Eisfläche, Ackerfurche, Baumrinde. Nun erst kehrte er zur Lyrik zurück. Die teilweise von Hemingway berührten (Kinder-)Erzählungen, die Romane von Einsamen, die vom Leben in Grenzsituationen geführt werden, die formreinen und erlebnisstarken Hörspiele sind Gruppen um das Zentrum des Werks, das Pototschnig in den Jahren des ,Bogen' durch seine lyrischen Gedichte schuf. Die Forderung nach Erstdruck galt für alle Beiträger, er gab außerdem in den frühen sechziger Jahren drei Gedichtbände heraus. Das Gesamtwerk seit den frühen sechziger Jahren steht unter dem Vorzeichen der auf viele Weisen gebändigten, verfremdeten Sehnsucht, und das Werkzeug zu diesem Werk — mit Ortega y Gasset: das „Schöpfungsgerät, das Gott im Innern seiner Geschöpfe vergaß" (177) — ist die Metapher. Bei immer knapperer Sprache, die Bild- und Stimmungshintergründe in den Bereich der Farbwörter verlagernd, verwandelt Pototschnig seine Erlebnisse in die Anrufung und Nennung von Gebilden der Natur; „Die Süße im Kern ist ohne Geschwister". (178)

Die wichtigsten Gründungen der sechziger Jahre sind die Nachfolger des ,Wort in der Zeit': ,Protokolle Wiener Jahresschrift für Literatur bildende Kunst und Musik' sowie ,Literatur und Kritik'.

Gerhard Fritsch — gemeinsam mit Otto Breicha Herausgeber der ,Protokolle' bis zu seinem Tod im Jahr 1969 — ist durch seine Berufstätigkeit als Bibliothekar, durch die Mitgliedschaft im PEN-Klub und sein durch Literaturpreise anerkanntes dichterisches Werk für diese Tätigkeit vorbereitet, durch seinen Roman

‚Moos auf den Steinen', der als Denkmal der Vergangenheit verstanden wurde, der Tradition verbunden und, wie außer andren Schriften der Beginn der ‚Protokolle' erweist, nicht nur ein Kenner österreichischer Literatur im einzelnen, sondern auch ihrer Eigenart innerhalb der gesamtdeutschen. Seine Prosa zeigt schon in Schilderungen und Erzählungen überzeugende Kraft und Lebendigkeit durch die Verbindung zweier Darstellungsebenen in der Wortzusammensetzung oder im Zeitwort. ‚Kärntnerstraße' (1955) spricht von der Benzinprärie, über die Limousinenbüffel und Rollerkatzen dahinjagen. (179)

Die Lyrik zeigt sein Schwanken zwischen Glauben, Sehnsucht, Vertrauen und Ekel, Erbitterung. Die Gedichte steigen im religiösen Ton an bis in die Nähe der Predigt und entfernen sich in der späteren Zeit bis zu blasphemischen Wendungen. Zitate heiler Lyrik, aus Kinderliedern, aus Eichendorff werden zu Zeichen seiner Verzweiflung. Er beherrscht die sachliche, stimmungsstarke Beschreibung wie die Montage — im Zusammenhang mit Artmanns Techniken —, erfaßt die Landschaft als Sprache und entwickelt, besonders in Gedichten zu Kunstwerken oder Landschaften, eine überzeugende Metaphernkunst. ‚Archaisch' etwa ist groß und den ‚Cantos' Ezra Pounds nahe.

‚Achill unter den Weibern' markiert den Beginn von Hinweisen auf Verkleidung, die später häufig sind und untereinander zusammenhängend ein Bild ergeben, dem die Verkleidung des Deserteurs Felix Golub und die Rolle als Dienerin Charlotte bei der Generalswitwe Vittoria in dem Roman ‚Fasching' (1967) entspricht. Die Nebenhandlung sowie die unter dem Titel ‚Katzenmusik' 1974 herausgegebene Prosa und das nach der Reise in die Türkei 1961 entstandene ‚Mondphasen'-Fragment, das spätestens 1964 zugunsten von ‚Fasching' aufgegeben wurde (180), beweisen den Selbstwert des Motivs des in Weiberkleidern lebenden unterjochten Mannes. In ‚Fasching' aber hat das Motiv eine politische Dimension, die durch das Motto nach Canetti und die damit ins Bewußtsein tretende ‚Blendung' sowie den Bezug von Sexus und Ideologie bei Doderer noch verstärkt wird: Die Bewohner dieser Kleinstadt sind dem Nazismus treu über das Frühjahr 1945 hinaus und denunzieren Golub den Russen.

Die Einleitung zu den ‚Protokollen' ist ein kluger und umsichtiger Text: Wien hat seine alten Einzugsgebiete verloren, aber es hat seine Assimilationskraft bewahrt. Der Wiener Dialekt ist immer noch sichere Grundlage des Erfolgs: in Weinheber-Lesungen, bei Artmann wie Qualtinger. In manchem ist Wien provinziell, aber seine besten produktiven Köpfe wissen das auch. Hans Weigels Beitrag ,Es begann mit Ilse Aichinger' erinnert an den ,Plan', bietet aber in den Berichten über die ,Welt am Montag' oder die Österreich-,Expeditionen' deutscher Verlage eine willkommene Erweiterung. Die ,neue Zeit' zeigt sich klar durch die Aufnahme von Jandl Mayröcker Artmann Bayer Rühm. Dem Überblick Weigels entspricht als in die Zukunft gewendet Ernst Jandl mit ,Österreichische Beiträge zu einer modernen Weltdichtung', eine kurze Einführung in Wesen und Ziel der Konkreten oder experimentellen Dichtung: sie ist flächig, absoluter Musik vergleichbar, „vom kontakt mit ihr bleibt nichts als stücke erinnerung von worten, folgen, flächen" (S. 138).

Scharf und programmatisch beginnt Fritsch den Band 1967: „Kleinbürgerlich ist die Empörung über alles [...], was die Klischees der Selbstdarstellung in Frage" stellt. Gedichte von Fried, ein Beitrag Scharangs voll Bewunderung für Gütersloh erweitern das Repertoire erfreulich.

Scharang demonstriert im folgenden Jahr an Handkes ,Hornissen' seine Denkmethode, indem er in verschiedenen Formulierungen die Negation als notwendigen Durchgang zu vernünftiger Wirklichkeit und ausdrucksfähiger Sprache behauptet.

Mit den genannten Autoren ist der Grundbestand der ,Protokolle' gegeben. Der erste von Breicha allein verwaltete Band 1970 erscheint auch als erster in zwei Teilen. Er ist dem Theater gewidmet, vorzüglich neuesten Werken und Überlegungen: Sprechtext, Spielpartitur, Happening, ein auf Grund von Material aus Zeitschriften von einem elektronischen Rechner erstelltes ,Drama' ,Syspot', Beiträge von Wolfgang Bauer, Wilhelm Pevny. Im zweiten Halbband handelt Scharang von Walter Benjamins Kunstauffassung, in der ihm der Gedanke der Poetisierung der Kunst „zu wenig radikal entwickelt" scheint (S. 13), und ein Vortrag Jandls über ,Kunst heute', dessen interessantester Gedanke lautet: Tradition ist stets in Bewegung (denn sie wird als dieselbe durch die veränderte Sicht immer eine andere).

1971 werden Frischmuth und Henisch aufgenommen, Henisch mit einer beziehungsreichen, auf die Studentenunruhen hinweisenden ,Hamlet'-Version. Hermann Nitsch berichtet über Aktionen bzw. Pläne des 1969 verstorbenen Rudolf Schwarzkogler. Sein eigener Plan eines sechs Tage währenden Festes in und um Schloß Prinzendorf, eines Festes für alle Sinne, mit Schlachten eines Lammes, Aktionen mit Blut und Ausweiden und Lärmorchester — ein Dionysos-Fest der Selbstbefreiung also, der Qual des Genusses — folgt im zweiten Band von 1973. Nitsch sieht in solchen Festen den Ursprung sadomasochistischer Mythen. 1977 folgt in den ‚Protokollen‘, von ihm einbegleitet, ein Text des 1943 geborenen Heinz Cibulka, ‚Zärtlich esse ich mich selbst‘, von der Angabe der Speisen auf der Speisekarte bis zur Blasphemie: „Das ist mein Blut und das ist mein Leib“ (S. 115 des ersten Bandes).

Die Neigung zu Experimenten und auf Gesellschaftsveränderung ausgerichteten Texten wie Unternehmungen war um 1970 stark, und sie wurde von den ‚Protokollen‘ — allerdings um diese Zeit nicht mehr von ihnen allein — mitgetragen. Eines der interessantesten dieser Experimente ist die Planung eines Fernsehfilms, an der Jandl und Mayröcker teilhaben (1972); andere, Peter Weibels ‚Undationen‘ (1973/1) und Elfriede Gerstls ‚Spielräume‘ (1973/2), verwenden Wörter oder Dichtungen bzw. Fragmente als Gegenstände und gestalten mit ihnen ‚Welt‘-Vorgänge oder dramatische Szenen. Friederike Mayröckers ‚Versatzstücke‘ (1974) setzen Wortfolgen unter dem Gesichtspunkt der Kulisse ein.

Der Jahrgang 1976 nimmt vorwiegend neue Beiträger aus der BRD auf. Neben den literarischen Beiträgen sind die bildende Kunst, die Photographie — z. B. durch Arnulf Rainer — und die Musik in geringerem Maß, aber sehr wesentlich präsent, wiederholt Leo Navratil mit Beiträgen über geisteskranke Patienten. Wie manche andere Zeitschriften nehmen die ‚Protokolle‘ neben Gedichten oder Hörspieltexten auch Teile aus entstehenden umfangreicheren Werken auf, 1978 aus Alfred Paul Schmidt ‚Fünf Finger im Wind‘ und aus Klaus Hoffers ‚Halbwegs‘. Hans Weigel beginnt eine Serie ‚In Memoriam‘, an zweiter Stelle handelt er von Hertha Kräftner (1979), deren Werk 1977 neu herausgegeben wurde. Band 2 von 1980 ist dem Mayröcker-Symposion 1978 gewidmet.

Die Beziehungen zum bundesdeutschen Literaturbetrieb sind so eng, daß auch theoretische Abschnitte aufgenommen werden, deren Belegmaterial ebenfalls bundesdeutsch ist. Jörg Drews, ‚Literaturkritik und literarische Wertung‘, bezieht sich auf Tilmann Moser und Karin Struck (1978/1). Ihm folgt Helmut Heißenbüttel über ‚Konkrete Poesie heute?‘, wobei Rühm und Gomringer unterschiedslos bezogen sind (ebd.), 1979/1 ein umfangreicher Beitrag Klaus Schönings über das deutsche Hörspiel. Der starke Anteil der BRD bleibt weiterhin bestehen.

Paul Pörtner handelt 1978 im Zusammenhang mit Antonin Artaud über ‚Spontane Literatur‘, über die Absage an die Literatur (Rimbaud), den Riß zwischen Sprache und Sein (Hofmannsthal), über den Spracherwerb als zugleich sich vollziehende Verarmung, über Lettrismus; er verweist auf den Dada-Satz „Das Denken wird im Mund gemacht" (181), was sogleich an Peter Turrinis ‚Erlebnisse in der Mundhöhle‘ denken läßt. Band 4 von 1979 — es ist der erste in vier Bänden erscheinende Jahrgang — bietet Texte von René Altmann aus den Jahren 1949 bis 1975, vieles über Sprache und Wort, die Sehnsucht nach den Worten, die noch zu benennen vermochten, die noch Kraft hatten.

Man erkennt, welche Bedeutung einem solchen Periodicum zukommt. Es ist bei kluger Redaktion ein Mosaik aus zueinander passenden Steinen, es zeigt durch Angebot und Auswahl an, welche Gedanken Themen Werke sich anbieten, in welche Richtung das Interesse sich wendet. Kurt Batt, ‚Die Mundartdichtung in der Nationalliteratur‘, im Band 3 von 1980, ist zugleich ein Hinweis auf Regionalismus, daher ein Bezug zu Haid, zum neuen Realismus und damit zu Fragen der neuen Heimatdichtung.

Rudolf Henz und Jeannie Ebner als Herausgeber, ‚Literatur und Kritik‘ als Titel bedeuten: kein Bruch mit der Vergangenheit und dem Bisherigen, aber Offenheit für das Kommende, und: Verbindung von Dichtung und Theorie. Der Beginn war durch die Beiträger und die Beiträge ähnlich programmatisch wie der der ‚Protokolle‘: Ludwig von Ficker über Ferdinand Ebners Briefe, Gütersloh Rühm Artmann, darauf Chotjewitz über Artmann; Fried, Claudio Magris über den habsburgischen Mythos in der österreichischen Literatur und in Heft 21 Herbert Zand über Canetti und in diesem Zusammenhang über die Strahlkraft Österreichs, „als würden mit dem Auseinanderbrechen der staatlichen Form bisher gebundene Energien frei" (S. 33).

Es ist erfreulich zu sehen, daß nun Felix Braun, der den Dichter in die Nähe des Priesters rückt, und Mayröcker Jandl nebeneinander Platz finden. Urzidil berichtet in Heft 31, er lese in Amerika abwechselnd Thoreau und Stifter; „Im ‚Nachsommer‘, dessen Erscheinen doch mehr als 110 Jahre zurückliegt, spricht der Freiherr von Risach bereits von modernen Kunstgesetzen der Zweckmäßigkeit und Notwendigkeit der Form. In seinem Rosenhause sieht er aber auch die Weltwende vermöge der Revolutionen der Naturwissenschaft voraus" (S. 47).

Die Zeitschrift wahrt nicht nur Zentrum und Peripherie, die Präsenz der wesentlichen und das Vorkommen der weniger bekannten Schriftsteller der Gegenwart; sie ist durch die Vielzahl der Beiträge in den zehn Heften jedes Jahrgangs und durch den Anhang von Buchbesprechungen und Verlagsmitteilungen als Trend-Anzeiger zu werten. Ein besonderes Verdienst erwirbt sie durch die Aufnahme ausländischer Literaturen: Heft 44 enthält Proben tschechischer Lyrik und rumänischer Prosa; es folgen Polen, mehrmals Ungarn, Kroatien, Belgien und andere Länder oder die Würdigung einzelner Dichter wie Krleža in Heft 85.

Eine der eigenartigsten — eigenwilligsten — Zeitschriften Österreichs begann ebenfalls im Jahr 1966 zu erscheinen: ‚Das Ziegeneuter'. Wie die ‚Fackel' in vielen Jahren von Karl Kraus allein gestaltet wurde, so ist *Michael Guttenbrunner* der streitbare Einzelgänger des ‚Ziegeneuters', mit charakteristischer, auf großer Kenntnis und strenger wie scharfer Kritik ruhender Auswahl. Mechtilde Lichnovsky kommt sogleich zu Wort, die Autorin von „Worte über Wörter', und die Widmung der Ausgabe (1949) ‚In Freundschaft dem damals lebenden Karl Kraus gewidmet und heute dem unsterblichen' könnte sinngemäß geändert auch über den Nummern dieser Zeitschrift stehen, die niemanden so hoch stellt und so oft nennt wie Kraus. Gegen George, Adorno, Bernhard, für Kramer — er hebt Weinheber „geradezu aus den Angeln und übergibt ihn der Luft" (15. Dezember 1966); gegen Handke mit Spott; gegen Artmanns Dialekt, mit Schärfe gegen Obernosterer; mit Hohn gegen Heer, preisend über Doderer, höchst anerkennend über Torberg, dessen Lehrmeister Karl Kraus und Karl Kraus waren (Heft 9); beißend in kleinen Deformationen von Namen, in eigener Sache an seinen Verlag, der ihm nie einen Pfennig Honorar gezahlt habe für seine bereits vergriffenen Bücher (Heft 18). Es verwundert nicht, daß immer wieder Klaus Demus zitiert wird. Seine Gedichte sind kraftvoll in geballten Worten, unliebliche große Naturgedichte, nebeneinander gerückte Einzelwörter vielfach, die Zeitwörter ausgeschaltet oder mit verdecktem Bezug, sodaß nicht Handlungen, sondern Naturzustände erlebbar werden: Ödnis, Tiefen, Allein, Verloren. ‚Morgennacht' ist der Titel dieses 1969 herausgegebenen Gedichtbandes.

Guttenbrunner ist nicht nur Literat, sondern Dichter, wirklich ein Dichter von den ‚Schwarzen Ruten‘ 1947 an durch alle seine Gedichtbände. Mit klarem Rekurs auf Trakl ist hier die Schändung des Menschen durch den Krieg gezeigt, der Protest gegen die Verstörung der Welt mit dem Mittel der Groteske erhoben; die große starre Natur bleibt als Rettung: Staunen auf gewaltiger Schwelle. Durch eine der Mystik nahe, in Wortballungen und seltenen Bildungen sich bezeugende Periode, immer noch mit Trakl, in grausigen märchennahen Geschehnissen wendet er sich der eigenen Zeit wieder zu. „Als ich heimkehrte, fand ich die Stadt meiner Jugend zerstört [...] Schutt und Asche knirschten unter den weinenden Sohlen". (182) Auch die Liebesbeziehung ist tief gestört und erscheint meist in dunklen, schuldhaften Bildern. Umso stärker ergreifen die seltenen Gebärden der Sehnsucht. Mit steigenden Jahren wird dieser Mann nicht sanfter; aus seinen Erinnerungen an Städte, Statuen, Männer hätte Klopstock Oden gemacht, vor hundert Jahren wären daraus Balladen geworden: jetzt bei Guttenbrunner geballte Sprüche. In den ‚Ungereimten Gedichten‘ (1959) gibt es eins von dem Mädchen, das vor dem Begehren des Mannes in die Felswand schwindet — eine alte Legende: „Auf glatter Fläche liebkoste ich die Form ihres Leibes". (183) Jetzt erscheinen in harten Strichen auf der Wand von Trauer und Erinnerung die wenigen Wörter wie Spur von Schlägen.

Im Jahr 1969 beginnt die Gruppe linksgerichteter Zeitschriften zu erscheinen; ‚das pult‘, herausgegeben von dem 1945 geborenen Klaus Sandler, erscheint in St. Pölten und hat dort auch seinen Stützpunkt in den St. Pöltener Literatur-Symposien. Ziel ist das Wachstum und die Durchsetzung einer Alternativpresse, die den ‚elfenbeinernen Turm‘ verläßt, das Denksystem verändert (Erwin Stegentritt, Heft 20/21). Die Beiträge sind vorwiegend theoretischer Natur, in der Haltung kritisch, aber fair, sie setzen gern dort an, wo nach Auffassung des ‚pult‘ eine Position bezogen, aber nicht gesellschaftlich genützt wurde, z. B. in Jandls Gedicht ‚schtzngrmm‘ (Heft 25).

Das Interesse richtet sich stark auf Hörspiel, Pop-Art, Automatismus, Konkrete Lyrik, außerhalb der Literatur auf den Verfall des Familienlebens — der aber nicht vom Gemeinwesen, sondern vom Kollektiv aufgefangen werden sollte. Hier mündet die Diskussion wieder in die Literatur, indem das Kollektiv als Hörspiel-Produzent gefordert wird. Manfred Chobot weist mit Zahlen die Bedeutung des Hörspiels nach, stellt Gottesdienst, Wahlveranstaltung, Hörspiel nebeneinander auf Grund des möglichen Spielcharakters. Hier, in diesem ebenen Verständnis mediengleicher Vorgänge, im Einbezug der (politischen) Realität in das Spiel — damit des Spiels in die Realität — liegt die Wirksamkeit dieser Zeitschrift. So gestaltet die Lehrerin Susanne Schweiger, 1943 geboren, ein Hörspiel ‚Folterkammer‘, mit Eltern und Kind, Burgbesichtigung, in die Folterkammer-Szenerie werden Opfer der Folter in Griechenland (1975), Brasilien, der Sowjetunion eingeblendet; dazu kommt die Verständnislosigkeit des Vaters, der Fotos machen will, und eine Reihe von Texten: Neruda, Eluard, Fried, AI-Berichte. (184)

In den ‚pult‘-Beiträgen werden als literarischer Hintergrund Heißenbüttel und Bert Brecht spürbar, es erscheinen auch Mitarbeiter aus der BRD und DDR, die Literaturkritik steigt an, ebenso der Anspruch einzelner Aufsätze, so Hans Rochelts ‚Die Grammatik der Vernunft‘ (Heft 42, 1976) über Hamann und Ferdinand Ebner. Dagegen ist Ulrich Erckenbrechts anti-Karl Kraus-Versuch, mit Wittgenstein als ‚trüber Figur nach Kraus’-schen Ansätzen‘ eine traurige Entgleisung. Wenig später beginnt ein kleiner Ideologie-Streit um Scharang, der im Theoretischen zu wenig gefestigt sei. (185) Das vierte Heft des Jahrgangs 1978 war der Tagung über Alternativkultur gewidmet. Klaus Sandlers Vorbemerkung, ‚Alternative‘ sei nicht zu definieren, sei ein Bereich „von romantischen Revolutionären [...] bis zu den mehr oder weniger dogmatischen Linken [...] Gemeinsam ist alledem das Unübersichtliche, Diffuse, Konfuse" bietet eine gute Einleitung in die Einsicht mancher Teilnehmer: Es gab ‚Scheinideologiedebatten‘ bei / wegen geringer Kenntnis der Materie (S. 4, 10).

Klaus Wohlschak, einer der tätigsten Mitarbeiter des Wiener Neustädter Literaturkreises, übersiedelt zum ‚pult‘, trägt unter anderem eine Kurzchronik der Ereignisse um die Arena in Wien bei (Heft 43); nach Pevny und Turrini werden auch Herbert Rosendorfer und Jutta Schutting Mitarbeiter des ‚pult‘. Man beginnt mit dem Abdruck von Proben entstehender Werke, wendet sich Fragen der Literatur und Psychoanalyse zu, und es entsteht der Eindruck, daß auch diese Zeitschrift, die sich als politisch stark linksgerichtet gibt, am verläßlichsten und leistungsfähigsten ist, wenn sie sich von ideologischem Streit fernhält, auf politische

Radikalität verzichtet und im literarischen bzw. literatur-theoretischen Bereich bleibt.

Da gibt es einige noch wenig bekannte Mitarbeiter wie D. P. Meier-Lenz mit düsterer, geschickt montierter (Natur-)Lyrik, Gedichte von Ingrid Kail, Gabriella Schachenhofer. Der Jahrgang 1980 ist unter diesem Gesichtspunkt besonders erfreulich durch eine Anzahl sehr interessanter Artikel: Alois Eder über Herzmanovskys Quellen und seinen Antisemitismus, ein Interview mit Valie Export über Aktionismus, über die Unterschiede zwischen Hörspiel-Experimenten der Autoren und -Erwartungen der Hörer, ein Interview mit Sebestyén über dessen Regieprobleme und -leistungen in dem Maria-Theresia-Film, eine fundierte Kritik von Joachim Schondorffs ‚1000 Jahre österreichischer Lyrik‘.

Mit dem 15. September 1969 begann ‚Wespennest Zeitschrift für brauchbare Texte‘, herausgegeben von dem 1949 geborenen Helmut Zenker. Themenkreise der Folgehefte waren angegeben: Konkrete Dichtung, kritische Mundartdichtung, Bundesheer. Die Literatur, sagt Heft 3, soll wieder in die Arena steigen — was eine ungewollte Vordeutung war; das Heft 23 war ein Sonderheft über die Vorgänge in der vielumkämpften, als Jugend- und Kulturzentrum in Anspruch genommenen und nach langer Besetzung geräumten Arena im 3. Wiener Bezirk. Hier steht auch: Es hilft mir nicht zu wissen, daß hinter Oma sich Mao verbirgt und hinter Opa Apo, und das ist in den Bezugsrichtungen absichtlich kennzeichnend.

(Edith Jantsch berichtet im Oktober/November Heft 1976 von ‚Literaricum‘, ‚Eine Arena ohne Attraktionen‘, zurückhaltend und bemüht, bei Anerkennung der Rechtslage dem Anspruch der Arena-Leute gerecht zu werden: als Schwerpunkte nennt sie „das kulturell-produktive Schaffen" und „das Resozialisierungsprogramm".)

‚Wespennest‘ hat eine große Zahl bekannter bis berühmter Mitarbeiter, auch Jandl, Mayröcker, Frischmuth, Guttenbrunner, Klinger, Szabo sind darunter neben Fried, Pevny, Scharang, Gustav Ernst; Autoren von ‚Eselsohr‘ finden hier Eingang, so E. A. Richter, Manfred Chobot, einer der Mitarbeiter des ‚pult‘.

Die scharf gesellschaftskritische Ausrichtung führt auch hier vorübergehend zur Ideologiediskussion, aber die Hauptlinie der Praxis und die Kritik an bürgerlicher bzw. kleinbürgerlicher, politikfeindlicher Literatur steht nie in Frage. Im Heft 14/1974 schreibt Jandl über seine Auseinandersetzung mit Federmann, wovon im Zusammenhang der Grazer ,manuskripte' genauer berichtet wird. Es schließen sich Angriffe gegen Torberg, Weigel, Ziesel, den Turmbund — als rechtsradikal und deutschnational — an, gegen ,Literatur und Kritik', gegen Wolfgang Kraus wegen dessen beherrschender Stellung im österreichischen Literaturbetrieb, bei sich bietender Gelegenheit gegen die katholische Kirche. Zenker, Gustav Ernst, Franz Schuh sind die wichtigsten Angreifer, Scharang wendet sich gegen Thomas Bernhard, den Poeten des „österreichischen Kleinkapitals, das ständig seine Liquidierung durch Monopolkapital vor Augen hat" (Heft 16).

Elfriede Gerstl, Turrini und die Autoren des Heftes 16 handeln von den Strategien der Literatur, von der Wirksamkeit des Hörspiels und der Kritik, vom richtigen Verständnis des Realismus, das ohne Kenntnis Bert Brechts nicht zu gewinnen sei.

,Wespennest' ist eine kämpferische, mit Format und Kenntnissen kritische Zeitschrift, die konsequent und rasch reagiert, z. B. Roseis ,Von Hier nach Dort' als neue Innerlichkeit einstuft, ihm eine Schlagseite zum Kitsch zuspricht und damit die Kritik an ,Bei schwebendem Verfahren' (Heft 13) weiterführt. Heft 40, von Franz Schuh herausgegeben, ist ein eindrucksvolles Sonderheft über Literatur. Die Stellung Schuhs wird neuerdings bezeichnet durch Zitate nach Marx Brecht Benjamin; der Inhalt des nur teilweise von ihm verfaßten Heftes handelt — gedanklich in der Nähe der Realismus-Problematik — von der ,Fackel': sie sei „ein methodisch ausgearbeitetes Wahnsystem" (S. 31); von der Presse als „Ablösung der Information durch die Sensation" (S. 32) und daher Erfahrungs-Minderung, von der Zerstörung der Sprache durch die ,nonverbalen Medien'. Sie reduzieren — mit Hans-Dieter Klein — „die Sinnlichkeit auf maschinen- bzw. instinktanaloges Reagieren" und machen unfrei, setzen die logischen Regeln und moralischen Normen außer Kraft, machen den Menschen zum Material eines „irrationalen Gesamtprozesses" (S. 38); das aber sei, unabhängig vom Inhalt, „die Tiefenstruktur nationalsozialistischer Denk- und Lebensformen" (ebd.); wesentlich ist auch der Abschluß dieser unnachgiebigen Denkleistung: die sinnliche Komponente der Sprache werde damit dominant, die Ansprüche von Gut und Wahr werden abgeschaltet, Sprache wird „reduzierbar auf andressierte ,Sprachspiele' als Äußerung von Lebensformen" (S. 42).

Heft 42 handelt von Romantik und Neoromantik, es beginnt mit Novalis, seiner ‚Hoffnung auf ein goldenes Zeitalter', und Heft 43 enthält eine Überschau der Verbreitung von ‚Wespennest' und seiner ständigen Mitarbeiter, neben inhaltlich düsteren Beiträgen — Bericht einer Frau über eine Abtreibung, Tagebuch eines Fixers, Unglück eines untreuen Ehemanns — die ‚Rede zum ersten österreichischen Schriftstellerkongreß', die Erich Fried am 6. März 1981 hielt: über das Freund-Feind-Denken, das ihn hinderte heimzukehren, über die Lage junger Schriftsteller und die ‚Dunkelmänner' an der Universität; die Rebellion in der österreichischen Literatur durch Verwendung aller denkbaren „Ausdrücke für alle Variationen des Geschlechtsverkehrs oder für Ausscheidungsvorgänge" sei kein Ersatz für große Literatur- und Gesellschaftskritik; Tabus wie das eines Arztes, dessen Tätigkeit bis 1945 man mit dem Tod von Kindern in Verbindung gebracht habe — die Aufgabe der Literatur, sagt Fried abschließend, sei eine öffentliche Aufgabe, die Behörden sollten der Literatur nicht Almosen geben, sondern ihren Stellenwert erkennen. Zweifellos gehört diese Zeitschrift zu den bedeutendsten in der österreichischen Gegenwartsliteratur.

‚Hundsblume', mit dem Hauptton auf ‚Wiener Neue Linke', Kommune, Marxismus, versteht sich als Kampforgan — ‚Apropos ARENA 70': man sieht, wie die Arena-Vorstellung sich vor dem Jahr 1976 vorbereitete —, bezeichnet die Hefte als ‚Kassiber'. Peter Henisch und Gustav Ernst schreiben über Konkrete Poesie, verwahren sich gegen ihre Abstraktheit und fordern eine Sprachkritik, die nicht wie etwa Rühms Arbeiten „konformistisch [...] befangen bleibt im Sprachfetischismus" (Kassiber Extra 3). Die Zeitschrift besteht 1970/71.

März 1976 beginnt ‚Freibord Kulturpolitische Gazette'. Die Geschichte dieser Zeitschrift ist bemerkenswert als Leistung eines Teams aus jungen Leuten um das 30. Lebensjahr und Hermann Schürrer, der 1928 geboren wurde und schrifstellerische Erfahrung hatte. Auch diese Zeitschrift ist aggressiv, gewillt, den Vorführungen zum Nichtdenken entgegenzuwirken, auch ‚Dokumentationsstelle für neuere österreichische Schweinereien' zu sein (Heft 1). Sie bespricht die schon in Heft 18 des ‚Wespennest' aufgegriffene Geschichte des SS-Manns Knogler in Mauthausen und kommentiert sie. Beziehungs-, kenntnis- und einfallsreich, mit Halbzitat und Parodie, wird hier Literatur- und Kulturkritik gemacht, besonders gegen Jandl Rühm Wiener. Die Mitarbeiter treten durch Lesungen (vor dem Theseustempel im Wiener Volksgarten) an die Öffentlichkeit, auch hier wird Peter Paul Zahl erwähnt, der eine Symbolfigur geworden ist.

Aber ‚Freibord‘ begnügt sich nicht mit Theorie und Kritik. Es gibt eine Reihe von überzeugenden Beiträgen begabter, meist junger Leute, so Joseph Enengl, Ute Erb, deren ‚Volkslied, vor der Scheidung gesungen‘ (‚Da ich kein Vögkein bin‘) und ‚Auf eine kurze Begegnung . . .‘ im Herbstheft 1976 in jeder Anthologie neuer österreichischer Lyrik einen Platz verdienen.

Beiträge von Jeannie Ebner, Jutta Schutting, Wilhelm Szabo, Alfred Gesswein und andren im zweiten Jahrgang sind ein Beweis der Zustimmung zu diesem Weg einer durchaus dem Leben zugewandten und zum Jasagen bereiten Unternehmung. Die Erwähnung Kassners in einem Gedicht von Enengl (Juni/Juli-Heft 1978), der Hinweis auf Wildgans bei Paul Wittgenstein im Herbst 1980, die ausführliche Bemühung um Leben und Werk Peter Altenbergs rechtfertigen den Erfolg, der in der ‚Dokumentation‘ ‚5 Jahre Freibord‘ zum Ausdruck kommt — trotz mancher Übertreibungen, Entgleisungen, Unkenntnisse und Ungenauigkeiten, die um so schmerzlicher auffallen.

Das April-Heft 1975 von ‚Frischfleisch‘, ‚die literarische Kraftnahrung‘, begann mit einem ‚Redaktionsbrief‘: Das erste Heft, Ende 1971, blieb unbeachtet, ebenso die Lesungen und Erfolge einzelner Mitglieder der Gruppe Frischfleisch; man publiziere eben am liebsten bekannte oder — am liebsten: und — steirische Autoren. Seit Sommer 1978 ist ‚Frischfleisch‘ mit ‚Löwenmaul‘ zu einem ‚Literaturmagazin‘ vereinigt, aber trotz der Behandlung aktueller Themen wie Arena und Grazer Autorenversammlung und der Teilnahme mancher ‚Bekannten‘, darunter solcher aus dem ‚Freibord‘-Bereich, bleibt der Eindruck der Erfolglosigkeit, es entsteht eine Art von Leserforum zu Mißständen im literarischen und kulturpolitischen Leben Österreichs, dem ihrem Umfang nach die Sach-Information, so über die ‚gezeichneten Bildgeschichten‘ von Karli Berger in der ‚Volksstimme‘ als ‚gesellschaftspolitisch sinnvoller Weg zu den Qualitäten einer Massen-Kunst“ in Nummer 23/24 nicht die Waage hält.

Das 1971 gegründete ‚Podium‘ ist das Publikationsorgan einer Autorengruppe, die Schloß Neulengbach als ihren Sitz erwählt hat, darin also vergleichbar den ‚manuskripten‘ und dem ‚pult‘.

Die Rede zum Beginn, die Wilhelm Szabo hielt, betont beides: den Ort der Begegnung und die Bereitstellung der ‚verlegerischen und publizistischen Möglichkeiten'. Eine Durchsicht der ersten Hefte nur nach Autorennamen zeigt bereits, daß dieser Kreis eben das zur Verfügung hat, was den ‚Frischfleisch'-Autoren so bitter abgeht. Sie sind gutteils von ihren Berufen her wirtschaftlich gesichert und durch ihre literarischen Erfolge vergleichsweise sicher vor Publikumssorgen: Henz, Busta, Jeannie Ebner, Franz Richter. Das Spektrum reicht bis zu Chobot, Henisch, Zenker, der Raum auch in das südliche Niederösterreich, mit Alois Vogel zum Wiener Neustädter Dichterkreis. Durch seine Lage rund um Wien und die unterschiedlichen wirtschaftlichen Strukturen haben die vier Viertel nie ein gesamt-niederösterreichisches Zentrum gehabt. Das ‚Podium' ist ein erfolgreicher Versuch, Autoren aller Teile des Landes zu versammeln. Die Gefahren einer Zersplitterung oder Verärgerung zeigten sich bald, aber die Altersunterschiede und das Ansehen der Mahner übten beruhigende Wirkung. Franz Richter schreibt über das Experiment in der Dichtung, kritisch, einsichtig und versöhnlich. Basil hat Scharang und Handke mit Schizophrenen verglichen; Hans F. Prokop, Walter Sachs, Peter Henisch antworten maßvoll und klug. Basil greift nun die ‚Edition Literaturproduzenten' an, die im Verlag für Jugend und Volk eine freie, nicht als Zeitschrift aufzufassende Schriftenreihe herausgibt, von der Kunstsoziologie bis zur Kritik an den Massenmedien, von den Problemen der Frauenemanzipation bis zur Stadtplanung reicht, wie ein Prospekt sagt. Unter den Autoren sind Elfriede Gerstl, Heidi Pataki, Manfred Chobot, Peter Henisch.

Richter schreibt über Hermann Gail, der eben in das Blickfeld tritt, Hartl über Brandstetter, aber auch Alois Vogel über Theodor Kramer. Die Generationen stehen gleichrangig nebeneinander. Mehrere der Mitarbeiter, so die Redaktoren Vogel und Gesswein, haben in diesem Jahrzehnt an öffentlichem Ansehen gewonnen, auch Doris Mühringer.

Die Entwicklung des Schriftstellers *Alois Vogel* vollzieht sich in deutlich erkennbaren Stufen. Der Roman ‚Das andere Gesicht' (1959) ist die Suche des Mannes Stephan Wisotschinsky nach seinem Jugendfreund Jung; die Arbeit im Weinberg ist das erste Signal auf das innere Verständnis dieses Weges hin, der Name Jung wird nun ebenfalls transparent. Der Inhalt führt uns mit

Kafka und mit Hesses ‚Siddharta‘ zum Tod des bisherigen Ich und zum neuen Dasein. ‚Jahr und Tag Pohanka‘ ist Episode im Leben Kittys, die entscheiden wird zwischen der Liebe zum etwa gleichaltrigen Freund und der Fürsorge für Ing. Pohanka und dessen Kinder, nachdem er von seiner Frau verlassen wurde; der Titel gibt einen Hinweis. Einen stärkeren Hinweis geben die Romane von 1977 und 1980: ‚Schlagschatten‘, ‚Totale Verdunkelung‘: beidemale, 1934 und 1944, sind Menschen in Not; die Familie des Schutzbündlers, die Verfolgten, so die alte Jüdin, die nicht wagt, den Luftschutzkeller aufzusuchen, und sie finden Helfer, Menschlichkeit, wenn auch diese Hilfe vielleicht nur geringe oder vorübergehende Erleichterung bringt. Der Stil dieses letzten Romans zeigt eine Neigung zur Thomas Bernhard-Schule.

Das interessanteste seiner Bücher sind die ‚Vorläufigen Grabungsergebnisse‘ (1970). Der erste Teil, in Versen, trägt ein Motto von Joyce, einen Titel nach Artmann: ‚Die Codes Windbad des Wehfahrers‘ sind Texte mit Zusatzbemerkungen, deren Sachlichkeit nur aufmerksam macht auf die Un-Sachlichkeit, nämlich Code-haftigkeit der Texte: unser Dasein ist eine Schiffahrt in später herbstlicher Welt ohne Heimat. Der zweite Teil von den ‚absurden Vergnügungen‘ Bambaras, in Prosa, trägt ein Motto von Camus, über unser Nichtwissen und die Poetizität aller unsrer Welterklärungen, und liest sich wie Trümmerwerk aus einem romantischen Märchen, etwa Tiecks ‚Blondem Eckbert‘, mit modernen Einschüben und teilweise nicht realisierbaren Sätzen. Die zwölf Funde des titelgebenden dritten Teils sind eher Vorgänge als Funde, gewonnen bei den Arbeiten an der Ostautobahn. Fund, Kommentar und Bemerkung ergeben Kritik an Europas Gegenwart aus der Zukunft, das Zusammenleben der Menschen wird sinnlos jenseits jeder Erklärbarkeit, die Erde wird unbewohnbar. ‚Im Auge das Wissen‘: diese wortkargen Gedichte von 1976 gehen den Weg der Mythen, Odysseus, Ikarus in großer Düsterkeit. Die beiden Werkgruppen ergänzen einander: konkret, zum Nächsten die Bereitschaft zu helfen, ohne daß Hilfe wirksam bliebe; und im großen Geschehen der Welt steht über uns die Drohung des Untergangs.

Alfred Gesswein wird in Heft 32 des ‚Podium‘ von Johannes Wolfgang Paul in einer Komposition aus Biographie und Werkinterpretation so eingehend und verständnisvoll gewürdigt, daß sein Werk dadurch zum Profil auch die Seelenlandschaft erhält.

Man erkennt, warum das Buch von 1968, ‚Der gläserne November‘, zwischen früher und später Periode, von der Metapher und den kleinen Mythen zum objektiven Korrelat übergeht und von einer gebändigten Trauer tönt, bevor das Werk, jenseits des Glaubens, in den ‚Zielpunkten‘ kühle, unwiderrufliche Befunde erstellt.

Doris Mühringer hat in Sehnsucht nach Geborgenheit und nach dem Bergen des Bedürftigen die Anrede an Bruder, Nachbar, Gott geliebt, die Stärkung einzelner Wörter durch Wiederholung, einen rhythmischen, musikalisch betonten Gesang, die Nähe des Märchens. Dann begann sich die Enttäuschung durch die Neigung zum Paradox zu artikulieren: der Verzicht auf das Ich, die Verknappung des Ausdrucks, das Denken an den Worten und ihren Aussagen selbst orientiert, der Widersinn als Sinn der Aussage wegen des Widersinns im Dasein — aber ohne Verzweiflung: mütterlich, ohne Gebärden, empfängt sie durch ihr Dasein die Düsterkeit alles Geschehens.

Man beginnt, wie ‚Literatur und Kritik‘ auch literarische Beziehungen mit dem Ausland aufzubauen. Das ‚Podium‘ ist weniger erhöht als weitschauend gemeint. Wenn man die Heftfolgen zusammenliest, ergibt sich immer neu die Vielfalt und Fruchtbarkeit der Beziehungen.

Heft 35 (1980) spricht vom Ende der Metaphern-Zeit und (Gertrud Fussenegger) von dem Zusammenhang zwischen der Bedeutung eines Gedichts — seiner Botschaft — und der Zahl der Deutungen, zu denen es auffordert: das ist von andrem Aspekt her die Parallele zu Brandstetters Darlegung des Übergangs von Prosa zu Lyrik.

Albert Janetschek, der nach dem Zweiten Weltkrieg in bunter Formenvielfalt, mit Freude an der Teilnahme am überlieferten Gut gedichtet hatte, ist zu einem strengen Sprachdenker und Aphoristiker geworden, der sowohl die Zeit als die tragenden und daher verantwortlichen Mächte mit den Mitteln der Sprache bekämpft. Chobot erhofft von den Liedermachern, daß sie in der Zeit der ‚Medieneinheitskost‘ die Musik als Möglichkeit nützen, die Literatur aus dem Ghetto zu führen (Heft 38), und *Jutta Schutting* fürchtet, daß Naturnachahmung in der Kunst uns erblinden läßt für das Erleben großer Kunst; aber von der Bereitschaft, Alltagsdinge ästhetisch zu erleben, erhofft sie, daß wir beweglich werden und „zwischen Realität und Fiktion hin und her" springen können.

Die Mitte des ersten ‚Podium'-Heftes trägt Texte von Jutta Schutting, im Jubiläums-Heft 39/40 steht der eben genannte Beitrag, und dazwischen erscheint sie viele Male. Das Kennzeichnende ist 1971 klar entwickelt: Sprachkritik auf der Basis Wittgenstein, unverkürzbare Knappheit, die entfernte Objekte zueinanderreißt und damit die unmittelbare Anschaulichkeit verhindert, aber die Aussage mit viel Kraft auflädt und zugleich nicht nur im Liebesgedicht, sondern stets sehr zurückhaltend wirkt. Die Unnachgiebigkeit in Fragen der Sprache führt zu Texten wie ‚Mutter wartet auf Tochter' (Heft 16): Zeitungstext über eine Ertrunkene, deren Leichnam in Ungarn gefunden wurde, mit Einschaltung stilkritischer Bemerkungen und kritischer (auch historischer, politischer) Überlegungen so, daß der Text aus zweierlei Gewebe doch als ein Ganzes gelesen werden kann. Das ist eine Sonderform aus der Satiren-Überlieferung des 18. Jahrhunderts, parallel einer Spielregel des Protests in Gedichten, indem einem bekannten Text widerstreitende Zeilen eingeschoben werden.

‚Tage und Jahre, Sätze zur Situation' (1971) ist ein sehr nachdenkliches Erinnerungsbuch: Tage des Erwachsenseins, (zeitlose) Jahre der Kinderzeit, aber beides nun auf Abstand gehalten und erst allenfalls nach der Rückmeldung im sprachlichen Dasein auch vom Gemüt in Empfang genommen: Von der Katze und von ‚stubenrein' ist die Rede, wie man sie dazu erziehen kann: „Rein machen und reinmachen — das schaut sich wieder ähnlich" (S. 9). Die Sprache ist stets anwesend, die Dingwelt ist — Doderer würde sagen: hinzugegeben.

‚Baum in O.' läßt uns als Leser zu, ist aber dem Eindruck nach ein Notat von Beobachtungen, oft von Satzwert, aber ohne Satzbau, Beschäftigung damit, daß Vorgänge, Tatsachen, Sprachausdruck oft vielfältig interpretierbar sind, also auf Widerruf. Man könnte an die Erzählungen Achim von Arnims denken, aber diese ‚Romantik' kehrt im jeweiligen Ausgang nicht in gesicherte Wirklichkeit zurück, sondern in eine andere, banale oder grausige (Un-)-Wirklichkeit. Und über allem steht das Sprachdenken: „Eine Fensterscheibe ist eingeschlagen — zwischen Subjekt und Prädikat wird die Scheibe noch einmal ganz" (S. 79).

Die Methoden wechseln, die Haltung bleibt: nicht Aggression, nicht Gesellschaftsveränderung, sondern Umgang mit Sprache, sodaß alle Objekte — die der Religion, der Natur, des Menschenbereichs — gleichwertig werden, weil nicht gemeint. Das hat nichts mit Novalis und dem magischen Idealismus zu tun und wenig mit dem Surrealismus, aber auch nicht mit Pietät, wenn das Thema ‚Der Vater‘ heißt (1980) und, fast gleichzeitig mit Elisabeth Plessens ‚Mitteilung an den Adel‘ (1979), eine Tochter aus großer Ferne über den Vater schreibt: aus andrer Gesellschaftsordnung, aus andrer Seinsweise.

Die ‚Tauchübungen‘ sind das breiteste ihrer Bücher mit den drei Teilen ‚Steine‘ (‚Vorrede und dreizehn Texte anstatt eines Versuchs über Stifter‘), ‚Spiele‘, ‚Lebensläufe‘: Stilübungen sind es, ein Tauchen in der Sprache, und dann bleibt etwa der Eingang von Stifters ‚Granit‘ in der Hand, mit vielen Algenfäden rundherum, und es lassen sich immer andere Wortreihen erzeugen; in dem titelgebenden Text ist von Schichten der Sprachlandschaft die Rede und von Meeresniveau, von Hofratsdeutsch und Gastarbeitersprache im Meeresschaum (der Sprache). Es können aber auch andere Schnitte durch den Sprachraum gelegt werden: Folge von Sätzen, das Zeitwort jeweils in der Nennform der Vergangenheit, oder es wird der Text „2 Äpfel 1 Birne ½ Stück Brot 3—4 Nüsse“ (S. 90) zum Gedicht — wenn ich ihn als solches lese.

Unter diesem Gesichtspunkt darf man ihre eigenen Gedichte lesen, aber man muß es nicht tun, denn die Behauptung ist auch nur eine äußerste Folgerichtigkeit und kein Durchschnittsfall. Texte werden zu Gedichten, indem die Wörter sich anfüllen mit Bedeutung von dem Dialog her, mit dem wir sie zu verbinden pflegen; dann entsteht etwas, das schon Arno Holz in der Bemerkung über den Gedichtwert von ‚Hinter blühenden Apfelbaumzweigen steigt der Mond auf‘ bedachte, aber Holz meinte den rhythmischen Verlauf, der eine Wortfolge zur Einheit einer Impression festigt; Schutting schafft Einheiten, die nicht grammatisch logisch, sondern sinnhaft gegeben sind:

am Morgen nach dem Traum, in welchem ich
in allen Nüssen einen Vorwand sah (186)

— die Wörter werden — im Sinn Wittgensteins — zu Eigennamen, mit denen in dem Gedicht ‚Herbergsuchen‘ ein anmutiges Spiel getrieben werden kann. Aber indem sie sich zu den benannten Dingen stärker neigen als in der Prosa, entsteht ein Widersinn andrer Art, in den wir, vom Klang und vom Rhythmus verführt, eintreten. In der Kühle des Sprachklimas wird das alte Sprachverständnis zu einem eigentümlich schönen Märchenland. Der dritte Teil der ‚Lichtungen‘ denkt über solche Begeben-

heiten nach und wird damit zur Meta-Dichtung: Du solltest
‚Apfel‘ nur sagen, „wenn ein Apfel da ist“, damit Wort und
Sache wieder zusammengehören (S. 64).

Es ist viel Sehnsucht in dieser Lyrik, aber sie wird nicht mehr
im Wort ausgesagt, wie das Hofmannsthal in der ‚Ballade des
äußeren Lebens‘ tut, sondern sie weist hinter das Wort zurück und
leidet an der Sprache, deren sie bedarf: „ich widme dir [...] das
Meer, wie ich es liebte, bevor ich es sah“. (187)

Hans Heinz Hahnl wird zum wichtigsten Theoretiker des
‚Podium‘. 1972 spricht er für das Privatgedicht gegen Klassen-
kampfliteratur und Lettrismus, 1974 für die Bewahrung der
Wunschträume in der Kunst; in Heft 28 über den ‚Rückzug in
die Zeitschrift‘, gegen die (unbegabten) Protestsänger, die vom
Geschäft aufgesogen werden — ein Faktum, das vom Standpunkt
Schuh — Scharang — Benjamin in andrer Akzentuierung wiederholt betont wird; in Heft 31 handelt er vom Dialekt als Kunst-
sprache Ödön von Horváths, Heft 34 über den Bauernroman,
38 über ‚Identitätsverweigerung‘ bzw. das Angebot eines ‚Identi-
fikationsmodells‘ in der Literatur.

Ein Jahr nach dem ‚Podium‘, im September 1972, erscheint das
erste Heft der ‚Pestsäule Monatsschrift für Literatur und Kulturpolitik‘, herausgegeben von Reinhard Federmann. Das ist das
Gegenstück zu den linksgerichteten Zeitschriften, aber durch die
Haltung des Herausgebers auch das Gegenstück zum ‚Podium‘.
Die stehende Rubrik ‚Rund um die Pestsäule‘ ist Federmanns
beißend kritische Ecke, aus der er zunächst Otto Breicha als den
‚von Gerhard Fritsch in einer schwachen Stunde zur Hilfskraft
erkorenen‘ Kunst-Editor apostrophiert, in Heft 7 die Grazer
Gruppe, daß sie unbewiesene Thesen lautstark verkünde und damit die für Nicht-Intellektuelle geeignete Taktik der Demagogen
treibe. Seine Kritik ist vielfach ätzend und bleibt oft bei Andeutungen stehen, sodaß nicht einmal die Grundlage nacherlebbar ist.
Keine Stimme innerhalb der Zeitschrift tut hier den Dienst der
Beruhigung und Versöhnung, Federmann macht die Hefte wiederholt zum Forum seiner Unzufriedenheit, über eine vom Fernsehen nicht gesendete Kritik an der Vergabe von Literaturstipen-
dien, über eine Schmährede Handkes zur Feier des Staatsver-
trags, über seine erste Planung der ‚Pestsäule‘ in Verbindung mit
dem Art Club Güterslohs. Gegenüber dieser Einseitigkeit und
Isolierung hielten auch in memoriam-Beiträge für Celan und

Fritsch, eine Ehrung Csokors zu dessen 85. Geburtstag, Erinnerungen von Hermann Hakel, eine Serie über ‚Wiener Literaten-
cafés‘ und — damit fast notwendig verbunden — Materialien
zum Kabarett in den dreißiger Jahren — sowie ein Hörspiel Franz
Hiesels — den Untergang nicht auf.

Heft 14 folgt nach einem Abstand von neun Monaten, im
September 1975, das 15. Heft endet im Oktober den Bestand der
Zeitschrift. Verzögerung des Erscheinungsdatums wirkt stets als
Anzeichen der Gefährdung und kostet Vertrauen bei den Lesern.
In der regelmäßigen Information oder Betreuung in verhältnis-
mäßig kurzen Abständen liegt der Vorteil und der Reiz der
Zeitschriften.

Jahrbücher

Vogel und Gesswein begannen 1965 die Herausgabe eines
‚Jahrbuchs für Literatur und Kunst‘, das von der Gegenwart her
gesehen wie eine Vorbereitung auf das ‚Podium‘ wirkt. Es übernimmt Szabos Worte zur Gründung des ‚Podiums‘ 1971. Hier
ist 1970 auch Hugo Huppert zu Wort gekommen, der in unseren
Periodicis selten in Erscheinung tritt. Er ist nach dem Tod Ernst
Fischers der führende Literat marxistischer Schule in der älteren
Generation. Sein erstes Lebenszeichen nach der Befreiung Österreichs war ein kleines Heft ‚Der Heiland von Dachau‘. In den
siebziger Jahren gibt Huppert die Ernte seiner Gedichte und seiner
Prosa sowie seine Selbstbiographie heraus: ein bedeutender
Schriftsteller, sprachbewußt, stark rhetorisch; der Sinn hat Vorrang vor dem Rhythmus, Spuren erinnern an Expressionismus und
Surrealismus. Aber die eigentliche Schule seines Lebens, das durch
die Teilnahme an der großen sowjetischen Marx-Engels-Ausgabe
mitgeprägt ist, ist seine in vielen Jahren vollbrachte Majakowski-
Übersetzung. Von dort stammt die Beherrschung der Formen, von
den pathetischen Tönen Schillers bis zur leise ironischen Bewegung
der Verse des ‚West-östlichen Divans‘. Die Metaphorik ist gutteils technisch gesteuert. Ganz selten verrät ein Ton die Hingabe
an Liebe und Sehnsucht, dann entstehen Gebilde von großer
Schönheit wie ‚Mädchengrab T. W. P.‘. (188)

In den ‚Konfigurationen‘ (1970) schreibt Huppert über sein
Thema: ‚Vor- und Nachdichten‘: Prosa-Übersetzen ist ein philo-
logischer Akt. Poesie-Übersetzen heißt: das Text-Substrat behan-
deln, „die Eigenwelt der ‚Mimesis‘, die dem originären poetischen

Wortlaut zugrundeliegt", ,eigensprachliche Form-Impulse erhören'
oder interpretieren, eine wichtige Zone der „Überschneidung oder
Durchdringung zweier Kulturen" bzw. Literaturen veranschau-
lichen. Hier ist eine große Praxis in der Beschreibung auf zwei
Formeln reduziert und mit einer kulturpolitischen Konsequenz
verbunden in einer für Hupperts Einstellung zu seiner Aufgabe
musterhaften Weise. (189)

Die Jahrbuch-Literatur beruft sich mit dem ,Silberboot Almanach auf das Jahr 1946', von Schönwiese herausgegeben, durch
die Beibehaltung von Titel und Herausgeber und durch den Ein-
gangstext — so wie die Zeitschriften-Literatur mit dem ,Plan' —
auf die Zeit vor 1938. Sie schließt an die Überlieferung an durch
bedeutende Beiträger. Neben den ,Protokollen', die zunächst als
Jahrbücher erschienen, haben die Folgebände der ,Stilleren
Heimat' (Oberösterreich), seit 1971 unter dem Namen ,Facetten',
einige Bedeutung durch gut ausgewählte Texte; so im ersten Band
(1971) Herbert Eisenreichs Bekenntnis zur Utopie als der über
das Leben hinauszielenden, ordnenden Kraft, gegen ,Fanatiker
des Guten' und Herzlosigkeit durch Abstraktion, oder Brandstetters Rede für die Bewahrung der Tradition im selben Band,
ein Zeugnis aus seiner ironischen Periode. Jahrgang 1976 enthält
einen Beitrag aus der ,Alpensaga'-Arbeit Pevny-Turrinis, einen
Ausschnitt aus Erwin Gimmelsbergers ,Der achte Wochentag', als
Teil der ,Momentaufnahmen fremder Landschaften' 1977 veröffentlicht, einige Gedichte Dora Dunkls, die durch sinnenhafte
Nähe, knappen Ausdruck voll Kraft und ihre Sprachbewußtheit
überzeugen.

Jahrbücher haben in einer Zeit so raschen Wachstums der Literatur die Funktion, zu repräsentieren und hinzuweisen. Der
eigentliche Betrieb zieht an ihnen vorbei. Neben den ,Facetten'
erscheint in Oberösterreich seit 1975 zweimal jährlich ,die Rampe',
herausgegeben von Heimrad Bäcker, dem Herausgeber auch der
,edition neue texte', Gertrud Fussenegger, Wolfgang Kraus. Diese
Bände enthalten neben anerkannten Autoren wie Tumler, Sperber,
Schutting, Zenker unter dem Titel ,Proben junger Autoren' kurze
Texte, ebenfalls mit biographischen und bibliographischen Hinweisen, aus denen sich weitere Namen nur regional bekannter
Zeitschriften oder Literatur-Gruppen ergeben.

IV

Gütersloh und die Wiener Gruppe

Im Jahrgang 1971 der ‚Akzente' veröffentlicht Hans-Jürgen Heinrich einen Aufsatz ‚In der Folge der konkreten Poesie'. Er beginnt mit Heißenbüttel, der sich gegen die Konkrete Poesie abgrenzt, wie das auch Rühm für die Wiener Gruppe tue, und handelt ausführlich von Gomringer, der sich auf Wittgensteins erstes und zweites Hauptwerk beziehe, ohne den Unterschied zu bemerken, der den Bezug der Literatur auf „aktuale Erfahrung, Lebenswelt und deren Sprache" erkenne, „zugleich aber die Konstellation als ‚eine realität an sich' " sehe (S. 529).

Es ist bekannt, daß zwischen dem zweiten Jahrzehnt des 20. Jahrhunderts und der Zeit nach dem Zweiten Weltkrieg Bezüge und Parallelen bestehen. Nach dem Ende des organisierten Schreckens vermochten viele junge Menschen nicht, der einströmenden Wirklichkeit planend und hoffend zu begegnen. Neigung zum Aufbau des Neuen, zur Verneinung, zur Zerstörung waren verschieden verteilt, aber die um 1930 Geborenen waren besonders gefährdet. Man hat sie oft die ‚verlorene Generation' genannt. Die eben angeführten Darlegungen über die Konkrete Poesie zeigen die vielfach vorhandene Unsicherheit, die Neigung zur Abkehr von einer Wirklichkeit, die entwürdigt, unvertraut oder nicht mehr vertrauenswürdig schien. Unter diesen jungen Menschen waren auch in Österreich manche Hochbegabte, die untergingen, so Otto Laaber, 1934 geboren, der die Fremdheit der Welt, die Erbitterung gegen die Konsumwelt nicht aufzulösen noch zu ertragen vermochte. Wien wurde ihm zu Vineta, er sah sich ausgestoßen, eine Vogelscheuche, die zusehen muß, wie die Vögel die Ernte fressen. (190)

Hertha Kräftner, 1928—1951, zwischen sachlich kühl scheinenden Feststellungen und einem schwingenden Märchenton, Tagebuch-Eintragungen und Verwandlung der Wirklichkeit in Jorinde und Engel, durch das Erlebnis der Stadt Paris stark verwandelt, bemüht sich, an Rilke (und Trakl) zu ihren eigenen Aussagen sich durchzuringen. Sie ist vom Leben tief enttäuscht und unfähig, die religiös gestimmte nahe Vergangenheit noch ernst zu nehmen: in diesen wechselvollen Seelenlagen schrieb sie ihr Werk, das nur Verheißung war und mit ihrem freiwilligen Tod endete.

1964 endete Walter Buchebner, 1929 geboren, die Qualen seines Nierenleidens. Er war ein Dichter von gewaltiger Potenz; im Drogeneinfluß, in der Montage des Disparaten, im Haßhymnus ,mondo cane', in der gezielten Aggression — „metallharte Diktion", aktive Poesie als Beschuß der Konventionskerne in andren Individuen (191) — spricht sich seine Ratlosigkeit, sein Wille zur Überwältigung seines Daseins und der Welt aus der Macht seiner Dichtung aus. Er verläßt die Gemeinschaft der Menschen, der gleich ihm Arbeitenden, in den letzten Jahren übersteigerter Schmerzen, zwischen religiöser Anspielung als Erhöhung und solcher als Protest, zwischen Wirklichkeit, Phantasiewelt und poetischer Welt; Whitman bewußt sich annähernd, beschreibt er sein langsames Vorrücken „bis an die mauer von sankt marx": „ich werde das meer schlachten und sein blut trinken", „ich las artmann gütersloh und nabl". Er strebt nach einer neuen anderen Gemeinschaft durch ,active Poesie', auf dem Weg der ,totalen Befreiung des Individuums'. (192) Er löst sich, wie die Tagebücher sagen, von sich selbst, ist Akt, nicht mehr Akteur, Künstler nur im Akt des Schaffens. Er gestaltet seine Lyrik im Sinne des Jazz, dessen ,drive' und rhythmisches ,Brechen' ihm wichtig werden. Sein ,Manifest der Poesie' (1961) enthält die Forderung nach Areligiosität, Realismus, Distanz von der Gesellschaft und endet mit den Worten: „Die Literatur ist tot! — Es lebe die Poesie!". (193)

Seine Dichtung lebt jene Seite des Surrealismus aus, der die Wirklichkeit Material der Poesie wird, totale Ästhetisierung, Verwandlung in Material, sakralisiert in den Gesängen der Spätzeit; instrumentiert im Druckbild und in den harten Zeilenbrüchen wie in der wohl musikalisch gesteuerten Wiederkehr der Hauptvorstellungen: „ich schreie im rotweinrausch nach einer neuen / poesie im rausch meiner entfesselten sinne". (194)

Albert Paris Gütersloh band in seinem Bewußtsein und als lebendige Gestalt diese beiden Epochen — die erste und die zweite Nachkriegszeit — zur Einheit und vermittelte die frühere zur Wirkung und spurenweisen Wiederkehr an die jungen Männer nach 1945, als er von der Kunstgewerbeschule, aus der man ihn 1938 entlassen hatte, an die Akademie der bildenden Künste berufen wurde. Schon vor dem Ersten Weltkrieg war er in beiden Künsten, der Dichtung — mit dem Roman ,Die tanzende Törin' — und der Malerei beheimatet. Er besuchte das Gymnasium der Benediktiner in Melk und der Franziskaner in Bozen und wollte

Priester werden. Im Nachwort der ‚Bekenntnisse eines modernen Malers‘ (1926) sagt er: „Ich wurde zum Priester geboren und so erzogen; aber die Gnade verließ mich kurz vor der Entscheidung. Mit den Resten der Unschuld [hier wird ein Zusammenhang angedeutet mit dem Buch von 1922, ‚Innozenz oder Sinn und Fluch der Unschuld‘] und des Bewußtseins von einer höchsten Aufgabe flüchtete ich in die Künste [...] Die Künste sind der alttestamentliche Advent noch einmal“, vom Fall Adams bis zum Ecce agnus Dei. (195) Das ist der Zentralpunkt seines Wesens und Werkes: Schuld und Auftrag. Aus dieser Haltung schreibt und bebildert er seine Version von ‚Kain und Abel‘ (1924) und 1969 ‚Die Fabel von der Freundschaft‘, seine Faust-Dichtung von der Treue Gottes, der Mephistopheles hilft, die Seele Fausts zu gewinnen, weil Verträge ihre Gültigkeit haben.

‚Fabel‘ und ‚Parabel‘ sind Lieblingswörter Güterslohs, dem alles durchscheinend ist auf den eigentlichen Sinn. Alles begibt sich im geistigen Raum, der Leser wie die Gestalten von ‚Sonne und Mond‘ können vom Autor angesprochen werden, der Zusammenhang bestimmt Stellenwert und Sinn von allem. Das Weib ist Mysterium, Geschlecht und Gegnerin.

Gütersloh, der oft skurril, manchesmal geradezu faunisch wirkt, ist ein Mystiker und ein großer Realist. In den eben genannten ‚Bekenntnissen‘ sagt er: „ich selber erkenne schreibend mich nicht wieder und malend liegt meines Wesens andere Hemisphäre mir in unzugänglichem Dunkel“. Der Materialist ist der genügsame Mensch, der sich mit dem (Mittel-)Maß begnügt „kurz vor der wunderbaren Hilfe“ (196); wir leben auf der Bühne des (Welt-)Theaters, Herrschende und Beherrschte auf derselben Ebene, Ich-Wille in erster Schicht, Gottwalter und verantwortlich in zweiter Schicht. Hier ist der große Roman von 1962, die mythennahe fast allegorische Verschlüsselung Österreichs nach dem Untergang von 1918, ‚Sonne und Mond‘, bereits grundgelegt. Und die Materialien zu diesem Hauptwerk — der äußeren Dimension nach — sind die ‚Wörterbücher‘, teilweise ediert in alphabetischer Ordnung. Gütersloh ist Anti-Materialist und Materiologe, der die Welt nicht ablehnt, nicht aufnimmt, sondern verinnerlicht, in oft ungeheuren Satzgebilden, voll von unerwarteten Ausbrüchen, alles scheinbar in Frage stellend, aber kraftvoll planend, sodaß es aus jeder Ferne heimgeholt werden kann. Mit großer Vorliebe setzt er das Hauptwort dem Personal-Pronomen nach, nicht nur bei Personen: „er selber, der Lapsus, kann [...]" (197), schafft zugleich Nähe und Erwartung und ist uns im folgenden, bereitwillig erklärenden Wort um einen Verständnisschritt voraus. Diese Eigenart ist in die moderne österreichische Prosa eingegangen.

In Güterslohs Materiologie liegt die Parallele zu Doderers Apperzeption, einem Hauptbereich der Beziehung, denn Doderer hat Gütersloh als seinen Meister genannt und anerkannt, er hat schon 1930 — ‚Der Fall Gütersloh Ein Schicksal und seine Deutung' — und wieder in der Einleitung zu dem kleinen Auswahlband ‚Albert Paris Gütersloh Gewaltig staunt der Mensch' über ihn geschrieben. Hier steht die eindringende Charakteristik: „ ‚Die Tiefe ist außen.' Das ist sein Fundamentalsatz. Die Dialektik des Lebens allein liefert die inappellablen Resultate, nicht der Sturz nach innen, in die eilende Kette der Associationen, in den Psychologismus [...] Der Gütersloh'sche Satz ist statisch. [...] er will wie ein architektonisches Gebilde betrachtet sein. Damit ist höchste Forderung der Prosa erfüllt, zugleich schärfster Gegensatz zur episch-erzählenden Sprache erstellt, die ja auch in der Prosa den epischen Vers noch kryptisch mit sich führt". (198)

Gütersloh steht aber noch tiefer und breiter in der Überlieferung. Wie Doderer über ihn schreibt, so schreibt er über Blei: ‚Die Rede über Blei oder Der Schriftsteller in der Katholizität' (1922), und natürlich erscheint hinter den Zügen des im Pathos der Ergriffenheit Dargestellten er selbst: Bleis Beginn ist „der Versuch, vom Vagen sowohl des Gefühligen wie des Sittlichen sich loszusagen mit einer inbrünstigen Gewalt, die den Taufakt im Intellektuellen wiederholt" (S. 98).

Blei hat schon 1904 eine Schrift über Novalis herausgegeben, er ist ein Stilist von großer physiognomischer Kraft, reich an abendländisch weitem Wissen und rasch von Assoziation. Wiederholt hat er Periodica herausgegeben, das wichtigste Reihenwerk sind die ‚Summa-Schriften', in denen unter andren Broch und Musil zu Wort kommen. Hier (1918) und in dem ‚Wochen-Magazin' ‚Roland' (Nr. 6, 1925) schreibt Musil von der Einsamkeit des Dichters, dem ‚schmerzlich-nichtigen Geheimnis der Individualität' (199), gegen die Annahme eines Allgemeinen: es gebe nur den einzelnen Fall — das steht in genauer Übereinstimmung mit Hofmannsthals Chandros-Brief und Wittgensteins ‚Tractatus'.

Gütersloh, wie Doderer und Nabl der Jugend aufgeschlossen,

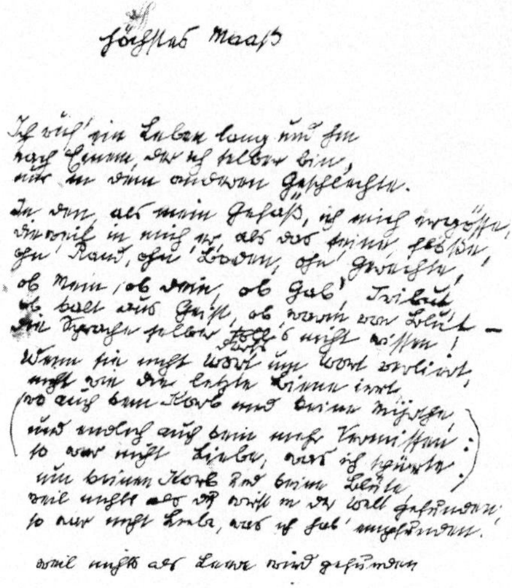

Das höchste Maß

Ich ruf ein Leben lang und hin
nach Einem, der ich selber bin,
auch in dem anderen Geschlecht.

In das, als mein Geschlecht, ich mich ergösse
wie die in mich als in das Ihre flösse,
zu Unrecht nicht und nicht zu Recht:

ob mein ob dein, ob Grab' Tribut,
ob aus dem Geist, ob aus dem Blut -
die Sprache darfs nicht wissen.

Wenn sie nicht Wort nach Wort verliert,
nicht wie die letzte Biene irrt,
wo keine Blume mehr ihr Dürsten stillt,
und auch das Dürsten nicht mehr wird empfunden,
so war nicht Liebe, was ich hab' gefunden.

Albert Paris Gütersloh

wurde Präsident des Art Club, hielt Ansprachen zum ersten öffentlichen Auftritt am 12. April 1947 und zu Ausstellungen. Am 26. März 1953 sprach Gütersloh die Einleitung zu einer Lesung Doderers im ,Strohkoffer‘, dem Klublokal im „Keller unter der Kärntner Bar", wie Alfred Schmeller in dem Katalog ,Der Art Club in Österreich‘ berichtet. In dieser Rede sagt Gütersloh: Der Schriftsteller ermöglicht dem stummen Kollektiv die Selbsterkenntnis, er ist „das individualisierte Schuldbewußtsein seiner Epoche" und ermöglicht ihm (ihr), „ohne alte Schuld in eine neue, vielleicht weniger schuldhafte Epoche einzutreten". (200)

,Zur Internationalen Ausstellung des Art Club‘ stellt Gütersloh die einzelnen Maler vor, er nennt als letzte Gruppe die Surrealisten, denen er Wolfgang Hutter nicht ganz zuzählt, „obwohl es ihn magisch zum Rand des Seelenabgrundes zieht. Was er dort sucht — vielleicht weiß er es selber noch nicht — ist die blaue Blume einer neuen Romantik"; über die Ausländer, Arp, Dominguez und andre, sagt er: „Die Bilder dieser Künstler [...] sind wie urheberlos da. Sind wie Fragmente einer Schöpfung, die noch nicht bis zur Erschaffung des Menschen vorgeschritten ist. Man kann über sie nicht reden [...], man kann sich nur schweigend ihrer magischen Zeichensprache aussetzen". (201)

Gütersloh, eine der führenden Persönlichkeiten im österreichischen Kunstleben, hat die geistige Gegenwart der Romantik — des Novalis — im Surrealismus und in seiner neuen Phase nach 1945 gewußt und hat auf sie hingewiesen. Der Vermittler dieser Beziehungen an die Schriftsteller der Wiener Gruppe war Artmann. Im Art Club-Katalog berichtet Wieland Schmied darüber: Artmann übersetzte Garcia Lorca, Pablo Neruda, James Joyce, sprach von Ezra Pound, Eluard, machte darauf aufmerksam, „daß die Romantik in unserer Zeit verändert, verwandelt, transformiert weiterlebt und wieder auferstanden ist im Geist des Surrealismus". Riemerschmid, der ,Plan‘, Hölzer ergänzten sein Wissen. „Man lebte in einem Niemandsland" — auch dieses Wort ist zu einer Chiffre geworden und kehrt vielfach wieder — „nun auf einmal kamen die Informationen". (202) Der Art Club war Treffpunkt der jungen Leute. Von hier fuhren Hundertwasser, Lassnig, Rainer zu Breton nach Paris. Und Schmied begann über Kunst zu schreiben. Er folgte genau den Anregungen, verstand Kunst als Hinausgehen „über den Strom in Niemandsland", etwas, das die Welt übertrifft; ,Das Poetische in der Kunst‘ (1960) ist

„eine Dimension unseres Lebens", „eine Wirklichkeit, die hinter der Kunst steht" — das ist Novalis. (203) Von hier gelangte Schmied zu seinem Hauptwerk, ‚Zweihundert Jahre phantastische Malerei' (1973 bzw. 1980), in dem das reich in die Vergangenheit geschichtete Feld von Phantastik Manierismus Traum Poesie dargestellt wird.

Einzelne Thesen Schmieds in ‚Das Poetische in der Kunst' sind Grundlagen seiner eigenen, stark an Pound orientierten Dichtung: Der Schriftsteller ist skeptisch gegen das, „was keine mythische Tiefendimension besitzt". „Hinwendung zum Mythos bedeutet Geschichte und Tradition als wirkende Gegenwart". (204)

Die zweite Großmacht in seiner Dichtung ist Gütersloh: Der Dichter ist der Mensch, der „dem Ansturm der äußeren Welt die Welt des Wortes" entgegenstellt; drittens bekennt er sich zum Leiden, aber gegen Camus: sein Sisyphos sieht den Sinn des Lebens darin, den Stein zu bewegen; nur leidend wissen wir, daß wir sind, und wirkend wissen wir, daß wir den Gipfel des Berges in der Hand halten. (205)

Die Dokumentation nicht der bildenden Kunst (des Art Club), sondern der Schriftsteller, wurde von Gerhard Rühm schon 1967 herausgegeben, sie ist zu einem Klassiker der Gegenwartsliteratur geworden. ‚Die Wiener Gruppe / Achleitner / Artmann / Bayer / Rühm / Wiener / Texte Gemeinschaftsarbeiten Aktionen' beginnt mit dem Hinweis auf die fast totale Unkenntnis der jungen Leute zu Kriegsende hinsichtlich der europäischen Kunstströmungen der unmittelbaren Gegenwart, aber auch der Zeit vor 1938. Es ist richtig, hier nochmals Gütersloh zu nennen, weil auch die jungen Schriftsteller sich im Art Club versammelten. Gütersloh fordert in der Rede am 12. April 1947 als Ziel die ‚Wiederherstellung der verlorenen Universalität', vom Künstler außerdem, daß er sich „im Stadium des Experiments" befinde. (206) Ein Jahr später fordert Gütersloh Internationalität, Unabhängigkeit, nicht Nationalismus und erst recht nicht Provinzialismus. (207) Er hat sich 1947 darauf berufen, daß in Rom dieser Gedanke gedacht wurde, und daß der Art Club „das spirituelle Rom" zur Mutterstadt habe. (208)

In Gemeinschaft mit Arnulf Rainer experimentierte Rühm, mit ‚einton-musik' und Lautgedichten, durch Artmann entdeckte er seit 1953 für sich die Literatur vom Berliner ‚Sturm' (1910) über Dada zu Scheerbart, Schwitters, Serner, Gertrude Stein u.s.w. Am

22. August 1953 um acht Uhr abends fand dann die Prozession statt, die vom Goethedenkmal auf dem Ring in den Prater führen sollte; schwarze Kleidung, weiß geschminkte Gesichter waren vorgeschrieben, Texte unter andren von Baudelaire Poe Trakl sollten rezitiert werden. Im April war Artmanns Manifest vorangegangen, die ,acht-punkte-proklamation des poetischen actes': Dieser Akt ist Dichtung diesseits der Vermittlung durch Sprache Musik Schrift, nicht auf Öffentlichkeit und Überlieferung angelegt, er ist „die pose in ihrer edelsten form", ihr ehrwürdigster Meister ist Don Quijote. (209) Das bedeutet: der poetische Akt wird nirgends anders als in der Erinnerung bewahrt, er ist Aktualisierung einer Lebenshaltung.

Die entstehende Gruppe löst sich vom ,Strohkoffer'. Artmann findet in dem Haus Ballgasse 10 einen Kellerraum, der zum Theaterraum werden soll. Darunter entdeckt man einen Zugang zu den Katakomben, und sie werden nun zum eigentlichen Ort der poetischen Akte im Jahr 1954: ,in memoriam to a crucified glove', eine schwarze Messe, eine ,soiree mit illuminierten Vogelkäfigen'. Rühm verweist auf die Nähe von Schwarzer Romantik, Surrealismus und ,Zauberstück des Wiener Volkstheaters' (210) für diese Erlebnislage. Aus ihr entwickelt sich, von Artmann als abenteuerlich-lustvolles Spiel gesteuert, die ,Dichtung' als Umgestaltung gesprochener Sprache in der Richtung auf das Fremdartige, von der Sprache her die Phantasie Erregende, auf das Machen einer Sonderwelt in der allgemeinen Sprache. Damit beginnt Artmann-Rühms Arbeit an der Einbeziehung der Wiener Mundart, mit Oswald Wieners (verlorengegangenem) ,coolem manifest' wird ,Literatur' zu einer Frage der augenblicklichen Entscheidung, etwa durch das Signieren eines Plakats. Die Zerlösung des Satzes führt dazu, daß Rühm die Nähe Gomringers und der Konkreten Poesie erlebt. Die Ästhetisierung der gegebenen Wirklichkeit führt auf dem mit der Kreuzigung des Handschuhs schon eingeschlagenen Weg in eine der Erscheinungsformen des Surrealismus, die Karl Heinz Bohrer in seinem Werk ,Die gefährdete Phantasie oder Surrealismus und Terror' (211) bespricht und in die äußersten Konsequenzen verfolgt.

Das ,Verfügen über' führt zu Akten der schöpferischen Freude am Zerstören, zu Happening und Tierschlachten, wie es Nitsch ,zelebrierte', zu Kulturrevolution und Aufforderung zu Brandstiftung. Michail Bachtins erst 1965 (in deutscher Sprache 1969) veröffentlichtes Buch über Rabelais, in dem von der befreienden Kraft des Lachens die Rede ist, stellt eine Parallele zu diesen erweiterten poetischen Akten dar.

Die folgenden Seiten von Rühms Bericht zeigen, daß die Bewegung in Wien nicht auf Zerstörung von Sachwerten, sondern auf Befreiung und Umgestaltung gerichtet war, und daß sie in diesem Sinn ‚schöpferisch' tätig waren. Die Rebellion wurde als Befreiung begrüßt. Oswald Wiener und Bayer lieferten den Halbstarken Wiens (mit Erfolg) „verfremdete oder erfundene vokabeln", man sprach von „diktatur der progressiven jugend" (S. 16). Am 13. Dezember 1954 „konstituierten wir uns als club unter dem namen ‚exil' — er spielte auf unsere Situation im österreichischen kulturleben an" (S. 17), umfaßte Dichtung, Malerei und Musik.

Mit einem Dialektheft der Zeitschrift ‚alpha' begann der öffentliche Erfolg, indem der ‚Wiener Kurier', mit Worten aus Weinhebers ‚Wien wörtlich' beginnend — ‚Wann i, verstehst, was z'reden hätt' — Artmann und Rühm als ‚zwei geniale Pülcher' lobt. Artmann und Bayer montierten Übungssätze aus einem tschechischen Sprachlehrbuch von Terebelski (1853) (212), es ergab sich die Möglichkeit, jede Art von Text als Material für Konstellationen höherer Potenz zu verwenden und durch den Bezug der Sätze zueinander zu poetisieren. Die Wiener Gruppe beginnt in das öffentliche Leben einzutreten mit dem Manifest gegen die Wiederbewaffnung Österreichs, mit einem ‚flagellomechanischen manifest' — „an öffentlichen plätzen werden mit bleikugelschnüren texte aus einer schreibmaschine gepeitscht, die einzelnen blätter abgestempelt an die umstehenden verkauft" (S. 25); in Salzburg lesen während der Festspielzeit Achleitner Artmann Rühm ihre Dialektgedichte, es folgt die Buchausgabe ‚Med ana schwoazzn dintn' von Artmann und ‚hosn rosn baa' von allen dreien, die Veranstaltungen greifen nach Graz über. Am 23. Juni 1958 spricht der ‚Wiener Kurier' erstmals von der ‚Wiener Dichtergruppe', und im selben Jahr löst sich Artmann nach dem Erfolg seines Dialektbuchs von ihr.

Die ‚Gruppe' denkt an eine von der Blindenschrift ausgehende Notierung durch Punkte-Konstellationen, an eine neue (Welt-)-Sprache, die durch ihre Lautkombinationen schon die Sachzusammenhänge andeuten sollte. Es folgen einzelne Erfolge, Lesungen, Versuche, in Berlin Fuß zu fassen; die Vorgänge dieser Zeit werden durch Oswald Wieners Beitrag (im selben Sammelband) über

das ‚Literarische Cabaret' der Wiener Gruppe weiter illustriert:
Die nach Artmanns Ausscheiden verbleibenden Mitglieder benütz-
ten „die worte im sinne wittgensteins als werkzeuge" (S. 401);
es interessierte sie das „verhalten der worte in bestimmten sprach-
situationen" und die „steuerung konkreter situationen durch den
sprachgebrauch" (S. 401). Wittgensteins ‚Philosophische Untersuchungen' widerstehen Wiener, offenbar (auch), weil er, selbst
anarchistisch gesinnt, sie als „interpretation der sprache als proto-
typ der politischen organisation" (S. 402) versteht. Er setzt sich
mit Fritz Mauthners Sprachkritik auseinander und plant mit
Bayer, der an sprachloses Theater denkt, Aufführungen zur
Demonstration des gestörten Sprache-Gegenstand-Verhältnisses.
Sie wollen ‚Wirklichkeit ausstellen', die Zuschauer-Spieler-Rollen
umkehren, mit Lärm, Essen, Trinken, Musik, mit Zertrümmern
eines Klaviers, was den Weinkrampf einer armen Musikstudentin
zur Folge hat: „das freute uns" (S. 413). Diese Abende sind die
äußerste Annäherung an die von Bohrer charakterisierte Ästhetisierung des Lebens. Die Wiener Gruppe endet nach ihrem immer
anderen Zerfall in Einzel- und Teilunternehmungen in der Nacht
vom 10. zum 11. April 1964 mit der ‚Kinderoper' im Nacht-
lokal ‚Chattanooga'.
Was diese aus dem Art Club sich ablösende Literatengruppe
bedeutet, ersieht man auch an den Stellungnahmen in den Folgejahren: Die Wiener Gruppe, sagt Renate Matthaei, demonstriert
„im Modell die verschiedensten Abläufe exemplarischer Tendenzen, ihre Ausweitung und Überwindung"; Artmanns „Konstruktion eines antibürgerlichen Verhaltens", in dem die Dichtung als
„Reservat einer poetischen Aristokratie" bestehen bleibt;
Mayröcker schafft in ihrer „frei assoziierenden Subjektivität [...]
ein quantitativ unendliches Feld hermetischer Kombinatorik";
Rühm ist von der seriellen Musik her interessiert an neuen, kom-
binatorischen Techniken in der Literatur; Bayer verzichtet auf
Kommunikation und zieht sich zurück in „totale subjektive Ex-
pansion", versucht mit Yoga und Drogen vorzudringen in Erfah-
rungen „jenseits der versteinerten Sprach- und Verhaltenskonven-
tion". Wiener begnügt sich nicht mit Widerlegung, er verwandelt
in Schutt. Er simuliert das Ende der Literatur und zeigt, woraus
sie entsteht: aus dem „nicht sozialisierten, revolutionären Über-
schuß der Erfahrung." Das ist der Eindruck, den 1970 der Sammelband ‚Grenzverschiebung' seinen Lesern vermittelt. (213)

Die ‚Protokolle' enthalten 1967 einen Text von Bayer-Rühm, 1970 den ‚Entwurf für ein österreichisches Happening' von Peter Matejka: ARBÖ, ORF und andre als Akteure, EFTA, EWG u.s.w. als Gäste; Ernst Jandls ‚Gesten' lassen fünf Personen verschiedene Texte ‚sprechen', indem sie, Lettern auf ihren Rücken tragend, sich in verschiedenen Zusammenstellungen zeigen, und Otto Mühl bietet die ‚destruktion einer beethovensonate' an, wobei in den Noten blättern, spielen, Bedecken des Klavierkastens und des Spielers mit Teig zum Programm gehören. Rüdiger Engerth berichtet im selben Band 1970/1 der ‚Protokolle' über den ‚Wiener Aktionismus' und erwähnt dabei, daß bei einer Provokation des Publikums durch acht Minuten währendes Schweigen der Protestlärm auf Tonband aufgenommen wurde: Auch hier sind die Gäste zu Schauspielern geworden. Der schon erwähnte Beitrag von Hermann Nitsch in den ‚Protokollen' 1973 ist Gerhard Rühm gewidmet.

Ausstellungen und Kataloge, die reiche Literatur über Antikunst und Pop Art im allgemeinen oder über einzelne ihrer Künstler erweisen die weltweite Verbreitung und die Aktualität dieser Kunst des Protests und des Spiels und der schöpferischen Einstellung zur Wirklichkeit. Ebenso hat die Konkrete Kunst weltweite Verbreitung gefunden; ‚Concrete Poetry A World View' herausgegeben von Mary Ellen Solt (1968 bzw. 1970, Indiana University), beginnend mit Eugen Gomringer-Texten, dokumentiert das eindrucksvoll.

Mit dieser Welle ist in Europa wie in Amerika die Erinnerung an Kurt Schwitters wieder lebendig geworden, die freie Verfügung über Sprache, die Rollenumkehr durch ‚Publikumsbeschimpfung'. Auf sein berühmtes Gedicht ‚An Anna Blume' antwortet Erich Fried (s. S. 76), Karl Wawra bildet nach dem Eingangsvers „Oh Du, Geliebte meiner 27 Sinne, ich liebe Dir!" die Verse: „Kommst du, mein Schiff [...] Meine zahllosen Körper aneinandergedrängt [...] so bin ich versammelt [...] das versammelte Inselvolk". Das ‚Traurige Liebeslied' beginnt: „Nun soll ich deinen Zauber bald entbehren / und seine hundert Bambushütten schließen"; alle Sinne schmelzen ineinander in der Sprache, dem „Flug-Haus der Worte", die als Vögel überallhin flattern können und als Blüten auf Bäumen nisten. (214) Zu dem ‚Bildnis in drei Türmen' (215), das von dem Mann handelt, der in drei Stufen des einsamen Lebens bei sinkender Kraft aus verschiedensten

Gegenständen Türme errichtet, die immer wieder zerfallen, merkt Wawra an: es sei nicht das Leben des Malers und Schriftstellers Kurt Schwitters gemeint — denn dieser errichtete seine berühmten Merz-Türme in ähnlicher Weise. Hinter all dem wird — auch im Bewußtsein der Zeit — der magische Idealismus des Novalis sichtbar, und Peter Härtling wird dieser Beziehung in einem Merksatz gerecht, indem er 1961 sagt: die Geschichte des Surrealismus beginne nicht mit Anna Blume, sondern mit der Blauen Blume. (216)

In zahllosen Beziehungen zu den von Rühm genannten Dichtern und Künstlern — und zu weiteren — verbindet sich diese Generation mit der Kunst der Jahrhundertwende. Als Ernst Jandl 1966 in den ‚Protokollen‘ über ‚österreichische beiträge zu einer modernen weltdichtung‘ (217) schreibt, sagt er: zehn Jahre nach dem Kriegsende sei die Nachkriegslyrik erschöpft, auf ihr sei nicht aufzubauen. Als tragende Gestalten nennt er Stramm, Arp, Schwitters, Gertrude Stein, Joyce. Was sie verbindet, sei die Befreiung von der Abschrift, der Nachbildung der äußeren Wirklichkeit und damit das Mißtrauen gegen die Sprache, die nicht von Ursprung her, aber durch Tradition vorwiegend zur Abschrift geeignet scheine. Damit entsteht im Zusammenhang mit dem Protest gegen Tyrannei, Mord, Krieg das Streben nach dem Aufbau einer neuen Wirklichkeit, nach dem Verfügen über die gegebene. Darin liegt ein Erlebnis bereit, das mit den Worten Prometheus, Demiurgos, Lucifer nicht genau erfaßt, aber auch nicht verfehlt ist. Das bezeugen die Sprachpläne, die Aktionen der Wiener Gruppe, noch stärker Tendenzen, die in Tramins Roman, in Wolfgang Bauers Spielen vermutlich nicht ganz erfunden, sondern literarisiert sind. In der ‚Zeit‘ (17. Februar 1978) teilt Oswald Wiener mit, Konrad Bayer habe mit Menschen experimentiert, er suchte sie zu Handlungen zu bewegen, die er voraussah, auch zu Liebes- und Eheverhältnissen: „ein bekanntes Theaterstück von Wolfgang Bauer paraphrasiert einen weitgehend durchdachten Plan, den Konrad mit W. T. und mir längere Zeit hindurch weiterfeilte". Er, Oswald Wiener, habe davon die Fähigkeit zur Distanz von Vorgängen bewahrt; er spricht vom „Selbstgefühl des Demiurgen", vermutet hier eine Beziehung mit Walter Serner und Camus (‚Der Fremde‘); Artmann habe sich mehr formal „mit der Poesie von Konstellationen aus Menschen und Namen befaßt". Der Gedanke bemächtigt sich der Zeit. Ingeborg

Bachmann deutet Shakespeares ‚Othello‘ nicht als Eifersuchts-drama; sie sieht Jago als den Mann, der die andren als Puppen behandelt: „das extremste Beispiel für das, was ein Mensch ver-mag" (218), und ihr ‚Fall Franza‘ ist einem solchen Vorgang nicht fern.

1963 erschien *Konrad Bayers Buch* ‚Der Stein der Weisen‘. Es treten benannte Körper mit ‚unsichtbarem Bewußtsein‘ namens ‚ich‘ auf; eines von ihnen entschließt sich, den Namen seines Kör-pers, otti bozol, anzunehmen, und so wird es vom Ich zum Selbst. Zwischen Feststellung und Entschluß ist die ‚hermetische geogra-phie‘, Beschreibung einer Insel, eingeschoben, klar in der Aussage des einzelnen Satzes, aber nicht realisierbar in unserer Sinnen-welt. Auf dieser Insel liegt die Stadt Wien. — Es folgt eine tech-nisch verfremdete Version des Traums von der Blauen Blume als Mittelteil, der wieder mehrteilige Abschluß (‚topologie der spra-che‘) beginnt mit zwei Litaneien, deren einzelne ‚Anrufungen‘ das Wort ‚blau‘ enthalten, und beschreibt darauf in engster Anlehnung an Wittgenstein die Situation des einzelnen Satzes in einem Satz-verband so, daß die Dreiteiligkeit des Werkes und die Entspre-chung der Verhältnisse Körper-Ich und Satz-Situation deutlich wird. Das Buch steht damit Wieners ‚Verbesserung von Mittel-europa‘ nahe, die zuerst in den ‚manuskripten‘ veröffentlicht wurde und daher in deren Zusammenhang behandelt wird.

Der Roman ‚der sechste sinn‘ macht wieder mit Wittgenstein ernst, indem er Handlungen vieler Menschen in Handlung Zwei-zahl um Zweizahl auflöst. Diese Sprachregelung setzt sich fort, indem falsch konjugiert wird: „ich lege, du legst, wir liegen in der sonne". (219) Ebenso wird die Trennung von Bewußtsein und Körper weitergeführt, eine Theatervision zeigt uns eine Balu-strade aus Fleisch, die Erstürmung des Theaters durch die erbitter-ten Zuschauer, weil ein Mann seine Frau schlägt; die Tochter gebiert einen Luftballon, die Zuschauer fressen den Vater auf. Die Darstellung ist Montage aus Wirklichem, Unmöglichem, Sinnwid-rigem, das aber, etwa durch den Tod einer Person, jeweils wieder auf dem Boden der Wirklichkeit aufsetzen kann. ‚Der sechste Sinn‘ ist die visionäre Erfassung von Vorgängen und ihrem die Situation des Menschen erhellenden Sinn. Denn am Ende des Romans grübelt Dobyhal: Goldenberg wußte, daß die Zeit ein uns umgebender fester Körper ist — oder ist sie unser Gleichnis, das uns nach und nach bewußt wird?. (220)

Es ist interessant, zu dem dritten Werk, ‚Der Kopf des Vitus Bering‘, zwei Besprechungen zu vergleichen: Leopold Auer berichtet gutgelaunt von seiner Annäherung an das Werk: zwei Teile, der Indexteil in Kleindruck mit Erklärungen, aber ohne genauen Bezug; der Erzählteil Montage, die etwa einen Bezug zum jeweils voranstehenden Satz andeutet, aber den zum zweitletzten meinen müßte. Der Seefahrer Bering war Epileptiker, das motiviert wohl die „Auflösung des Zeitbewußtseins“; aber lohnt sich die Lektüre? Ist die Vorliebe für Grausames und Kannibalismus im besonderen nicht merkwürdig, unangenehm? „das Ergebnis ist ein Wirrwarr“ (221); nun Roman Ročeks ‚Montage als Alibi‘ im Heft 15 der ‚Pestsäule‘ 1975: der „Epileptiker als Visionär“, nicht „räumliche Nachbarschaft“, die der Leser als Ordnung anerkennen soll, wie bei Chotjewitz etwa, sondern „Polyvalenzen des heutigen Bewußtseins“, verbunden zur „Vision einer künftigen Existenz, für die Wirklichkeit ständig zugleich in verschiedenen Abstraktionsebenen präsent und verfügbar, sowie in einer Reihe sprachlicher Systeme interpretierbar geworden ist“. Was entspricht? Das von Bayer durch die vorhergegangenen Arbeiten und durch Rühm Wiener erzeugte Bild macht die Antwort leicht.

Rühm ist der experimentier-freudigste, von seiner Herkunft aus der Musik, den Anregungen durch Artmann und auf Grund seiner Neigung zu Zeichnung und Photographie auf breitester Fläche experimentierende Schriftsteller der Gruppe. Seine Beiträge in dem von ihm herausgegebenen Sammelband sind auf Vielseitigkeit hin ausgewählt, von (graphisch betonter) Montage und vom wortlosen Lautgedicht über die Mundart, den Litanei-Text mit dem Wort ‚Dienstag‘ in jeder Zeile, sinnhaft oder sinnlos wie das Spiel ‚alles was Flügel hat fliegt‘ bis zu Bewegungsvorgängen auf der Bühne und der ihm — und tatsächlich — wichtigen ‚abhandlung über das weltall‘ mit Erklärungen für den Sprecher: Die häufigeren Phoneme saugen die anderen im Lauf des Sprechvorgangs auf, die Sprache wird also lautlich reduziert, die Wörter werden unverständlich, die Pausen zwischen den Lauten werden immer länger, die Lautstärken werden — zufallgesteuert — in sechs verschiedene Grade differenziert.

1954 hat Rühm die Konkrete Poesie auf die Bühne übertragen, indem er (‚rund oder oval‘) durch Wiederholung oder Widerruf, durch immer neue Einfälle den Bezug der Aussagen zur Sachwelt zerstörte. In dem Spiel ‚ophelia und die wörter‘ wird die Ophelia-

Rolle aus Shakespeares ‚Hamlet‘ als Grundlage verwendet, die Haupt- und Zeitwörter werden entnommen und in verkehrter Reihenfolge in den Text wieder eingefügt, die Hauptwörter werden außerdem zu Requisiten erhoben, das heißt als Bilder, Gegenstände, Geräusche über die Spielzeit verteilt: Ophelia ist ganz in der Welt ihrer eigenen Worte eingesponnen und versinkt geistig darin. In dem Buch ‚Mann und Frau‘ (1972) sind die Blätter in halber Höhe zerschnitten, sodaß durch Blättern immer andere Hälften zueinander in Beziehung treten können.

Die Ausgabe ‚Die Pegnitz Schäfer‘ (1964), die Foto-Montagen und Fotos mit Gegenüberstellung von Begriffen oder als Foto-Geschichten in den fünfziger und sechziger Jahren (222), der Versuch der Eigen-Inspiration durch das Unterbewußte, indem Rühm die Hand mit dem Stift Linien erzeugen läßt (223) — all das ist interessant und Baustein zum Gesamtbild. Wesentlich im Zusammenhang einer Betrachtung der Gegenwartsliteratur ist der Anteil Rühms an der Dichtung, und der ist in dem märchennahen Band ‚Knochenspielzeug‘ (1970 entstanden) hoch: Zwei Kinder blicken einander an, bis sie Vögel werden und fortfliegen; aber auch hier ist das Sprachspiel stets bereit zuzupacken, etwa, wenn einer gefragt wird, warum er täglich einen Knaben ißt und „keine tauben“, und „von da ab nur noch die ohren“ ißt. (224) In den ‚Wahnsinn Litaneien‘ wird das barocke Spiel der Besetzung von Buchstaben mit Zahlenwerten aufgenommen, indem Telephon-Nummern in Buchstaben-Folgen verwandelt und zum Gesangsvortrag angeboten werden. Es zeigt sich, daß alle diese Experimente Spiele Abenteuer parallel auf Ersatz der Objektwelt durch Sprachwelt abzielen.

Friedrich Achleitner, von Beruf Architekt, ist mit Eigenpublikationen wenig hervorgetreten. Sein Anteil an Rühms Auswahlband ist besonders durch die ‚vorbereitungen für eine hinrichtung‘ (1957) interessant, weil er ein frühes Beispiel für die verfremdend genaue Beschreibung ist: ein Vorgang wird so sehr in Einzelheiten zerlegt, daß diese mehr ins Bewußtsein treten als das (angeblich) gemeinte Ganze; die Verfremdung der Sachwelt wird gesteigert in den ‚veränderungen‘, da ein ‚Kurier‘-Text von 1960 in Wortgruppen zerlegt, dann in verkehrter Folge der Einheiten und dann in immer anderen Variationen angeboten wird. Der Sammelband von 1970 (225) nimmt eine Zwischenstellung ein, indem er Techniken der früheren Periode mit einer Vorstudie zu

dem neuen Buch von 1973 verbindet, dem ‚quadratroman'. Innerhalb eines schwarz umrandeten Quadrats werden immer neue
Lösungen angeboten: leeres Quadrat, Text: „aller anfang ist
schwer", Einladung zu einer Ausstellung ‚Welt aus Sprache', das
Quadrat fast ganz mit dem viele Male gedruckten Wort ‚wasser'
bedeckt, ein Männchen bis zu den Schultern eingesenkt, eine
Letter randentlang immer wieder gesetzt, Zentrum frei und alles
sonst eng verlettert; Frage: „verzeihen sie bitte, können sie mir
sagen, wie man hier hinauskommt?", Quadrat als Vierkanthof;
Feststellung, daß kein Buchstabe mit dem andren Platz ‚tuaschen'
darf. Wir erleben also die Vieldeutigkeit desselben Gebildes je
nach seiner Verwendung oder Widmung. Montage und Variation von Elementen sind das Hauptgebiet Achleitners.

Der bekannteste, werkreichste aller Dichter dieser Gruppe ist
Hans Carl Artmann, der Verkünder des ‚poetischen actes'. Es ist
nicht ungerecht, ihn einen Sprachakrobaten zu nennen, aber es
wäre ungerecht, nicht hinzuzusetzen, daß Artmann ein Künstler
und immer wieder auch ein Dichter ist. Das Buch, das ihn
bekannt machte, sein erster Dialektband, ist vielfach mißverstan-
den worden und hat dazu geführt, daß die hier mit Rühm erar-
beitete Lautnotierung für Mundartgedichte verwendet wurde. Das
ist aber nur erlaubt in Büchern wie Ernst Keins ‚Wiener Panopti-
kum', Josef Mayer-Limbergs ‚fon de hausmasda und de möada',
wenn das Grausame, Zynische, Makabre die stille klischeehafte
Gemütlichkeit vermeidet bzw. verhindert, wenn eine Spur von
Horváth mitklingt; bei Trude Marzik, wo sie kritisch wird —
sich Bertolt Brecht nähert — oder artistisch, wie in den ‚Paral-
lelgedichten' (1973), indem sie auf berühmte Gedichte anderer,
zuerst auf Walthers ‚ich saz ûf eime steine', antwortet.

Artmanns Dialektgedichte sind vor surrealistischem Hintergrund in einer un-heimlichen Wiener Wirklichkeit gewachsen und
kultivieren das Sprachspiel dieser Redeweise so meisterlich, daß
sie vollkommene Sprache wird und auch ein zartes Liebesgedicht
tragen kann, ohne aus dem Ton in den Kitsch abzurutschen.

Als 1969 ‚die fahrt zur insel nantucket' erscheint, ein kleines
dramatisches Gebilde, Gerhardus Rühm gewidmet, sagt Chotjewitz im Vorwort: es sei „eine der letzten Existenzberechtigungen"
des Dichters, in unserer Welt „ideologiefreie Räume offen zu halten". Das tut Artmann. Die Sprache ist Spielbereich, der ernst
genommen wird, und die Trauer, Melancholie, stellenweise

Schwermut seines Werks hat ihre Grundlage in der Einsicht, daß die phantasievoll und sprachgegeben schöne Welt nicht Heimat findet in unsrem Dasein. Er läßt sich nicht gern festlegen, gibt als Geburtsort gern St. Achatz am Wald an statt Wien, protestiert 1977 vehement gegen die Bezeichnung ‚österreichischer Schriftsteller‘ — er sei ein deutscher Dichter (226), verwendet Decknamen wie ‚Edler von Traumspiell‘ — und legt Wert darauf, „daß er dem Genius lang vor den Späteren Gefolgschaft leistete, zu einer Zeit, als man von Herzmanovsky noch kaum etwas wußte“. (227) Er liebt es, sich zu entziehen, indem er übersetzt, in Rollen oder Masken entschwindet.

Im Jahr 1959 erscheint ‚Von denen Husaren und anderen Seil-Tänzern‘ — derber Spaß und düstere Aventüre —, und ‚Der Schlüssel des heiligen Patrick‘, keltische religiöse Dichtungen, einfach, streng, archaisch. Er liebt die Verbindung des Phantastischen mit dem Grausigen, die Bezüge zum Film, der dem freien Raum der Phantasie entspricht. Christian W. Thomsen und Gabriele Brandstetter sind dem Phantastischen bei Artmann nachgegangen; sie verweisen auf den Einfluß von Märchen, Nonsens-Erzählung, Schauerroman in seinem ‚Frankenstein in Sussex‘ und finden, dieses Werk — eine Mischung von Horror, Märchen und Technik — wäre sehr gut „als Zeichentrickfilm oder Pop-Musikal“ vorstellbar, es sei „entscheidend beeinflußt von dem Beatles-Film ‚Yellow Submarine‘ “. (228) Artmann parodiert, travestiert, verfremdet das Inventar des Phantastischen, beherrscht die Filmtechnik von Zeitlupe und Zeitraffer. In ‚How much schatzi?‘ ist die Erzählung im Filmgleis gesteuert, als die Mutter in ihren Gedanken über dem Bild im Fernglas einen Stummfilmtext sieht.

Er liebt das Spiel mit dem Grausigen, so im ‚Handkolorierten Menschenfresser‘ — ein Rezept zur ‚Bäckergesellenlende in jägersauce‘ —, den Anklang an das Liturgische — in der ‚Dracula-Litanei‘ —, an das Religiöse: „An dieser stelle des stückes erschien nun der sinnreiche alte Dädalus [...] Oh ihr schönen gäste des drachen! Einer unter euch ist jetzt schon dazu bestimmt [...]“ — nämlich: seine Handschuhe zu vergessen. (229) Er inszeniert das Phantastische mit einer Selbstverständlichkeit und Feierlichkeit, daß es ergreift:

> in meinem garten verbluten
> die drosseln des wahnsinns
> aus geometrischen fontänen. (230)

Der von Klaus Reichert 1970 herausgegebene Band ,The best of H. C. Artmann' zeigt nicht nur ,the best of H. C. Artmann', denn indem er sich in Positur setzt und über seine Ablehnung von Polizei und Politik und sein Verhältnis zu Frauen so spricht, wie er hier spricht, verletzt er den guten Geschmack in einem Maß, wie er das selten tut. (231) Sein Bestes zeigt er, wo der Spaß in souveräner Sprachbeherrschung gestaltet wird und über der Tiefe menschlicher Betroffenheit mit wehenden Segeln dahinfährt; das geschieht immer wieder spielerisch nach Laune und Einfall: „Aus der flur des walfisches erhob sich das schiffeverkrustende salz, trat ans land, bot dem ingwer ein heil, legte ein grünes ei, ein weißes ei, & es ging ein brausen durchs feld, als wendete sich alles zum guten". (232) Es ist durchgehalten in der Erzählung ,Die Jagd nach Dr. U. oder Ein einsamer Spiegel, in dem sich der Tag reflektiert'. (233)

Halb Litanei, halb Labyrinth ist schon die Vorrede, in der Fantômas, Lovecroft, die Marx Brothers, Konrad Bayer, Dracula, Gaston Leroux, Asterix, Rosei, St. Thomas von Aquin, „meine tochter Griseldis [...] und schließlich Doktor Peterwardijn Unspeakable, das scheusal im inneren des fleisches" erwähnt sind. Die kurzen Abschnitte sind zweigeteilt, echtes oder fiktives Zitat zunächst (z. B. aus Malorys ,Morte d'Arthur', aber auch aus Artmanns eigenen Werken) und Erzähltext: die Erlebnisse des Dr. U, der nur Maske ist, ohne Hände, ohne Gesicht, ein Gespenst: der Verfolger und Unglückbringer, dem Unfallo in Maximilians ,Teuerdank' vergleichbar, bis im dunklen Kinosaal das Pistolengefecht zwischen ich und U stattfindet; ich verletzt U und spürt selbst sein Blut als Luft entweichen und ist nun domestiziert; er spielt an auf den Schlußsatz von Voltaires ,Candide', aber auch jetzt noch kann sein Domizil sich im Alpenwind vom Erdboden in die Luft erheben, die Einbände seiner Bücher wechseln die Farbe. Nicht Tee, sondern Earl Gray schwappt über, und der Vater, ,Freund Fritz Frank & Frey der Fröhliche mit der leeren Flasche', ist wieder Mensch geworden, denn die Aufgabe, das Schwert aus dem Stein zu ziehen, war zu leicht. So landet Artmann in der schon früh geliebten irisch-keltischen Mythologie und beginnt seiner kleinen Tochter zu erzählen von „Bondigedfran sohn des Llyr", und wir sind entlassen.

Wer aufmerksam liest, findet Chotjewitz und Stanislaw Lems ,Futurologischen Kongreß' und zahllose Bezüge, das Bekenntnis:

„ich bin die eule von Athen und die kohle von Newcastle", kann entscheiden, was er lieber glaubt: „Es ist lange her, es ist kurz her", kann nachdenken über die Frage: „wer bekommt meine nerven, wenn ich sie verliere?" oder merken, daß hier ein Zeitgenosse schreibt mit den schrecklichen Erinnerungen, die wir alle haben: „arebeit machet frei" (234) — nicht nur Zeitgenosse: im Neudruck von Johann Beers ,Abentheuerlichem Ritter Hopffen-Sack' von 1678, München 1981, finden wir den Vermerk Artmanns: in St. Georgen am Adersee hätte er vor drei Jahren „fast Johann Beer angetroffen".

Es ist üblich und gerechtfertigt, die Namen Ernst Jandl und Friederike Mayröcker zu nennen, wenn von der Wiener Dichtergruppe die Rede ist: aber nicht im Sinn der Zugehörigkeit, sondern der Zusammmengehörigkeit.

1976 beginnt *Ernst Jandls* Theoriebuch ,die schöne kunst des schreibens' mit der Erinnerung an den ersten Vortrag, 1967, und an das Gedicht ,donnerstag' von 1952: drei Mädchen, „auf dem staubigen rücken des asphaltelefanten" hüpfend, singen „heut ist donnerstag", und der ihnen Begegnende erlebt das Lied und seine Unfähigkeit mitzusingen; daß es spät ist, schon Donnerstag; und nun wird über den Wortinhalt ,donnern' die Schlußzeile vorbereitet: „denn das alles ist furchtbar und schwer". Dieses Gedicht war 1956 in ,Andere Augen' erschienen, in einem noch konventionellen Gedichtband, der nicht protestierend, aber tief verdüstert die Formen und den Sinn der Aussagen zu zerlösen beginnt. Die Sprache selbst liefert den Widersinn, wenn man durch Wiederholung oder Zurücknahme der Bildhaftigkeit ihren Aussagen ,auf der Spur' bleibt.

Seit 1967 hatte Jandl vielfach Gelegenheit, über die Abnützung der Formen und des Stils der Nachkriegslyrik in den fünfziger Jahren, über seine Bezüge zu Dada, zur Konkreten oder experimentierenden Poesie zu sprechen, über seine Zusammenarbeit mit Friederike Mayröcker seit dieser Zeit. Er hatte den Raum der Sprachkunst erweitert zur graphischen Lyrik und über die Grenzen der Musik. Zorn und Erbitterung der Jahre des Wartens sind noch spät hörbar, aber das Warten hat auch bewirkt, daß im ersten Band der ,Protokolle' eine so knappe und klare Darstellung der Grundhaltung, der Ahnen dieser Dichtweise und des eigenen Verständnisses gegeben werden konnte. Diese Dichtung ist konkret, ihre Gegenstände liegen innerhalb der Sprache; „sie

ist eine dichtung, die geschlossene systeme von beziehungen her-
stellt"; „wie bilder ist sie — einzig — fläche, oberfläche. vom
kontakt mit ihr bleibt nichts als stücke erinnerung von worten,
folgen, flächen". Wie absolute Musik durchzieht sie den leeren
Denkraum. (235) Der Weg in die Graphik ergab 1964 die kleine
Veröffentlichung ,klare gerührt' — die beiden Wörter in Figuren
geschrieben, als Gänsemarsch der Lettern, auch mit Vervielfachung
einer Letter — als Nr. 8 in der Reihe ,konkrete poesie'. Achleitner
und Wiener waren Mitarbeiter dieser Reihe. Die ,langen gedichte'
erscheinen dann in der ,text'-Reihe Max Benses, des wichtigsten
und konsequentesten Theoretikers der neuen Ästhetik. Hier sind
die Experimente mit Serienbildung — „al / pha / bet / cal / pha /
det [...] yl / pha / zet" — und die Lauterzählungen wie die
,ode auf n' — „lepn / nepl [...]" zu finden, auf denen ein guter
Teil von ,Laut und Luise' ruht, dem entscheidenden Buch auf dem
Weg zum Erfolg. Jandls Mutter starb früh. Sie hieß Luise, und
wer meint, in diesem Werk sei alles Spiel, sollte den Spuren des
liebenden Andenkens an die Mutter bis herauf in die Texte der
letzten Jahre nachgehen.

,Laut und Luise' 1966 enthält berühmt gewordene Gedichte
wie die ,etüde in f' — eile mit feile —, das Lautgedicht
,schtzngrmm', das als Kriegsgedicht ohne Vokale auskommt, die
Bestiarium-Gruppe mit dem Spiel „viel / vieh / o / so / viel /
vieh", darin auch „viel / o / sophie", das Epigramm ,BESSEMER-
BIRNEN' (als mehr Kanonen); „werch ein illtum" zu meinen,
man könne „lechts und rinks" nicht „velwechsern"; dazu auch
Montagen wie das ,Andantino', das sich ein Stück Wurst vom
Finger schneidet und seinen ,turteltauben' Hund damit füttert.
Die weitere Erzählung ist scheinbar ganz ungefährlich, aber man
darf bei Jandl nie vermuten, daß er im Bereich der Sprache
bleibt. Anders als bei Artmann ist das kritische Umweltverhalten
stets wach. Sein schärfster Angriff ist das ,Konversationsstück'
,Die Humanisten' in Heft 54 der ,manuskripte': Drei Männer
in SS-Uniform, der Plan eines Terroristen, die Oper zu sprengen,
der Befehl: den Erschossenen nicht begraben, sondern aufhän-
gen! — das ist nur Zutat, Umhüllung zum Eigentlichen: Sprach-
verzerrung als Gegenbeweis gegen den Anspruch des Titels: „du
wundern mein schön deutsch sprach? / sein sprach von goethen /
grillparzern / stiftern" und „kunstvaterland / salzenburger
fetzenspiele / burgentheatern".

Artmann reagiert zornig auf eine Welt, die nicht bereit ist, seinen Phantasiegebilden so weit zu entsprechen, wie das möglich wäre. Jandl übt in Spielregeln und Wiederkehr ein Verfahren mit uns ein und bricht plötzlich aus: dort ist oft ein Widerhaken zu finden, der ins Fleisch unserer Mißstände fährt. Er weiß, „Kunst wird weitgehend identisch mit der Erfindung neuer Spielregeln", Unsinn hat „verjüngende Kraft", wozu er sich auf Dada beruft. (236)

Darum bringen die neuen Bände meist neue Einfälle bzw. Techniken: Sie erweisen, daß Jandl stets, besonders hörend, auf seine und andrer Leute Sprache eingestellt ist und durch Verfremdungen neue Impulse erzeugt: Er verfremdet durch Ausbruch, indem er den Inhalt seiner Taschen angibt, darunter befindet sich ein Würfel, „23 Augen sehen mehr als zwei" — wir prüfen nach: zwei der Mann, 21 der Würfel; Mann + Auge bleibt im Bewußtsein und ergibt die Folgerung: „du kannst dir denken / was ich an brillen schleppe". (237) Er verfremdet durch übertriebene Vereinheitlichung, indem er die ‚Unregelmäßigkeiten‘ in Sprache oder Vorlage tilgt und etwa in Goethes ‚Wer sich der Einsamkeit ergibt‘ alle Konsonanten durch ‚w‘ ersetzt:

wew wiww wew eiwwawweiw ewwiww (u.s.w.). (238)

Jandl trägt seine Gedichte ausgezeichnet vor, spricht sie auch auf Schallplatten. Dadurch wird zeitweilig das gesamtsprachliche Engagement etwas verdeckt. Seine Sprachbeherrschung läßt ihn eine ‚moritat‘ erzählen, die aus der Variationstechnik gewonnen ist und zwölf Strophen lang ohne Person- und Sachbezeichnung eine Handlung — nicht wie Gomringers ‚worte sind schatten‘ eine Meditation — andeutet, oder es entsteht eine ‚wanderung‘ ‚vom vom zum zum und zurück‘, sodaß jeweils das zweite Vorwort zum Hauptwort ernannt wird und wir wieder zum freien Denkraum unterwegs sind. In der Poesie, sagt Jandl, „brauchen wir alles, woran wir uns nicht gewöhnt haben; wir brauchen es, um Poesie überhaupt anfangen zu können, und wir brauchen es, um mit Poesie etwas anfangen zu können, etwas, das ein Beginnen ist". (239) Und wenn der Kopf nicht weiter bearbeitet werden kann, dann doch noch die Mütze: daraus ergibt sich Titel und Motto des Gedichtbandes von 1978, ‚die bearbeitung der mütze‘, der wieder die Sprache — die Mütze! — bearbeitet, aber über sie hinausgeht, indem er in ‚Aktionsgedichten‘ Wortgruppen mit (Mund-)Bewegungsangaben, Aufforderung zum Rauch-Ausblasen,

Friedericke Mayröcker und Ernst Jandl

Händeklatschen verbindet und damit sich dem Bereich des Spiels wieder in anderer Weise nähert.

Der Totalanspruch der Kunst, die für Jandl mit Freiheit fast identisch ist (240), ist der Motor der Erneuerungen und der Fortsetzung des Schaffens, dem Vorrang eingeräumt wird vor allen durch Übereinkunft anerkannten Werten, wenn es um die Verwirklichung eines Einfalls geht. Dieser Totalanspruch schafft auch neue Provinzen neuer Oberflächenbeschaffenheit, so in den Sprüchen, die 1980 in Heft 145 von ‚Literatur und Kritik‘ aufgenommen sind: Erinnerungen, düster zum Teil, aber durch Konjunktiv und erscheinende Distanz wieder aufgehoben.

Manches, das Jandl erarbeitet oder kultiviert hat, ist leicht nachzuahmen, und so entstehen Anzeichen der Freisetzung zum anonymen Gut. Sein Bruder Hermann Jandl arbeitet mit verschiedenen Verfremdungs-Techniken, auch mit der Aufstellung leicht variierender Reihen, die den Widersinn bloßlegen, aber bei glücklichen Funden wie ‚klassisch‘ (241) auch menschliches Gewicht haben.

Reinhard Prießnitz verwendet die durch Konsonantenwechsel erzwungene Anlautgleichheit, die Unterdrückung der Vokale, die inhaltlose ‚ballade 1‘ nach Jandls ‚moritat‘, den Konjunktiv (242), Heinz Gappmayr veröffentlicht nach einer symbolischen Phase seit zwanzig Jahren konkrete und visuelle Poesie: In Heimrad Bäckers ‚neuen texten‘ erscheint 1975 die Auswahl ‚zeichen‘. Von Wortanordnungen und stufenweiser Deformation nahe Jandls und Rühm-Gomringers Techniken geht er zu Flächen- und Zahlenanordnungen über und verläßt damit den Bereich der Literatur in der Richtung zur Konzeptkunst, wie Peter Weiermair im Begleittext ausführt. (243)

Als Ernst Jandl 1974 den Georg Trakl-Preis erhält, wendet auch er sich gegen „Adornos inakzeptable Lösung, nach Auschwitz keine Gedichte mehr!" (244) Die Breite der auf Dada und Surrealismus zurückweisenden neuen Bewegung ist aber nicht nur ein Gegenbeweis, sondern auch ein Beweis für den wahren Kern von Adornos Ausspruch. Der Gegenbeweis wäre in Gedichtbänden wie Othmar Riegers ‚Gobelin des Schicksals‘ zu suchen, aber diese 1977 herausgegebenen Balladen mit ihrer Tradition von Fontane, Liliencron und dem Freiherrn Börries von Münchhausen erbringen, gerade weil unter ihnen ‚Das Auschwitzer Kartenspiel‘ enthalten ist, den Beweis nicht. Man kann, auch wenn man schwungvolle Balladen schreibt, Auschwitz nicht nach dem Frankenberger Würfel-spiel stilisieren.

Der Hauptbereich der bezeugten Gemeinschaftsarbeit von Ernst Jandl und *Friederike Mayröcker* ist das Hörspiel. Bei der An-sprache anläßlich der Verleihung des Hörspielpreises der Kriegs-blinden am 22. April 1969 (245) werden zwei für ihre Einstellung wesentliche Gesichtspunkte deutlich: man könne das Hörspiel ‚Fünf Mann Menschen‘ — mit den fünf Stationen: Gebärklinik, Kino, Soldaten, Spital, Erschießung — als eine Reihe von Sprech-gedichten verstehen, und: es sei günstig, wenn der Schwerpunkt der Arbeit des Hörspiel-Autors in einem anderen Bereich liege. Wenn man Jandls Überzeugung, daß die Innovation wegen der Abnützung der bestehenden Regelungen notwendig ist, hinnimmt, ergibt sich: Diese Hörspiele sind aus Sprechgedichten entwickelt, sie sind experimentell gewollt. Das Stereo-Hörspiel ‚Spaltungen‘, von Jandl und Mayröcker verfaßt, ist in den ‚Manuskripten‘ 1969 (Heft 26) veröffentlicht: „ein nicht-religiöses Mysterienspiel, ausgeführt mit den Mitteln der modernen Poesie. Es zeigt den Menschen gebunden durch sein Mensch-Sein und stellt seine Be-mühung dar, sich aus dieser Gebundenheit zu befreien" (S. 22). ‚Die Letternverteilung und die ausführlichen Erklärungen, die ein Vielfaches des Textes ausmachen, ermöglichen eine Vorstellung von diesem Gehörvorgang mit einem Mann, Chören und Stimmen: ‚Ich bin glücklich / traurig‘; Kampflärm und s-Laute, in die ‚amen‘ bzw. ‚samen‘ eingeschoben wird. Dem triumphalen ‚ich lebe‘ folgt das Bekenntnis der Angst, die Verbindung ‚ich‘ — ‚Nacht‘ — ‚nicht‘ — ‚Licht‘ und der Übergang in ‚Nichts‘: ‚ich war Fleisch‘; ‚Seele‘; ‚Mensch‘; „ich werfe es ab". Der Vergleich mit August Stramms ‚Weltwehe‘ bietet sich an; das ist eine früh-expressionistische Wortreihe, die mit dreimaligem ‚Nichts‘ einsetzt und mit viermaligem ‚Nichts‘ endet, in Nennformen und Haupt-wörtern Werden und Vergehen andeutet. Der Unterschied zwi-schen einsamer Stimme und in Stimmen und Pausen erlebtem Raum ist bedeutend. Der Raum ist der einzige Akteur des 1970 entworfenen, 1973 in Villach verwirklichten ‚szenischen gedichts für beleuchter und tontechniker‘ von Jandl. (246) Folgerichtig fordert Friederike Mayröcker die ‚Nähe musikalischen Genus-ses‘. (247) In dem Hörspiel ‚Arie auf tönernen Füßen‘ begeben sich drei Stimmvorgänge gleichzeitig: Erinnerung, Assoziationen, imaginäres Gespräch der im Eisenbahnwaggon von einem Begräbnis heimfahrenden Frau, deren Bewußtsein die Szene des Spiels ist. (248) Das ‚Assoziationshörspiel‘ ‚Bocca della verità‘ wahrt meist das Nacheinander, hebt aber den Vorgangs-Charakter ebenfalls auf: durch die weibliche Doppelstimme — der Zweiheit von Stimme und Schattenstimme in Heinz Pototschnigs ‚Lotungen‘ vergleichbar — und durch die Aufspaltung der Mannesstimme, die Wiederholungen und Leitmotive, die Feststellung „alles was er sagte schien austauschbar“, durch die Gleichzeitigkeit von Erzähl- und Psalmenstimme und den damit offenen Bezug zum Neben- oder Nacheinander der Hörangebote; das umsomehr als der Brunnenmund (der Wahrheit) wie ein Richter stets gegenwärtig ist. (249)

Mayröckers Sprechstück ‚Versatzstücke‘ baut in eine Szenenfolge wechselnder Personen, ohne Handlungsablauf, wiederkehrende Wortfolgen ein; die wichtigste von ihnen lautet „So hat dieser Tag doch noch einen Sinn gehabt“. Diese Wortfolgen sind hier nicht als Leitmotive, sondern als Kulissen neben den optischen Kulissen bzw. an deren statt gedacht. (250)

Ernst Jandls Sprechoper ‚Aus der Fremde‘, beim ‚Steirischen Herbst‘ 1979 uraufgeführt, ist die Darstellung dieser Arbeitsgemeinschaft mit Mayröcker, die Besprechung des eben entstehenden Spiels, ihrer Einstellung zu Leben und Kunst, alles in die dritte Person Konjunktiv versetzt.

Man wird vermuten dürfen, daß Friderike Mayröcker dem Bekenntnis Ernst Jandls zur Tradition auch für sich selbst zustimmt: zu einer lebendig bewegten Tradition, in der sich vieles „zu immer neuen Mustern“ trennt und verbindet (251); zwischen den Mustern der Umgangssprache und denen der Poesie sei der Raum der experimentellen Dichtung. Aber die Schwierigkeit, ihre Dichtung zu verstehen, ist überdurchschnittlich hoch, ihre eigenen Äußerungen in dem Band 80/2 der ‚Protokolle‘ geben in Übereinstimmung mit ihrer grundsätzlichen Ablehnung einer Story keine inhaltlichen Hinweise, sondern sprechen von random-Elementen, Zonen der ästhetischen Verdichtung und Verdünnung, von der Behandlung des Wortmaterials und der Wiederholung als Leitmotiv. Ihre Worte zum eigenen Werk in Walter Höllerers ‚Ein Gedicht und sein Autor‘ (252), die gutteils in den ‚Protokolle‘-Text übernommen wurden, führen im Schlußabschnitt weiter: hier ist vom ‚totalen Gedicht‘ die Rede, vom „Ausschnitt aus der Gesamtheit meines Bewußtseins von der Welt“; Gisela Lindemann bezeichnet den Charakter ihrer Sprache als ‚Gleichzeitigkeit des Ungleichzeitigen‘, stets sei in ihren Arbeiten derselbe poetische Stoff gegeben, stets sei „die Unendlichkeit der Widersprüche“ der Fluchtpunkt ihrer Texte. (253)

Nun ist die Fruchtbarkeit der Zusammenarbeit verständlich: Jandls Sprechgedichte und Mayröckers Bemühung um das Gedicht als Totale des Bewußtseinsraumes unter einem bestimmten aus dem Erinnerungsraum emportauchenden Erlebnis als Organisationskern entstehen nach früheren Versuchen experimenteller Lyrik, der Montage, der Litanei, des Worte-Spiels; sie führen nun parallel oder gemeinsam zum Raum-Hörspiel und erfüllen so den Gedanken Jandls, daß der Hörspiel-Autor zumeist andres als Hörspiele gestalten solle, in ihrer gemeinsamen Arbeit.

Volkslied- und Märchennähe, die Neigung zum Zeilenstil, zur Wiederholung kennzeichnet den Beginn von Mayröckers Lyrik. Bald setzt die Verfremdung und Verneinung ein. Aber von Beginn ist eine starke Stimmung vorhanden, die Fähigkeit, sie um Wortbälle frei im Raum aufgehen zu lassen, daß man in sie hineinsinkt. Die Metaphern beginnen sich wie Chiffren zu Leitbildern auszudehnen, ohne doch das Ganze eines Gedichtes zu bestimmen. Sie lösen sich selbständig ab als neue Keime der Folgezeilen, so in dem Gedicht ‚die marmorne die steinkühle‘:

> und dein Mund ist ein römischer Brunnen-Mund
> und ich kann meine Hand in seine fließenden Segnungen legen
> und dein Auge [...]
> ist ein Bullauge geworden in einem weißen schiff (254)

Die Bildeinheit vergeht vor den Einzelerlebnissen, aber das Du wird umso stärker erlebt, und im ‚Brunnenmund‘ wird vielleicht — ‚Bocca della verità‘ — eine von vielen überdauernden und oft verborgenen Leitvorstellungen greifbar. Zwei Entwicklungsstränge bewirken nun die wachsende Verborgenheit der Gedichte: Die Zahl der Ebenen steigt, die Metaphern weichen Sachaussagen, die eine Aura um sich bilden. Der Sinn schreitet also vertikal durch die Bild- und Wortwelt weiter, erweitert sie zum Geist- und Gedankenraum und ist ohne Wegmarken leicht verloren. Die bald sehr reiche Instrumentierung mit Satzzeichen und verschiedenen Letternsorten gibt Hinweise, aber nicht Lösungen. Die Leitmotive sind keineswegs nur im Bildbereich zu suchen, es kann sein, daß ein Wort in verschiedenen Bedeutungen — z. B. der Wortsinn

‚annähern' im ‚Text dem Mazedonischen angenähert' — die Spur zieht und uns anleitet, nicht dem wörtlichen (Bedeutungs-)Sinn zu folgen, sondern in den Klängen und ihren Assoziationen zu erleben. (255) Wenn man sich so mitziehen, allmählich mitreißen läßt, bekommt der Text plötzlich Fahrt und zeigt uns eine Welt.

Wer nun nochmals zu den frühen Gedichten zurückkehrt und etwa den schwermütigen, durch die Formen ‚Walde' — ‚Wald' nebeneinander seltsam stoßenden Text

im Walde von Katyn
dort wo die Vöglein sangen (256)

mit dem englischen Einschub in der Mitte und am Ende liest, der an T. S. Eliot denken läßt, wer darauf auch denkt, was ‚Katyn' bedeutet, oder im Lexikon findet, daß die einmarschierenden deutschen Truppen 1939 das Massengrab von 10.000 polnischen Offizieren gefunden haben, sieht, wie dieses Werk von auskomponierten einzelnen Einheiten durch Verklammerung, Potenzierung, äußere Abkühlung — man möchte fast sagen: Verkrustung — wächst und also immer mehr erworben werden muß.

Die Rückkehr zu kurzen scheinbar einfachen Formen in den allerletzten Jahren ist nicht Rückkehr, sondern eine neue Stufe des Rückzugs.

Der Vers- und Prosa-Band ‚Fantom Fan' (1971), ‚dedicated to the idea of ‚Snoopy'', ist ein Buch der übermütigen Laune und der litaneihaft durchgehaltenen Einfälle, einschließlich der Usurpation sakraler Texte. Der Querschnitt durch ein Vierteljahrhundert ‚Augen wie Schaljapin bevor er starb' (1974) und der frühe Prosaband ‚Larifari Ein konfuses Buch' (1956) zeigen, daß die Wachheit für den Widersinn, die Neigung zur Verschlüsselung auch in ihr Prosawerk tief hinunterreichen, und daß diese Helligkeit nur damals um 1974 ihren Höhepunkt hatte. In diesem Jahr erschienen auch zwei aus 1971 und 1967 stammende fröhliche Texte unter dem Titel ‚meine Träume ein flügelkleid'. Die beiden wesentlichen Prosawerke der folgenden Jahre, ‚Fast ein Frühling des Markus M' und ‚Die Abschiede', 1976 und 1980, nähern sich der Technik der Gedichte an.

‚Fast ein Frühling' senkt Reizwörter, schräggedruckt, aber auch Wiederholungen in den Textstrom ein, sodaß ohne Gewißheit der Person die Augenblickssituation wieder aufgerufen wird. Dieser Unschärfe steht die genaue Erfassung von Bewegungen gegenüber.

Religiöses und Erotisches/Sexuelles sind vielfach als Bild oder Bericht in den Text eingewoben, der Mensch ist ein Empfindungszentrum für alle Sinne, die auch Metaphernboden für Geistiges sind: Klangassoziationen sind wie in Mayröckers Lyrik gleichwertig stark. Es kann also Lukrezia ,nach oben tappen', ob da etwas ist: „Geweih; Geweihtes; Glorienschein". Hier hat Mayröcker vermutlich ihre bedeutendste Selbstdarstellung eingeschoben: Der Mensch, umfangen „von der obszönen Reflektion seines, technisierten, Zeitalters, muß anpassenderweise a u s d e r N a t u r geraten". Die Steigerungen, die Teilnahme schwinden, es ist nur mehr „ein Hinwegwischen an den R ä n d e r n d e r W i r k l i c h k e i t". „Ach die schnellen Überblendungen sagt Markus, wie in einem Film. So daß eine Phase jugendlicher Unmittelbarkeit gefolgt wird von einer bedachtsamen M a s k e n f o r m hinter welcher der Schreibende seine geheimsten Erlebnisse zu verbergen sucht". (257)

In den folgenden Abschnitten stark metaphorischer aber kühler Darstellung, die an Musik erinnert, setzt sich in der Markus-Lena-Teresa-Handlung die Reihe der Selbstbeobachtungen fort. Mit dem Jahresende endet auch die Gemeinschaft der jungen Leute, die wir nicht von Ansehen und nicht stets durch dasselbe Erzähl-Ich, sondern als wechselnd bezogene Gruppe erleben.

,Die Abschiede', 1978 bis 1980 entstanden, sind eine noch weiter verschlüsselte, aber auch im einzelnen Augenblick sehr erhellende Selbstdarstellung im Sinn einer Beziehung, die als Gegenwart und Vergangenheit, mit dem Anschein genauer Außenschilderung, mit Traum und Erinnerung durchflochtene Wirklichkeit, dem einen der beiden Motti zufolge in ihrem Ansteigen und Abklingen als Rückkehr zum fremden ,Sie' (aus dem ,du') ausgesagt wird. Nahe und ferne Wiederkehr von Wörtern und Vorstellungen wirken wieder als Netz, das den Zeitfluß nicht staut, aber Gegenstände in ihm festhält. Die Schilderungen sind durchsetzt mit Meta-Stellen, die von dem Vorgang des Schreibens handeln; sie vollziehen sich nicht nur in Wirklichkeits- und Möglichkeitsform, sondern teilweise von verschiedenen Perspektiven aus, auch in wechselnden Modi der Wirklichkeit, daß etwa die Erzählperson dem Angesprochenen dessen (!) (vergangene) Erlebnisse erzählt.

Es kann auch geschehen, daß eine märchenhafte Schilderung nicht Fortgang des ,Erzählten', sondern Modus des Erlebens gibt, unter dem der eben gelesene Text verstanden werden soll; daß

,ihre' Sehnsucht nach ,ihm' am Meer die Weite des Erlebens und der Gemeinschaft andeutet, in der sie nun mit seinem Auge sieht, mit seiner Stimme redet. (258)

Besonders aus Schilderungen, die nicht als Außenwirklichkeit vorstellbar sind, ergibt sich, daß Blumen Wolken Dinge vielfach wohl nur Stimmungsträger, Assoziationen durch Laut- oder Bedeutungszusammenhang sind. Gegenwart und Abwesenheit des immer wieder angeredeten Valerian (vale!) müssen nicht seine körperliche Abwesenheit meinen, sollen das vermutlich auch nicht. Die weite Landschaft der Sprachbewegung dieser 250 Seiten Text ist durch Schwerpunkte mehr als durch Wiederkehr von Wörtern — keineswegs nur Gegenstandsnamen, auch Mittelwörter z. B. — gegliedert, sie verlagern sich gegen das Ende in den Hörbereich und zwar mit den Gehörvisionen Giselles; diese Figur beansprucht zwar stellenweise Eigenwirklichkeit, scheint aber doch (auch) Andeutung jenes anderen Bewußtseinszustandes zu sein, in den eintretend/eingetreten die Erlebende und Valerian sich voneinander gelöst haben. Giselles Beobachtung, daß vor dem Fernblick über die Landschaft die Gegenstandswirklichkeit sich auflöst, Regen und Sonne, Sonnenschirm oder Schnee nicht mehr entscheidbar gegeben sind, beendet das Buch.

Nach der Mitte sind wieder zwei Stellen des Bekenntnisses eingeschoben: die Sprache müsse „b r ü l l e n d und gurgelnd vor Besessenheit" sein, „jeder Satz müsse seine ihm gemäße Struktur aufweisen, geschwänzt gezwirbelt gezwitschert: so eigenwillig müßten die Wortbilder, und raketengleich, in die Höhe schießen, eine Verwandlung von Körper und Seele". Noch wichtiger ist die zweite Stelle: Anrede an Valerian, der zu ihr flüstert, ,schwatzt', mit Beschleunigung des Sprechens und Wiederholungen und Stocken: es scheine ihr, das „gehe eine rätselhafte Verbindung mit dem starken Rauschen der Bäume ein, im Garten im Wind, und stelle, außerorts, wie im Traum wechselnde Zimmerechos her sodaß der Schall in verschiedene Richtungen gelenkt sei" (259) — das weist wieder auf Musil wie in Jeannie Ebners ,Drei Flötentönen', und es ist ein Hinweis auf den Weg dieser Dichtung: Andeutung eines Rückzugs aus der Sprachwelt in die Geräuschwelt der Natur als Musik der Bewußtseinsvorgänge.

Friederike Mayröcker hat im 52. Heft der ,manuskripte' zur Entstehung des Buches ,Fast ein Frühling des Markus M' gesagt: es gebe äußere Anstöße — der Blick in ein Fenster wurde „Fiktionshintergrund ‚Lenas Mutter' "; dann löst sich das Gebilde von der Außenwelt und kann von ihr nicht mehr gefördert werden. Das ist ganz aufschlußreich und bestätigt den Charakter ihrer Dichtung von der Entstehungsgeschichte her.

Forum Stadtpark Graz und die ‚manuskripte'

Eine Gruppe von jungen Künstlern wendete sich im Herbst 1958 an den Grazer Stadtsenat, um das verfallende Stadtpark Café als Ausstellungsraum zu erlangen. Nach zwei Jahren der Bemühungen und der Unterstützung durch die Öffentlichkeit gelang, was unter anderen Vorzeichen und Bedingungen in Wien mit dem Unternehmen ‚Arena' nicht zu einem erfreulichen Ende kam. Als am 4. November 1960 das Forum Stadtpark sein Haus eröffnete, wurde auch die erste — hektographierte — Nummer der ‚manuskripte' verteilt, die von Alois Hergouth und Alfred Kolleritsch ins Leben gerufen wurden. Die Zeitschrift besteht nun im dritten Jahrzehnt, sie steht nicht nur in Österreich in hohem Ansehen; schon Heft 25 zitiert die ‚Frankfurter Allgemeine Zeitung': die ‚manuskripte' seien die „beste deutschsprachige Avantgarde-Zeitschrift". Das ist die Wiederkehr des Lobes, das Karl Kraus über den ‚Brenner' äußerte.

1980 erschien ‚Eine Auswahl' von 540 Seiten Umfang, ebenso eine Arbeit von Elisabeth Wiesmayr, ‚Die Zeitschrift manuskripte 1960—1970", die den ‚manuskripten' unter andern Verdiensten das der Versöhnung von ‚engagierter und autonomer Kunst' anrechnet. (260) 1975 erscheint der Aufsatz-Band ‚Wie die Grazer auszogen, die Literatur zu erobern', herausgegeben von Peter Laemmle und Jörg Drews. Im 13. Jahrgang bringt das Heft 37/38 eine Dokumentation über das Programm des Forum Stadtpark seit seinem Beginn, das die Breite und die Reichweite dieser Institution unter Beweis stellt: Lesungen, Vorträge, Film-, Musik-, Theateraufführungen. Aus der BRD kommen Schnurre, Nossack, Gomringer, Mon, Chotjewitz, Krolow, Marie Luise Kaschnitz; es kommen Schweizer Autoren, Robbe-Grillet zu einer Diskussion, Martin Esslin zu einem Vortrag. Die Beziehungen zur Wiener Gruppe sind stark und dauerhaft. Breicha stellt die ‚Protokolle' vor. Bereits 1966 werden Matthias Mander und Klaus Hoffer eingeladen.

Heft 50 enthält eine Mitarbeiter-Übersicht, in der die meisten bekannten Namen der Gegenwart enthalten sind. Das Mitarbeiter-Verzeichnis von Heft 19 bezeichnet die Autoren des Forum Stadtpark als ‚Grazer Gruppe' und sagt, das könnte als Nachahmung erscheinen, aber die Forum Stadtpark-Gruppe sei „ohne thematischen und stilistischen Gleichklang"; Handke, Bauer, Falk lernten hier jene kennen, denen sie es verdanken, „daß sie dem lokalen Kreis entronnen sind. So bleibt als Gemeinsames das Bewußtsein des Ausgangspunktes, der Ring, in den man stieg, um sich mit dem ausgereiften Sicherheitsdienst unserer Tradition auf freundliche und unfreundliche Art zu schlagen".

Man spricht davon, daß in der Ingeborg Bachmann-Preisverleihung die Gruppe 47 teilweise wieder auflebe. Das ist in viel weiterem Umfang von den Grazern zu sagen, allerdings auch in andrer Weise. Die Lebenskraft der Unternehmung weckt Talente, sodaß eine überraschend hohe Zahl von Grazern mit bedeutenden literarischen Leistungen zur österreichischen Gegenwartsliteratur beitragen. Und der Teil- bzw. Vorausabdruck von Werken in den ‚manuskripten' tut eine der Anerkennung durch die Gruppe 47 vergleichbare Wirkung. Auch hier werden unveröffentlichte Texte gefordert. Von hier gingen viele literarische Erfolge der letzten Jahrzehnte aus, und die Mehrzahl der Beiträge bezeugt nicht Nachahmung des Bestehenden, sondern schöpferischen Umgang mit der Sprache und wirksame Auseinandersetzung mit den ‚Strömungen und Tendenzen' der Literatur.

Die ‚manuskripte' haben ihre Geschichte, das heißt auch: verschiedene Perioden ihrer Wirksamkeit, auch ihrer Haltung zur Umwelt in Literatur und Politik. *Kolleritsch,* für den literarischen Teil der Zeitschrift bald allein verantwortlich, bestimmt von Beginn den Charakter der Hefte als streng, unlieblich, verbindlich, das heißt besonders: gegen jedes Klischee. Das erste Heft schließt sich in der Lyrik von Franz Schwarz spürbar an den damals wohl bedeutendsten unter den jüngeren Lyrikern Deutschlands an, an Karl Krolow. Heft 2 ist weitgehend der Wiener Gruppe gewidmet, die auch weiterhin präsent bleibt, besonders durch Ernst Jandl, einen der wichtigsten Mitarbeiter der Zeitschrift. In Heft 8 erweitert Gunter Falk eine Sonderform der Montage, die als Einbau von Fremdkörpern lang schon geübt wurde: er durchsetzt den Text von Moses 1, 19 mit Zitaten von Celan, Rilke, Hitler, Brecht und andren.

Im dritten Heft folgt unter dem Titel ‚Die wilde Jagd' die

Grundsatzerklärung von Kolleritsch: Die abendländische Geistes-
geschichte, „wilde Jagd, die ihr Sein erreiten will. Sie ist hinter
einem Wild her, das es nicht gibt." Die abendländische Krankheit
heißt Schizophrenie. Die Sprache postuliert das Bleibende bloß —
schon hier ist Wittgenstein gegenwärtig. — Der Gegenpol, der
Kolleritsch in dieser Haltung noch bestärkt, ist Heidegger, über
den er dissertierte. — „Die Entwicklung des Absoluten ist der
Faschingszug unserer Sprache". Heilung ist einzig möglich durch
Verzicht auf Dualismus. Lösungen gibt es, „wo die Schizophrenie
als Ausdruck bleibt, wo man die Herkunft des Dualismus aus
dem menschlichen Dasein nicht durchschaut [...] Die Sprache ist
ein mißlungener Versuch, ein Jagdspiel, in dessen transzendentalen
Regeln wir gefangen existieren". Aus diesen Sätzen ergibt sich,
daß Kolleritsch, in dessen literarischem Leben es kaum entscheidende Stufen zu geben scheint, schon damals die ‚Grüne Seite'
geplant haben könnte. Das Buch erschien 1974, es ist einer der
bedeutendsten Romane Österreichs seit 1945.

Der Voraustext zu Heft 4 ist ein thesenhafter, erbitterter Angriff gegen jeden Glauben an ‚ewige Werte, unveränderliche Normen der Kunst'; wer so Kunst schaffen will, ‚der „kaut mit seinem
künstlich zeitlosen gebiß eine sprache, deren sprechen dem menschen rätselvoller ist denn je"; als ‚fang' bezeichnet er seine Vers-
folgen in Heft 6, mit arabischer Zählung. Planetenfern und kalt
erscheinen die untereinander wie von der Erwartung her disparaten
ten Feststellungen, besonders durch die Montage des Konkreten und
Abstrakten, die im Beginn der sechziger literarische Mode war.
Über diesen ‚fängen' könnte schon der Gedichtband-Titel von 1978
stehen: ‚Einübung in das Unvermeidbare': fast kein Pathos, Prosa-
nähe, Wiederholung und Variation als (Lehr-)Methode, die Uner-
bittlichkeit der Vorgänge betont durch die Unpersönlichkeit trotz
der Bildkraft der Aussagen.

Diesen Gedichten gegenüber wirkt die Prosa fast sanft. Neben-
motive wie die Speisenlitanei, das Vorlesen über das Essen während der Mahlzeit, der Bettler Greß, der auf dem Kloakendeckel
liegend die Geräusche in den Schloßeingeweiden mithört, die
Gleichwertigkeit von ‚Wort wird Fleisch' und ‚Fleisch wird Wort'
sind in Parallelität, Analogie und Widersinn zahlreich verteilt
über den an Handlung nicht reichen, aber in seinem aus vielen
Beziehungen gewebten Ganzen nicht leicht durchschaubaren
Roman ‚Die Pfirsichtöter'. In fast naivem Erzählton wird das

Widersinnige, Absurde angeboten, das als Hinweis, als Verpackung enthüllt wird in den Überlegungen zur Erzähltechnik. Die Pfirsichtöter sind die Schloßleute, sie „wohnen im Sein, das nicht schafft und auch nicht geschaffen wird, sie wohnen im Schloß, das für sie von Anfang an war" — und die Hochzats „sind das Sein, das kein Sein ist [...] Sie sind das Spiel. Sie sind die Weiden am Bach, die Flechte auf dem Baum" (262), das Leben. Kampf gegen Veränderung, für das Eis und gegen das Wasser — das ist der Fürst; bös und gut, vernichtend und beschützend, sehend und taub, das ist das Leben, sind die Hochzats, an denen die Weisheit des Cusanus, Steinbecks, Güterslohs, Maughams (263) und vieler anderer sich bewährt: nichts ist ohne sein Gegenteil wirklich (und vollkommen). Der Bettler Greß hat sein Messer; die wahren Esser, die Lebenskräftigen, die im Lebensganzen stehen, bedürfen keiner Kochkunst, sie zerbeißen alles.

Zwei Jahre darauf folgt ‚Die grüne Seite', ein Generationenroman in der äußeren Erscheinung: Der Vater ist Lehrer, hilflos und unsicher wirkend, während er sein Zimmer füllt mit Büchern und seine Hefte mit Tagebuch-Eintragungen. Gottfried, sein Sohn, erleidet einen Kreislaufkollaps, als er photographiert wird: der Vater wollte ihm Festigkeit sich selbst gegenüber verleihen. In den letzten Tagen des Zweiten Weltkriegs stirbt der Vater, ein Soldat photographiert ihn. Als Gottfried in die Stadt kommt, findet er den Soldaten tot: er wurde als Deserteur gehenkt; er sucht den Fotoapparat und zieht den Film heraus, ‚damit Licht in die Sache komme'. — Gottfried macht mit den Angestellten des Gutshofs, in dem er beschäftigt ist, wie jedes Jahr zum ersten Mai die Fahrt auf den Aramonberg. Hier wird ein Schwein ausgewählt, geschlachtet, von der Bäuerin zubereitet, von den Anwesenden gegessen. Was sie nicht essen, nehmen sie mit: Das ist das Osterlamm des jüdischen Volkes in Ägypten, aber es ist fern jeder Blasphemie und jeder Andeutung magischen Rituals auch eine Art von Weltkommunion: das Einverleiben der Welt, mit Gesprächen über die Rezepte, mit Lobpreis des Kochens — kein Widerruf der Lehre in den ‚Pfirsichtötern': die hier Essenden sind ‚am Weg' zu den Hochzats, die das Ja und Nein zugleich sind, die Offenheit, die darauf verzichtet, „die Fülle der Möglichkeiten auf eine Wirklichkeit zu reduzieren". Und unter Essen und Trinken, in steigendem Rausch, führt Gottfried die Gespräche mit dem Pfarrer, in denen auch das Wort steht: „Man kann an Gott glauben aus praktischen Gründen, aber durchaus wissen, daß es ihn nicht gibt". (264) Das ist die Klammer zu der Stellungnahme in Heft 4 der ‚manuskripte'.

Im Stil ist bei diesem Fest Stifter gegenwärtig, im Analogie-Denken Novalis schon in Gottfrieds Vater und in Gottfrieds Jugend und in seinem Sterben. Gottfried wird erst im Verfall seines Geistes und Leibes wirklich von Zwängen frei, er verliert die „Angst vor dem Gegenüber" aber erst in der Todesangst. „Die Leute erzählen nun von dem Verstorbenen, wie von einem alten Ereignis, und Josef hatte das Gefühl, es sei eine zukünftige Geschichte". Im Sohn Josef begibt sich nun, während er im Regen hinter dem Sarg des Vaters hergeht, die Befreiung, bildstark, aber ohne Aufwand in einem Satz vollzogen: „Plötzlich kam er sich selbst immer ähnlicher mit sich selbst vor und drohte zu verschwinden". Das ist die Überwindung in Sprache und Welt zur Einfachheit. (265)

Kolleritsch hatte sich in Heft 5 gegen ein ‚billiges Heimatgefühl' verwahrt, in Nummer 7 sagt er: „Graz soll nicht in der Steiermark liegen, sondern in Europa"; das gilt für diesen ganz konkret geschriebenen und philosophisch ernst zu nehmenden Roman. (Hans Grassl, 1957 in Graz geboren, hat im 51. Heft, ‚Eine Geschichte vom Schnee', das Maifest aus der ‚Grünen Seite' zum Milieu einer Handlung gemacht.)

Im 4. Heft schreibt Hans Erich Nossack, der Einsame aus Hamburg, über den Roman der Gegenwart, über die notwendigen Bücher der uns gegebenen Literatur, und nennt unter ganz wenigen Stifters ‚Mappe meines Urgroßvaters': es sei notwendig, daß das „große monologische Bekenntnis zu sich selbst und damit zum Menschen" fortgesetzt werde. (266) H. Tax lehnt Wieland Schmieds zu wenig klare und scharfe Sprachführung ab (‚Wieland der Mythenschmied'), und im folgenden Heft stellt, von der Bauhaus-Bewegung ausgehend, Hubert Hoffmann die Forderung an die Gegenwart auf: „in der verwirrung unserer situation der umkehrung aller werte zeichen zu setzen, maßstäbe zu geben, klarheiten zu schaffen, visuelle darstellungen des seins zu geben — der verwirrten menschheit zu helfen, ihre existenz und die essenz zu begreifen". (267)

Mit Heft 8 beginnen die Beiträge von Raoul Hausmann, dem Mitbegründer des ‚Club Dada', mit der neuen Verkündung Dadas als der vater- und mutterlosen „Selbstentgiftung des Selbst". Es kommen Beiträge von Bense über Konkrete Poesie und konkrete Texte hinzu. Heft 16 ist Hausmann gewidmet; als Aufgabe von Neodada und Pop Art gilt, „das Bedürfnis unserer Tage kritisch in das Kunstwerk hereinholen. Diese Kunstwerke sind schön, wenn sie die Schönheit zerstört haben, die in einer moralisierenden Auswahl die Welt verdeckt". Es folgen die ‚Bemerkungen zu einer neuen deutschen Literatur' von 1964: Jetzt, nach 1945, wolle man das Alte ablehnen, das man nicht kennt; Hausmann verweist auf Schwitters und zitiert darauf zunächst Novalis — „das rechte Gespräch ist ein bloßes Wortspiel", wer nur um des Sprechens willen spricht, spricht herrliche Wahrheiten —, darauf seine eigenen Worte von 1946: „Das Wort ist Objekt". „Das Wort wird erst zum Objekt, wenn man ihm die Wurzeln ausreißt, das heißt, es nach oralen Intentionen in seiner Struktur verändert. Die neuen Konkret-Dichter, die das Wort nur als Objekt auffassen, haben auch hier Nichts erfunden". (268)

Die Worte von Kolleritsch (in Heft 14/15) „Auch dieses Heft ist dem Verlust der Mitte gewidmet" gelten also noch.

Nach dem kurzen Text ‚Überschwemmung' in Heft 10 beginnt mit Nummer 16 die Folge der Beiträge Handkes, nach Kurzdramen in 9 und 10 die Wolfgang Bauer-Periode, und mit Nummer 13 der Abdruck des Romans ‚Die Verbesserung von Mitteleuropa': „Er ist für uns eines der wichtigsten Werke der Wiener" (Heft 13).

Der Beitrag von 1970 (Heft 29/30) ‚subjekt, semantik, abbildungsbeziehungen' hält wesentlich dieselbe Position, die Wiener in den sechziger Jahren zu schreiben und dann zu schweigen bewog: Prousts ‚Auf der Suche nach der verlorenen Zeit' stellt, sagt Wiener, die Sachverhalte nicht dar, sondern stellt sie her und kann überboten werden nicht durch neue literarische Werke, sondern nur indem man den Roman lebt. Wir bleiben im Raum der Sprache: die Struktur der Wirklichkeit können wir nur behaupten; ebenso können wir die Beziehung Welt-Sprache im Spracherwerb bewirken, aber nicht mit einem andren Bewußtsein unmittelbar in Bezug treten. Sprache ist Projektions-Leinwand für nur auf ihr konsequente ‚Denk-, Empfindungs- und Wahrnehmungsgefüge'. Wittgenstein läßt die Wirklichkeit in der Sprache enden. Aber die Gegenstände bestehen tatsächlich nur als soziale, das heißt als Gegenstände der Kommunikation, und Funktionsmangel in diesem Bereich ist Geisteskrankheit; und der Schizophrene versucht, seine Unzufriedenheit mit der normierten Wirklichkeit dichtend zu beheben. Das vermag er aber nur, wenn er es vermag, mit den Mitteln seiner Sprache sich abzulösen von der ‚Wirklichkeit' der Übereinkunft. Das ist also Rechtfertigung für ‚Die Verbesserung von Mitteleuropa' und für das Schweigen seither und für die Unterbrechung des Schweigens 1979: ‚Wir möchten auch vom Arno Schmidt-Jahr profitieren': weil da jemand beide Positionen, die der Wissenschaft (Kommunikationswelt) und der Dichtung (Eigenwelt) zu verbinden und mit seiner Technik objektive Erkenntnisse vorzutäuschen versucht, während er nicht einmal subjektive anzubieten hat.

Nach Anordnung der Teile, Letternverwendung, römischen Seitenzahlen und so fort abweichend gesteuert, nennt der Roman unsre ‚Welt' „sirup aus der sprache unsrer väter" (269), es wäre also besser: zu tun, als: zu reden. Ab Seite LXII erhalten wir den Bericht über ein brutales, durch den Ton entrealisiertes Happening. Wir erkennen, daß die Sprache Vergangenes aufzunehmen vermag, und daß wir uns durch das Reden darüber von unserem vergangenen Zustand zu unterscheiden vermögen. Die Reportage vom Begriffe-Fest ist ein groteskes Walpurgisnacht-Zwischenspiel, mit Unterbrechung der Illusion, wenn der Schriftsteller eine durch Wiederholung merkbare Unachtsamkeit im Kopieren des Textes rügt. Die Personen sind die Wörter, sie handeln, indem sie sich vorstellen etwa als ‚hauptwort [:] sein' oder als ‚sitzen wird hauptwort' sich neu kostümieren. Die Sprachwelt also, nicht die Sachwelt ist Raum des Bewußtseins und der Sachwelt an Sein und System überlegen. Es kann aber die Welt unsres Alltags plötzlich in Gesprächsform — Autor und Helga — diesen Vorgang durchbrechen. Das Purim-Fest ist Doderer gewidmet (Purim ist ein im Laufe der Zeit dem Karneval angenähertes jüdisches Fest). Es ist, wird festgestellt, höchste Zeit, daß die Sprache nicht mehr der Verständigung dient. Nun folgen, als letzter Hauptteil, die ‚notizen zum konzept des bio-adapters', Protest und Satire von äußerster Konsequenz, mit 110 Anmerkungen enzyklopädisch angelegt: Der auf die Sprache gestellte Mensch in der informierten Gesellschaft ist der Mensch in der totalen Demokratie als einem totalen Staat, dessen Wirklichkeitsmonopol die Verfolgung des Rauschgiftgebrauchs bewirkt; Intelligenz über ein gewisses Maß gilt als kriminell, weil sie sich der Kanalisation durch andere entzieht; „das alphabet jedenfalls kommt von der obrigkeit, die den analphabetismus ausrottet wie ein heidentum, weil sie im buchstaben die möglichkeit ihrer extension sehr klar erkannt hat" (S. CXLIII). Das ist der Protest gegen die — möglicherweise beste — Norm zugunsten des Lebens, der Freiheit, gegen die Gleichschaltung alles Lebens. Dieser Roman in Teilen ist so, wie es hier in Andeutungen versucht wurde, nicht nacherzählbar; er ist besser als Brevier zu lesen, etwa indem man auf das eben gegebene Zitat den Anruf folgen läßt: „weg mit den symbolen! ihr teufel ist denn jede tatsache das gleichnis einer andren in eurem schädel! weg mit der klarheit!" (S. XXVII).

Mitteleuropa ist also nicht durch Ordnung zu verbessern, sondern es müßte durch das Recht jedes einzelnen, er selbst zu sein, gerettet werden. Der nicht erscheinende Held ist das nicht faßbare Leben selbst, das in jedem vorhanden ist: Der Unsichtbare des Dr. U von Artmann ist ihm verwandt, die Abneigung gegen die Photographie bei Kolleritsch. Das Buch trägt in Sarkasmus und Stolz das Motto aus Johannes 19,22: Was ich geschrieben habe, habe ich geschrieben. Es wurde Dutzende Male im Rundfunk und in wichtigen Zeitungen und Zeitschriften besprochen, ist ein Hauptwerk der skeptischen Haltung gegenüber der sprachlichen Vermittlung von Wirklichkeit und war einflußreich als solches, aber nicht schulbildend.

Die übergenaue, die Sache absichtlich verfehlende Beschreibung — bei Wiener S. XLIII—XLVIII ein Bleistift — wurde wiederholt nachgeahmt. Die Absonderung einzelner Teile innerhalb eines umfangreicheren Werkes durch immer andere Spielregeln — Zählung, Zeileneinzug, verschiedene Lettern — ist durch Wiener vielleicht gestärkt worden. Die Anrede an Textteile als Personen bzw. deren Aktionen in Elfriede Gerstls ‚Spielräumen‘ geht vermutlich auf diesen Roman zurück. (270)

Klaus Hoffer versucht den Weg einer echten und freien Nachfolge in dem — in Teilen in die ‚manuskripte‘ aufgenommenen — Buch ‚Halbwegs / Bei den Bieresch I‘, das bei größerem Umfang vermutlich einen Ruf im Umkreis unserer berühmten Prosa-Epiker erlangen würde.

In dem Dorf Zick folgt Hans dem verstorbenen Onkel nach: in dessen Beruf, als Briefträger, und in dessen Gewand. Die Dinge — ein Haus mit Portal in Menschengestalt mit Lichter tragenden Metallarmen —, die Menschen: alles meint etwas. Das Buch gibt durch das System seiner Untertitel (erstes Gespräch,

Legende von ...) Hinweise, es verwendet Normal- und Kursiv-schrift, den Spiegel (die Spiegelung) als eine Art Leitmotiv und sprechende Namen. Die ganze Welt mit Schöpfungsgeschichte und Überlieferung ist in diese Dorfwelt hineinkomponiert, und das mit Hilfe eines in 28 Autorennamen im Anhang sich nieder-schlagenden Quellbereichs: Darunter sind Arp, Gomringer, Kafka, Marx, Stifter, Wiener, die Bibel. Es gibt hier keine Entwicklung; der eigentliche Mensch wohnt im Himmel, Erde und Himmel heben einander als gegensätzlich auf; noch nie hat einer ja gesagt zu dem Namen, der ihm gegeben wurde, so wie nun der Neffe Hans den Namen des überfahrenen Hundes bekommt: Halbwegs. Keiner also hat sich aus der Tradition gelöst, indem er die Mög-lichkeit der Befreiung, des neuen Anfangs genützt hätte. Auf uns liegt ein Fluch, sagt die Tante, wir sind eingesperrt „ins Laby-rinth unserer unglücklichen Biereschgeschichte". „Wir haben Heim-weh nach uns selber, weil keiner sein kann, wie er ist, jeder bloß die Eigenschaft seiner Umgebung spiegelt". Der Fluß der Ge-schichte, das sind die festen Wasserwege der Gedankenboote; Gewand, Sprache, Spiegel, Schreiben: alles hält fest: „Nichts w a r einfach, alles hatte Bedeutung". (271) — Wenn man nun anfängt, die Vorgänge auf Bedeutung anzuvisieren, de Selby als ‚der-selbige' zu verstehen — wozu Hoffer selbst uns anleitet —, ‚Und Umgekehrt' und ‚Halbwegs' wörtlich zu nehmen, Bieresch als Anagramm für ‚schreibe' aufzufassen, ergibt sich eine aus vielen Fäden dicht gewebte, in der Inhaltsebene lesbare, aber philoso-phisch gemeinte Geschichte, deren Botschaft Wiener und Kolle-ritsch nicht fern ist und in andrer Weise mit Wieners Methode der Umdeutung von Wörtern zu Personen arbeitet.

Vier Kurzdramen sind der Beginn von *Wolfgang Bauers* Ver-öffentlichungen im neunten Heft der ‚manuskripte'. Seither ist ein großer Teil seines fast rein der dramatischen Gattung zuge-hörigen Werkes hier erschienen, dazu Wichtiges über seinen Ent-wicklungsgang.

Haydn, ‚Held' des gleichnamigen Kurzdramas, eilt als Zehnter in einer Gruppe über die Bühne, spricht ein paar Worte; Sturm auf dem Neusiedlersee; Küche von Schloß Esterházy, Omeletten werden gebacken; während Chormusik hörbar ist und Haydn er-griffen zuhört, schweben die Omeletten ruckweise empor. Anmer-kung: der zweite Akt kann entfallen, die Pause von 30 Minuten ist zu belassen.

Szenenbild aus „Magnetküsse" von Wolfgang Bauer, aufgeführt im Akademietheater Wien 1976

In Heft 10 folgt ‚Cassandra‘; Menelaos mit Preßluftbohrer auf einer Autobahnbaustelle, Cassandra sagt: Ich sehe ein großes Loch. Paris spielt Klavier, ein Wachtposten erzählt einen Witz über Cassandra, wir hören nur das Gelächter; Cassandra wird eine Vision haben; Athene zieht den Vorhang zu. — Das ist nicht Kritik, sondern Spaß. Um diese Zeit entstand die ‚Germanische Odyssee‘ — „schön schien schie schonne schüber schas scheer“ — und die kurze Prosa ‚Ohne Titel‘ über Hanspeter, der sein Auto im Wechsel putzt und beschmutzt und verhungert, weil die Schwester mit der Hand in den Suppentopf schlägt und die Suppe verspritzt, als er endlich eßbereit ist: man könnte sagen: ‚Suppenkaspar‘, aber es ist wichtiger zu sagen: Ästhetisierung, Reduktion von Außenwelt und Literaturwelt zu zerstörendem Spiel, Nähe des Surrealismus und der Wiener Gruppe, Zurückerzählen der Literatur, wenn wenig später, in Heft 19, Detektiv Lobisser in ‚Wolfis Kriminalmagazin‘ den Diamantendieb im Zug stellt, die Notbremse zieht und aussteigt.

Der ‚Roman in Briefen‘ ‚Der Fieberkopf‘ nimmt E. T. A. Hoffmanns bzw. seines Kapellmeisters Kreisler Formel auf ‚du bist ich‘ (273), im Titel wie in der Gleichsetzung der Stadt Conca mit dem großen Menschenkopf Ulf bezieht er sich — nicht dem Wort nach, aber tatsächlich auf den ‚Kopf des Vitus Bering‘ — auf Konrad Bayer, und der Roman in Briefen des Geisteskranken an sich selbst ist ein nicht nur innerliterarischer, sondern ein endogener Vorgang.

‚Das stille Schilf‘ (1969) schließt diese Werkgruppe ab: Da man, was er gut zu machen meine, schlecht nenne, gebe er dem Publikum nun etwas, das man nicht mehr schlecht machen könne: ‚Ein schlechtes Meisterwerk: schlechte Texte mit schlechten Zeichnungen und einer schlechten Schallplatte‘ lautet der Untertitel, und diese Werke sind „ein Blick in mich selbst — und aus mir auf die Welt“, mit Spott gegen die ‚Molotow-Cocktails der schnauzbärtigen Pariser Studentenschaft‘. Des Dichters Bleistift als „der rasende Atem Gottes“ und Österreich als „Kleines, großes, schönes Land — bist meine Welt!“ (274) sind genau so wenig ernst zu nehmen wie der Untertitel: aber der Spaß ist lustbetont, die Stimmung ist gemeint, und Ulfs Weltkopf paßt zu dem Dichter, dessen Augen Kraken genannt werden und dessen Ohren Stethoskope.

Es folgen jene Spiele, die — ‚Party for six‘, ‚Magic Afternoon‘,

‚Change' — als neue, von Horváth abzuleitende Volksstücke ange-
sehen werden. Gerhard Melzers ‚Black and White Wolfgang
Bauers frühe Einakter' stellt in Heft 60 die Vorgeschichte zu
Bauers Werk dar: Unter dem Eindruck der Aufführung von
Ionescos ‚Die Nashörner' 1961 in Graz habe er zu schreiben be-
gonnen, sein ‚Schweinetransport' sei das Ergebnis dieses Erlebnisses, die Tendenz zur Allegorisierung und das Verständnis von
Inhalt und Form entspreche der Auffassung Martin Esslins
(‚Absurdes Theater'). Es mag sein, daß die im weiteren entwickelten Zusammenhänge mit Freud und Marcuse in Bauer
gegenwärtig waren, daß in dem Spiel ‚Maler und Farbe' die
Farbe wirklich für Konflikt, Kampf, Abenteuer steht. Jedenfalls
ist aus Melzers Darstellung auch die Entstehungsgeschichte der
Gesellschaftsspiele abzuleiten, das Wortgeplänkel, die Lockerheit,
die Ausbrüche in Brutalität und Zerstörung. Aber der Hauptstrang setzt sich fort in ‚Film und Frau (Shakespeare the Sadist)',
in ‚Massaker im Hotel Sacher', wozu Kolleritsch im Programm-
heft der Grazer Aufführung (‚manuskripte' 58) sagt: „Er bietet
Welt ohne an-sich, er überrascht sie bei ihrem Werk als das tod-
bringende Spiel und reizt dadurch im Zuschauer jene Klischees",
mit denen die korrekte Welt aufgebaut wird. Das ist der Sinn
des Drehbuchs ‚Häuptling der Alpen' (Heft 58), die Verwandlung
eines Spiels von der Liebe im Dorf auf dem Weg über den
Indianer-Film, Sepp als Stuntmann, nach einem Sturz wahnsinnig
geworden; er mordet mit Feuer und Pulver und wird von den
Perchten zertreten. Das ist kein Heimatspiel in der Nachfolge
der Dämonie des Landes in den Spielen Richard Billingers, sondern die Verwendung eines Motivbereichs als Material. Das
dramatische Hauptwerk Bauers ist das Gerhard Roth gewidmete
Spiel ‚Magnetküsse' (‚manuskripte' 50), ein psychoanalytischer
Traum im Bewußtsein Ernsts, mit freier Verfügung über Leben
und Tod, Gestalt, Aussehen und Verhalten der Personen, mit Andeutung einer Kriminalhandlung und weiterer Bezugsebene dadurch, daß Ernst Schriftsteller ist und an einem Kriminalroman
‚Magnetküsse' schreibt. Die Andeutung der Meta-Ebenen im Bewußtsein, das Traumbewußtsein des Träumens vom Träumen ... — die hereinbrechende Zeit-Problematik: es ist immer
3,15 Uhr, aber der Weckdienst soll ihn um ein Viertel vier Uhr
wecken — „würde ich ihn hören, würde die Zeit wie eine Eisen-
bahn auf zwei Schienen dahinbrausen und ich könnte den Zeit-

wind spüren [...] so kann ich nur warten, und alles rasselt unendlich durch meinen Schädel". Das könnte auch der Zuschauer oder Leser denken, aber tatsächlich ist da eine vielschichtig geplante Komposition. Er erwacht wirklich, wirft Iris zu Boden, sticht auf sie ein: „jetzt vergeht die Zeit". (275) Zwischen Wahnsinn und Überlegung, auf zwei Gleisen lebend, legt er Feuer und ruft die Rettung: Iris wollte ihm die Zeit abstellen, aber er hat perfekt operiert, der Magnet — mit dem Iris schwanger war — ist heraußen, die Zeit vergeht wieder. Dieses Spiel von Traum und Einsamkeit gehört unzweifelhaft zu den größten dramatischen Leistungen unserer Literatur seit 1945.

Als 1976 Wolfgang Bauer eine Rede auf Alfred Kolleritsch hält, ist das eine der seltenen Gelegenheiten, bei denen dem nicht Zugehörigen die Gemeinschaft und Freundschaft der Forum-Stadtpark-Leute erlebbar wird — denn die ‚manuskripte‘ schweigen darüber. Auch in Bauers Rede nimmt ‚Die grüne Seite‘ unter den Leistungen von Kolleritsch den höchsten Rang ein. (276)

Heft 16 der ‚manuskripte‘ enthält *Handkes* ‚Publikumsbeschimpfung‘, ein 1966 in Frankfurt uraufgeführtes Spiel. Es ist nicht Handkes erstes Hervortreten: 1963 sendete der ORF ‚Der Mann, der den Arm hob‘, aber die Berühmtheit begann mit dem Spiel, mit dem Roman ‚Die Hornissen‘ — ebenfalls 1966 —, vornehmlich mit Handkes Auftritt in Princeton, wo er die Gruppe 47 erfolgreich herausforderte. Zu diesem geradezu literargeschichtlichen Ereignis gibt es verschiedene Darstellungen: Handke habe den Eclat geplant bzw. er habe ihn nicht geplant; und: wenn die Zuhörer seinen Roman gekannt hätten, würden sie den Vorwurf, den er erhob, an ihn zurückgegeben haben. Reinhard Lettau, der Herausgeber des Handbuchs ‚Die Gruppe 47‘, berichtet in den Annalen der Gruppe: An der Tagung in Princeton nahmen 80 Mitglieder teil; Handke, dessen Prosa an Wittgenstein erinnerte, habe sich gegen das Beschreiben bei den Jungen verwahrt; den Amerikanern sei die Gruppe zu wenig inhaltlich, zu sehr ‚soziologisch linkskurvig‘ ausgerichtet gewesen. Schärfer klingt der Bericht von Hans Schwob-Felisch im selben Handbuch: „Peter Handke, der in Princeton sich gegen die ‚idiotische‘ und ‚läppische‘ Literatur der Älteren erregte, ist 24 Jahre alt [...] er stand nicht allein. Mit ihm bildete eine ganze Clique jüngerer Autoren einen unsichtbaren, doch sehr spürbaren Kreis." (277)

Tatsächlich war nach zwanzig Jahren des Bestandes, den Erfolgen der älteren Teilnehmer, der völlig veränderten Lage des wirtschaftlichen und politischen Lebens zufolge die Gruppe 47 von 1966 nicht zu vergleichen mit dem Beginn, und so ergab sich, daß Handke von diesem Gesichtspunkt her eine Bedeutung erhielt, die sich auf die Beachtung seines eigenen Werks auswirkte.

Die ‚Publikumsbeschimpfung‘, sagt Handke, sei „an niemanden gerichtet", ziele nicht auf eine bestimmte Bedeutung — wogegen die Wiener Gruppe mit ihren Happenings herausfordern wollte und das auch erfolgreich tat. Der Text begibt sich in litaneinaher, dann wieder in negativer Folge von Aufforderungen, „Atmen Sie nicht [...] atmen Sie", endet mit einer verhältnismäßig sanften, von dem immer wieder genannten Vorgänger Schwitters weit überbotenen Beschimpfung und mit Applaus durch die Lautsprecher. (278)

Das Gegenstück ist die ‚Selbstbezichtigung‘, mit männlicher und weiblicher Stimme und Steigerung bis zum Bekenntnis, dieses Spiel geschrieben zu haben. Eine steigernde Wirkung entsteht auch durch Einübung von Sprachspielen und Erwartung des Wechsels, indem eine Gruppe von Leideformen, eine Gruppe von Sätzen mit ‚gehen‘, mit ‚können‘ den Text gliedern. Die in demselben Band von ‚Sprechstücken‘ enthaltene ‚Weissagung‘ hat eine Flut von Besprechungen ausgelöst und wurde von Harald Müller in einer Arbeit unter dem Titel ‚Klangstrukturen in Peter Handkes Sprechstück ‚Weissagung‘‘ analysiert: Der Text besteht aus 208 Tautologien, etwa „Die Fliegen werden sterben wie die Fliegen". Es bezeugt die Geltung Handkes, daß die Satzfolge so hingebungsvoll interpretiert wird, daß „Die Wahrheit wird Wahrheit werden" als Aufbruch ins Metaphysische gedeutet wird, u.s.w. (279)

Neben Thomas Bernhard und noch mehr als dieser hat Handke öffentliches Interesse geweckt und erhalten. Die Strategien beider Schriftsteller sind in vielem verwandt: die große Zahl von Publikationen, die auffallenden Aktionen. Aber während Bernhard Aggressionen erzeugt und in seinem Werk eine gerade Linie einhält, hat Handke nach einer kurzen kritischen Periode in Zusammenhang mit dem Jahr 1968 — z. B. im ‚Tintenfisch‘ 3, 1970, da er unter dem Titel ‚Tautologien der Justiz‘ fast wörtliche Übereinstimmung der Haltung des Richters Freisler und eines Richters der BRD nachweist — sehr bald seinen Frieden mit dem Gesellschaftssystem gemacht; seine Arbeit mache ihn frei, und also würde es ihm unmoralisch erscheinen, ein Gesellschaftssystem anzugreifen, das ihm diese Freiheit gewähre. (280)

Zunächst aber, zwischen 1967 und 1970, sind manche seiner Werke, die ‚Begrüßung des Aufsichtsrates‘ mit Unterbrechung, Doppelsinn und Wiederholung zwar keine Weltdarstellung, aber doch eine Demonstration des Versagens, und das Spiel ‚Kaspar‘ ist, in Anlehnung an Kaspar Hauser benannt, die Darstellung des Spracherwerbs eines noch monsterhaften Wesens durch medienverfremdete Ansagerstimmen und durch Einsager bis zum Einverständnis auch mit dem Sinnlosen als Signal der (Gesellschafts-) Ordnung, zur Vervielfältigung der Sprachsprecher-Personen und zur Erkenntnis, daß die Wörter nicht immer passen, daß das Ich also nicht eine verläßliche Größe, sondern ein zufälliges Ich ist.

Wenn man die weiteren Prosa-Texte des Bandes ‚Begrüßung des Aufsichtsrates‘, die Gedanken zur Frage ‚Verdrängt das Kino das Theater?‘ in den ‚Protokollen‘ 1969 mit dem Bekenntnis ‚Ich bin ein Bewohner des Elfenbeinturms‘ (281) und den beiden frühen Romanen vergleicht, ergibt sich, wie sehr die oben genannte Stellungnahme Handkes sprachlich, nicht politisch gesteuert ist, wie sehr ihn danach verlangt, jenseits politischer Tendenzen mögliche Wirklichkeit bewußt zu machen, nicht Wirklichkeit zu bewältigen, sondern seine Wirklichkeit zu zeigen. (282)

Was zum zweitenmal verwendet wird, wird Manier, weiß Handke (283); er hat das Kriminalroman-Schema in dem Roman ‚Der Hausierer‘ im Kursivtext herauspräpariert und den Inhaltsteilen der zwölf Abschnitte jeweils vorangestellt. Der erste Roman, ‚Die Hornissen‘ (1966), war aus dem im zehnten Heft der ‚manuskripte‘ veröffentlichten Text ‚Überschwemmung‘ erzeugt bzw. hatte ihn übernommen und verbindet, mit Tast- und Gehörmetaphern das Erleben des Blinden verstärkend — die Erinnerung an das Ertrinken des Bruders vor vielen Jahren mit der Erinnerung an ein Buch, das er einst kennenlernte und das mit seinem Denken (Erleben?) übereinstimmt. (Manfred Durzak läßt offen, ob das Geschehen des Romans, den er aus Erinnerungsteilen bilde, ihn oder nur den Helden von damals trifft.) (284) Der Abschnitt ‚Die Entstehung der Geschichte‘, vor dem eigentlichen Ende (‚Das Aussetzen der Erinnerung‘) erscheint als Auflösung der ineinander gewirrten unbewältigten Wahrnehmungs- und Erinnerungsstränge, und es ist vermutlich erlaubt, diesen Blinden mit Faulkners Benjy in Beziehung zu setzen, den

Roman Handkes also mit ‚The Sound and the Fury‘, wozu Handkes Bekenntnis zu Faulkner stimmen würde und Ulrich Weissteins Hinweis auf die Beziehung von Handkes ‚Das Feuer‘ zu Faulkner. (285)

1970 überrascht Handke mit dem Roman ‚Die Angst des Tormanns beim Elfmeter‘, der wieder ein Kriminalroman ist, uns Blochs Mord an der Kinokassierin miterleben läßt und nun den in die Welt seiner Aussonderung eingeschlossenen auf der Flucht vor der Suche nach dem Mörder. Das Zusehen während eines Fußballspiels, die Identifikation mit dem Tormann, ist Spiel im Spiel, der Ball die Such-Aktion bzw. deren Scheitern. Bloch ist im Gesellschaftsbereich des Verhaltens die (Anti-)Parallele zu Kaspar, im Sprachbereich: das Werden einer Isolation.

Am Beginn der siebziger Jahre geschieht zweierlei in Handkes Leben: er trennt sich von seiner Frau, und seine Mutter stirbt. Beides verarbeitet er literarisch, aber ohne den Meta-Bereich zu verlassen. Denn im ‚Wunschlosen Unglück‘ erzählt er nicht nur die erschreckliche Geschichte seiner Kindheit mit den Angstzuständen während der Streitszenen zwischen seinen Eltern und den Selbstmord seiner Mutter, sondern er überlegt, was sich hier in ihm begibt: die Lösung von selbständigen Formulierungen, von Literatur-Ritualen, durch den individuellen Anlaß — die Lösung von der Kaspar-Welt also —, und damit die längst ersehnte Bewegung des Schreibens auf eine Wirklichkeit zu, aber ohne sie ganz zu fassen, denn die Mutter verwandelt sich nicht völlig zur Kunstfigur.

Mit dem zweiten Buch des Jahres 1972, ‚Der kurze Brief zum langen Abschied‘, beginnt Handke, fremde Literaturwerke in Anspruch zu nehmen: als Folie, Strukturhilfe?, Hintergrund. Hier sind es vor dem Brief-Teil wie vor dem Abschied-Teil Motti aus ‚Anton Reiser‘ von Carl Philipp Moritz, und der Erzähler liest im ‚Grünen Heinrich‘, während er vor Judiths Nachstellungen in Amerika eher auf der Flucht ist, als daß er sie sucht, da sie ihn bedroht oder bedrohen läßt. Nur ist nicht zu sehen, welcher Zusammenhang zwischen den genannten Literaturwerken und dem Inhalt des Buches besteht, auch nicht, warum wir zu einer deutschen ‚Don Carlos‘-Aufführung mitgenommen werden und warum wir eine Teil-Inhaltsangabe von Fitzgeralds ‚Great Gatsby‘ erhalten — so wenig wie die ‚Falsche Bewegung‘: einer Reise Wilhelms, des Alten, Thereses und Mignons nämlich, und das heißt:

von Personen aus Goethes ‚Wilhelm Meister‘ in Heft 41 der ‚manuskripte‘, sich durch sich selbst erklärt.

Mit diesem Buch beginnt Handkes eigentliche Zuwendung zur Wirklichkeit. Er schildert die kleinen Einzelheiten des Alltagslebens, und es entsteht der Eindruck einer besonders feinen Beobachtung. Nur, wenn man aufmerksam liest, ergibt sich außerdem, daß Sätze wie „Zwischen dem Anblick dieser Heftpflaster und dem Gedanken an die Selbstgespräche ergab sich sofort eine Übereinstimmung“ nicht überzeugen, und daß „Ich hatte in diesen Tagen keine Lust zu lesen“ das Erzähl-Ich zu ernst nimmt. (286) Die unverbindliche Genauigkeit, das Bezugsangebot im Beziehungslosen, hat begonnen, Schule zu machen.

Das Interesse an neuen Werken Handkes hat sich — gemindert? — erhalten, die begeisterten Besprechungen ‚meisterlich klar‘ und ‚altmeisterlich schrullig-genau‘ (287) sind einer Mehrzahl von kritischen Stimmen gewichen. Zunächst wurde von der Position der Literaturhistorie aus manches in Frage gestellt, insbesondere die Neuheit der so aufsehenerregenden ‚Publikumsbeschimpfung‘; es wurden Zusammenhänge mit Faulkner und Robbe-Grillet (288) vermutet oder erwiesen. Theo Elm (289) legt Parallelen zu einer Reihe von Einzelheiten des ‚Kurzen Briefs‘ dar und das Versagen der Ausführung vor der offenbaren Planung; Handkes eigene davon unabhängige Bemerkung zu diesem Werk (290), der Hinweis auf die Parallel-Lektüre von Kürnberger Sealsfield Gerstäcker, entkräften nichts.

1972 schreibt Helmut Heißenbüttel, von Handkes unpolitischer Entwicklung enttäuscht, die ‚Publikumsbeschimpfung‘ sei kabarettistisch, Handke sei nicht für oder gegen moderne Literatur, sondern „gegen das, woran seine eigene Literatur gemessen werden könnte“. Er vergleicht seinen Erfolg mit dem der Beatles und Elvis Presleys und macht ihm zum Vorwurf, daß seine Sprachimmanenz keine Erkenntnisfunktion erfülle. (291)

Ungleich schärfer sind die Stimmen in dem Handke gewidmeten Heft 24 von ‚Text + Kritik‘. Die ‚manuskripte‘ besprechen in Heft 54 ‚Die linkshändige Frau‘ (1976) wohlwollend und ausführlich — W. Martin Lüdke, ‚Grand Hotel Abgrund‘ —, aber mehr interpretierend als lobend und unter dem Vorzeichen von Peter Hamms Befund: ‚ „Nicht der Autor Handke ist ‚in‘, sondern sein Image“ ‘. — Der ‚Fischer Almanach der Literaturkritik‘ 1979 druckt eine Kritik über die ‚Langsame Heimkehr‘

ab, die auf Stifter, Broch und die Bibel als Vorbilder weist und in zwei Richtungen Kritik übt: Er wird bald wieder ganz anders schreiben; er hatte Rebellion, Arroganz, Charme, jetzt tun sich die Bewunderer immer schwerer. (292) — Jürgen Lodemann reagiert (,Tintenfaß' Nummer 2, 1981 (Zürich)) erbittert mit einer ,Handke-Beschimpfung oder Der Stillstand der Kritik' auf ,Die Lehre der Sainte-Victoire' (1980); Goethe Stifter Novalis hätten — und damals zurecht, weil der Zeit gemäß — schon längst und besser gesagt, was er sage; es sei für die Literaturkritik beschämend, daß sie vor diesem Buch ,Andachtsübungen verrichte'.

Was ist geschehen? Ein junger Autor wurde von einem starken Verlag gefördert. Seine von Wittgenstein mitbestimmte Haltung zur Sprache verlieh ihm Modernität, die plötzliche Berühmtheit erzwang eine Folge von Veröffentlichungen in kurzen Abständen. Die Sprachmuster ergaben den Eindruck der Gesellschaftskritik und können Handke als Vorgänger Scharangs erscheinen lassen, was er von seinem Willen her nie war. Als der Rückzug in die Literatur ihm und allen klar wurde, endete die Hoffnung, in Handke werde sich die Gesellschaftskritik als Sprachkritik mit der Darstellung von Welt verbinden. Der Wille Handkes, über sich, wie er sagte, schreibend etwas zu erfahren, blieb und fand seine Objekte wieder jenseits der Wörter, aber weitgehend in der Literatur, nicht in der Welt selbst. Daß Handke mit feinem Gefühl für die Neigung der Zeit den Moden jeweils knapp vorauslag und sie dadurch zu bewirken schien bzw. tatsächlich mitbewirkte — insbesondere die Neigung zu Stifter —, beförderte sein Ansehen und verärgert die Kritik. Die Dreiheit von Sprache Literatur Welt schließt sich nie glaubwürdig zur Einheit, Handke interpretiert seine entstehenden Texte selbst oder überträgt Sprechhaltungen und Metaphern in den Außenweltvorgang, so in dem Spiel ,Die Unvernünftigen sterben aus' (1973), in dem anstelle einer Handlung eine Reihe von Situationen oder Positionen gegeben wird und Quitts Gesang das mitteilt, was aus dem Vorgang selbst ersichtlich werden sollte. Handke kommentiert wie einst in den ,Hornissen'.

Handkes Entwicklung scheint in die Richtung der Emblematik zu steuern: Text Bild Spruch als Ausdruck eines Lebensgefühls, einer Erkenntnis, die angeboten wird und nachvollzogen werden soll. Daher ist ‚Das Gewicht der Welt / Ein Journal (November 1975 — März 1977) (1977) ein folgerichtiges Buch.

Die Erzählung ‚Die linkshändige Frau' (1976) — nach einem Liedtext benannt — geht von der ‚Erleuchtung' Mariannes aus, daß ihr Gatte sie verlasse. Er nimmt das zur Kenntnis, sie lebt wieder allein und tritt einmal — wie schon der Tormann — aus der Sprache in den Bereich des Zeichnens hinüber, Handke aus seinem Text in den der ‚Wahlverwandtschaften'. Es wird durch Einfälle und Sinneseindrücke, durch Verhaltensweisen und Vorgänge eine Unzahl von Bausteinen angeboten.

Daß sie uns scheinbar zum Zusammensetzen überantwortet werden, fordert zur Kritik heraus. Aber sie sind wie in ‚Kaspar' und noch um eine Stufe gesteigert in die Zufälligkeit hineingestellt, sind der Versuch: zu fassen, ‚was der Fall ist' — eben darum sind die Versuche, Zusammenhänge zu vermitteln, wo nichts für sie spricht, Entgleisungen. Das Buch, das von Beispielen dieser Technik erfüllt ist, die ‚Langsame Heimkehr' (1979), unternimmt es, im Vorgang einer Heimreise die Außenwelt so zu erfassen, daß sie durch die Wörter hindurch auf Stimmungen, Lebens- und Weltgefühl hinweist, in der Wiederkehr des Gleichen und Vergleichbaren Leitmotive ergibt und den Menschen über Zeitablauf (Tod) und Ortsbefindlichkeit (Raum) dem All verbindet. Der frühe Ruhm, das Idol-Bedürfnis der Zeit, hat eine Reifung bisher verhindert, die als Möglichkeit besteht. —

Um 1968 zeigen sich die ‚manuskripte' besonders offen für experimentelle, durch Deformation auch aggressive Texte, und interessiert an der gesellschaftlichen Aufgabe der Literatur. Ernst Fischer sagt (Heft 22), ausgehend von ‚Literatur zwischen West und Ost': „Sie erschüttert nicht die Zustände, aber vielleicht das Herz, das Denken vieler Menschen". Und das Doppelheft 23/24 (zur vergeblichen Revolte der ČSSR): Abstrakte Freiheit gibt es nicht; „vielleicht schreitet die Freiheit nur dann weiter, wenn sie in der Kunst das Prinzip der Aggression ständig aufzeigt"; darauf Hermann Painitz: „Kunst ist ein Weltentwurf des Künstlers. Ein Künstler ist der, der die bestehende Welt nicht nur kennt, sondern auch den Versuch unternimmt, die Gesetzmäßigkeiten dieser Welt durch andere Gesetzmäßigkeiten auszutauschen, um den Entwurf einer Gegenwelt zu zeigen". (293)

Scharang tritt durch Lesungen und Beiträge hervor, er wirft angesichts der Studentenrevolten Kolleritsch vor, er und die anderen unreflektierten Künstler hätten versagt, nicht die Kunst. Kunst hält — mit Kolleritsch — eine Mitte-Position, weder Revolutionär, noch ,Transporteur ewiger Werte'. (294) Scharangs ,Anmerkungen zum Neuen Hörspiel' in Heft 28 zeigen an, daß die persönliche Auseinandersetzung überwunden ist.

Hörspiel, Theaterstück, Libretto sind in diesen Heften stark vertreten, auch ein Text von Mayröcker, ,comic strip eine oper', Harald Sommers ,A unhamlich schtorka abgaung' (s. S. 206), Bauers Fernsehspiel ,Die Edeggerfamilie' erscheinen hier. Peter Matejka beruft sich für sein in New York aufgeführtes ,Konversationslustspiel' ,Die Katzen' auf Brecht; er wollte ein sozialkritisches Lehrstück schreiben im Sinn Brechts, „wenn auch mit moderneren mitteln arbeitend". (295)

Die etwas erregte Stimmung, die Spannung zwischen den Erwartungen mancher, die ,manuskripte' würden sich radikalisieren lassen, und der bisher gehaltenen Linie dauern noch an, die Neigung zur Aggression verlagert sich in der Zeitschrift in den Sexualbereich, gleichzeitig zeigt sich die Neigung zur Hereinnahme des Englischen, nicht nur in den Titeln: Wolfgang Bauers ,Film und Frau (Shakespeare the Sadist)', mit Mißhandlung Sentas und Geschlechtsakt, Buchriesers ,Promotion' mit dem gleichen Vorgang und Götzens von Berlichingen Aufforderung, diesesmal an das Publikum gerichtet. Auch Eisendle und Hengstler beziehen das Englische ein.

Zur selben Zeit erneuert sich das Profil der Zeitschrift durch das Hinzukommen von Reinhard P. Gruber, Gerhard Roth, Helmut Eisendle, Bernhard Hüttenegger und Daniel Peter Wolfkind.

Eisendles ,Walder oder die stilisierte Entwicklung einer Neurose' (Heft 31/32) ist im Stil eines amtlichen Protokolls bzw. Fragebogens angelegt, das erste Kapitel befaßt sich mit den ersten zehn Lebensjahren; den literarischen Einflüssen von Cooper, E. T. A. Hoffmann u.s.w. sind ironisch die Nicht-Einflüsse Bachofen, Rohracher u.s.w. gegenübergestellt. Der weitere Verlauf dieses Lebens ist bestimmt durch Fakten: Soldat, Exekutivbeamter — er wird nach seinen Lieblings-Redewendungen gefragt —, er hat auf einen betrunkenen Landtagsabgeordneten geschossen; darauf folgt die Suspension vom Dienst, Gummizelle, Angsttendenzen nach langer Behandlung, Exkurs über Suizid-Arten. Das gesellschaftspolitische Engagement ist klar. Die Szenenfolge ,Die Umstimmer' zieht daraus die Folgerung und versucht,

Kinder einer zweiten Klasse des Akademischen Gymnasiums in Graz in einem Bühnenspielkurs von ihrer Gehemmtheit zu lösen durch die Fähigkeit, aus einer Rolle auszubrechen. In engem Kontakt mit den Zuschauern führen die Kinder Modellszenen in verschiedenen Versionen vor, wozu typische Wendungen bzw. Klischees auf Tafeln an der Rückwand der Szene erscheinen (‚Vater hat immer zu tun‘) und Kommentare auf Tonband mitlaufen oder eingeschoben werden; die zusätzlichen Bemerkungen des Autors zeigen den Willen, am Aufbau der Gesellschaft mitzuarbeiten.

Der Leser begreift: Alles kann Gefahr sein, die lebendige Auseinandersetzung mit der Umwelt darf nicht gestört werden, sie muß aber vorbereitet und unterstützt werden.

Das Buch ‚Jenseits der Vernunft oder Gespräche über den menschlichen Verstand‘ (1976) ist vorbereitet durch ein Hörspiel, ‚Obduktion‘, das im 50. Heft der ‚Manuskripte‘ erscheint und in seinem einleitenden Text an die Schul-Szenen anschließt, in der kritischen Haltung an ‚Walder‘: Realitätsflucht und Destruktion scheinen nach Eisendle den österreichischen Geisteszustand zu charakterisieren, sie führen zu einer Fehlbesetzung der Wertvorstellungen. Das Hörspiel führt stilgerecht die beiden Gesprächspartner bei steigender Trunkenheit über die Grenzen der gesteuerten Rede hinaus. Der Text des Buches ist in seinem Beginn und im gleichlautenden Ende Sprachkritik: Sprache des Denkenden ist Wahrheit, Sprache des Schreibenden ist Taktik. In diesem Rahmen sprechen Schubert und Estes, „Erfindungen meines Geisteszustandes" (296), miteinander, während sie nahe Valencia am Strand entlanggehen. Wittgenstein ist nicht nur im Gedankengang, sondern auch im Zitat gegenwärtig, ebenso Camus, ‚Der Fremde‘, mit dem Wort: ‚die zärtliche Gleichgültigkeit der Welt‘. (297) Aus der Historie und aus dem System des burgenländischen Arztes Joseph Peter Alcantara Misley, der im 19. Jahrhundert den Versuch unternahm, Sittlichkeit, Gerechtigkeit und Glauben berechenbar zu machen mit Hilfe der Bestimmung des moralischen Wertes jedes Lebewesens, wird zunächst im abstrakten Bereich der christlichen Sündenlehre die Bedeutung des Bösen für die Stärke unsres Lebenswillens angedeutet, darauf wendet sich das Gespräch dem konkreten Bereich zu und verkündet in nicht ferner Parallele zu Kolleritsch das Lob der Fäulnis, die Überwindung der Vernunft durch Fressen und Saufen. Es folgt die Schilderung einer Obduktion und der Gedanke an eine Umkehr — um diese Welt wieder auf die Füße zu stellen —, sodaß die Ideen aus dem Bauch kommen würden und die Eingeweide im Kopf wären: wieder also ein Versuch, in kleinem Umfang von verschiedenen Ansätzen her ein Totalbild der Welt zu geben.

‚Exil oder der braune Salon‘ läßt uns darauf, wie Eisendle sagt, an vier Sprechern in einem Billardsalon — unter ihnen Otto Weininger und Rudolf Kassner — vier Sprachsysteme erleben: Alle Wissenschaften ruhen auf Mythologien, alle Weltsysteme auf Ideen. Virchow schreibt den Roman der Zelle, Marx „die Tragödie von der Gesellschaft". (298) Was uns von den Tieren unterscheidet, ist die Fähigkeit zum Wahnsinn. Das ist eine weitere Version des Denkens über Schizophrenie, Sprache und Kunst, es ist Solipsismus. Zu ihm bekennt sich Schubert in ‚Jenseits der Vernunft‘. Diese Welt der ‚verleugneten Wirklichkeit‘ ist ‚Das nachtländische Reich des Doktor Lipsky‘ (1979), des Anarchen mit seinem existentiellen Elixier Alkohol: „ich will diesen Raum der Sprache [...] nicht verlassen. Ich habe Angst, unglaubliche Angst vor der Wortlosigkeit der Außenwelt". (299) Die Sprachkraft und Folgerichtigkeit, mit der dieses Denken von Eisendle vorgetragen wird, ist erregend, besonders der letzt zitierte Satz; er verbindet das ‚Haus der Sprache‘ von Karl Kraus mit der ‚Sprachlosigkeit der Welt‘ von Karl Krolows Gedicht ‚Im Rückspiegel‘.

Eisendle ist zweifellos ein bedeutender Schriftsteller. Sein Weg hat ihn in wenigen Jahren von Außen nach Innen geführt. Trotzdem — ebendarum? — äußert er sich in Heft 61 mit ‚Gedanken zu Literatur, Kunst und Wissenschaft‘: ‚die Welt der Sprache als riesiger, permanenter Konflikt von Paranoias‘ — das ist etwa der Standpunkt des Dr. Lipsky; das Ergebnis lautet: Sprache ist individuell gebunden und erlaubt keine „Übertragung der subjektiv realistischen Erkenntnis einer Wirklichkeit auf andere". Daß man das konventionelle Verständnis von Literatur (trotzdem) aufrechthält, scheint ihm anzudeuten, daß nicht Erkenntniszuwachs, sondern ein bestimmter Status der Wille des Produzierenden ist.

Das ‚Meeresgespräch‘ von Bernhard Hüttenegger (Heft 34) zerstört durch Übergenauigkeit den Sprache-Umwelt-Bezug. In der Buchveröffentlichung ‚Beobachtung eines Blindläufers‘ (1975) werden in sachlichem Ton, vielfach nicht in vollständigen Sätzen, Sachverhalte Vorgänge Aufforderungen mitgeteilt, die logisch nicht zu bejahen sind und daher keinen Informationszuwachs bringen oder erst nach Überwindung des erscheinenden Widersinns realisierbar sind und dann teilweise gesellschaftskritisch wirken. ‚Die sibirische Freundlichkeit‘ (1977) ist als Erzählung bezeichnet, gibt sich also als Einheit, kehrt auch im Ausgang in das ‚mediterrane Fischerdorf‘ zurück, aber der Bezug zu seiner Frau ist, soweit sie in seiner Nähe lebt, durch das Erlebnis der Entfremdung bestimmt. Die titelgebende Gebärde bzw. Metapher ist das Hinweisen auf Erfrierungen im Gesicht des andren, und daraus wird nun die ‚Gebärde‘ des Eintauchens der Menschen ineinander, das auf einem ‚ekstatischen Fest der Verbrüderung‘ etwa in der Mitte des Buches zum Erlebnis wird. Sprachvorgänge werden als sinnenhaft erfaßt, so das ‚Ziselieren der Metaphern‘ (300), Außenvorgänge werden teilweise so verfremdet, daß sie nicht mehr wörtlich, nur noch als etwas bedeutend zu erfassen sind. Der Sinn der Erzählung ist der Eintritt des Erzählers in seine Sprache so tief, daß sie in Außenwelt-Metaphern aussagbar wird. In dieser Einsamkeit erlebt er den Briefträger als seine wichtigste Kontaktperson, und seine Sehnsucht nach menschlichem Bezug äußert sich in der Beschuldigung des Briefträgers, er stelle die für ihn einlangende Post nicht zu. Wieder im Abstand von zwei Jahren folgt der Roman ‚Reise über das Eis‘, nämlich eine Bahnfahrt von Kronstadt über die Ostsee, weil die Schlittenfahrt wegen offener Stellen und Sturm viel gefährlicher sei. Das Folgende: Zugverspätung, Aufenthalt in einem Gasthaus, ‚Waldfrieden‘, Ausflug ‚nach oben‘ in die Klamm, Nachtfahrt in einem Auto, Weiterfahrt in eine Stadt, eine große Freß- und Saufszene, als Beschreibungsetüde angelegt, Stierkampf: das ist trotz einzelner Signale auf Innenvorgang doch nicht als Traum oder Vision zu fassen, sondern als Vorgangsfolge in einer durch die Eis-Bahn-Vorgabe von der Wirklichkeit abgehobenen und vorwiegend dadurch von unsrer Sinneserfahrung getrennt erhaltenen Welt. — Die bisherige Entwicklung Hütteneggers führt vom sprachlichen Experiment in eine immer mehr sich verfestigende phantastische Welt ohne greifbare Stellungnahme zur Wirklichkeit.

Heft 33 enthält *Gerhard Roths* ‚Fragment‘ ‚Künstel‘, es folgt ‚Der Wille zur Krankheit‘ und in Heft 36 Hedwig Winglers Besprechung von ‚die autobiographie des albert einstein‘: das sei ein absoluter Roman, ohne Handlung Person Vorgang, zurückzuverfolgen bis zu den Gedanken Friedrich Schlegels; das Gehirn sei der Verdauungsapparat, das ‚ich' nur als grammatisches Subjekt zu verstehen, die Biographie also kein Zeitablauf. In den bisher genannten Texten sowie in den Spionage- und Kriminalromanen dieser Periode ergibt sich die Verfremdung durch Umkehrung der Aussage: Der Daumen setzt sich auf die Fliege —, durch Widersinn: Obst ruht ölig in den Gläsern —, durch Wechsel in einen anderen Bereich: die Zeit schlägt in Wellen über dem Passanten zusammen —, durch unerwarteten Ausdruck: „Die Außenwelt saß wie ein Jockey auf seinem Gehirn und straffte die Zügel". (301)

Wer den 1974 in erster Auflage erschienenen Roman ‚Der große Horizont' als erstes Werk Roths liest, wird von den Frühwerken vielleicht überrascht sein. In der Reihenfolge des Entstehens gelesen, ist dieser Roman von dem Mann, der nach der Trennung von seiner Frau durch Amerika reist, ganz verstehbar als Reifung zur Wirklichkeit ohne Bruch mit der Vergangenheit. Die Kriminalroman-Struktur ist durch die Vermutung Daniel Haids, er stehe unter Mordverdacht, aufrechterhalten; der Einsatz des Grausigen und Brutalen bei großer Kühle, die Fremdheit von allem und das Erlebnis: alles bedeute etwas, gehören ganz der Autor-Leser-Haltung von früher zu. Die Bezüge und Zitate— Horkheimer, Kierkegaard, Hesse — sind neu, bewußte Parallelen zu Camus und Peter Weiss sind möglich, die Kenntnis Henry Millers scheint sicher; das Schlußbild, das Gefühl der Sicherheit im Anblick eines kleinen Buben, der den Helden an seinen Großvater erinnert, ist ein Fund auch dann, wenn der Gedankenzusammenhang von Vergangenheit und Utopie ihn erzeugte. Roth erscheint mit diesem Buch als ein seiner Leistung sicherer Mann. Die Probe aufs Exempel ist ‚Ein neuer Morgen' (1976): Es ist ein sehr gekonnter Kriminalroman, mit Beherrschung der Stilmittel erzählt, in einigen Einzelheiten wie dem Bekenntnis des Mannes, der verschwunden war — er wollte wissen, wer er wäre —, bemüht, sich über die Ebene dieses Genres zu erheben. Roth scheint aus der Phase des Experimentierens zum Schreiben für Leser übergegangen zu sein.

Wolfkinds Beiträge beginnen im 35. Heft mit dem ‚phonetischen Ritual' ‚Orpheusmagie' und führen im folgenden Heft zu einem zweiten Gipfel der Konsequenz neben Oswald Wieners Roman, der ‚Metagrammatik Katalog des Verfaulenden Abfalls und der verwesenden Tiere des Ungeziefers und der Vermodernden Gegenstände auf einer Schutthalde nordöstlich von Semriach aufgenommen am 14. November 1971': Er bezeichnet sein Unternehmen als ,conceptional art' im Bereich der Sprache; jede Normabweichung kann auch Bruchstück eines andren Systems sein, das denkt er hier zu erproben; „die historische Lautlehre und die Vergleichende Sprachwissenschaft sind vielleicht das Niemandsland, in dem Grammatik und Metagrammatik ineinander übergehen". Das Wort ,Niemandsland' wird im Schlußabschnitt dieses Buchs als eines der Leitmotive der Gegenwart nochmals erwähnt werden. Die von Wolfkind hier demonstrierte Methode ist der Ersatz von Weltmaterial durch Sprachmaterial und ist trotz der Vielfalt von Versuchen und Einfällen auf diesem Gebiet doch eine Neuheit: ein ,Basistext' (die Gegenstände auf der Schutthalde: „Viel braunes Packpapier eine schwarze Damenhandtasche mit ABGEBROCHENEM Tragbügel [...]") wird in 17 Einheiten gegliedert und in diesen Gruppen durch zehn Phasen geführt; Sturz, Zerbrechen, Verwesung, Werden, Ordnung, Verklärung, mit immer andren Analog-Methoden, z. B. Zerbrechen „durch Wortzerstückelung und Silbenkombination", Verklärung durch Kombination der „in der IX. Phase hergestellten Lautsynthesen [...] nach überlieferten metrischen Mustern zu poetischen Formen"; die Phasen VIII bis X wurden „aus platztechnischen Gründen" in die Folge-Nummer verlegt und sind nie im Druck erschienen. Der Gedanke führt über Gerhard Rühms ,abhandlung über das weltall' zurück in den Dadaismus. Im vierten Jahrgang der ,Akzente' berichtet Raoul Hausmann, er wollte „so was, wie einen sehr komplizierten und vielgestaltigen Film machen, nicht diese stagnierenden Entwicklungsromane"; er wollte das Unaussprechliche mit aussagen, über den Surrealismus hinausgehen. Alle Laute sollten mithelfen, „Zustände aufzubauen [...] Die Bedeutung des Lautes, des Buchstaben selbst ändert sich ja nach den Umständen, in denen ich ihn anwende. — Ich suche eine neue Sprachform, die über das, was man bisher mit Sprache machte, hinausgeht. Ich will Parabel statt psychologischer Beschreibung". (302)

,Stumm' von Anselm Glück, 1978, ist die Geschichte einer Vereinsamung nicht nur in einem überzeugend vorgetragenen Inhalt, sondern auch durch vielmaligen Abdruck desselben Textstücks mit Fortfall immer weiterer Lettern, bis zum Bestand von nur mehr: a e m n l s mit Leerstellen.

Franz Ungers ‚roman in fortsetzungen‘ verfremdet die Erzählung durch verschiedene Mittel schon im ersten Teil, dem ‚rationalisierungsprogramm‘; die Selbstaufhebung tritt in ein zweites Stadium mit der ‚rationalisierung der handlung‘, worauf das dritte der ‚rationalisierung der buchstaben‘ die Sprache allmählich über sinnlose Letternfolgen und geometrische Anordnung von Lettern zum Schweigen bringt, die Literatur (‚Letteratur‘) also zurücknimmt.

In seinem literarischen Werk ist Wolfkind dem Surrealismus, der ‚schwarzen Romantik‘ bzw. Poe nahe. Er ist der sprachlichen Leistungen sehr bewußt während des Erzählvorgangs, stellt das Irrationale als selbstverständlich mit Kühle dar. Sein umfänglichstes Einzelwerk, ‚Der grüne Zuzumbest‘ (1973), trifft mit einem der Motive in Stanislaw Lems 1974 in deutscher Übersetzung herausgegebenem ‚Futurologischem Kongreß‘ überein und wird 1979 in Roswitha Hamadanis ‚Der Triumph des Strauches‘ (303) verändert wieder aufgenommen: Das Behaarungsmittel wirkt überraschend, der junge Mann wächst sich zu einem starkästigen Baum aus. Der Baum wird entfernt, ein Scheinbegräbnis löst das Problem vor der Umgebung. Der im nächsten Frühjahr aus dem einen am Grabstein rankenden Trieb Wiedererwachte wird von seiner Frau nicht anerkannt; das ist eine eindrucksvolle Demonstration der Fragwürdigkeit unserer Identität, Existenz, Sicherheit, außerdem Zeugnis einer Phantastik, die gleich den Büchern Hütteneggers oder den ‚Endpunktgeschichten‘ Graziella Hlawatys von den phantastischen Büchern der Herzmanovsky-Schule weit entfernt ist. In den ‚Manuskripten‘ sind Wolfkind Hüttenegger Roth vereint mit Barbara Frischmuth, das Netzwerk der Literatur geht durch die Zeitschriften hindurch und wird nicht in Teile zerspalten.

Heft 37/38 erwähnt *Brandstetter,* und obwohl er nicht zu den engen Mitarbeitern der Grazer Gruppe gehört, wird er in dem Band ‚Wie die Grazer auszogen‘ in einer ihm gewidmeten Abhandlung vorgestellt. In Oberösterreich geboren und über die Universität Saarbrücken, als Alt-Germanist in Klagenfurt, nach Österreich zurückgekehrt, hat er mit dem Buch ‚Zu Lasten der Briefträger‘ 1974 seinen Personalstil gefunden.

Johann Strutz charakterisiert sehr gut seine Kurzprosa als ‚virtuose sprachliche Fingerübungen‘. (304) Es sind teilweise pseudonaive ‚Ausfälle‘ (1972), deren Grundlage das Erkennen einer Gemeinsamkeit und deren Methode die Verwendung dieser Gemeinsamkeit auf niedrigerer Ebene ist, häufig im rein sprachlichen Bereich durch Wörtlichnehmen, teilweise im biblischen, gesellschaftlichen, besonders im bäuerlichen und kleinstädtischen. „Diese Gesellschaft gibt mir zu denken. Das ist alles, was sie mir gibt". In der ‚Beichte' werden zwei Sprachspiele signallos ineinandergeschoben: Sündenbekenntnis und Bericht von begleitenden Umständen während des Beichtvorgangs: ‚lügen' und ‚husten' also nebeneinander. (306) Die unter dem Titel ‚Daheim ist daheim' 1973 herausgegebenen ‚Neuen Heimatgeschichten' von einer Reihe österreichischer Autoren entsprechen dieser kritischen Periode, an die der Leser Brandstetters 1980 erinnert wird durch die Neuausgabe der ‚Frühen Prosa': ‚Von den Halbschuhen der Flachländer und der Majestät der Alpen'.

Die drei umfangreicheren Bücher Brandstetters sind mit dem ersten Untertitel der ‚Ausfälle' als ‚Schwadronaden' zu bezeichnen: 200 Seiten lang dauert die erste, die ‚Zu Lasten der Briefträger' dem Postmeister erzählt, was alles seine drei Bediensteten — der Säufer, der Schürzenjäger, der ehemalige Klosterschüler — in Prach an der Aist schlecht machen. Dieses niederbayrische Dorf liegt vermutlich doch in Österreich, wie das Wort ‚Groschen' nahelegt, und wie es die Ablehnung von Mengenlehre und Schulreform vermuten läßt. Das Buch kann zu verschiedenen Ahnenreihen in Berührung gebracht werden, die älteste und literarisch bedeutsamste Ahnenschaft heißt Johann Fischart. Hier erleben wir den Klosterschüler. In der ‚Überwindung der Blitzangst' in den Erinnerungen des geistlichen Lehrers an den Schüler Hitler (‚Lambach I') und in ‚Die Abtei' (1977) hat Brandstetter immer wieder Gelegenheit, seine offenbare Neigung zur lateinischen Sprache zu bezeugen, in der ‚Abtei' zitiert er auch aus der regula Sti Benedicti und aus Augustinus. Der Arnulfkelch — statt Tassilokelch — ist nur ein (halbverdeckter) Hinweis unter vielen Hinweisen auf Kremsmünster als den Ort, an dem Gend. Insp. Dr. Einberger den Abt des Unserer Lieben Frau geweihten Stiftes Freimünster 280 Seiten lang anredet und amtlich um die Wiederauffindung des gestohlenen Kelchs besorgt ist, tatsächlich aber sich alles vom Herzen redet, das ihn ärgert. Daß man dazu auf Abraham a Sta Clara verweist, ist klar, das Buch ist ja auch Strafpredigt, aber Fischart ist insgesamt auch hier wichtiger, z. B. in der Verbindung von Kloster mit Braumeister, nicht nur Baumeister; dazu kommt aber auch das Lob, der Hymnus auf den Passauer Dom, auf die Musik; auch für den Leser gilt: difficile est hymnum non scribere.

Der Vergleich von Poeten und Müllern hat bei Brandstetter seine guten Gründe: In der wohl biographisch echten Mitteilung des Erzählers, sein Vater sei Müller gewesen, und in der Tatsache, daß 1981 der Roman ‚Die Mühle' erscheint. ‚Mysterium aquae, göttliches Geheimnis des Wassers': unter diesem Vorzeichen steht die Rede des Erzählers, der diesesmal seinen ‚lieben Neffen' anredet. Ein Ansatz von Handlung ergibt sich daraus, daß auf Grund einer Anzeige der Umbau des Mühlwehrs überprüft und der Onkel schuldig befunden wird, den Wasserstand verändert zu haben. Aber eigentlich ist das Buch, inhaltlich begrenzt ungleich der Zufalls-Enzyklopädie von 1977, ein ‚alles über die Mühle und die Müllerei'-Fachbuch, wohltemperierter Spaß eines der Lesergunst gewissen Bildungsonkels. Ganz geht es auch hier nicht ohne Exkurse ab, aber sie sind kurz, und sie sind gute Nahrung aus dem Vorrat des Alt-Germanisten und des Kulturgeschichtlers. Die Reise zu den niederländischen Windmühlen, der Bauer als rustikale Kontrafaktur des Königs Artus (306), der Abschied vom Leser, nicht nur vom Neffen, machen auch dieses Buch zu einem Geschenk. Heft 62 enthält eine Probe daraus als ‚Ausschnitt aus einem langen Roman', und das ist Tradition nicht nur durch den Vorabdruck, sondern Nachfolge des Themas, das in Heft 29/30 und 50 Reinhard P. Gruber in einem systematisch angelegten Spaß unter dem Titel ‚alles über windmühlen' behandelt hatte. —

Die beiden Hefte 39 und 40 sind Träger der zweiten Auseinandersetzung der ‚manuskripte', zunächst von Franz Schuh, einem Außenseiter dieser Zeitschrift, dann von Ernst Jandl geführt gegen die ‚Pestsäule'. Eine ‚Marginalie' berichtet, der Bundeskanzler habe die ‚Pestsäule' gelobt; Torberg behauptet, die Grazer wollen sich mit Hilfe von unwahren Behauptungen beim internationalen PEN-Klub in Wien Vorteile schaffen. Die Antwort ‚Zur Kulturpolitik einer Monatsschrift' spricht vom Karl Kraus-Trauma der Wiener Schriftsteller, lehnt deren feierlich hohe Sprachauffassung ab und stellt fest: „Wer in verkrampft gehobener Umgangssprache die Sprache definiert, fällt selbst hinein". Jandl antwortet in Heft 40 noch härter, nachdem Federmann ihn für den Verfasser des Artikels gehalten hat. Man begreift die Schärfe dieser Auseinandersetzung vor dem Hintergrund der Bedeutung und Begrenztheit staatlicher Förderungsmittel und in Anbetracht des Tons, dessen sich die ‚Pestsäule‘ in ihrer kritischen Spalte bediente.

18 Hefte später melden die ‚manuskripte‘ den Vollzug der — nicht nur durch die eben genannte Auseinandersetzung bedingten — Gründung einer neuen Vereinigung: Ernst Jandl schreibt unter dem Titel ‚Was ist die Grazer ‚Autorenversammlung‘?‘ Sie ist eine auf Grund der Verweigerung eines zweiten (Grazer) österreichischen PEN-Zentrums entstandene, zu Ende 1977 auf 165 Mitglieder angewachsene, mit ihrem Sekretariat nach Wien verlegte österreichische Schriftsteller-Vereinigung, die Kontakte zu andren Künsten und zum Ausland hat und pflegt und mit der Masse ihrer Mitglieder die seit etwa 1920 Geborenen umfaßt.

Peter Rosei beginnt seine Mitarbeit im 50. Heft mit den ‚Kontinuierlichen Aufzeichnungen über Christoph Columbus‘. „Das Indien, das ich entdeckt habe, war Amerika. Ich bin immer auf etwas zu unterwegs gewesen und habe immer das andere erreicht". Mehrere Zeilen englischen Textes, in denen das Wort ‚cunt‘ und der Name Bella erscheinen, sind leicht zu orten: Henry Miller und James Joyce. „Lese wieder in Novalis' Schriften. Poetische Seefahrt — seemännische Dichtkunst? Falsch! [...] Ist nichts mehr zu entdecken? Ist alles schon entdeckt?" Das liest sich als ein Versprechen.

Die Eigenveröffentlichungen Roseis in den folgenden Jahren zeigen, wie sehr er am Beginn schon seine Möglichkeiten erkundet hat und wie konsequent er sie nun verwirklicht. ‚Landstriche‘ und ‚Flucht‘ sind Sammlungen von Erzählungen meist geringen Umfangs. Rosei beschreibt mit harter Stetigkeit, ohne Pathos. Seine Landschaften sind meist menschenarm oder -leer, düster, ausweglos, seine Menschen brutal. Sie dulden, wenn es sein muß, und rächen sich an andren. Der Vater oder Bruder sind dem Leib, nicht dem Herzen näher und daher eine besondere Herausforderung. Auch das Erzähl-Ich kennt Furcht, Demütigung, Wildheit. Es ist einsam, verliert Zeit- und Ortsgefühl. Die Ferne der Umwelt, die Metaphorik — „Man hält sich zwischen Steinen versteckt im Gebirge der Trauer" (307) — weisen auf Deutbarkeit des Außen als Innen, die Düsterkeit, die Ausweglosigkeit, die Neigung zum gesteigert Ekligen — auch in der Metaphorik — weist auf Thomas Bernhard.

Das Hauptwerk dieser Periode ist der Roman ‚Bei schwebendem Verfahren' (1973), Berufung Malejs in den Regierungspalast, durch seinen früheren Freund Schörner bewirkt, Aufstieg, daher Ende der Demütigungen durch seinen Vorgesetzten Ritzer, der auf den Leuten herumzutrampeln pflegt, Tod des Präsidenten, Machtkampf, in dem Zerber sich durchsetzt; Schlägertrupps durchkämmen das Gebäude, Malej ist gekündigt und verläßt das schon brennende Gebäude. Der zweite Strang der Vorgänge beginnt mit dem Festbankett, Malej kehrt betrunken in sein Untermietzimmer zurück, erbricht, muß vor den Augen aller den Boden reinigen; Schörner nimmt ihn zu Zerbers männertoller Gattin mit, er prügelt ihn, sie bedient sich seiner in einer ekelerregenden Szene. Die Szenerie ist ähnlich der in Mauthes Roman ‚Die große Hitze': Heldenplatz, Ministerium mit Doppeladler; aber der Inhalt ist wohl weder politisch (Justizpalast-Brand) noch psychologisch zu deuten. Kafka und Canetti sind sicher als Stimmungsfolien wirksam gewesen, das Ende von Kafkas ‚Prozeß' kehrt verändert wieder: Malej sieht einen Hund aus dem Fenster schauen und denkt: ‚wie ein Mensch'; er sieht den gemordeten Portier und denkt: ‚wie ein Schwein'.

Darauf folgt als zweite Periode die Zeit der Beschreibungen: ‚Entwurf für eine Welt ohne Menschen', ‚Entwurf zu einer Reise ohne Ziel' (1975), im Titel noch stärker hinweisend auf die Neigung, das nachdenklich Schwebende zu kultivieren, 1976 ‚Der Fluß der Gedanken durch den Kopf': das erste der hier enthaltenen ‚Logbücher' ist das von Saint Exupéry. Diese Bücher gehören in die Nähe der ausführlichen Beschreibungen Wieners, aber sie sind nicht punktuell als Genauigkeits-Übungen angelegt, sondern als an der Sprache sich entwickelnde, frei wachsende und Weiteres einbeziehende Denkbewegung. Die beiden Entwürfe sind bereits 1972 bis 1974 entstanden, das heißt vielleicht zeitlich überschneidend mit den oben besprochenen Büchern.

Schreiben scheint für Rosei Vergnügen, Entäußerung, Bewegung, Kennenlernen des Ich zu sein, nicht Erzeugen einer Botschaft. Er scheint in der Fähigkeit zur Stilübung, zum Eintreten in das Milieu eines bestimmten Genres H. C. Artmann nahe zu sein. ‚Wer war Edgar Allan?' (1977) und ‚Von Hier nach Dort' haben den Rauschgifthandel zum Thema; einmal in einer nicht nur dem Titel zufolge auf Poe zielenden eleganten Verrätselung und Enthüllung der Beziehung zwischen einem Studenten und einem Rauschgifthändler, mit viel Atmosphäre des venezianischen Lebens, einmal in der Artmann gewidmeten Sprachträumerei des Radwanderers nach dem Norden. Das ist in bewußter Annäherung an Stil und Lebensgefühl der Romantik geschrieben, fern von Sprachhingabe bewußte Ausnützung von Anlautklang, Reihenbildung, literarischer Anspielung, besonders an Rilke, dessen ‚schön und schrecklich‘ fast zitatgenau gefaßt wird. (308)

Das Spielerisch-Lockere ist in dem jüngsten Roman ‚Die Milchstraße‘ geblieben, viel Sexualität mit einer Anzahl junger Menschen, viel Naturbeschreibung mit einigen philosophischen Flicken, aber mit viel Bezug auf Religiöses: das ist eindeutig: Rosei ist nicht zum ‚Schwebenden Verfahren‘ zurückgekehrt, sondern er versucht hier, sich Genet zu nähern, dessen ‚Notre-Dame-des-Fleurs‘ zurecht berühmt ist. Der Sinn des Titels von Roseis Buch ergibt sich aus dem Gedanken eines der Männer: Irgendwo in einer der Milchstraßen ist die Erde, „Wo alles Mitte ist, verliert der Ort seine Bedeutung“. Dieser Schein-Bezug nähert sich einer Reihe von Sätzen der Art: „die Männer hatten ganz helle Nacken vom Zuschauen“ (309), oder: der Wind weht Blätter von den Bäumen: sie liegen nun am Boden, die Stiele nach oben gewendet. Diese ‚feinen‘ Beobachtungen sagen aber nichts aus; sie sind eine der Eigenheiten Handkes. —

Das große Problem der Gegenwartsliteratur erscheint in den späten siebziger Jahren, ein Jahrzehnt nach 1968 also und nach dem unmittelbaren politischen Engagement vieler Schriftsteller, in der Realismus-Diskussion. Es ist gegeben mit der Unsicherheit gegenüber den Leistungen der Sprache und — gutteils im Zusammenhang damit — den Aufgaben und Möglichkeiten des Schriftstellers.

Heft 58 hat die Stellungnahme Gunter Falks abgedruckt: ‚Vom Verschwinden des Autors Über eine Entwicklung nicht nur der österreichischen Literatur‘, worin auf verhältnismäßig breiter Basis von soziologischen, pathologischen, dichterischen Schriften die Folgerung sich ergibt: der ‚Autor‘ ist nicht mehr das, was der Autor „schreibt, sagt, meint, tut [...], sondern, was Diskursindustrie und Diskursverwaltung darüber befinden“. Im nächsten Heft hält Georg Schmid sein ‚Plaidoyer für eine Neue Literatur‘ (diesen Titel trug ein Band der Sonderreihe dtv mit Autoren des nouveau roman 1969): Sie ist sich dessen bewußt, daß sie nicht transzendental, sondern immanent ist; der Text gibt sich als Welt

in der Welt, „eine nahezu unendliche Summe textueller Figuren"
bildend; neue Literatur ist „Einladung zur Partizipation an der
Herstellung von transtextueller Struktur und transtextuellem
Sinn". Der Autor ist einer aus der Masse, er bietet „ein Netz möglicher sprachlicher Konstellationen, angesichts dessen jede Hierar-
chisierung, Kategorisierung, Etikettierung [...] bloße Idiotie
wäre". Sie „repräsentiert symbolisch die totale Interdependenz
der Dinge, der Sachverhalte, der Tatbestände", der Leser muß
aktiv werden, wenn er einen Weltbezug herstellen will; „von
einem Text Moral oder Schönheit verlangen, ist absurd"; Schmid
plädiert für die „Absicht, der Großen Tradition die Kritische
Observation entgegenzusetzen", er wünscht die ‚häßliche Literatur'
und meint die ‚Deformation' im Sinn der Norm- und Erwartungs-
abweichung. Das Postscriptum des Zehnpunkte-Programms bekennt sich zur Hoffnungslosigkeit gegenüber dem Zustandekom-
men einer Literatur außerhalb des Warencharakters, „als implizite,
kaschierte und damit raffinierte Parteinahme für jene, die sich
nicht einmal mehr verbal zur Wehr setzen können".

Diese Abhandlung erhält ihren Stellenwert hauptsächlich von
der sie umgebenden Literaturlandschaft und Sprachlandschaft. Das
ist zweierlei, wie ein andrer höchst eindrucksvoller Beitrag in
Heft 54 erleben läßt: Ernest Bornemanns Vorstudie zu dem Buch
‚Die Urszene' (1977): ‚Autobiographisches zur Geschichte der
Soziolinguistik' auf Grund jahrelanger Spracherfahrungen in England: von den Schallplatten der Beatles her begab sich in England
eine „Revolution der Vulgärsprache" gegen die „Semantokra-
tie [...] Der Cockney-Akzent von Carnaby Street, das Pseudo-
amerikanisch der disc jockeys, die Hippie-Sprache der Piraten-
sender, das Kleinbürgerenglisch der Twiggy und ihrer Nachfolger
durchbrachen das Monopol der herrschenden Klassensprache [...]
Im Gegensatz zu der semantischen Revolution der Briten fand
ich [1960] in der Bundesrepublik eine Diktatur der herrschenden
Klassensprache vor". Das sind die Positionen des Aufbruchs,
denen in der Spätfolge des Nationalsozialismus die Sprachver-
weigerung, der Widerspruch gegen die Sprachstrukturen, die den
Erwartungen jeder Art widersprechende Verwendung der Sprache
nach Klangassoziation, in Paradoxien und Verzerrungen, der Protest gegen Klischee und Programmierung, der protestierende Ich-
Verzicht, aber auch alle Schattierungen des Widersinns auf sur-

realistischer Grundlage parallel laufen, ebenso der Weltverzicht und der Rückzug auf die in sich geschlossene Innenwelt.

Es ist nicht zu übersehen, daß unter diesem Gesichtspunkt die Erweiterung der Literatursprache im Bereich der Sexualität und des Schimpfs nicht nur als Zuwachs an Sprachspielen zu verstehen ist, sondern als Bereicherung des Ausdrucksvermögens, als Weg zur Offenheit und zum Abbau von Hemmungen und Unaufrichtigkeit. Das schließt in keiner Weise eine Befürwortung der Sexualisierung und Brutalisierung von Sprache und Literatur ein.

Georg Schmids ,Roman trouvé' (1978), aus dem eine Probe in Heft 49 — unter dem Pseudonym Georg Bureš — erschien und wieder, unter dem Namen des Autors, eine in Heft 59, läßt drei Bereiche von Handlung erkennen: Unfall, Abschied, Selbstmord. Der Text ist in ,Ouverture', ,Parenthesen' (von 3 bis 9 Druckseiten Länge), ,Clôture' gegliedert, bezieht sich auf Wiener Örtlichkeiten bzw. Verkehrsmittel, geht vor sich mit Rede- und Beschreibungsteilen unter andrem in einer Wohnung, in einem von einem jungen Mädchen gesteuerten Auto, die Aussagen widersprechen einander und/oder gehören verschiedenen Zeiten an. Die gelegentliche Vermutung, wir hätten nun eine einsinnige Satzfolge gefunden, wird jeweils rasch zerstört, der Erzähler äußert sich selbst zur Technik des Erzählens. Nathalie Sarraute wird genannt, eine der führenden Autorinnen des nouveau roman, Marguérite Duras wird sogar zitiert, während Personen als M[ann] und F[rau], teilweise mit Index-Ziffern bezeichnet werden und als Charaktere so wenig faßbar sind wie die auf dem Tisch liegenden Papiere.

Die Radikalisierung der Schriftstellerei in Hinsicht des formalen ,Zerfalls' ist Folge der Auflösung seit Generationen — Joyce ist eine der wichtigsten Gestalten —, eine Folge der in ihren Vorgängen und Zusammenhängen in den alten Strukturen nicht mehr faßbaren Welt, des Innovationszwangs unserer Zeit, des Sprachmißtrauens.

In diesem Prozeß kommt jenen Werken größere Bedeutung zu, die durch die Vielheit und Nachahmbarkeit oder durch die Überzeugungskraft des Modells hervorragen.

Ein solches Buch ist Marie Thérèse Kerschbaumers Roman ,Der Schwimmer' (1976), in satzzeichenlosem Text, in einer mehr hin- und her wogenden als fortschreitenden Sprache, im wörtlichen Sinn oft nicht annehmbar — der kleine Bub ist lebendig, nicht

ein Bild: das erkennt man daran, daß seine Schlagader pulst —,
in Wiederholungen, die zu Leitmotiven werden, mit Wechsel der
Erzählperson wie der Inhalte, aber auch Wiederkehr, sodaß manches als Erinnerung oder Phantasie erscheint. Das ist nicht Joyce-
Schule, sondern Eintritt in seine Tradition und zugleich in die
Deformations-Stränge der Gegenwart zur Darstellung der Deformation von Menschen, die gefangen und in einer geschlossenen
Anstalt leben und den Versuch unternehmen, zu dem Fluchtschiff
auszubrechen. Diese Technik wendet Kerschbaumer darauf, allerdings nicht in ganzer Strenge, in dem Buch ,Der weibliche Name
des Widerstandes‘ (1980) an: Hier gibt sie die Biographien von
sieben Opfern des Nationalsozialismus, unter ihnen Alma Johanna
König und die geistliche Schwester Restituta. — Kerschbaumer
gehört dem ,Podium‘-Kreis an. Ihre Lyrik und diese Widerstands-
Dichtungen stehen in unmittelbarem Zusammenhang. —

Die nun seit über zwei Jahrzehnten bestehenden ,manuskripte‘
bieten nicht nur einen repräsentativen Überblick über die österreichische Literatur der Gegenwart in dem Sinn, daß auch Schriftsteller wie Marie Thérèse Kerschbaumer, die ihrem Kreis nicht
angehören, von ihm her verstehbar sind. Sie erfassen die wesentlichen theoretischen Aspekte und erscheinen durch die weite geo-
graphische Streuung der Mitarbeiter als verläßliches Sprachrohr.
Sie nehmen auch Kritik an den eigenen Leistungen auf (310) und
ändern im Lauf der Zeit zwar ihr Gesicht nach Mitarbeitern und
Zeitstil bzw. Zeitproblemen, aber nicht ihren Charakter.

Hefte mit starkem Anteil österreichischer Autoren wechseln
ab mit solchen, in denen Autoren aus der Bundesrepublik und der
Schweiz das Übergewicht haben. Weiterhin erscheinen Vorab-
drucke und dramatische Werke, so Ernst Jandls Sprechoper ,Aus
der Fremde‘ in Heft 65, Jürg Laederachs Lustspiel ,Wittgenstein
in Graz‘ in Heft 63, hier auch ein Kapitel aus dem zweiten Teil
von Klaus Hoffers Bieresch-Roman. In Heft 65 zitiert Gunter
Falk — ,Wer oder was ist ein Schriftsteller?‘ — Martin Walser:
„wer sich schreibend verändert, ist ein Schriftsteller" (S. 72); darauf definiert Helmut Eisendle, auch die Geisteskranken einbezie-
hend: „Literatur ist in erster Linie das Produkt des Schreibenden"
(Heft 67, S. 33), und das unter dem eine Neigung der Zeit be-
zeichnenden Titel ,Dr. Jekyll und Mr. Hyde‘, worauf Kolleritsch
in den ,Marginalien‘ der Hefte 68 und 71 zunächst die notwen-
dige Offenheit gegenüber dem jeweiligen Angebot betont, da der

Zeitschrift die Mittel fehlen, Beiträge zum „neuesten Stand der Diskussion" anzufordern, dann sich kritisch gegen die allzu Kritischen wendet, die progressiv auf das Übermorgen zugehen wollen, statt „heute das nicht immer ganz Schlechte verbessern zu helfen".

Eben damit bleibt dem Redaktor die Freiheit, nach verschiedenen Gesichtspunkten zu wählen, und so ist die Zeitschrift in manchem traditionalistisch in dem Sinn ihrer eigenen Entwicklung schon durch die (allmählich geringe) Zahl immer wiederkehrender Beiträger: Bauer, Falk, Hoffer, Jandl, Jonke, Mayröcker; komplementär in der sich ergebenden Teilnahme an aktuellen Themen wie ,Heimat' (Heft 66). Von besonderem Interesse sind Gunter Falks ,17 haikus' in Heft 68, mit einer Stellungnahme zur inneren Form und zur Dynamik dieser Form. Durch die 17 17silbler — drei Zeilen mit 5 + 7 + 5 Silben —, geordnet in 5 + 7 + 5 Gedichte zu den Jahreszeiten von Herbst bis Frühjahr, entsteht ein Haiku zweiter Potenz, einem Sonettenkranz vergleichbar, unter einem Motto von Rimbaud, das in den Text des zwölften Haiku eingearbeitet ist; zweitens die Beiträge von Heide Göttner-Abendroth (BRD) in den Heften 68, 69/70, 71 zur matriarchalen Kunst: Ihre Darlegungen, daß diese Kunst vom Körper der Frau ausgeht, in Analogie zu ihm die Landschaft und Umwelt erfaßt, daß in ihr die Gattungen der Kunst und die Künste nicht getrennt sind und zwischen Kunst und Nicht-Kunst keine Grenzen bestehen, sind in Übereinstimmung mit der tatsächlichen Entwicklung ein starkes Indiz für eine Wende unserer Kultur, wie sie seit Jahrzehnten, unter andren von Thornton Wilder, geahnt oder behauptet wird. Darin erscheinen die Emanzipations-Bestrebungen der Frau in der Gegenwart nicht als isolierte Tatsache, sondern in einen großen Zusammenhang einbezogen.

Die ,manuskripte' sind im Gesamteindruck eher skeptisch, jedenfalls kritisch, frei von Kitsch, sie bieten ein hohes Niveau.

Der Turmbund

Als am 17. November 1951 im Klublokal ,Auf dem Innsbrucker Stadtturm' der Turmbund gegründet wird, lebt und wirkt in dieser Stadt noch Ludwig von Ficker, einer der ehrwürdigsten Männer nicht nur Tirols, sondern dieses Jahrhunderts. Als ein Diener des Geistes gründete er 1910 die ,Halbmonatsschrift für

Kunst und Kultur' ,Der Brenner', um dem Südtiroler Carl Dallago einen Ort für die Veröffentlichung seiner Gedanken zu schaffen: gegen den Intellektuellen als den Philister unserer Zeit. Die geistige Bedeutung Dallagos, die Treffsicherheit des Literaturkritikers Ficker werben für den ,Brenner'. Karl Kraus nennt ihn „die einzige ehrliche Revue Österreichs" und Deutschlands, und die Buchanzeigen der fünften Folge des ,Brenner' zitieren dieses Urteil. Die Zahl der Mitarbeiter steigt, aber wesentlicher ist die Sorge Fickers um und für Georg Trakl: für den leidenden Menschen und für die Veröffentlichung seiner Gedichte, über Trakls Tod hinaus.

Die Halbmonatsschrift wird zum Jahrbuch; mit Beiträgen Ferdinand Ebners, Dostojewskis und Kierkegaards, mit Aufsätzen von Theodor Haecker ist ein frühes Zentrum des christlichen Existentialismus gegeben. Der zweite Beginn nach dem Ersten Weltkrieg bekennt sich mit Franziskus und der Geheimen Offenbarung zu christlicher Hoffnung und Liebe. Was mit Dallago in der Nähe Nietzsches begonnen hatte, war für eine ganze Generation, bis zum 18. Band 1954, auf das Bekenntnis zu Christus festgelegt, reichte mit Francis Thompson und Gertrud von Le Fort und Paula Schlier in die Weite Europas und in die Tiefen der Theologie.

Ignaz Zangerles ,Die Bestimmung des Dichters' holt in der 16. Folge auch den Dichter in die Theologie herein: geschaffen zur Verherrlichung Gottes, „reiner Überfluß des Seins" und mit seinem Lobpreis in Ewigkeit als vox humana den Engeln vereint (S. 199).

Im Jahr nach Ferdinand Ebners Tod (1931) nimmt die 13. Folge dessen ,Fragment aus dem Jahr 1916' auf. Die „Problematik der individuellen Existenz [...] besteht in der innersten Durchdringung der menschlichen Existenz von der Tatsache des [...] Todes" (S. 44). Das ist die christliche Position gegenüber den Gedankengängen von Broch und Canetti.

Die dritte Periode des ,Brenner', nach dem Zweiten Weltkrieg, umfaßt drei Folgen und endet mit einem Rückblick und Rechenschaftsbericht Fickers. In diesem Werk ist das christliche Abendland bezeugt und gegenwärtig. Band IV der ,Brennpunkte Schrifttum der Gegenwart', herausgegeben von Hermann Kuprian, dem Gründer und Leiter des Turmbunds und seiner Veröffentlichungen, beginnt mit Worten aus einem Brief Ludwig von Fickers, in denen dieser Dank und Anerkennung ausspricht. Die geistige Nähe und der Bezug ist gegeben, das Ziel ist in der Richtung des ‚Brenner‘ gelegen, wenn auch nicht in Deckung mit ihm. Zum Fest des dreißigjährigen Bestandes wurde eine Ausstellung veranstaltet, die über 600 Bücher von nahe an 300 Autoren des Turmbund-Kreises zeigte. Die Mitglieder und Mitarbeiter reichen über Tirol und Österreich hinaus in alle unmittelbar angrenzenden Länder, dazu bis Spanien, Schweden, Rumänien, es bestehen gute Beziehungen zum PEN-Klub. Die Tätigkeit erstreckt sich auf Förderung von Veröffentlichungen, auf Lesungen, Ausstellungen, jährliche Tagungen und die in freier Folge erscheinenden Bände der ‚Brennpunkte‘ sowie das Mitteilungsblatt ‚Novum‘. Es ist nicht möglich, einer so großen Gemeinschaft ein formal oder inhaltlich genau umschriebenes Programm aufzuerlegen. Die vielen in den ‚Brennpunkten‘ angebotenen Versuche, ‚spirituelle Poesie‘ zu definieren oder zu schreiben, haben eine gewisse Einheitlichkeit in der Abwehrstellung gegen die Konkrete Dichtung; sie wird mit Ironie und Schärfe in Folge IV von Hubert Senn dargelegt. Konkrete Dichtung wird als Nachfolge von und Parallele zu Dada verstanden, sie wird in Folge VII als verkrustet und entleert im Gegensatz zur visionären spirituellen Poesie bezeichnet. Hier und in Band IX wird eine Reihe von Stellungnahmen angeboten, die inhaltlich sehr unbestimmt und in ihren Ansprüchen verschieden sind: Glaube an den Sinn der Welt, Widerruf der Entpersonifizierung des Menschen; Schaffen dessen, was die nicht künstlerisch Begabten als die Erfüllung ihrer Sehnsucht erleben, Schaffen aus einer Weltanschauung — welche immer es sein mag. Reinhard Margreiter erhebt den Anspruch: „Der spirituelle Mensch ist Aristokrat. Der primäre Aspekt, unter dem er die Dinge betrachtet, ist nicht der soziale, gesellschaftliche, nationale, sondern der existentiell-kosmische“. (311)

Damit fällt ein Stichwort; denn Dichtung als Kosmos, in Analogie zum Kosmos, mit kosmischer Ausrichtung ist ein immer wiederkehrendes Postulat.

Der eigentliche Verkünder der kosmischen Dimension ist Kurt Becsi. Seine frühen Dramen waren balladenhaft wuchtig, mysterienhaft, geladen mit Energie; so die ‚Deutsche Passion‘, das ‚Spanische Dreieck‘. Schon ‚Faust in Moskau‘ verließ den biblisch vorgegebenen Raum christlichen Verständnisses. Die Entwicklung richtet sich, anders als bei Reinhold Schneider, auf einen kosmischen Christus und nimmt Teilhard de Chardins Weltdeutung mit in Anspruch. Sein Theater fordert — und seine Dramatik verwirklicht — die Akte nicht als Teile, sondern als Stufen eines Vorgangs, als Prozeß, in dem die Menschen als historische Personen benannt, aber als geistige Kräfte gemeint sind: Der Mensch ist als Demiurg gesehen, dem Intellekt (Lucifer) entgegengestellt. Das Weltbild ruht stark auf Nikolai Berdjajew. Becsi versteht das Böse nicht ontologisch, sondern dynamisch. Er meint in indischen und ägyptischen Mysterienspielen Relikte eines galaktischen Theaters zu finden und sieht die Situation der Gegenwart als den Moment der Wahl: Untergang oder Erneuerung, apokalyptische oder galaktische Entscheidung, Eroberung des Weltraums, Gestaltung eines (rituellen) Theaters, das in Vereinung der Gegensätze und mit Einsatz aller technischen und künstlerischen Mittel nicht nur Dokumentation ist, Vision, sondern Schöpfungsereignis „der Menschheit auf dem Wege ihrer eigentlichen Bestimmung zur Demiurgie [...] An diesem Punkt wird das Theater als kosmisch demiurgischer Yoga enthüllt". (312)

Man sieht die Streubreite der Bewegung bzw. ihren einen Pol. Der andere Pol ist angedeutet durch den im selben Band VII enthaltenen Aufsatz Michael Zielonkas: ‚Zeitgenössische Lyrik in Theorie und Bestand': ‚Guter Mond, du gehst so stille' könne nicht mehr unsere Tonlage sein; nach den Diagnosen wie ‚Verlust der Mitte', ‚Sinnlosigkeit' stehen wir vor der „Aufgabe eines neu zu erstellenden Wirklichkeitsentwurfs". Er spricht sich vorsichtig und sachlich gegen „die Asemantik der Konkreten Poesie" aus, bezeichnet den Übergang in die Graphik als ihren literarischen Tod und spricht Kuprian „das Verdienst zu, diese Besinnungsbemühung auf den Begriff gebracht zu haben". Den Unterschied beider Auffassungen sieht Zielonka so: das Wort als Chiffre, das Wort als Symbol; und als „Referenzpunkt für die Spirituelle Poesie" nennt er Paul Celan. (313) Beide Begriffe halten nicht stand, aber der Ansatz ist zu begrüßen.

Hermann Kuprian hat seine geistige Position wiederholt dargelegt, ich beziehe mich auf die Fassung in Band IX der ‚Brennpunkte' 1973: ‚Realität und Spiritualität, Versuch einer Poesie des Ichbin'. Das „Analogiebewußtsein, dieses Wissen von der eigenen Gleichzeitigkeit und Gleichräumlichkeit mit dem Ichbin, mit dem Weltganzen, in dem wir existieren, ist ein spiritueller Zustand oder ein spiritueller Akt". Das Manifest der ‚Spirituellen Poesie' fordert den Primat des Geistigen, Emotionen (nicht nur Nüchternheit), „Phantasie, logikfreie Bilder und die Wunder des Hintergründigen" gegen Berechnung; Kunst als „Analogie der Schönheit", „freie Schönheit" in den Formelementen, „harmonische Entsprechung möglichst weit divergierender Elemente der inneren und äußeren Realität" — was an eine Grundforderung des Surrealismus erinnert — sowie „starken seelischen Ausdruck und die Eindringlichkeit der Darstellung", Bekenntnis „zur Humanität und zur Ehrfurcht vor dem Menschen", „Erweiterung und ständige dialektische Veränderung des Weltbildes", „Glauben an sein inneres, visionäres Weltbild und dessen Gestaltung im Wort". Daraus ergibt sich sein Verständnis der Poesie in der Abhandlung ‚Über das Wiederholungsprinzip der Poesie' (314): „eine kosmische Gegenspiegelung [...] Art unbewußte Korrelation zur Universalität des ‚Großen Ichbin'." Wenn wir uns von der Phantasie durch die Struktur des Seins führen lassen, erkennen wir ein lebendiges variables geistiges Gefüge. Die Worte verlieren ihre Einsinnigkeit, werden zu Signalen, „die ein ganzes System von Ideen in Bewegung bringen": Das ist Spiritualisierung der Sprache und Beginn der Poesie.

Die ‚Orphischen Gespräche' (1970) — Orpheus, Summe alles Geschehenen, Geist oder Bewußtsein der Menschheit, spricht mit Adam und Eva, mit Moses, Jesus; „ewig blüht die gegenwart" — sind Potenzierung der Weltauffassung von Kuprian. ‚Das große Schemenspiel' ist im Geist der Verbundenheit mit Spanien eine Variation auf Garcia Lorcas ‚Bluthochzeit', endend mit Goethe nahen Versen, in denen die Chöre der Scheller und Roller verkünden: Durch Schuld stürzen wir empor „zu den lichten Wesen der Zukunft". (315) Die eindrucksvolle theatralisch-dramatische Handlungsführung begründet allerdings nicht den in diesen Schlußworten der Chöre ausgedrückten Erlösungsanspruch.

Wilhelm Bortenschlagers ‚Geschichte der spirituellen Poesie' (1977) und Paul Wimmers ‚Wegweiser durch die Literatur Tirols seit 1945' (1978) sind, als Band XIV und XV der ‚Brennpunkte' gezählt, die umfangreichsten Dokumentationen des Turmbunds. Sie geben Einblick in die Breite der Gruppe und erleichtern dem mit vielen der genannten Dichter und Schriftsteller nicht Vertrauten die Auswahl zur eigenen Lektüre.

Helmut Schinagl ist durch die Neigung zu technik-bezogener Metaphorik und die teilweise auf Sprachwitzen ruhenden ‚Surreatesken' bemerkenswert, Hugo Bonatti durch die vieldimensionale, in verschiedenen Erzählpersonen vorgetragene Prosa ‚Das Danaergeschenk' (1958); dieses Unglücksgeschenk ist sein in sich nicht gefestigtes, nach dem Zentrum Gott verlangendes Selbstsein, dessen Sehnsucht aber plötzlich materiell durch Kontraktion der Materie und Rückgang der Zeit gestillt werden kann — „oder er fand einfach keinen Schluß?" — fragt der Autor selbst. Die 1974 veröffentlichten Texte ‚Centuricus oder die Constellationen' sind in der ‚Planetarischen Reise' für Sprecher und Sprechcomputer dem Vorwurf nicht ganz gerecht geworden, aber der ‚Ulysses 72' und der titelgebende Text sind als komprimierte und zugleich in viele Vorstellungsbereiche bzw. Sprachspiel-Anteile zerhackte Prosa, durch die technische Bezugswelt und die Wortumstellungen ein sprachliches Trümmerfeld, das den Schritt bremst und damit einen der Lyrik verwandten Reiz oder Impuls gibt.

Die Gedichte Karl Lubomirskis — ‚Stille ist das Maß der Weite' — sind eine Art von hochpoetischen Sprüchen, Impressionen, von eigenartiger Metaphorik, die das Natürliche auf das Menschenwerk hin in Bewegung setzt: die Mauer der Zeit verfällt im Abend, das Staunen füllt die Gewinde, wenn die Vögel sich durch die Luft emporschrauben. Auch Lubomirski ist vom Erlebnis der kosmischen Weite erfaßt, das Verantwortung auferlegt und ihm nicht Glück, sondern Trauer bringt.

Die Turmbund-Gesellschaft ist nicht Erbin oder Nachfolgerin des ‚Brenner'. Ihr Bekenntnis zum Geist ist nicht religiös bestimmt; sie trägt und fördert literarisches Leben und wird in der wachsenden zeitlichen Entfernung von Literaturstreit und theoretischen Bemühungen immer besser geeignet, die einzelne Stimme als Selbstwert zu hören und wirksam werden zu lassen.

V

Ausländer

Die österreichische Literatur hat nach 1945 nicht nur durch die Exil-Dichter und ihre Leiden an Welt und Tiefe gewonnen, es ist auch eine Reihe von Schriftstellern nach Österreich zugewandert.

Schon während des Zweiten Weltkriegs kam Milo Dor, der über viele Jahre mit Reinhard Federmann gemeinsam arbeitete. Federmanns erzählendes Werk ist immer wieder der Ausdruck von Unzufriedenheit und Versagen. Das am meisten kennzeichnende Werk ist der Roman ‚Herr Felix Austria und seine Wohltäter‘ (1970), die Geschichte des Franz Josef Ostrczyk, seiner Auf- und Abstiege im Straßen- und Beiselbereich. Aus den Erlebnissen ergibt sich ein vernichtender Eindruck von Möglichkeiten im österreichischen Film- und Literaturleben, aber nicht ein Kunstwerk. Federmann gestaltet nicht neue künstlerische Wirklichkeit, sondern er greift bereitliegende Themen auf, so das damals fast überholte Thema ‚Die Chinesen kommen‘ (1972). Unter diesem Stern steht seine Zusammenarbeit mit Milo Dor. Nach einem durch sein Material interessanten und in der Verarbeitung gut gelungenen Buch ‚der unterirdische strom / träume in der mitte des jahrhunderts‘ (1953) mit dem Befund: „die Seelenlandschaft der Menschen unserer Tage" sei bestimmt durch Einsamkeit, Bedrohung, Gleichgültigkeit, Gewissen, Mitschuld, allerdings auch Zuversicht, geben sie 1954 mit ‚Romeo und Julia in Wien‘ ihr vom Titel und Thema her interessantestes Dichtwerk heraus. Die verfeindeten Eltern sind USA und USSR; die Parallele wird erfüllt durch den unklugen Rat eines Hofrats — anstelle von Friar Lawrence —, der zum angeblichen Selbstmord der jungen Russin und zum Selbstmord des Amerikaners führt, worauf sie sich den Behörden stellen wird. Das ist zu viel an Treue zur Vorlage und erzeugt nicht ein allgemein menschliches Schicksal, sondern eine düstere Travestie, die damals gut lesbar war.

Milo Dors eigene Arbeiten sind am meisten überzeugend, wenn er aus seinem Leben berichtet. In historischer Reihenfolge, nicht in der Reihenfolge des Entstehens, hat er die drei Romane ‚Nichts als Erinnerung‘, ‚Tote auf Urlaub‘, ‚Die weiße Stadt‘ zur ‚Raikow Saga‘ (1979) zusammengefaßt und bezeugt damit, daß vom Gesichtspunkt des Verlegers ein solcher Titel trotz der Saga-Literatur zwischen 1933 und 1945 nach der ‚Forsyte-Saga‘ (im Fernsehen!) wieder möglich ist. — Der erste Teil stellt den Untergang einer Familie und der Welt des alten Österreich dar, nahe Joseph Roth: „Alles war vergangen wie der Augenblick, in dem Mladen die Eistänzerin zum erstenmal erblickt hatte, wie der Augenblick, in dem er unter den kahlen Bäumen des verlassenen, herbstlichen Parks Bossa geküßt hatte, das alles war vergangen und würde nie mehr zurückkehren. Das alles war einmal Leben gewesen, und jetzt war es nichts als Erinnerung, die immer schwächer und flüchtiger wurde". Der zweite Teil zeigt in vielen Episoden das undurchschaubare, nicht zu steuernde Leben während der Zeit der deutschen Besetzung Jugoslawiens, Mladens ernüchternde Erlebnisse dort und um die Zeit des Kriegsendes und der Befreiung in Wien. Das Ende der Trilogie ist stilistisch wesentlich modernisiert, mit Bezug auf das Erzähl-Ich und seine Tätigkeit. Die Stellungnahme des Erzählers zum Helden, die verschiedenen Berichterstatter — manches in diesem mit Federmanns ,Felix Austria' parallelen Nachkriegsroman weist auf Doderer; der Versuch, durch Gespräche und Überschriften dem Roman eine höhere Ebene zu gewinnen, wird gestützt durch die doppelte Deutung des Titels: er ist Übersetzung von ,Belgrad' und Symbol: „Jede Jugend spielt sich in der Erinnerung in einer Art weißer Stadt ab". (316)

Im Jahr 1956 kam *György Sebestyén* nach Österreich. Der Roman ,Die Türen schließen sich' (1957), Darstellung des niedergewalzten Befreiungsversuchs der Ungarn, ist noch in ungarischer Sprache entstanden und wurde übersetzt. Das Buch ist eines jener seltenen Geschenke, in denen Politik und Liebe sich ganz verbinden. Die Gemeinschaft von Zoltán und Anna, der jungen Frau seines Professors, in den Kampftagen ist hohe Poesie. Anna stirbt unter den Schüssen eines Panzers, aber sie ist die Verheißung, daß die Menschen auch in der Zukunft Geist-Welten erzeugen werden, sobald sie Kraft haben über die tägliche Not hinaus. ,Der Mann im Sattel' (1961) ist bereits deutsch geschrieben, zeigt die starke, direkte Erotik Sebestyéns: „Die Frauen wollen nicht Ideen, sondern Männer. Die Ideen aber kommen aus dem Energieüberschuß, der in den Männern zwischen zwei Liebesakten übrigbleibt." Das Buch zielt auf das Eingehen des einen Menschen in den anderen, das Außen und Innen verwandelt. Eifersucht ist ein Schmerz „außerhalb seines Körpers", das Liebeserleben ist, als „befände [er] sich nun in der inneren Landschaft ihres Körpers". (317)

Das Buch zum Sechstage-Krieg, ,Anatomie eines Sieges', ist

Im Presseclub Concordia Wien: Jeannie Ebner, Hans Weigel,
Rudolf Henz (PEN)

kultivierter Journalismus, mit Tiefgang, der in der Erkenntnis gipfelt, es sei aussichtslos, „die schreckliche Ambivalenz der Dinge zu enträtseln". (318)

Es ist interessant, die Entwicklung des Schriftstellers weiter zu verfolgen, wie er um 1970 stilistische Experimente unternimmt, in die Nähe des Chassidismus und der Eleganz Artmanns gerät und dann vor dem Hintergrund von Schillers ‚Jungfrau von Orleans' eine überzeugende Farce schreibt, ein packendes Spiel vom Menschen zwischen Geborenwerden, Geschlechtsgenuß und Tod (‚Agnes und Johanna oder Die Liebe zum Augenblick').

Die Rede, die Sebestyén 1977 bei der Entgegennahme des Wildgans-Preises hielt, trägt den Titel ‚Parole Widerstand Fortschritt oder Rückfall? Versuch einer Standortbestimmung', ist zurecht ein Bekenntnis seines eigenen Standortes, der ganz im Sinn von 1956 zum Beginn formuliert wird: „Der Mensch kann ohne Utopie nicht dauerhaft existieren." Es folgt der Dank an seinen ersten „Meister in der Literatur", Miklós Radnóti, das Gedenken an Csokor, der in ihm die Erinnerung an Horváth und Molnár begrüßte, der Hinweis auf Doderer und in dessen Sinn auf die Gefahr, aus ‚kultureller Desintegration' könnte sich eine Verengung des Horizonts und damit „mentale Lähmung" ergeben. (319) Doderer hatte gesagt: Die Lyrik sei wegen ihrer Bodennähe „am nächsten der Gefahr des Provinziellen, für welches einem Europäer auch das rein Nationale schon zu gelten hat". (320)

Die im Druck veröffentlichten Hörspiele sind für Sebestyén seinen eigenen Worten zufolge Gelegenheiten, wesentliche Fragen zu besprechen. Wie bei Schönherr sind die Personen um ein Thema angeordnet, das durch ihre Worte spannungsreich gestaltet ist: die totale Staatsmaschine (‚Das Ohr'), der Kampf der Männer (Gatte, Geliebter, Sohn) in Liebe, Haß und Rache, während die Frau, eine bedeutende Schauspielerin, bereits gestorben ist und nichts mehr gutgemacht werden kann (‚Gesang der Böcke'), der Mensch ohne Sicherheiten, aber aufgerufen, wach zu sein für andere (‚Kapitän Landolfi').

Schon 1967 hat Sebestyén unter dem Titel ‚Beispiele' eine Anthologie mit Beiträgen von 32 österreichischen Erzählern der Gegenwart herausgegeben. Er versteht die österreichische Literatur als Zeugnis einer aus verschiedenen Stämmen gewordenen, von slawischen und ungarischen Beiträgen angereicherten, geistigen Eigenständigkeit. Sie sei in unseren besten Leistungen „beinahe immun gegen die idyllische Geschmacklosigkeit der Austromanie und deren Vorliebe für das Zwergenhafte und mehr als immun, nämlich abweisend, gegenüber der aggressiven Geschmacklosigkeit eines größenwahnsinnigen Pangermanismus"; er spricht vom „unpathetischen Widerstand [...] gegen das kurzlebige Provokative". Etwa ein Viertel der Autoren des Bandes sind „außerhalb der Grenzen des heutigen Österreich geboren". (321) Dieses doppelte Bekenntnis, zum übernational ‚Österreichischen' und zur ‚Utopie', verstärkt Sebestyén durch zwei bedeutende Zeitschriften, deren Chefredakteur er ist: ‚Pannonia' seit 1973, ‚morgen' seit 1977. Auch hier wird immer wieder die eigentümliche Modernität der österreichischen Literatur erlebbar, etwa im Heft 3 der ‚Pannonia' über ‚Die österreichische Literatur in Rußland': Elisabeth Heresch nennt (referierend) als erscheinende Eigenschaften „Zweifel, Zerbrechen am Kontrast Ideal — Realität, Düsterkeit [...] Glaube an menschliche Welt, Flucht vor Realität" und stellt darauf nach dem Vorbild von Hofmannsthals ‚Preuße und Österreicher' deutsche und österreichische Literatur einander gegenüber. Hermann Gail spricht in ‚morgen' von der Suche des ‚Autors unserer Tage nach der Realität' und endet mit der Feststellung: „Niemals sind so viele bekennende Autoren in Lagern und Kerkern umgekommen, wie in diesem Jahrhundert. Wir alle, ob wir es wahrhaben wollen oder nicht, sind die wahren Kinder Kafkas". (322)

1978 beginnt die ‚Zeitschrift für internationale Literatur' ‚Log' zu erscheinen, herausgegeben von Lev Detela, Peter Kersche und Wolfgang Mayer König; sie entspricht in der Reichweite ihrem Programm: USA, Argentinien, Ostasien, Finnland, Jugoslawien. Sie neigt zu experimentellen und seriellen Texten, kritisiert schroff das sozialpartner-nahe Verhältnis von Kunst und Macht, die Lage der Arbeiter durch Darstellung eines Rollentausches von Arbeitern und Tieren im Zoo (Manfred Chobot), nimmt ungarische und polnische Literatur auf (Stanislaw Jerzy Lec) und den überraschenden Text von Anna Kamienska ‚Der Archäopterix': „Das erste Gedicht schrieb die Natur / auf eine graue Juraschiefertafel. Die Knappheit dieses Gedichtes — unerreichbar" (323) durchaus im Sinn moderner Ästhetik.

Detela ist 1939 in Marburg geboren, im Jahrgang 1973 waren seine Gedichte ‚Der große Schlucker' (ČSSR 1968), ‚Der Knabe

mit sieben Fingern' (sieben Ostblockstaaten) noch als Über-
setzungen aus dem Slowenischen in ‚Literatur und Kritik' abgedruckt; seine Legenden ‚Der Vater' (1977) zeigen ein düster un-
greifbares Erlebnis des Generationenkonflikts. Er erzählt meist
nicht Geschichten, sondern Anlässe zum Geschehen, Großaufnahmen von Sinnlosigkeit und Untergang. Detela ist Mitarbeiter der
Zeitschrift ‚das pult', ebenso Vintila Ivenceanu, der 1970 aus
Bukarest nach Wien kam, seine Gedichte in der Übersetzung durch
Heidi Dumreicher in der ‚Pestsäule' veröffentlichte, dann in
deutscher Sprache auch im ‚Podium' publizierte. ‚Unser Vater der
Drache' erschien 1972: ein Spaß mit erfundenen Namen, vor dem
Hintergrund Doderer Tolkien, könnte man zuerst denken; aber
das ist es nicht: es ist sein Land, eine blühende, siegreiche Phan-
tasie, fast kindlich wirkend, eine Verbindung von Kraft, Grausamkeit und guter Laune.

Natürlich wären nun Pavel Landovsky, dessen Spiel ‚Arrest'
in Wien aufgeführt wird, Pavel Kohout zu nennen. Der Beitrag
der Ausländer in der österreichischen Literatur der Gegenwart ist
bedeutend. Die Zahl entscheidet nicht, aber daß sie fast alle aus
ehemals österreichisch-ungarischen Ländern kommen, ist wesentlich als Zeichen der überdauernden Verbindung, jedenfalls Erinnerung. Daß sie in kurzem sich der deutschen Sprache in Österreich
bedienen, ist fast selbstverständlich; wichtig ist dagegen wieder,
und nicht selbstverständlich, was sie bringen: politische und gesellschaftspolitische Wachheit, Fähigkeit zur Kritik aus anderer Schu-
lung; die Rauhigkeit und Eigenart des Ausdrucks aus der Spannung von Muttersprache und neu-erworbener Sprache; eine andere,
jüngere und kräftigere Art zu leben und zu empfinden, besonders
mit Sebestyén eine Erotik voll Selbstverständlichkeit und ohne
Aggressionen. Sie alle bewahren und verstärken das Hinterland,
geben der Dichtung eines Joseph Roth oder Gregor von Rezzori
oder Sperber einen anderen Aspekt, indem sie nicht als Letzte,
sondern in einer andauernden Tradition stehen.

Österreichs Literatur — österreichische Literatur

Auch Lev Detela nimmt Stellung zu der Frage, ob es eine
österreichische Literatur gibt, und zwar 1975 im Heft 38 des
‚pult', wobei er sich (zum Eingang) des Aufsatzes von Herbert
Eisenreich bedient: ‚Schöpferisches Mißtrauen' also, ob Österreichs Literatur eine österreichische Literatur sei. Das Mißtrauen

war zuerst ‚Aufruf‘ gewesen, im ‚Plan‘, von Ilse Aichinger erlassen. Von Breicha und Fritsch ging 1967 die ‚Aufforderung zum Mißtrauen‘ aus, und Detela bezieht sich auf eine in Marburg in Jugoslawien von Alois Hergouth veröffentlichte Anthologie mit Eisenreichs Beitrag, der bereits 1961 in ‚Wort in der Zeit‘ erschienen war.

Detelas Zielpunkt ist der Hinweis auf die mehreren Literaturen Österreichs, die Kritik daran, daß bis 1975 noch kein „slowenischsprachiger Schriftsteller ein staatliches Stipendium erhalten" habe; nun spricht er von den österreichischen Besonderheiten, „deren wichtigste in der Zurückhaltung gegenüber jedem Modernismus wurzelt sowie in gesundem Mißtrauen gegenüber allem, was nur scheinbar wichtig und zutreffend ist". (324) Damit soll nicht das Mißtrauen als entscheidende Haltung oder gar Inhalt unserer Literatur angedeutet werden, wohl aber zeigt sich die Neigung, gute Formulierungen zu bewahren.

Ein entscheidender Zeitpunkt für das Selbstverständnis der österreichischen Literatur bzw. ihrer Schriftsteller ist in der Mitte der sechziger Jahre gegeben. Nachdem Gerhard Fritsch und Wolfgang Kraus 1963 die Lyrik-Anthologie ‚Frage und Formel‘ herausgegeben und im Nachwort vorsichtig von einer sichtbar werdenden Kontinuität gesprochen hatten, sagte Fritsch im Eingang der ‚Protokolle‘ 1966: Indizien sprechen für österreichische Spezialentwicklungen; Wien, einst Metropole, habe seine Einzugsgebiete verloren, aber nicht seine Assimilationskraft. Kruntorad blieb skeptisch: Mit dem Abstand vom 19. Jahrhundert verliert sich das spezifisch Österreichische. (325) So hatte 1960 auch Hilde Spiel gesagt, Doderer führe die österreichische Literatur „mit zarter Hand, im Menuettschritt, an die Seite der mächtigen und mütterlichen deutschen Literatur". (326) Doderer starb 1966. Die ‚Protokolle‘ 1967 enthalten seine Athener Rede; dort sagte er: Sieben Jahre der Unterdrückung ließen die Vergangenheit Österreichs neu ‚zu Kristall schießen‘, bis zu den Römern hinab; nun sei eine in die Kategorien der deutschen Literatur nicht einzuordnende österreichische entstanden. Hilde Spiel sagt im selben Band: Graf Bühl in Hofmannsthals ‚Der Schwierige‘, Musils Ulrich und Doderers Melzer in der ‚Strudlhofstiege‘ seien ‚fast austauschbar‘, Wien und seine Nachbarn seien wieder verbunden, aber ein besonderer Beitrag Österreichs werde bleiben (327); und Weigel nennt Doderer den Maria Theresien-Ritter unserer Literatur, der sie ‚Von Kakanien nach Österreich' geführt habe. (328) In den mittleren sechziger Jahren war ‚Il mito absburgico' von Claudio Magris ein einflußreiches Buch; alle Österreicher lebten in Hofmannsthals ‚Turm', sagte er: das ist längst nicht mehr wahr, es wird auch kaum mehr gesagt. Ulrich Greiners ‚Der Tod des Nachsommers' (1979) hat manche gute Gedanken, aber die auf Grund einiger Zitate aufgestellte Behauptung, ‚die ästhetische Eigenart der österreichischen Literatur sei untrennbar mit Wirklichkeitsverweigerung verknüpft', ist mindestens ein Anachronismus. (329)

1963 folgerte Améry aus der Abwanderung der Stärksten in die BRD: es gebe in Österreich kaum eine österreichische Literatur (330), und im selben Jahr schreibt Rudolf Henz in den ‚Akzenten' über ‚Wort in der Zeit': „Nur wenn wir unser relativ begrenztes, der Substanz und geistigen Wirkung nach keineswegs schmales und schon gar nicht ‚provinzielles' Gebiet betreuen, tragen wir das unsere zum gesamten deutschen Schrifttum bei" (331); darauf Frank Trommler 1967: Österreich kann nur in der Distanz zu Deutschland zu einem Selbstverständnis kommen. (332)

Ein Hauptanzeichen der Stärke und Erhitzung der Diskussion ist die Umfrage 1965 in ‚Wort in der Zeit'; Weigel bejaht, Breicha sagt: die österreichische Literatur ist ein Phänomen, nicht eine Anmaßung; Herrn Humbert Fink „ist das scheißegal"; Rüdiger Engerth verweist auf Hofmannsthal: das Österreichische habe ‚einen Hauch von geistigem Universalismus', es sei „immun gegen Auflösungstendenzen"; Csokor sagt: Der Nationalismus des echten Österreichers ist ein Über-Nationalismus; das trifft die Grundaussage von Joseph Roth und ein Wort Sperbers. (333)

Tilman Tumler berichtet vom ‚4. Kongreß der Incontri Mitteleuropei in Görz, November 1969': man (an)erkannte dort eine Gemeinsamkeit, die sich noch im Klang der verschiedenen Sprachen auswirke, die österreichische Humanität in den einst österreichischen Staaten. (334)

Damit sind Aussagen des von Otto Schulmeister 1957 herausgegebenen Sammelwerkes ‚Spectrum Austriae' verwandt: Erich Zöllner spricht von der im Untergang der Monarchie welthaltig gewordenen humanitas austriaca, Friedrich Heer ebenda vom reinen Sein, das schon in etwas andrer Weise Wilhelm Bietak in einem viel beachteten Buch ‚Das Lebensgefühl des Biedermeier' als Lösung gesehen hatte, aber als Einheit der Gegensätze. Karl August Horst nennt das 1955 unter dem Gesichtspunkt der ,Austria hispanica' eine ,unsichtbare Gesamtordnung', in der jeder Österreicher stehe. „Seine Bildung wirkt auf uns Deutsche realistischer und zugleich philosophischer, individueller und zugleich lebenskundiger als unsere eigene. Sie erwächst aus einer Tradition, die vielschichtig genug ist, um neue Ströme in sich aufzunehmen, ohne doch das alte Bett zu verlassen". (335) Das erinnert an die oben genannte spätere Aussage von Fritsch, es ist aber auch in Übereinstimmung mit allen, die den Ordo oder die Polarität und die Ambivalenz-Haltung des Österreichers betonen (und auf das Zeitalter des Barock zurückführen). (336)

In den ,Protokollen' 1975/1 sagt Weigel im Zusammenhang mit der Kritik an Eingriffen in österreichische Manuskripte bei Veröffentlichungen in bundesdeutschen Verlagen: Österreich habe „überraschenderweise eine Gegenwart gewonnen". (337) Der Beweis dafür, daß er recht hat, ist am besten zu erbringen durch einen Blick in Stimmen des Auslands.

Carl E. Schorskes ,Fin-de-siècle-Vienna', New York 1961, ist 1981 in fünfter Auflage erschienen; ein starker Akzent liegt auf dem Ambivalenz-Phänomen; 1968 folgt E. Wilder Spaulding, ,The Quiet Invaders — The Story of the Austrian Impact Upon America'; 1972 folgt William M. Johnstons ,The Austrian Mind', eine Darstellung allerdings der Zeit des untergehenden Großstaates, aber der großen Leistungen und der utopischen Kraft der ,gay Apocalypse'. ,Le Monde' enthält am 17. Jänner 1975 das Gegenstück zu Spaulding: Jean Louis de Rambures, ,L'invasion autrichienne': Böll Grass Johnson seien durch die Österreicher Handke Bernhard Bauer Sommer Kroetz verdrängt worden; das ist ein Signal, denn 1934, als Walter Benjaman plante, in Paris Vorträge zum Thema ,L'avantgarde allemande' zu halten, wurden Kafka und Kraus neben Brecht und Bloch genannt; jetzt der Bayer Kroetz als Österreicher.

Der Anteil der Österreicher innerhalb des Gesamtbereichs der deutsch-sprachigen Literatur ist derzeit überaus hoch: der ,Fischer Almanach der Literaturkritik' 1980/81 nennt unter 92 Autoren 11 Österreicher, während nur jeder dreizehnte Deutsch-Sprechende ein Österreicher ist. ,Die deutsche Lyrik 1945—1975', herausgegeben 1981 von Klaus Weissenberger, enthält unter 31 Dichterporträts acht Österreicher, ohne Busta und Mayröcker. Von einer Trennung in verschiedene Literaturen spricht hier niemand. Der Traditionalismus hat sich in Österreich nach 1945 stärker erwiesen, die Anstöße zum Neuen kamen von außen, so die dokumentarische Literatur, Literatur der Arbeitswelt, Literatur als Instrument der Gesellschaftsveränderung; aber der entscheidende Anstoß zum Anschluß an die nicht aufgearbeitete literarische Vergangenheit, an Surrealismus und Dada, kam aus dem eigenen Bereich. Zur Frage der Sonderstellung der österreichischen Literatur ist eine Sammlung von Pressestimmen zum Wiener Neustädter Symposion ‚Fünf Literaturen — eine Sprache‘ sehr interessant, die in Heft 13 von ‚Podium‘ im August 1974 enthalten ist. Von den elf in- und ausländischen Zeitungen nahmen sieben zu dem Problem — soweit die Ausschnitte informieren — nicht (unmittelbar) Stellung. ‚Die Presse‘ sprach von Einigkeit „über das Verschwinden nationaler Differenzierungen", die ‚Nürnberger Zeitung‘ von Skepsis, ‚Die Tat‘ (Zürich) und das ‚Luxemburger Wort‘ bejahten die Selbständigkeit der fünf Literaturen.

Die Frage muß und kann nicht ohne Einschränkung und nicht für unbestimmte Zeit entschieden werden. Die Vielzahl der Fragen und Antworten hängt eng mit dem hohen Anteil von Österreichern an der Literatur der Gegenwart zusammen und mit ihrer auf Grund der Verlagslage so starken Präsenz im (deutschsprachigen) Ausland. Die Vielzahl von übereinstimmenden Angaben, Behauptungen, Beweisen über kennzeichnende Verschiedenheiten erlaubt eine bejahende Antwort. Offen ist die Stärke der Betonung, sie hängt von vielen, darunter wesentlich auch subjektiven Faktoren ab.

Ein bisher nicht genannter Gesichtspunkt soll noch ins Gesamtbild gebracht werden: die große Bedeutung einiger schulbildender Autoren, die einzeln überragt werden von Novalis und Adalbert Stifter, der wiederholt Gegenstand der Darstellung durch Schriftsteller ist: Emil Merker 1959, Hans Berger (‚Untergang und Aufgang‘) und Herbert Eisenreich (‚Das kleine Stifterbuch‘) 1968, der ‚Versuch über Stifter‘ (338) von Rosei 1976 — Rosei hat Stifters ‚Kalkstein‘ und ‚Der Kuß von Sentze‘ herausgegeben. Helmut Scharf stellt dem Buch ‚Der Mittelmäßige, Protokolle einer Tochter‘ (1973) die Stelle aus der Vorrede zu den ‚Bunten Steinen‘ voran: „Ein ganzes Leben voll Gerechtigkeit [...] halte ich für groß". Stifter zählt im Laufe der letzten Jahrzehnte nach einzelnen weiter zurückliegenden Zeugnissen — wie Gertrud

Fussenegger — zu den am häufigsten durchscheinenden Stil-mustern, er zeigt damit eine sich verstärkende Tendenz an. Solche Wellenbewegungen bestimmen mit das Erscheinungsbild einer Literatur und geben Hinweise auf ihre Richtung: zum Zentrum oder zur Peripherie.

Renaissancen

Immer gab es den Zeitstil, die Lieblingsthemen und die Be-rühmten, immer auch die außerliterarischen Beweggründe. Die Gegenwart wird außerdem bestimmt durch Marktforschung, Pro-paganda — die das Tempo der Entwicklung beschleunigt in Auf-stieg und Abstieg —, die Erweiterung der Kenntnis in Zeit und Raum. Seit der Romantik sind die Stile wählbar, in der Gegen-wart überlagern sie einander vielfach und werden zu Ausdrucks-mitteln, Folien, Techniken.

Der Verlorene Sohn — aber nicht der reuige Heimkehrer, son-dern der, der nicht mehr geliebt werden will, Odysseus-Ulysses und das Labyrinth, das Niemandsland sind Leitmotive unseres Jahrhunderts geworden. Der Heimatlose, der Verfolgte, die Zeit-kritik scheinen tragende Themen für lebende Schriftsteller oder die Wiederkehr der Verstorbenen, Vergessenen zu sein. Aber die Bemühungen Oskar Jan Tauschinskis um das Werk der von den Nazis ermordeten Schriftstellerin Alma Johanna König, eine Neu-auflage des Romans ‚Der jugendliche Gott‘ (1980), die Stiftung eines Literaturpreises, der ihren Namen trägt, haben sie nicht ins literarische Leben zurückgeholt; auch nicht ihre am Volkslied, an der Bibel und am antiken Erbe gewachsene Lyrik, die ihre Leiden-schaft und ihr Leid zu glaubwürdiger Gestalt formen.

Edwin Rollett, Fritsch und Zuckmayer (340) haben ihre Hoch-schätzung für Theodor Kramer ausgesprochen, ohne daß sein Werk, dessen Stimmung und Gestalten so sehr der Gegenwart zu entsprechen scheinen, ins allgemeine Bewußtsein gedrungen wäre. Das ist viel leichter verständlich bei Roman Karl Scholz, dem Widerstandskämpfer, wegen der deutschnationalen Töne sei-ner Lyrik und Prosa, bei Kurt Leopold Schuberts ‚Wiener Xenien‘ (1927) mit ihrer zürnenden Kritik über das Österreich, dessen Wappentier das Backhendl ist, wegen seines Pathos.

Hier wird, soweit solche Entscheidungen aufzulösen sind, die Ursache gegeben sein auch für die Verdrängung Werfels, der mit einer Reihe seiner Themen der Gegenwart entspricht.

Hermann Grabs Roman ‚Der Stadtpark' (1935) mit seinem dokumentarischen Stil, seiner starken Metaphorik, das Wesentliche in die Nebensätze verdrängend, ohne Vertrauen in Welt und Wirklichkeit, ist vielleicht nur nicht von dem Literaten oder Verleger entdeckt worden, der ihn mit Erfolg ins Blickfeld gerückt hätte.

Als 1956 eine eindrucksvolle Auswahlausgabe ‚Dichtungen und Dokumente' von Berthold Viertel erschien, setzte sich dieser große Prosaist und bedeutende Lyriker nicht durch, und es ergab sich daraus kein Impuls für Peter Altenbergs Rückkehr. Aber in den siebziger Jahren erscheint Altenberg der Mensch, der Literat, der Briefschreiber, in ‚Literatur und Kritik' und in ‚Freibord', und das könnte zum Erfolg führen.

Am 22. November 1981 war in den Kulturnachrichten des österreichischen Fernsehens die Rede von der Neu-Inszenierung von Ferdinand Bruckners ‚Krankheit der Jugend'; es wurde dazu erklärt, das damals als übertrieben abgelehnte Spiel, in expressionistisch verknappter Sprache, eine Darstellung des Todestriebs, sei nun aktuell aus dem Gefühl der Hoffnungslosigkeit, im Verlust der Utopie; es habe nicht nur Gültigkeit für das Pubertätsalter wie Wedekinds ‚Frühlings Erwachen'.

Es könnte leicht sein, daß das 1938 in Zürich uraufgeführte, gegen den Nationalsozialismus gerichtete Werk ‚Die Rassen' die Bruckner-Renaissance weiterträgt, ebenso, daß Artmanns dramatischer Bearbeitung des ‚Kirbisch' von Wildgans für die Spielzeit 1982/83 eine Wildgans-Renaissance folgt.

Solche Aktualität ergibt sich auch im kleineren Umfang, hinsichtlich einzelner Werke eines längst bekannten und in seiner Schätzung und Deutung scheinbar festliegenden Dichters, so mit Wolfgang Roths Arbeit über das ‚Märchen der 672. Nacht' von Hofmannsthal im Heft 120 von ‚Literatur und Kritik': Hofmannsthal zeige sich hier kritisch, es sei ein scheinbar nicht ausrottbares Vorurteil der marxistischen Literaturwissenschaft, nur Realismus und Naturalismus könnten kritisch sein. Schon in Heft 95 (1975) hatte Maria Luise Caputo-Mayr über ein Kafka-Symposion in den USA berichtet, es sei dort ein diametral anderes Kafka-Bild entstanden: Kafka als Helfer im Kampf gegen die Entfremdung, für eine bessere Zukunft. Es ist denkbar, daß eine solche Zielsetzung aus dem Raum der Literatur hinaus in den der Lebenshilfe führt.

Anders ist es mit der großen Jura Soyfer-Ausgabe, die nicht nur als literaturwissenschaftliche Arbeit, sondern durch Hinweise in der Zeitschrift ‚Frischfleisch‘, in den ‚Protokollen‘ vorbereitet wurde und einen wichtigen politischen Dichter der dreißiger Jahre, mit ihm ein Stück ‚Literatur am Naschmarkt‘, Beziehungen zu Tucholsky und Hasenclever ans Licht hebt. Das sind die eigentlich wichtigen Entdeckungen.

Aber alles in diesem Zusammenhang Gesagte ist nur Einleitung zu den beiden exemplarischen Fällen Schnitzler und Horváth.

Das ‚Wiener Literarische Echo‘ besprach im vierten Heft des Jahrgangs 1949/50 die Ausgabe der ‚Ausgewählten Erzählungen‘ von *Arthur Schnitzler* bei Fischer 1950. Dort steht: „Man vermag es nicht zu fassen, daß — wofür sich viele ältere Leute verbürgen — Arthur Schnitzler einmal ein begehrter Autor war (und es bei etlichen jener Leute vermutlich auch heute noch ist, falls der Verlag nicht aus anderen Gründen, etwa der Pietät, das Buch gedruckt hat): wir können nämlich diesen Erzählungen kaum mehr etwas abgewinnen. Die gebotene epische Mixtur aus Leutnantsromantik und -sentimentalität, aufgeputzten Selbstmorden und oberflächlicher, aber alles durchdringender Sexualität, ferner der ebenso oberflächliche, bobbyhafte Jargon — nein, derlei läßt uns kalt, wir haben nach vier Erzählungen das Gefühl, die aufgewendete Zeit wäre eines besseren Gegenstandes wert gewesen.“

Wahrscheinlich sind die äußeren Umstände des Lebens und die Tatsache, daß so kurz nach 1945 der Kenntnisvorrat in den meisten an Literatur Interessierten in dieser Hinsicht gering war, der Mangel an Sensibilisierung also, Grundlage solcher Fehlurteile. Auch hier waren die sechziger Jahre die entscheidende Zeit, in der die Kunst um 1900 wieder entdeckt, geschätzt, ausgestellt wurde. Dem Buch von Breicha und Fritsch ‚Finale und Auftakt‘, 1964, kommt ein hohes Verdienst zu. Hier ist diese zerfallende Welt, ihr Schein und Gleichnischarakter gesehen, das Zwielicht von Apokalypse und Anfang; Freud und Weininger, die Vorwegnahme Kafkas in Kubin, des Terrors in Musils ‚Törleß‘; Fritsch nennt die Zeit „das pomphaft unwirkliche Finale Alteuropas“ (341); die Welt als Bühne, der Mensch als Puppe. Das ist nicht die Wiederkehr des Barock, sondern das ist, im Ineinander von Ornament und menschlicher Figur des Jugendstils vor Augen gestellt, die (säkularisierte) Zwei-Ebenen-Welt des Barock. Es ist die 1981/82 in der Hermes-Villa in Wien in einer Ausstellung gezeigte, in einem Katalog unter dem Titel ‚Anatols Jahre‘ in vielen Aufsätzen und Bildern dokumentierte Schnitzler-Welt.

1978 berichtet ‚Literatur und Kritik‘, Schnitzler stehe in der amerikanischen Rangliste österreichischer Literatur unmittelbar nach Grillparzer (342), die Neue Zürcher Zeitung vom 11. November 1976 sagt, je weiter wir uns zeitlich von Schnitzler entfernen, desto höher steige sein poetischer Wert, die ‚Komödianten‘ am Karlsplatz in Wien spielten im Schnitzler-Jahr 1981 ‚Fräulein Else‘, dramatisiert als „die Geschichte eines Kampfes zwischen Individuum und Gesellschaft“.

Die Forschung hat die Unabhängigkeit Schnitzlers von Freud erwiesen, sie stellt neben der Gesamtausgabe nun die Tagebücher Schnitzlers bereit. Die Menschen als Masken des Eros, die Hilflosigkeit der Worte und die Einsicht in diese Hilflosigkeit — aber wir haben eben nichts anderes —, wir sind nur im Augenblick daheim; das Leben ist ein Spiel, es zu wissen, befreit; die Ordnung ist künstlich, ein System über dem Chaos des Natürlichen; „das Ineinanderfließen des Gegensätzlichen“ in Schnitzlers Werk ist als philosophisches und stilistisches Prinzip wirksam; Gespräch ist nicht Dialog, sondern „Zitieren typischer Verhaltensweisen“ (343); „Was man Schnitzlers frivole Melancholie genannt hat, ist ja nichts anderes als eine erstaunliche Verbindung des barocken und impressionistischen Lebensgefühls“. (344) Das alles bedeutet Schnitzler unserer Gegenwart. Seine Wiederkehr überbietet seine Gegenwart.

Die Wiederentdeckung *Horváths* ist ebenfalls ein Vorgang der sechziger Jahre. 1962 schreibt Traugott Krischke in den ‚Akzenten‘ über ihn. Mit dem Unmut und dem Kampfgeist des Entdeckers zitiert er aus Horváths theoretischen Bemerkungen, über seinen Willen, das seit der Barockzeit überlieferte Volksstück ‚formal und ethisch zu zerstören und im Milieu des Proletariats und des Kleinbürgertums neu aufzubauen‘; als ‚moralische Anstalt‘ neu gestalten mit der Technik der Demaskierung des Bewußtseins. Krischke hebt Horváth ab gegen die Dramatiker des Jahrhundert-Ausgangs und des frühen 20. Jahrhunderts, gegen die großen Komödiendichter, als den Dichter der Demaskierung „durch den Menschen selbst, durch dessen Gegenüber, durch den Partner“. Dieser Prozeß werde vorbereitet durch den „Kampf zwischen Bewußtsein und Unterbewußtsein“ (345), der sich in Pausen des Dialogs vollzieht. In der Maske des Lächelns kündigt sich die getroffene Entscheidung an, die den Untergang des Individuums gegenüber einer unerbittlichen Gesellschaft anzielt. Phrasen maskieren die Sprache des Individuums und geben ihr Anspruch auf Gültigkeit, während die leitenden Motive die Triebe sind (anonym wie die Phrasen). Vor diesen Spielen, sagt Krischke, muß der Regisseur kapitulieren und treu ausführen — oder versagen.

In Band 19 der ‚Akzente‘ sagt der Herausgeber: „Auf unsere Bühnen ist Ödön von Horváth zurückgekehrt; 1962 wurde das Berliner Horváth-Archiv gegründet, 1971 fand ein Colloquium statt, zwei der Referate werden hier veröffentlicht, dazu ein Forschungsbericht: Horváths Aktualität ist anerkannt: Die Beziehungslosigkeit der Dialoge nimmt zu im Maß der Annäherung der Personen aneinander; Horváths Materialismus weicht einem „bisweilen sogar christlich gefärbten Moralismus", der Anteil von Symbol, Allegorie, Parabel, Märchen steigt. (346) Herbert Gamper stellt im zweiten Band der ‚Protokolle‘ 1976 seinen Beitrag unter das Vorzeichen ‚Erlösung vom Tod ...‘; „Der Tod ist allgegenwärtig in Horváths Werken". Ein realistisches Darstellungssystem deckt sich „mit einem System symbolischer Bilder"; „dieses organisiert und kommentiert jenes, ohne merkbar die raum-zeitliche Ordnung zu verletzen. Die versteckten Bilder haben durchgehend [...] die Andeutung des Todes. Dadurch sind Horváths Dichtungen unheimlich". Horváth, in seinen Romanen nach dem Erlebnis des nationalsozialistischen Deutschland voll von Ironie und Erbitterung, ist Realist im Aufgreifen der Stoffe und Begebenheiten, radikaler Ethiker in der Durchführung; erbarmungslos entlarvt er Triebe, Feigheit, Herzlosigkeit. Die Schlagfertigkeit der Reden, in denen die Gemarterten, Leidenden auf die Phrasen der Unbescholtenen antworten, ist überzeugend. Die Gesellschaft und die leidende Menschheit sind gegenwärtig in diesen Stationendramen. Horváth nennt das Spiel ‚Glaube Liebe Hoffnung‘ einen ‚kleinen Totentanz‘, zurecht wegen der Wiederkehr der Figuren in geschlossenem System und als Stellen im Gefüge. Der Titel selbst ist in dieser Reihenfolge der Wörter vorgebildet im Ausgang von Büchners ‚Leonce und Lena‘ — er kehrt übrigens in Bonattis ‚Centuricus‘ wieder — und er ist ein Hinweis, vielleicht ein Bekenntnis: Franz Theodor Csokor, der den Band ‚Horváth‘ der Reihe ‚Das österreichische Wort‘ gestaltet, sagt: ‚Sladek, der schwarze Reichswehrmann‘, sei sein ‚Woyzeck‘; und: der Dialekt sei echt wie vor Horváth nur bei Nestroy, eine Zusammenstellung, die nicht nur dieses eine Mal begegnet. (347)

Die Renaissance Horváths verläuft zeitlich parallel mit der Schnitzlers. Nicht nur die durch Zitate charakterisierende Sprechweise verbindet die Technik beider. Heinz Gerstinger nennt in seiner Abhandlung ‚Das Volksstück auf dem gegenwärtigen Theater' die Mädchen, die in Horváths Spielen Opfer der Umwelt werden, ‚entfernte Schwestern des Schnitzlerschen süßen Mädels'. (348) Wesentlicher noch ist die Erkenntnis der Verwandtschaft mit Nestroy, der auch mit der unfreiwilligen Selbstironisierung seiner Figuren arbeitet, der als Skeptiker, als Kritiker, als Sprachkünstler, als Gestalter dramatischer Szenen und Situationen voll Widersinn von Karl Kraus anläßlich des 50. Todestages neu ins Licht gerückt wurde und nun einer der am höchsten angesehenen österreichischen Schriftsteller ist.

Diese Gruppe — Büchner Nestroy Horváth — ist zu einer tragenden Grundlage geworden, auf der Bearbeitungen, Vorlesungen, Aufführungen, Umbildungen — so Peter Henisch, ‚Lumpacimoribundes' —, Film und Fernsehfilm ruhen.

Das christliche Volksstück erlebte nach 1945 eine kurze Blüte mit Rudolf Henz und Hans Naderer, besonders dessen ‚Unheiligem Haus': ein Nonnenkloster als Asyl für eine unheilige Familie. Zeitlich wie religiös stehen Heinz Zechmanns ‚Jesus 1204' und Hilde Berner/Dieter Berners ‚Das Menschenkindl', an der Grenze von diesseitiger Welt und Weihnachtswunder, in deutlichem Abstand. Das Klima dieser Spiele ist bestimmt vom unheimlichen, düsteren Volksstück.

Der eigentliche Erfolg wurde seit den sechziger Jahren Wolfgang Bauer zuteil, dessen Spiele — realistisch auch durch ihre teilweise dokumentarischen Quellen (Tonbandaufnahmen) — immer anders darstellen, wie eine Person in einer Gruppe aufgebaut und dann fallengelassen wird. Meist führt das Spiel zu dem Untergang dieser Person. Gerstinger nennt es bezeichnend für Österreich, daß dem neuen Volksstück hier der entscheidende Durchbruch nicht mit dem Gesellschaftskritiker Martin Sperr (einem Bayern) gelungen sei, sondern mit dem unkritischen Wolfgang Bauer. Und Roger Bauer antwortet gewissermaßen darauf, indem er den geringen Erfolg Bauers in der BRD damit begründet, daß er nicht protestiere, sondern ‚lächerliche Gewohnheiten unserer Zeit komisch denunziere'. (349)

Das Wiener Burgtheater wird 1983 mit einem Spiel Nestroys in Japan gastieren, Helmut Qualtinger schreibt als ‚hommage' für Horváth den ‚Epilog zu ‚Geschichten aus dem Wienerwald' '. (350)

Eine Welle von düsteren, schon im Titel meist ihren Verlauf ankündigenden Spielen folgt der entstandenen Strömung: Ernst Hinterberger ‚Im Käfig' (351) — zwei Männer, eine Frau, die eine ‚Labestation' führt und klagt, sie sei wie der Aff im Käfig, aber ihr schaut niemand zu; Herbert Bergers ‚Böse Stücke', in denen ein Einfall konsequent durchkomponiert wird, etwa ‚Kleider machen Leichen'; Harald Sommer, dessen harte, mit Streit und Schlägen und Mord durchgeführte Spiele zu versöhnlichem Ende gebogen werden, in ‚ein unheimlich starker abgang' mit einem deus ex machina im silberweißen Gewand, zu Pferd, der das Mädchen in einer Art Apotheose entführt, das zum Opfer der bürgerlichen (Un-)Moral geworden ist. Adolf Opels ‚Entlassung' — des Vaters, der die Familie verläßt, weil Frau und Tochter mehr Angst haben vor der Schande als um ihn — von 1935 (!) wird in Heft 136 (1979) (!) von ‚Literatur und Kritik' aufgenommen.

Gerstinger spricht in seiner Abhandlung von der Wiederkehr Anzengrubers, den zu nennen um 1960 als „weltfremd und reaktionär" (352) gegolten haben würde; er vermutet dasselbe für Schönherr. Die Stärke und Geschwindigkeit solcher Wendungen wird charakterisiert durch die Tatsache, daß man für die neuen Volksstücke an den großen Bühnen keine Schauspieler hatte und sie aus den Kellerbühnen holen mußte — man werde umlernen, setzt Gerstinger hinzu. (353) Charakteristisch ist weiters, daß Franz Xaver Kroetz, der die Vereinsamung des Menschen in unserer Gesellschaftsordnung und seine Abstumpfung zeigen will, seinen raschen Erfolg „nicht zuletzt auf die ‚Wiederentdeckung' der Volksstücke Ödön von Horváths († 1938) und Marieluise Fleißers († 1974) für die Bühne" zurückführt. (354) Das Erlebnis der Spiele und das Studium der Sekundärliteratur erweisen, daß Kroetz sich auf Horváth berufen darf.

Der Chefdramaturg des Theaters in Wuppertal führt 1971 Fleißers ‚Fegefeuer in Ingolstadt' auf und sagt in seiner Begründung: gerade jetzt, „da Horváths Rang außer Diskussion steht", müsse dieses Spiel gezeigt werden. (355)

Man sieht, daß die Wiederkehr eines Dichters einer schon vergangenen — nun in ihrer Bedeutung und in aufschlußreichen Parallelen erkannten — Periode Literaturgeschichte machen kann.

In diese Situation kommen die Szenen des Zyklus ‚Wiener Totentanz' (1970) von Lotte Ingrisch. Der Tod und jede Düsterkeit ist
ihr vertraut. ‚Das Fest der hungrigen Geister' (1961), die Neigung
des alternden Professors zu seiner chinesischen Privatschülerin, die
durch den Nazismus vertrieben wird, die Erinnerung an Worte
des Novalis, „dieses freien, goldenen Begleiters seiner Jugend" (356), und an alle Demütigungen seines Lebens, ihre Sehnsucht und seine — es ist ein schönes und ausweglos trauriges Buch.
‚Der Reiseführer ins Jenseits' (1980) ist ihr bisher letztes Buch
über den Tod. Das stärkste Bekenntnis dieser Beziehung zum Tod
ist der Text der Mysterienoper ‚Jesu Hochzeit', deren Vorbereitung und Uraufführung (am 18. Mai 1980) den lautesten Theater-
skandal Österreichs nach 1945 bewirkte.

Die Aufführung hat szenisch nicht realisiert, was geistig gemeint war und in eigenwilliger, aber nicht gegen die Bibel ge-
richteter Deutung im Ton eines gehobenen Volksstückes gestaltet
wurde: Maria Magdalena ist liebendes Weib und Menschheit; die
Tödin, erbittert über die Erweckung des Lazarus, wird zu Judas
und verurteilt Jesus mit dem Gerichtshof der Tiere zum Tod am
Kreuz. Sie „erscheint zur Hochzeit" (357); diese Hochzeit, sagte
die Tödin in der Szene des Kusses und der Umarmung mit Jesus,
würde Zeit und Raum überwinden, Licht und Dunkel vereinen.
Das wird nun Wahrheit (erst) nach dem Tod Jesu. Magdalena
weiß das nicht, aber sie glaubt im Epilog an Gott, den Geist.
Damit ist ein äußerster Punkt des Volksstücks erreicht: einer
Überlieferung, die mit Lotte Ingrisch auch in ihrer mittelalterlichen Wurzel wieder in die Erinnerung gerufen wurde.

Der Literaturbetrieb

Der Warencharakter der Literatur, die damit im Sinn wechsel-
seitiger Bindung gegebene hohe Zahl freier Schriftsteller, die
Kunstauffassung der Gegenwart und damit der Spielcharakter
und die Erlernbarkeit (in gewissem Ausmaß) bzw. die Bemühung
um Anteil an der Gesellschaftsveränderung sind einige Haupt-
gründe für das reiche literarische Leben in unserer Zeit, das allerdings ohne die tatsächlich hohe Zahl von Begabungen nicht möglich wäre.

Man hat gesagt, daß noch keine Generation so viel Förderung
aus öffentlichen Mitteln erhalten habe wie jene, die nach dem

Zweiten Weltkrieg sich die verlorene nannte, aber das war vielleicht auch nie so notwendig wie nach dem Zusammenbruch des Kulturlebens. Die Zahl der Literaturpreise war nie so groß, manche von ihnen reichen über die Staatsgrenzen hinaus, so der ‚Österreichische Staatspreis für europäische Literatur‘ und der hochangesehene ‚Hörspielpreis der Kriegsblinden‘. Dazu kommen die Arbeitsstipendien und die informierenden oder kritischen Stimmen in den Medien und Zeitschriften.

So hat das Heft 40 von ‚Wespennest‘ vermerkt, dem Ingeborg Bachmann-Preis sei es gelungen, ‚eine Börse für junge literarische Arbeitskräfte und Waren zu eröffnen‘; das Studio Klagenfurt des ORF und (sein freier Mitarbeiter) Humbert Fink hätten die Preisrichter von Princeton — das heißt der Gruppe 47 — wieder versammelt. Tatsächlich ist der Einfluß kenntnisreicher und sprachlich überzeugender Preisrichter bedeutend.

Humbert Finks eigene Romane sind interessante psychologische Studien; der Weg in den Wahnsinn (‚Die Absage‘), das Leben eines Menschen ohne Liebe und Zufriedenheit und vermutlich in die Unfreiheit einer unerwünschten Ehe (‚Die engen Mauern‘); seine unlieblichen, aus dem Naturerleben das Lebensgefühl erfassenden Gedichte bleiben zurück hinter der gesammelten, aphoristisch gesteuerten Sprache seiner Rundfunkberichte über Literatur und Reisen.

Der Residenz-Verlag bietet gleich manchen anderen Verlagen einen Almanach an — ‚Zeitgenössische Literatur‘ —, der 1981 interessante Beiträge zur Literatur-Theorie, aber auch persönliche Äußerungen der Schriftsteller des Verlags enthält. Der Verlag Ueberreuter hat mit Heft 1, ‚H. C. Artmann‘, zu Jahresbeginn 1982 eine neue Schülerzeitschrift vorgestellt. Das Zeitalter der Tonaufnahmen und der Vortragskünstler, aber auch der Lautgedichte etwa Ernst Jandls und der Liedermacher führt dazu, daß im Verein mit Buchausgaben oder gesondert auch Schallplatten (seltener Tonbänder) als Träger von Literatur erscheinen.

Die Schriftsteller bereiten ihren Weg in Zeitschriften oder Gruppen vor; besondere Aussicht auf Erfolg bietet in vielen Jahren die Grazer Gruppe. Sie verbreitern ihre Grundlagen, indem sie Kinder- und Jugendbücher schreiben, und manche wandern in diesen Bereich ab. Dramatiker erscheinen plötzlich mit erzählender Literatur oder mit Gedichtbänden, so Turrini und Wolf-

Plakat der Ausstellung „Anatols Jahre", Hermesvilla Wien

gang Bauer. Dabei kommt auch der Überraschung, dem Interesse der Leser an der andersartigen Leistung ein Erfolgsmoment zu.

Anderseits werben die Verlage um anerkannte Schriftsteller für ihre Pläne, sichern die Namen der Mitarbeiter den Erfolg eines Buches, erlauben solche Namen auch Veröffentlichungen, die thematisch kaum Erfolg versprechen. So ist der Band 1 der Reihe ‚Elemente der Architektur‘, mit ausgezeichneten schwarz-weißen Fotos, mit Texten von Fussenegger, Rosei, Schutting, Wolfkind erschienen.

Literaturkritik in periodischen Sendungen — ‚Exlibris‘, ‚Unter der Leselampe‘, ‚Spiegel der Bücher‘ —, Fernseh-Interviews mit ausführlicher Vorstellung von Dichtern zu Geburtstagen, zum Erscheinen neuer Werke, anläßlich von Premieren sind wichtige Gelegenheiten zur Förderung des Absatzes, ebenso die Lesung epischer Werke in Fortsetzungen im Hörfunk.

Anthologien haben sehr bald nach 1945 Proben einzelner Schriftsteller zusammengefaßt, so der Europäische Verlag Wien die Bände der ‚Österreichischen Lyrik‘ (ohne Begleittext und Herausgeber); wichtiger, erfolgreicher und im Gewicht der Texte ungleich glücklicher waren Weigels und Felmayers schon im Eingangs-Abschnitt genannte Anthologien der Jungen. Es folgen Bundesländer-Bücher wie Senta Zieglers ‚Ort der Handlung Niederösterreich‘ oder das vierbändige Werk ‚Dichtung aus Niederösterreich‘ 1969—1974, das Monumentalwerk ‚Dichtung aus Österreich‘, ebenfalls von verschiedenen Herausgebern betreut und nach Dichtungsgattungen gegliedert, 1977 mit dem vierten Band ‚Hörspiel‘ beendet. Das ist nicht nur Zusammenfassung des Vorhandenen, sondern bei gegenwärtigen wie vergangenen Schriftstellern auch Einladung und Hoffnung auf Einzelkäufe.

Ausstellungen bezeugen und werben, so 1967 die große Ausstellung ‚Bücher von Autoren jüdischer Herkunft in deutscher Sprache‘ im Künstlerhaus in Wien (mit Katalog-Buch), 1981 die St. Pöltener Ausstellung ‚Niederösterreichische Literatur seit 1900‘, ebenfalls mit Katalog; alljährlich im Herbst die Wiener ‚Buchwoche‘ mit vielen angeschlossenen Veranstaltungen.

Helmut Scharf gab den ‚Kärntner Literaturspiegel 1960—1965‘ heraus, 1966 erschien ein Österreich-Sonderheft mit Aufsätzen über die Literatur der einzelnen Bundesländer im ‚Anzeiger des österreichischen Buch-, Kunst- und Musikalienhandels‘, 1976 der Band ‚Die zeitgenössische Literatur Österreichs‘, bei Kindler herausgegeben von Hilde Spiel. Das sind nur wenige Hinweise auf den Anteil der Öffentlichkeit und der Verlage. Dem stehen die rein kaufmännischen Unternehmungen großer Versandbuchhandlungen gegenüber, die mehr den Trends folgen als sie zu ändern. Sie zeigen die Neigung zu Buchreihen, zu enzyklopädischen, repräsentativen Werken, zu den beliebten Themen Naturwissenschaft, Kunst, Sexualität, Natur; sie bieten der Verbreitung noch wenig bekannter guter Literatur wenig Hilfe. Dasselbe gilt von den Lesezirkeln. Der ‚Wiener Kurier‘ hat am 10. August 1981 berichtet, es gebe 18 österreichische Lesezirkel, die in der Woche 18.000 Erstmappen (mit acht Zeitschriften, darunter die ‚Bunte‘, ‚Quick‘, ‚Hör zu‘) verteilen.

Es bleiben die Buchgemeinschaften, die um der anspruchsvolleren Leser willen auf Grund von Unternehmungen und Leserwünschen ein gewisses Verdienst an der literarischen Bildung der Bevölkerung haben. Eine Durchsicht von Verkaufszahlen der Deutschen Buchgemeinschaft ergibt den Einfluß solcher Unternehmungen: neu vorgelegte Bücher berühmter Autoren erreichen die höchsten Verkaufszahlen im ersten oder zweiten Quartal, bei den anderen liegt der Höhepunkt im dritten Quartal und ist also als Ergebnis der Werbung erkennbar. Nur wenige Werke haben über längere Zeit hin etwa den gleichen Absatz.

Verfilmung pflegt die Kaufkraft vorübergehend wesentlich zu steigern. Das führt dazu, daß Ausgaben oft mit dem Bild des Stars der Filmproduktion ausgestattet sind und so in einem Umkehrvorgang auf das Buch verweisen, von dem der Film seinen Ausgang genommen hat.

Buchkauf kann Statussymbol sein, Liebhaberei, Liebe zur Kunst, Bezug zu bestimmten Autoren. Absatzhöhe und literarischer Wert standen nie in festem Verhältnis, die Propagandamittel der Gegenwart haben die Durchschaubarkeit des Erfolgs verringert. Auch hier ist Gewöhnung und Sensationslust mit am Werk. Das ändert nicht, daß die Neigung besteht, Erfolg und Güte als verbunden und einander tragend anzusehen. Die reiche Literatur über den literarischen Wert hat Teillösungen und die Einsicht gebracht, daß eine verbindliche Antwort nicht zu geben ist. Die Dichte eines Werkes, seine Kraft, die Wirklichkeit der bestehenden Welt zu verdrängen, die Reinheit des Stils als der widerspruchsfreien Gesamtheit aller formalen Merkmale gehören sicher dazu, aber die Schwierigkeiten, die moderne Werke oft dem Verständnis entgegensetzen, verhindern vielfach bzw. vielen den Zugang, der diese Feststellung erst ermöglichen würde.

Wenn man Provinzialismus als die Haltung versteht, die auf Innovation verzichtet, kann man die Leistungen der Schriftsteller, die traditionalistisch und um Erfolg oder zur Einübung religiöser, staatsbürgerlicher, politischer Verhaltensweisen schreiben, provinziell nennen. Vielfach wird das Wort ‚trivial‘ verwendet. In diesen Bereich gehört alles, was aus der Autor-Leser-Beziehung als Reihenwerk nach gewohntem Raster entsteht, so die späten Bücher Karl Heinrich Waggerls, Franz Braumanns ‚Ein Mann bezwingt die Not‘ (das Leben Raiffeisens), die Romane aus dem österreichisch-ungarischen Militärleben von Rudolf von Eichthal, die Stellungnahme zu Zeitproblemen in den Romanen von Johannes Mario Simmel, der wie Hans Habe oder Hannelore Valencak sich auch formaler Errungenschaften bedient: Erzählerwechsel im Bericht über einen zur Schriftstellerei erpreßten Mörder (Habe, ‚Das Netz‘, 1969), Zeitsprung und Revenant-Motiv in Valencaks ‚Zuflucht hinter der Zeit‘ und ‚Das magische Tagebuch‘.

Die Beliebtheit der Kriminalgeschichten — verstärkt durch Seriensendungen des Fernsehens — provoziert oder fördert die Teilnahme an diesem Strukturmotiv (der Forschung in die Vergangenheit) auch bei anspruchsvolleren Schriftstellern wie in Imma von Bodmershofs ‚Sieben Handvoll Salz‘; die Vielzahl der Stränge und Handlungsträger, einschließlich der Mafia und des Vulkanausbruchs, stört die in der Zweiheit von Eifersucht — Liebe und Mithras-Stein — Christentum durchaus reiche Handlung. Eben das Zuviel ist ein Mangel an Vertrauen oder Einsicht. — Die Kriminalgeschichte ‚Dort oben bei diesen Leuten‘ (1981) von Friedrich Ch. Zauner gibt sein Verständnis der Fremdarbeiter- und Bergbauern-Mentalität; daß die Landschaft mit Blitz und Donner mitagiert, ist zu viel.

Die Grenzen sind schwer zu ziehen, aber sie sind bestimmbar. Walter S. Campbell sagt zum Thema ‚Writing Magazine Fiction‘ (New York 1948): Der Mensch sehnt sich nach einer Welt, in der er den Impulsen seiner Natur und den gesellschaftlichen Gepflogenheiten (standards) entsprechen kann. Das geschieht im Leben selten, aber es erfüllt sich ersatzweise im Fiction-Lesen. Ähnliches gilt für Science Fiction und Utopie. Wo der Inhalt die eigentliche Motivation des Verfassers ist und die Form auswechselbar, Gewand, nicht Gestalt ist, ist der Bereich der Kunst verlassen bzw. nicht erreicht, vielleicht gar nicht erstrebt. Dieser Befund ist aber häufig nicht objektivierbar. —

Das genaue Gegenstück der Großunternehmungen und Bestseller sind die in verkleinerter Schreibmaschin-Schrift vervielfältigten, verteilten oder versendeten Gedichte von Helmut Seethaler in Wien, die Folge der ‚St. Pöltner Lyrik-Bogen‘ von Karl Michael Kisler, einem weitgereisten Mann, der die Erlebnisse seiner Reisen vorwiegend in Gedichtbänden vorzulegen pflegt, die ‚Dietrichblätter‘ — von Wolfgang D. Gugl in Graz herausgegeben —, eine ‚internationale Lyrik-Reihe als Lose-Blatt-Ausgabe‘ seit 1980.

Der Klub Österreichischer Literaturfreunde Amateurschriftsteller (KÖLA) warb durch öffentliche Aktionen für seine Zeitschrift ‚Literaricum‘ (s. S. 98). Im letzten Jahrgang berichtet Humbert Fink unter dem Titel ‚Todesursache Österreich‘ über seine und Paul Kruntorads kurzlebige Zeitschrift ‚Die österreichischen Blätter‘ (1957/58) und beklagt erbittert die, wie er sagt, teilweise politisch statt literarisch gesteuerte Förderung von Zeitschriften. Damit hängt es zusammen, daß Améry den Bestand der österreichischen Literatur durch die Abwanderung der Erfolgreichen nach der BRD gefährdet sieht, und Barbara Frischmuth sagt im 14. Jahrgang der ‚Akzente‘ (358): auch Wien sei Provinz, der Weg zum Erfolg führe fast nur über deutsche Verlage.

Die wesentlichste Selbsthilfe der Schriftsteller sind die Schriftsteller-Vereinigungen und literarischen Gruppen, deren Zahl wegen immer neuer Gründungen bzw. der Auflösung mancher von ihnen so wenig erfaßbar ist wie die der jeweils bestehenden Zeitschriften. Manche von ihnen geben eigene Zeitschriften heraus, manche stehen bestimmten Verlagen nahe wie die St. Pöltner Gruppe ‚das pult‘, wie die von Heinz Wittmann seit Jahrzehnten geführte Kulturgemeinschaft ‚Der Kreis‘ mit der Zeitschrift und Buchgemeinschaft ‚Heimatland‘. In der Vortragsfolge des ‚Kreis‘ wird für das Frühjahr 1982 ein Abend der ‚Literaturgruppe Traismauer‘ angekündigt: So sind Gruppen über ganz Österreich verteilt.

Die derzeit aktivste Schriftsteller-Vereinigung ist die Grazer Autorenversammlung, die sich um die Belange der Schriftsteller als einer Berufsgruppe annimmt und die Anerkennung auch durch einen Beirat österreichischer Autoren beim ORF fordert. Heft 37 des ‚Wespennest‘ protestiert 1979 im selben Sinn: die Zusammenarbeit zwischen Autoren und ORF werde durch Vorrang des Kommerz vor den künstlerischen Aspekten zerstört. (Diese Mitteilung schließt hier keine Stellungnahme ein.) Man sieht und erlebt: Der österreichische Literaturbetrieb ist nicht freizuhalten von Problemen des kaufmännischen Erfolgs, der Existenzsicherung, des Kampfes oder Ringens um Absatz und Überleben, der Politik. Sein eigentliches Leben ruht auf der Begabung des einzelnen — vieler einzelner; auf dem Erfolg im Ausland, der Buchverträge bringt und uns Österreichern billigere Preise für die Bücher unserer Autoren; auf den Literaturtagen, die zahlreich und als gesellschaftliche, belebende, Bekanntheit der Schriftsteller untereinander und — durch die Berichterstattung — in der Öffentlichkeit fördernde Auslöser zu begrüßen sind.

Die ‚Literaturtage Schrifttum aus Österreich‘, jeweils im Herbst in Klosterneuburg stattfindend, sind im wesentlichen eine niederösterreichische Tagung. Die Fresacher ‚Internationale Schriftstellertagung‘ in Kärnten bringt Gelegenheit zur Aussprache mit Schriftstellern aus den sozialistischen Ländern, Austausch der Meinungen mit Schriftstellern also, für die das Literatentum keine (geldliche) Existenzfrage ist, weil sie staatlich unterstützt und gelenkt werden. (359)

Hans F. Prokops ‚Österreichisches Literaturhandbuch‘ von 1974 enthält vor dem umfangreichen Namen-Verzeichnis Abschnitte über den Autor als Unternehmer, das Verhältnis von Autor und Gesellschaft u. s. w.; Prokop versteht das Werk als politischen Akt, nicht (nur) als ästhetisches Gebilde. Die wichtigsten Buchveröffentlichungen zur Lage des Schriftstellers sind die ‚Dokumentation zur Situation junger österreichischer Autoren‘, Wien 1978, von G. Ruiss und J. A. Vyoral, darauf das von denselben Autoren herausgegebene ‚Mürzzuschlager Manifest‘ (1980); die Tagung im November 1979 stand unter dem Titel ‚Die Lage der Schriftsteller in Österreich‘, und im Jänner 1982 erschien der Lagebericht ‚Die Freiheit, zu sehen, wo man bleibt‘, auf Grund des Ersten österreichischen Schriftstellerkongresses 1981. Der Buchtitel ist von Erich Frieds Referat übernommen. Die Beiträge und Forderungen lassen den Leser nacherleben, daß hier eine Gelegenheit wahrgenommen wurde, lang Aufgestautes geballt an die Öffentlichkeit zu vermitteln, besonders die Ansprüche auf zumutbares Einkommen und auf das Bekenntnis des Staates und seiner Öffentlichkeit zu den österreichischen Schriftstellern.

Seit 1971 finden, von Erwin Gimmelsberger begründet, die Rauriser Literaturtage statt, an denen auch Bauern aus der Umgebung — hörend und redend — teilnehmen. — Die ‚Neuen Wege' berichten im Oktober-Heft 1977 vom Eggenburger Folk- und Volksmusik-Festival, von Sigi Maron und der Hausfrau Cilli Miculik, die Lieder macht und sich selbst auf der Ukulele begleitet; nicht sozialkritische Lieder, sondern „besinnlich, makaber, ironisch, böse oder komisch". — Das Künstlerhaus Wien veranstaltet Kulturtage im März. ‚Literatur der Arbeitswelt' war das Thema 1980, ‚Macht und Ohnmacht der Frau' 1981; die Vortragenden waren österreichische und bundesdeutsche Schriftstellerinnen. Die Lesung Marie Thèrése Kerschbaumers innerhalb des Rahmenthemas ‚Beziehungen / Trennungen' im März 1982 ist ein Modellfall. Am Beginn standen Proben aus einem in Österreich unbekannten Band ‚Gedichte', Bukarest 1970, mit einem spiegelverkehrten Jesus-Gedicht (leg Deine Hände in unsere Qual), einem verfremdeten Märchen, dessen wichtigste Spielregel die Verwendung der Farbnamen ist, einem Gedicht mit dem Leitwort ‚Niemandsland': ein starker Beweis von Eigenart und Zeitgemäßheit. Die große Überraschung war das Ende der Lesung: ‚Neun Canti auf die irdische Liebe' mit Leitworten aus Dantes ‚Divina Commedia' und ‚Vita nuova' und aus John Donne, einem ‚metaphysical poet', der durch T. S. Eliot wieder in das Bewußtsein der Gegenwart eingeführt wurde. Hier wird nach Ezra Pound wieder das Wagnis der Mehrsprachigkeit unternommen, indem die Texte bei intaktem Satzbau stellenweise in diese beiden Sprachen übergehen. Das ist eine vielschichtige, großartige Poesie, die den Weg der Säkularisation zurückgeht und aufsteigt zur Allegorie, zum mittelalterlichen Realismus, ohne das Anliegen der Frau in der Gegenwart darüber zu vergessen oder zu verdrängen: Mitgestaltung und Mitlösung unserer Probleme aus dem metaphysischen und rhetorischen Erbe des Mittelalters und der frühen Neuzeit. Mit dieser Lesung wurde den Zuhörern Anteil gewährt an werdender Literatur und wurde der Wunsch vermittelt, daß dieses Werk bald als Literatur im üblichen Wortsinn vorliegt.

Die wichtigsten Treffpunkte der an Literatur Interessierten in Wien sind das seit 1975 bestehende ‚Literarische Quartier' in der

Alten Schmiede, das einzelne Schriftsteller oder Literatur-Gruppen des In- und Auslandes vorstellt, in seinen Veranstaltungen auch das Hörspielmuseum, das Studentencafé Berggasse u.s.w. erfaßt, und die seit 1961 bestehende und seit dem Beginn von Wolfgang Kraus geführte Österreichische Gesellschaft für Literatur, die in Lesungen, Diskussionen den eigentlichen Mittelpunkt des literarischen Gesprächs bildet. Das sind wieder nur einige kennzeichnende Beispiele aus einem nicht übersehbaren Angebot, das die Grundlagen gibt und als Vorbild, als Ziel kleiner Gruppen sowie als Informationsnetz wirksam ist.

Dramatische Formen

„Was aber schön ist, selig scheint es in ihm selbst" — dieser vielzitierte Vers aus Mörikes Gedicht ‚Auf eine Lampe' bezeichnet eine Einstellung zum Schönen und zur Kunst, die auf der Philosophie des deutschen Idealismus ruht und längst der Vergangenheit angehört. Der ‚elfenbeinerne Turm' der Kunst um ihrer selbst willen ist in den letztvergangenen Jahren wieder im Gespräch gewesen, aber wichtiger ist die Gegenposition Brochs, der gleich anderen aus der Dreiheit von Schön Gut Wahr das Wahre als den verbindlichen Wert der Kunst bewahrt und das Schöne als Eigenanspruch abgewiesen hat. Die andere Gegenposition kommt eben aus der Überwindung der Abgeschiedenheit durch den Surrealismus: Neigung oder Aufruf zur ästhetischen Betrachtung der Welt selbst und ihrer Dinge; sie verwischt oder negiert die Grenzen zwischen Welt und Kunst, zugleich auch zwischen den Künsten. Nicht die Übertragung der Struktur einer Kunst in eine andere wie die ‚Symphonie in Worten' von Konrad Paulis (1924) oder die Einbeziehung aller Künste in die Techniken der Dichtung durch Josef Weinheber ist gemeint, sondern das Happening, die Verwandlung von Welt in Bühne und Spiel bei Hermann Nitsch, allenfalls mit dem Rückfluß in die Literatur in Form eines Berichts. (360)

Die Zerschlagung der Welt, die Vernichtung des Glaubens an ihren Sinn durch die Erlebnisse von Krieg und Verfolgung haben eine Neigung zur Hingabe, zum Hinströmen in die Welt entstehen lassen, eine Sehnsucht nach dem Rausch, die zur Aufnahme der Negro Spirituals, der Jazz-Musik, zum Drogengenuß geführt haben. Walter Buchebner hat sich zum Jazz bekannt, Alfred Paul

Schmidt versucht, nach jahrelanger Beschäftigung mit Free Jazz, „die Informationsmöglichkeiten dieses Mediums tätig zu erforschen [...] die Konzeption des ,Free Jazz' — frei von harmonischen und metrischen Rastern, allein verpflichtet dem Gefühl und Gefallen innerhalb der Gruppe — auf das Schreiben zu übertragen. Als Hauptkriterien eines solchen Schreibens gelten für mich die Improvisation, das heißt Restitution der Erfindung als literarische Grundform, die spontane Verbrennung von Gefühlen und Gedankenkonstellationen im Augenblick ihres Entstehens"; er sieht darin auch die Möglichkeit, andere freiere Gesellschaftsformen zu finden. (361)

Das ist keine Destruktionsform, sondern eine neue Welle in der großräumigen Entwicklung, die von James Joyce (und Ezra Pound) herkommt. Wer den Lebensgang von Conny Hannes Meyer bedenkt und sein ,fackellied' liest, erlebt erschüttert, wie dieses Strömen in tiefer Musikalität sich an die Sprache verliert und sich aus ihr gewinnt.

> fackelwind du singst das lied der toten
> totenlieder singst du für das land
> land der lieder ist nun land der toten
> land der totenfackel voller wind
> voller wind die kirchen und voll lila nelken
> lilanelkenvoll das land der winde
> lilanelken blühn am großen friedhof
> friedhofsnelken blühen unterm kreuz
> kreuze blühn am friedhofsland dem großen
> lila blühn sie lila zu den liedern
> kreuzeslieder nelkenlieder heilig
> heilig wie der große fackelwind
> fackelwind der singt das lied der toten
> totenlieder für das friedhofsland
> friedhofsland so heilig wie die nelken
> nelkenkreuze lila wie der wind
> großer wind du wind vom nelkenfriedhof
> sing das lied der toten die wir sind (362)

Hier liegt auch eine der Wurzeln eines neuen Gemeinschafts- und Gruppenlebens, der Sehnsucht nach Festen nicht hoher Kunst, die den einzelnen als Star bestätigt, sondern der Kunst in Anonymität. Gerhard Fritsch berichtet im Nachwort des 1960 herausgegebenen Gedichtbandes, aus dem eben zitiert wurde: Meyer

„stellt mit dem Ensemble ‚Die Komödianten' seine Gedichte pantomimisch dar, er bemüht sich, das Wort in die größere Einheit von Klang und Bewegung zurückzuführen" und „ ‚ein pantomimisches theater epischer form' zu entwickeln".

In Villach findet jedes zweite Jahr ein internationales Sommerfest statt. Die ‚Villacher Gemeindezeitung' berichtet im Juli 1981 über ‚spectrum 81', an dem 29 Gruppen aus 13 Staaten teilnahmen; verschiedene Formen des Spiels: Puppentheater, Agit-Prop, Lehrstück, Pantomime wurden hier vorgeführt. Aus solchem Erlebnis gewinnen die Linzer Puppenspiele von Franz Pühringer eine ganz andere Aktualität, als sie den Puppenspielen des 18. Jahrhunderts und den Marionetten- und Automatendarstellungen der Romantik zukam.

Die starke expressionistische Bildhaftigkeit des jungen Pühringer im ‚traum tropenflug'-Zyklus 1925 und die alles personifizierende Idyllik des Lyrikers der folgenden Jahrzehnte ist in den Dramen der Ausgabe 1974 zurückgenommen in die Unerlöstheit, die Vergeblichkeit des Menschen. So ist ‚Der König von Torelore' zur Darstellung als Puppenspiel durchaus geeignet.

Die eigentlichen Medien zur Darstellung des Menschen in seiner Umwelt-Gebundenheit und in seiner Einsamkeit sind der Film (in Österreich seit 1929), das Hörspiel und das Fernsehen.

Im Nachwort zu seiner ‚Judastragödie' sagt Egon Friedell 1920: Im Kino hat die Umwelt eine im Drama nie erreichte Bedeutung; diese Technik „auf das Theater zu übertragen, wäre eine der Aufgaben des Dramatikers der Zukunft" (363); die stummen Dinge im Dienst des Dramatikers — das ist Naturalismus; es ist auch höchster Stil. Das ist die Vorwegnahme wesentlich späterer Erkenntnisse: Saiko sagt 1963: Der Film kann übernehmen, was naturalistische Psychologie schildert; Joyce und Faulkner, zwei Leuchttürme, haben uns die Aufgabe vorgegeben, die „leidenschaftsdurchpflügten Wogen unseres Daseins [...] mit Bewußtsein zu durchdringen und in überzeugender Anschaulichkeit zu gestalten"; weiters bezieht er sich 1971 auf Diskussionen zwischen Thomas Mann und Musil, „wie die erzählende Prosa vor der ‚optischen Überflutung' durch den Film zu retten sei", und Musil habe gesagt: auf Handlung und Schilderung sollte der Roman verzichten, er sollte sie auflösen „in intellektuelle und lyrische Reflexion". (364)

Damit wird dem Roman als Sprachkunstwerk der Weg nach

innen gewiesen, was natürlich nicht ausschließt, daß große Romane verfilmt oder im Fernsehen gezeigt werden. Dabei zeigt sich, daß realistische Bücher wie Franz Innerhofers ‚Schöne Tage‘ in eindrucksvolle Filme verwandelt werden können, daß aber der philosophische Roman wie ‚Die grüne Seite‘ von Kolleritsch, der auf Metaphern und Leitmotive gebaute Roman, Doderers ‚Die Merowinger‘, nach außen, ins Bildhafte gestülpt das Wesentliche verlieren. Die Leitworte der ‚Grünen Seite‘ wirken wie aufgesetzte Flicken auf fremdem Grund, ‚Die totale Familie‘ Doderers wird zu einem Farcicle, das von dem subtilen Spaß nur die — vergröberte und mißverständliche — Oberfläche liefert. Freilich müßte der Abstand nicht so groß sein, aber es gilt auch hier, was Ludwig Tieck in der Abhandlung über Theodor Körners Dramatisierung von Kleists ‚Verlobung in St. Domingo‘ als allgemeingültigen Satz ausspricht: Gerade weil das Werk in seiner Gattungsform ein so großes Kunstwerk ist, widersetzt es sich der Übertragung in eine andere.

Csokor war einer der ersten, die sich theoretisch des neuen Mediums annahmen. In Heft 11 von ‚Literatur und Kritik‘ handelt er von der ‚Dramaturgie in der Television‘, spricht von der Isolierung durch Großaufnahmen, von der mehr psychologischen als theatralischen Natur der Schauplätze; „die Television als Theater verlangt Verschärfung und Verknappung, die keinerlei Stimmungspausen gestattet als solche, die sich emotional zwingend rechtfertigen lassen [...] Der Körper wird Schauplatz, stärker als auf der Bühne. Das Wort bekleidet und entblößt ihn im tiefsten Bezug"; manches von Brecht, besonders Horváth sei geeignet, in der „genialen szenischen Verwesentlichung dem psychologischen Verkürzungsgesetz einer sich allgemach kristallisierenden Fernsehdramatik [zu] entsprechen".

Als Werk eines Dichters, als Stellungnahme zu einem dem Drama verwandten und zu ihm ins Verhältnis gesetzten Gebilde, nicht um des Gegenstands willen ist Csokors Darlegung Literatur. Ebendas gilt von dem Text, den Heinz von Cramer, Ernst Jandl und Friederike Mayröcker in den ‚Protokollen‘ 1972/2 veröffentlichten: ein fünfteiliger Fernsehfilm, dessen Elemente Frauenhand, Eier, Cowboy, Henne, Bäuerin sind — die Henne wird von der Bäuerin geköpft, der Cowboy zertritt die Eier —, wird als Programm angeboten. Elfriede Hammerls Fernsehspiel ‚Paradiese und andere Zustände‘, 1980, ist dagegen als im Druck verfügbarer

Text Literatur: eine zerbrechende Ehe, das Klassentreffen, an dem die junge Frau teilnimmt, die jungen Frauen mit ihren Rollenproblemen, weder in Illusionen noch in Verzweiflung versunken; das Ende bleibt offen.

Die Zahl solcher Spiele ist groß, und das liegt an einer Entwicklung, die als Prozeß zwischen Autor, Fernsehanstalt, Zuschauer, bei Hörspielen ähnlich zwischen Autor, Rundfunk, Hörer abläuft: Angebot und Bedarf und Bezahlung ergeben eine für den Autor günstigere oder doch als Propaganda wirksame Stellung angesichts der Verlagsmöglichkeiten und Erfolge. Das Angebot ist nur teilweise originales Werk, sonst erzählendes Werk oder Schauspiel, das — vielfach unter Mitwirkung des Autors — umgestaltet wird. Eben der ‚Teil‘ ist wichtig, weil hier der Autor materialgerecht zu schaffen, nicht schon Gegebenes umzugestalten hat und also in der Rolle des Dramatikers, nur auf andrem Gleis, tätig ist.

Das wichtigste, im Sinn des Themas ‚Heimatdichtung‘ erlebnisstärkste Werk ist Pevny-Turrinis ‚Alpensaga‘. Turrini war vorwiegend, Pevny ausschließlich als Dramatiker bekannt, als beide 1974 mit den Drehbuch-Arbeiten begannen.

Wilhelm Pevnys ‚Sprintorgasmik‘ hält, was der Titel verspricht, es ist eine Darstellung von technisierter, sexualer, kannibalischer Brutalität und im Bühnenbereich eine Parallele zu den ‚Aktionen‘ von Nitsch. In ‚Nur der Krieg macht es möglich‘ (1972) ist die Mehrzahl der Personen nur als ‚mann‘ 1—4, ‚frau‘ 1—5 bezeichnet; Pevny läßt die Personen ihre Rollen — auch die Geschlechtsrolle — tauschen, Nasen und Ohren sind als Geschlechts-Organe zu verstehen, sodaß mit entpersönlichten Figuren ein Lehrstück entsteht, das als Anfang einer neuen Dramatik gemeint ist: Das Konzept aus der Hand des Autors wird von Regisseur und Schauspielern überprüft, man verteilt Manuskripte an das Publikum, das entstehende Spiel wird in Arbeitskreisen diskutiert: ein Vorgang, den im selben Jahr das von Ingeborg Drewitz herausgegebene Buch ‚Die Literatur und ihre Medien‘ ebenfalls plant. Es werden exemplarische, in entfremdeten Zitaten weiter von der Illusionsmöglichkeit entfernte Spiele gespielt, etwa das Parolenspiel oder das ‚Spiel über die scheinbare Lösung der Widersprüche‘, also Vorgänge nach Brecht.

Dieter Berner führte Regie in der ‚Alpensaga‘. Der Text mit den Anweisungen zur Verwirklichung erschien 1980 nach Teilveröffentlichungen in Buchform. Die beiden Autoren wollten das Modell Dorfleben mit seinen ökonomischen, psychologischen, geschichtlichen Wurzeln darlegen. Was Pevny nun über den ihm wichtigen Vergleich ‚Mensch in der Öffentlichkeit‘ und ‚Mensch wirklich‘ sagt, ist von großer Bedeutung für die Realismus-Diskussion: „bis ich endlich den Begriff, den ich bis dahin von Wirklichkeit hatte, fallenlassen mußte, und ich heute überhaupt nichts mehr mit Sicherheit als wirklich oder unwirklich, wahr oder unwahr einzustufen vermag": ein Erlebnis, das jeder Information, die durch Auswahl fast notwendig manipuliert, anhaftet und im übrigen den Zeichencharakter alles Sinnenhaften einschließt; „aus dem Geist des 68er Jahres" müsse das Werk verstanden werden. (365) Das ist wieder ein Hinweis auf diese entscheidende Zeit. Von der Wirklichkeit handelt auch *Turrini:* Als er erkannte, wie weit ‚Heimat‘ als „Ort des Brauchtums, der Gebete, der Bewahrung" von der Wirklichkeit entfernt war, wurde er heimatlos und floh: „in die Literatur, in die Phantasie und später nach Wien". (366) Heimat ist Ideologie, anachronistisches Bild, Lüge. Der Weg vom Dorf des kaiserlichen Österreich mit Großbauern und Armen über den Krieg zum politischen Kampf der dreißiger Jahre und zum Neubeginn 1945 wird nun drittens von Berner als Umsetzung vom Lese-Buch zur Kamera-Einstellung und als Kampf gegen konservative Institutionen wie um Geldmittel dargelegt. Turrini schließt: „Was wir hier versuchen, ist, eine ganz regionale österreichische Kultur zu produzieren. Ich sage das sehr bewußt provokativ, um einfach den Faden, der hier abgerissen ist: wo komm ich her, wer bin ich und wie ist meine Situation, wieder aufzunehmen". (367)

In zwei Fassungen, ‚Dialekt und Hochdeutsch‘, wird 1973 das Spiel ‚rozznjogd‘ angeboten, in dem auf einer Abfallanlage zwei Menschen einander ‚abräumen‘ und sich ausziehen, alles von sich tun, denn es gibt ‚kein Nachher‘ mehr für sie; sie tanzen und springen nackt herum, da fallen zwei Schüsse und töten sie. Einer der beiden nun erscheinenden Männer sagt: Sie haben so menschlich ausgesehen. Darauf schießen sie ins Publikum, wie es der Mann am Spielbeginn auch getan hat. Turrini schafft damit nicht nur den Guckkasten fort und macht wieder einmal die Zuschauer zu ‚Mitspielern‘, sondern er gibt dem Spiel mit den Schüssen einen Rahmen, der es episiert und von der Wirklichkeit abhebt. Dasselbe geschieht durch den Ruf der Bäuerin, die Leute sollen zum Essen kommen, am Beginn und Ende von ‚sauschlachten‘ (1974): der Sohn, grunzend, als Schwein behandelt, zum Schlachten hinausgeschafft. Auch auf dieses Spiel bezieht sich Turrinis ‚Brief an den Verlag‘ im Anhang der ‚rozznjogd‘: Es geht zu Ende mit „den Worten der schönen Kunst [...] der Werbung [...] der Sprache der Ideologien [...] Am ANFANG war das Grunzen. Und so soll es werden. Und so soll es bleiben [...] [sich und dem Verleger] und allen Hurentreibern, Sklaven und Dichtern, Schustern und Lacherinnen wünsche ich einen baldigen Veitstanz auf dem klerikalen Misthaufen der Sprache".

Dieses Wort steht schon am Ende der konsequentesten und eigenartigsten Leistung Turrinis: ‚Erlebnisse in der Mundhöhle‘ (1972) ist, wie Texte Thomas Bernhards, ein Kreisen der ohne Satzzeichen fließenden Sprache um Wirbel, um wechselnde Zentren: Gehen, Essen, Erinnerung, Straßenbahn, Gespräche, wobei Reprisen aus ‚Faust III‘ eingeschoben sind. Mundart wird nach H. C. Artmann notiert. Wiederholungsstellen wirken wie das Verweilen der Nadel auf derselben Schallplatten-Rille. Der Mund, urverwandt dem Geschlechtsorgan, ist Erneuerungsort der Sprache; er wendet sich im Vokabular dem einen zu und mit seinem Haß vom andern, von der Sprache nämlich, ab: Die Glieder der Sprache werden zerfallen, verbrennt die Bücher, zerbrecht die Telephone, „gepriesen sei das rieseln der zerrissenen kataloge zwischen den zehen ein weihelied auf den rhythmus der zerstörenden hände alles alles mordet mordet some say the days of trams are past at last i dont and wont agree you see i am a tram".

‚Faust. III. Teil‘, 1971, hatte zuerst auf den neuen Schriftsteller aufmerksam gemacht. Es ist Welt als Sprache, wörtlich genommene Sprichwörter, Theaterprobe, Antispiel mit Aufforderung an Gretchen, die Bühne zu verlassen. Der Wille zu schockieren äußert sich also im Verneinen besonders angesehener Werte der Literatur, des Menschen. Da man an das Publikum der großen Theater mit solchen Spielen nicht herankomme, bearbeite er klassische Stücke, sagt Turrini. (368) ‚Die Wirtin‘ — nach Goldonis ‚La locandiera‘ — zeigt, wie er in Gebärden und Worten auf die Ebene seiner eigenen Spiele zusteuert. Turrini hat außer diesen sprachlich gefaßten Aggressionen in dem Spiel ‚Josef und Maria‘ zwei alte Leute miteinander über ihre Probleme sprechen lassen, er hat (‚Ein paar Schritte zurück‘) in Gedichten sein gestörtes Verhältnis zur Mutter bekannt: er komme mit Gott Mutter Liebe nicht zurecht. Man muß also bei diesem Realisten vorsichtig sein, wenn er sagt: „Ich schreibe vielleicht noch zwei Stücke und wandere dann nach Ecuador aus. Für mich ist die Sprache nur Material. Mein Verhältnis zur Sprache ist zynisch. Ich bin nicht glücklich über eine Formulierung". (369) Die Absage trifft eindeutig die Sprache, wie sie jetzt ist. Es geht ihm wirklich um die Frage: Wer bin ich? wer bist du? Die Grobheiten sind Hammerschläge zum Aufbrechen der Schale, auch in der Verfremdung berühmter Spiele. Das zu lernen, war er in der Werbebranche tätig; es zu bewirken scheint ihm eine Frage der Organisation der Machtlosen; daher seine Neigung zur KPÖ, ohne Bereitschaft zur Preisgabe seiner ‚elitären Lebensform‘, deren er zum Schreiben bedürfe. (370)

Dem Artcharakter nach ist die ‚Alpensaga‘ kein Erstling. Gregor von Rezzori hatte 1954 mit ‚Oedipus siegt bei Stalingrad‘ — mit Anlehnung an Selma Lagerlöfs ‚Gösta Berling‘ — einen phantastischen Roman geschrieben. Dort fordert er einmal einen Leser auf, sich einen Inhaltsteil als Filmszene vorzustellen. Was hier ein zeitgemäßer Einfall ist, wird 1966 in ‚Die Toten auf ihre Plätze!‘ zum Thema: Tagebuch der Dreharbeiten in Mexiko 1965 zu einem Film über zwei „Tingeltangel-Tänzerinnen in einem Zirkus, der in einem lateinamerikanischen Phantasieland San Miguel in eine Revolution verwickelt wird". Die Einleitung des Buchs ist ein Bekenntnis zur Heimat: „Ich kann gehen, wohin ich will: Czernowitz holt mich ein, wo immer ich mich hinbegebe", aber noch nie so stark wie hier, der erste Blick auf Mexiko war ein „Wiederfinden von der bedrängend unwirklichen Wirklichkeit eines Traumgesichts"; war es Echo? oder war „jenes für mich unwirklich gewordene Czernowitz ein in die Zeit zurück- (oder voraus-?) geworfenes Echo von Mexico-City?" Das Niemandsland der Zeit wird ihm zum Erlebnis. Jeder ist plötzlich vereinzelt, ähnlich Hans Castorp in Thomas Manns ‚Zauberberg‘. „Die Zeit [...] wird räumlich. Das aber ist das Charakteristikum des Films". Sie lebten also in dieser losgelösten Gegenwart ‚außerhalb der Geschichte, also literarisch, oder filmisch‘. „Mexiko war eine Sage. Wo wir gelandet waren, das war der Balkan Amerikas". (371) Diese hochpoetische Einleitung ist ein ganz prächtiges Gegenstück zu Joseph Roth, ist das Auskomponieren eines Gedankens, der damit zum Meer wird, auf dem der ganze Tagebuch-Bericht dahintreibt und das Buch in die Filmatmosphäre zu ziehen sucht: Eben das aber ist durchaus nicht filmisch, sondern literarisch und schafft einen kaum wiederholbaren Reiz.

Thomas Pluch dagegen gibt in seinen Berichten Text und Entstehungsgeschichte von politisch relevanten durch genaue Stoffkenntnis bis Forschung gesicherten Fernsehfilmen, mit Bildmaterial und Verhandlungen um die Realisierbarkeit: 1975, ‚Ach Himmel, es ist verspielt‘ (Andreas Hofer), 1979 ‚Feuer!‘ um einen Helden von 1848, und ‚Das Dorf an der Grenze‘: Der Arbeitsbericht enthält auch die Erarbeitung des Themas und die Auseinandersetzung mit den medienimmanenten und organisatorischen bzw. geldlichen Gegebenheiten, ist also ein Beitrag zur ‚Literatur der Arbeitswelt‘ im weiteren Wortsinn, aber auch geistiges Konzept und Kommentar, der in der Realisierung sich auflöst: Andreas Hofer, der Vaterlose, sieht im Kaiser den Vater und wird verraten; der Österreicher bewältigt heute seine Vergangenheit „mit Hilfe des ‚Herrn Karl‘ und nicht an Hand von ‚Königsdramen‘ “. — Südkärnten seit 1920, NS-Zeit, Partisanen-Zeit: das soll nicht Argumente liefern für Emotionen, sondern ein Appell sein zum historischen Kompromiß. ‚Recht wird haben, wer aufgehört hat‘. „Die Schicksale werden in dem Film zu Parabeln komprimiert“. (372) Das ist es: von der Dichtung, vom literarischen Verständnis eines Vorgangs her werden Wort und Umwelt zum Kunstwerk gestaltet: das beschreibende Wort wird abgelöst durch die dokumentarische Aufnahme.

Sebestyén geht in seinem Maria Theresia-Film für das österreichische Fernsehen zwei Schritte weiter in die Sprach- und Theaterwelt, indem er das, was seinem Wesen oder den Geldmitteln zufolge nicht zu zeigen ist, von — kostümierten! — Fachleuten sprechen oder durch Zeichen — Räder statt Reisen, Symbole für Krönungszeremonien — Erlebnis werden läßt. (373) Die visuellen Medien bedeuten nicht nur Gefahr für Leselust, geistige Aktivität, Abstraktionsvermögen: Sie helfen den geschlossenen Bereich der Kunst unserer Zeit erweitern, sie zerbrechen ihn nicht. Man wird nicht nur auf Verschiedenheiten zwischen Film und Literaturwerk aufmerksam, sondern auch auf die Rückwirkung, indem Überblendung, Großaufnahme, Tempowechsel aus dem Filmbereich auch in die Erzähltechnik zurückwirken. —

Das Hörspiel, auf einen einzigen Sinn beschränkt, ist von den alten Dichtungsformen und vom Bereich der Literatur noch weiter entfernt als der Film. Es ist nicht das Gegenstück zum Stummfilm, der nur Bewegung für das Auge — mit Begleittexten vielfach — kannte. Man hat gesagt, der Text sei der Partitur vergleichbar, und das weist auf die Verwandtschaft mit der Musik, eine umso engere Verwandtschaft, je mehr das Hörspiel wie Jandl-Mayröckers oben besprochenes Werk oder Rühms ‚radiophone Poesien‘, Lautdichtung mit Verwendung von Wörtern oder von Lauten (374), sich von dem Ausgangspunkt, der Aufnahme gesprochener Sprache, der Funkerzählung als Vorlesung eines Textes entfernt. Auf einer frühen — nicht zeitlich gebundenen — Stufe der Entwicklung ist das Hörspiel also noch neben eine szenische Aufführung zu stellen als oder wie eine Übertragung eines solchen. *Franz Hiesels* Hörspiel-Bearbeitung von Nestroys ‚Häuptling Abendwind‘, eine mit Zeitanspielungen, mit ‚Towarisch‘ und ‚Ami‘ modernisierte Fassung, ist höchst unterhaltsam. (375) Sein Werk verläuft fast zur Gänze im Hörspielbereich, es nützt die räumliche Wirkung, die Grenzsignale des Ein- und Ausblendens, Geräusche, den Illusionsbruch auf der neu gewonnenen Kulissenebene, wenn in dem Türkenspiel ‚Die gar köstlichen Folgen einer mißglückten Belagerung‘ der Erzähler anordnet, daß die Todesschreie nun ins Schallarchiv zurückgestellt werden. Hiesels Hörspiele sind stilrein und einfallsreich, überzeugend im Grundgedanken. Die ‚Schädelballade‘ zeigt an Primitiven, daß durch Lügen der Haß lebendig erhalten bleibt. ‚L'onore‘ ist der Wachtraum des lang verheirateten Mannes, und aus diesem Traum gelingt wahrscheinlich die Wiederkehr des schönen Ausflugs von einst mit seiner Frau in der Zukunft. Hiesel kennt sein Metier, er bezeugt aber durch das Wort „Geräusche sind akustische Comics" (376), daß er — selbst oder für den Leser und Hörer — noch auf den Sehbereich zurückgreift. Im politisch ideologischen und technisch fortschrittlichen Bereich ist Hiesel weniger überzeugend (‚In allerhöchster Not Elias Dersch‘, 1973).

Die ‚Einfälle‘ des Mediums, die Möglichkeiten der akustischen Verfremdung und damit der Lösung vom personalen Sprecher als Abbau und Neuerung, die Annäherung an die Musik durch Lösung vom bedeutungtragenden Wort und durch Strukturen, dazu die unbegrenzten Möglichkeiten des Schallarchivs sind eine Herausforderung, der das Hörspiel stufenweise nachgibt, bzw. deren es sich bedient. Die erste Hauptstufe ist die der Lösung vom Zeitablauf durch Rückblenden mit leicht veränderten Stimmen und Raumtönen, so in Herbert Eisenreichs berühmt gewordenem Hör-

spiel ‚Wovon wir leben und woran wir sterben‘, Gespräch der
Gatten, das sie ahnungslos begannen, das die Wahrheit ihrer inneren Einsamkeit ins Wort heraufruft und sie damit für immer von
ihrer Vergangenheit trennt; im Vorwurf nahe Hiesel, der vier
Jahre vor ihm geboren wurde, in der Verwicklung ungleich düsterer, ein Jahr vor ‚l’onore‘ entstanden.

Über diese und manche andere Hörspiele konnte bzw. könnte
gesprochen werden, weil sie im Druck erschienen sind. Roland
Hegers Buch ‚Das österreichische Hörspiel‘ vermerkt die Erreich-
barkeit von Hörspielen durch den Druck, weil sie nicht selbstverständlich ist. Die Tonbänder, fügt er hinzu, werden meist
wieder gelöscht. Der Ergänzungsband zu ‚Dichtung aus Österreich‘, ‚Hörspiel‘, 1977 herausgegeben von Elisabeth Schmitz-
Mayr-Harting, enthält ein umfangreiches Autoren- und Hörspiel-
Verzeichnis, aus dem hervorgeht: von insgesamt 1240 nachge-
wiesenen Hörspielen sind etwa 1170 zur Zeit des Redaktions-
Schlusses (Ende 1975) ungedruckt. Die Hörspiel-Übersichten von
sechs Bundesländer-Studios ergeben zur selben Zeit insgesamt
576 Spieltitel, darunter keine Wiederholung. Manche Autoren sind
durch ihre literarischen Werke bekannt und haben dazu im Hörspielbereich — aus Neigung, durch Bearbeitungen einzelner ihrer
Werke durch sie selbst oder andere — Fuß gefaßt. Otto Stein,
dem wir die Zusammenstellungen verdanken, hat als Leiter der
Abteilung Literatur und Hörspiel 20 Werke anderer Autoren
bearbeitet, aber er hat nur zwei Kurzhörspiele allein verfaßt.
Zehn Werke Arthur Schnitzlers wurden als Hörspiele bearbeitet.
Von den 35 Hörspielen Eduard Königs ist kein einziges im
Druck erschienen, von den 33 Titeln von Jan Rys sechs, darunter die beiden berühmten: ‚Grenzgänger‘ und ‚Die Toten dürfen nicht sterben‘. Bearbeitungen bekannter Werke älterer Autoren, sagt Stein, wurden nicht aufgenommen; sie seien auch teilweise wieder gelöscht worden. Hellmut Geißner sagt: Das literarische Hörspiel ist das gedruckte Hörspiel; aber es ist auch im
Druck viel weniger präsent als ein Schauspiel, denn der Schauspieler ist als solcher im Hörspiel nicht anwesend: nur seine
Stimme. (377) Und nach Jandls Überzeugung sollte im Hörer der
Wunsch nach dem Lesen des Hörspiels gar nicht entstehen. (378)
Dieser Wunsch wäre bei manchen experimentellen Hörspielen auch
gar nicht erfüllbar. Man bemüht sich seit den sechziger Jahren

auch um „eine Ästhetik, die mehr von akustischen Kriterien bestimmt ist". (379)

Aus all dem geht hervor, daß das Hörspiel als eine der Arten moderner Kunst nicht Gegenstand der Literaturgeschichte ist. Es kann als solcher aufgenommen werden, wenn sich das aus Beziehungen zur Literatur ergibt, so in der Verbindung von Jan Rys mit der Problematik des politischen Flüchtlings, die auch ein literarisches Thema ist; das ‚moderne Mysterienspiel' ‚Der Herr dieses Hauses' (1966) von Edda Steinwender läßt uns in der Sehnsucht der Gäste nach dem Herrn die Überwindung menschlicher Unvollkommenheit in Hingabe und Gemeinschaft so erleben, daß wir die Tradition von Calderon und Kafka her erkennen. Rühms Hörspiel ‚Wintermärchen' ist Umsetzung eines Presseberichts von einem jungen Mann, der an der Autobahn vergeblich um Hilfe bat und am Morgen erfroren war: Scheibenwischer- und Motorgeräusch und Reizwörter (‚allein', ‚verlassen', ‚verloren') bildeten den mehrstimmigen Hintergrund. (380)

Im Bereich des Hörspiels ist dieselbe Diskussion im Gang wie in der Literatur: Friedrich Knilli macht den Autoren des Neuen Hörspiels zum Vorwurf, sie entlarvten zwar die politische Rede, aber „der Supermarkt der Kulturindustrie" sei auch ihre Heimat. Daher fordert Michael Scharang, daß nachdem das Hörspiel die technisch veraltete Rezeptionsform überwunden habe, auch der Fetischismus des Sprachmaterials und des Inhalts aufgegeben werde und anstelle literarischer Schemata solche des Hörfunks treten: „Nachrichten, Reportage, Interview, Diskussion". (381) Elfriede Gerstl folgt dieser Aufforderung. ‚Berechtigte Fragen Hörspiele' (1973) ist im ersten Teil Auseinandersetzung mit der Situation des Schriftstellers im kapitalistischen Österreich oder in der BRD, in der der Kapitalismus weiter vorangetrieben sei und Scheinfreiheiten gewähre. Im konkreten Hörspiel sieht sie Möglichkeiten, in die Technik Botschaften einzuschleusen: ‚du bist nicht allein der ORF dein treuer Begleiter'. Sie gibt Gesprächstücke, Motti, Sprichwörter, Zeit- und Programmansage, endet nach Sprachübungen und Klangassoziationen „mit Bauchweh und Bundeshymne", worauf verschiedene Autoritäts-Situationen durchgespielt werden, besonders in Fragespielen: „lieben Sie Brahms oder haben Sie Hunger". (382) Vier Jahre darauf ist diese Technik erweitert und entwickelt in dem achtteiligen Text ‚Spielräume', mit Andeutungen eines Inhalts, Hauptgewicht aber auf gegen-

sinnig formulierten Aussagen — Bahnfahrt, Zeit wird vorbeige-
zogen, die Uhr wird gleich Prag schlagen; Fragenreihen, Kinderreime, Montage, gegen Schluß Steigerung durch Grobheit und
Hereinnahme des Religiösen als Bezugsmaterial. Das ist nicht Hör-
spiel-Erweiterung, sondern politische Literatur auf Grundlage der
Konkreten Technik in zwei Bereichen.

Gesellschaftskritik

Die großen Dramenerfolge der ersten Nachkriegsjahre waren
Auseinandersetzungen mit dem Geschehen der Kriegszeit, der Verfolgung; mit dem totalen Staat, der Gerechtigkeit, der Menschenwürde. ‚Draußen vor der Tür‘ von Wolfgang Borchert erschien
1947 als Hörspiel, als Bühnenspiel, Film, im Druck. ‚Andorra‘
von Max Frisch, die Dramen Dürrenmatts, Hochwälders, Zuck-
mayers ‚Des Teufels General‘ und ‚Der Hauptmann von Köpe-
nick‘ bestimmten das Klima.

Zuckmayer, seit der Mitte der zwanziger Jahre in Österreich
lebend bis zur politischen Emigration 1938, ist ein Wahlöster-
reicher, auf den wir stolz sein dürfen. Die Linie seiner Dramatik
war durch den Protest gegen den Nazismus und gegen jeden
Zwang weitgehend bestimmt, aber ‚Henndorfer Pastorale‘ und
besonders ‚Auf einem Weg im Frühling‘ ist ein Bekenntnis zu
Österreich, zur ‚unbeschreiblichen Harmonie Salzburgs‘, zum
„Geist einer süddeutschen Katholizität" (383), zu seinem Geburts-
land Deutschland und zu Österreich, das ihm Heimat wurde. Sein
‚Aufruf zum Leben‘ (1976) darf uns daher als ein Geschenk gelten, das von dem Ende des Zweiten Weltkriegs und der idealisti-
schen Deutung — wäre das Attentat vom 20. Juli gelungen, so
würde mit der Härte des Endes auch die Erkenntnis ausgeblieben
sein — und dem Gedanken an die Geschwister Scholl durch die
Literatur, Naturwissenschaft und Religion bis in die unmittelbare
Gegenwart reicht. Was Zuckmayer hier über Konrad Lorenz,
gegen ‚engagierte‘ Dichtung und über die Untrennbarkeit von
Ethik und Ästhetik sagt, über die Bedeutung des ‚Schönen‘ im
Tierleben, über Teilhard de Chardin, über den Einfluß seines
Freundes Karl Barth auf seine Weltanschauung, seine Rede ‚Hein-
rich Heine und der liebe Gott und ich‘ (1972) aus Anlaß der Ent-
gegennahme des Heine-Preises, das ist die aus Stücken erahnbare
Summe eines weisen alten Mannes. Seine Erinnerungen an öster-

reichische Dichter, besonders sein Wort für Johannes Freumbichlers großen Salzburger Roman ‚Philomena Ellenhub‘ 1937, sein Verständnis Thomas Bernhards: über die ‚Musikalität seiner Sprache‘ und die „bannend überwirkliche, märchengleiche Bedeutung von Weng“ (384), haben umsomehr Gewicht in diesem Zusammenhang.

Sehnsucht nach dem Guten, Mahnung und Warnung, ein Glaube gegen die Aussage der Zeit oder ein Ruf zum Ausharren in Treue sind die Botschaften der jungen Dramatiker, an die sich die Hoffnung wendete: Hans Friedrich Kühnelt zeigt die Welt nach einem Atomkrieg (‚Es ist später, als Du denkst‘, (1957), Raimund Berger — einer von jenen, die Büchners Einfluß tragen (und überwinden) — nennt das Spiel von der Rettung vor dem bösen Covalin ‚Papierblumenfrühling‘: es wird immer wieder einen Covalin geben. Viel menschlich Schönes und künstlerisch Überzeugendes ist in Kühnelts Lyrik oder in dem guten Einfall, ein Mädchen in zwei Personen zu teilen, die alltägliche Sylvia und die in Liebe verklärte (‚Eusebius und die Nachtigall‘), in Bergers Komödie vom ‚Reich der Melonen‘: Ort der Handlung ist das von den Persern besetzte Milet (Wien), und die reinste Gestalt ist Aspasia, die sich die Liebe des Gatten in der Rolle der Geliebten Pamela erhält und zu ihm zurückkehren wird, wenn er ihrer würdig ist, indem er sich selbst treu wird.

Zeitanspielung allein macht keine große Dramatik, auch nicht bei guter Begabung. Harald Zusanek geht auf dem richtigen Weg, indem er sich dem religiösen Bereich nähert; Symbolismus und Mythologie sind die Vorstufen dazu. Mit Parallelen zur Gegenwart, Hoffnung auf Zukunft und Durchleben der Katastrophe (‚Die Straße nach Cavarcere‘) beginnt sein Werk. ‚Schloß in Europa‘ erneut die Persephone-Mythe, im Auftrag des Burgtheaters gestaltet er Calderons ‚Welttheater‘ neu. Die Aufführung im Wiener Burgtheater brachte Überraschung und vielfach Unmut wegen des Tanzes der Weisheit, den man als Narrentanz verstand und nicht als das Paradox des Glaubens. Hier ist auch die Antwort des kleinen Welttheaters von 1964, ‚Piazza‘, grundgelegt: das Daseinsrätsel bleibt ungelöst, die steinerne Sphinx bleibt auf dem Platz zurück, Sinn ist nur im Tun.

Csokors ‚Treibholz‘ und ‚Das Nest‘ von Johann A. Baeck, der 1917 geboren wurde, antworten im selben Jahr 1962 auf die Schuldfrage mit dem Tod des SS-Manns, des Funktionärs, der

versucht, menschlich zu bleiben, ohne seine Gegnerschaft zu bekennen. ‚Akt mit Pause' ist wie ein Abgesang auf diese Zeit und
ihre Dramatik: Kurt Benesch, der auf das eben angesprochene
Problem in dem Drama ‚Der Narr und sein Schatten' mit der
Entscheidung geantwortet hat: es ist dem Menschen nicht erlaubt,
um ‚höherer Ziele' willen zu töten, läßt nun die zahlenden Besu-
cher Zeugen des Todeskampfes eines der Opfer der Atombombe (in
Japan) werden — hinter Glas, ungefährlich; aber der Sterbende
spielt nur, und die Geliebte, als Betreuerin der Zuschauer, fällt
aus der Rolle, weil er so gut spielt; die beiden werden sich eine
andere Verdienstmöglichkeit ausdenken müssen. Es ist fast zuviel,
daß dazu noch ein Journalist einer jungen Schauspielerin Anlei-
tungen gibt, damit sie an den Gesten des ‚Sterbenden' für ihr
Spiel Nutzen zieht, und daß am Ende ein Strahlenkranker hier
Aufnahme sucht. Die massive Kritik dürfte bereits an Horváth
geschult sein; die Eingangsbemerkungen enthalten den Satz:
„Immer wenn die Leute aus der oberflächlichen Konversation auf
ihre ureigensten Belange zu sprechen kommen, starren sie seltsam
in sich versunken durch das Fenster". (385) Die düstere Grund-
stimmung bleibt bestehen. Auch die gut inszenierten und zur
Pointe geführten Späße Hans Krendlesbergers enden mit dem
Scheitern der Planung, und andere Spiele — ‚Die Aufgabe', ‚Die
Frage', ‚Die Monstren' — handeln vor dem offenen Abgrund der
Hoffnungslosigkeit. Aber die Thematik löst sich allmählich von
1945 und den unmittelbaren Zusammenhängen damit.

Helmut Schwarz ist den Weg gegangen „vom Gründer und
Mitbegründer kabarettistischer Kellertheater zum Burgtheater-
dramaturgen und Direktor des Reinhardtseminars"; sein Thema
ist die Gerechtigkeit, seine Weltanschauung die christliche; er hat
sich, sagt Gerstinger, „zum Teil an Brecht geschult". Und in dem
Dramenband ‚Auftrag Gerechtigkeit' (1971) sagt Schwarz selbst:
Das Theater hat „Zeit und Welt zu reflektieren"; eine Parabel,
„Deckbild vieler vorstellbarer Möglichkeiten", wirkt als amüsie-
rendes oder belehrendes Modell: „die Ahnenschaft Brechts braucht
wohl kaum betont zu werden". (386)

In diesem zweischichtigen Gewebe, das im Lebensklima Österreichs Heimatrecht hat, wachsen eindrucksvolle Dramen: ‚Arbeiter-
priester' faßt die Tiefe des Problems religiös und zu Recht im Stil
des Mysterienspiels: Märtyrertum kann eine Erscheinungsweise
des Hochmuts sein und darf nicht angestrebt werden; Gehorsam

steht höher. Das Parallelspiel folgt 1961, sieben Jahre darauf: Die Beförderung des nocheinmal Überprüften findet in dem Drama ‚Die Beförderung' nicht statt: denn die Diktatur sucht als ihre Ausübenden willenlose Werkzeuge, nur sie sind tauglich: aber sie können nicht schöpferisch gehorchen. In dem Drama ‚Das Fehlurteil' geht Schwarz noch weiter auf die Zuschauer zu. Sie werden aufgerufen, selbst zu entscheiden, ob das milde Urteil zu Recht erging.

Ernst Wendt charakterisiert 1965 in den ‚Akzenten' die Lage des Dramas, indem er sagt: daß Deutschland wieder ein Theater als ‚politische Anstalt' habe, bleibe bei allen Mängeln des ‚Stellvertreters' das Verdienst von Hochhuth. Er sagt das anläßlich der Besprechung des ‚Marat' von Peter Weiss, dem er „die Position eines Dramatikers nach Brecht, eines Dramatikers zwischen den Ideologien" zuspricht; Brechts ‚Modell-Welten' seien unannehmbar vor der politischen Wirklichkeit des Landes, „in dessen einer Hälfte im Namen der von Brecht poetisierten Ideologien ein totalitäres Regiment errichtet worden ist". (387)

Edwin Hartls Behauptung (1980), Dichter seien „in der Funktion politischer Agitatoren völlig harmlos" (388), und also sei es auch Brecht, ist vorzüglich als Beitrag zum Torberg-Bild zu verstehen. Torberg habe mit seiner Ablehnung nicht Brecht gemeint, sondern dessen mißbräuchliche Inanspruchnahme durch ‚Krypto-Kommunisten'. Sicher ist, daß Brecht mit seinem Pathos der Sachlichkeit und Unnachgiebigkeit, seiner ‚Hauspostille', einen Ton geschaffen hat, der auch unserer politisch aktiven Lyrik, besonders dem bedeutenden Josef Luitpold (Stern) nicht fremd war, der in der Gegenwart in Wolf Biermanns ‚Drahtharfe' (1965) weiterlebt und dort mit Villon in Zusammenhang gebracht wird; daß — wie Helmut Schwarz betont — das Lehrstück sich auf ihn stützt, und daß sein Tui-Roman (tellekt-uell-In) in das Zeitbewußtsein Eingang gefunden hat. Seine Aktualität im Sinne der Brauchbarkeit zu politischer Aktion auf Grund seiner rhetorischen Mittel und der aufgerufenen Hintergründe, wenn sein Name oder sein Werk zitiert wird, steht außer Frage. Vielleicht hat auch die Edition des Film-Protokolls ‚Kuhle Wampe' (1969) zu der Beliebtheit der Filmdokumentationen beigetragen.

Heinz Rudolf Unger, 1938 geboren, ein politischer Schriftsteller mit Härte und Vielseitigkeit von Liedtexten für Musikgruppen bis zum ‚szenischen Oratorium' ‚Proletenpassion', das 1976 in der

Arena aufgeführt wurde, verbindet eine an Josef Liutpold erinnernde Wortgewalt mit Anspielungsreichtum und Schlagfertigkeit, mit Techniken der Konkreten Dichtung, stellenweise eng an Jandl geschult. Die im Selbstverlag gedruckte ‚Proletenpassion‘ beruft sich auf Brecht und Eisler und ruft auf zur Aktion: „Wenn ihr mit Worten euch begnügt, wer profitiert davon? Dann habt ihr ja nichts mitgekriegt". (389) Das literarisch belangvollste Buch Ungers ist ‚das lied des skorpions‘ (1979), dessen Sprache als Munition wirken will und sich durch genaue Formulierung, Schärfe, Anspielungen von packendem Widersinn ausweist. Der zweite Teil, ‚Tao Tui‘, ist aus dem Studium Brechts erwachsen und will „eine aktuelle Gegenfigur" sein, „den verschiedenen geistigen Fluchtmodellen im Wege stehen". (390)

‚Ein Lehrstück der anderen Art‘: So überschreibt Harald Irnberger die Vorbemerkungen zu Elfriede Jelineks ‚Was geschah, nachdem Nora ihren Mann verlassen hatte oder Stützen der Gesellschaft‘ (1980): Das Spiel ist freie, aber gewollte Nachfolge Brechts und zeigt, wie die ihre Identität suchende Nora von den Männern verbraucht wird und zu ihrem Mann zurückkehrt. Die überraschende Leistung Jelineks, ein packendes Buch voll von geschickt verarbeiteten Aggressionen, ist ‚Michael Ein Jugendbuch für die Infantilgesellschaft‘ (1972), mit Leseranrede als Anrede an die lebendig Anwesenden, mit beim Wort genommenen Redewendungen und Theater- oder Fernseh-Vorgabe, Inhaltsteilen, die wieder aufgegeben werden, Gesprächen verschiedener Personen ohne Trennung, plötzlicher Aufforderung, die nächste Einheit nachzuspielen; und mit dem schon Mode werdenden Angebot einer anderen Version, diesesmal, weil Gerda, mit der Wirklichkeit unzufrieden, glaubt, sie sei im falschen Film. Wir werden also zwischen Erleben, Lesen, Agieren, Theater, Fernsehen, Kino, Interview, Realismus und Verfremdung — Michael wird von seiner Mutter mit einer Windelhose versehen ins Büro geschickt, Menschen erscheinen als Tiere, Cissy wird gefüttert — herumgehetzt. Das ist vielgestaltige, den Leser überfallende Aufforderung zu Kritik und neuer Bewußtseinsbildung.

Die Dramatiker der Gegenwart sind gutteils unter anderen Gesichtspunkten, etwa im Zusammenhang der erzählenden Dichtung, des Hörspiels erfaßt worden. Sie gehören ähnlich den Hörspiel-Autoren der Literatur nur an, sofern ihre Spiele gedruckt vorliegen, und das bedeutet bei Zeitgenossen meist: erst nach der

Aufführung, vielleicht im Abstand einer Reihe von Jahren. Die Beispiele zur Gegenwartsdichtung, die der Dramenband von ‚Dichtung aus Österreich' enthält, waren mit zwei Ausnahmen bis dahin nicht gedruckt vorgelegen, sondern als Autor- oder Bühnenmanuskripte. Das Theaterleben wird aber gar nicht durch diese Texte bestimmt, sondern durch die Spielpläne, durch die Leistung der Schauspieler und Regisseure, durch den Spielort; und es ist weitgehend unabhängig von der Gegenwartsdramatik.

Das leider nur wenige Jahre geführte ‚Österreichische Theater-Jahrbuch' vermerkt in der Spielzeit 1965/66 für die 23 Bühnen Wiens 159 Premieren, für ganz Österreich 365. In den späteren sechziger Jahren stehen Nestroy und Shakespeare mit je 10 Premieren an der Spitze, es folgen Brecht Gogol Grillparzer Goethe Schnitzler mit acht bis vier Premieren. Die Übersicht, die das ‚Austriaca'-Heft 4, 1977 für die Jahre 1973—75 gibt, zeigt an erster Stelle der Inszenierungen Horváth; es folgen Turrini, Schnitzler, Handke, Bernhard. Die Spielplanübersichten, Statistiken von Premieren und Autoren lassen ohne folgerichtige Überprüfung und Überwachung durch längere Zeitabschnitte nur wenige Schlüsse zu wegen einer Reihe von schwer greifbaren Nebenursachen. Aber neben den großen Theatern und Festspielorten wie Salzburg Bregenz Ossiach zeigt sich die Neigung, Burgen und Schlösser und Stifte nicht nur durch Ausstellungen und Konzerte, sondern auch durch Festspiele — wie das Grillparzer Forum Forchtenstein — wieder zu beleben oder im Bewußtsein wachzuhalten, es bilden sich Traditionen und Sondercharaktere wie in Schloß Porcia in Kärnten mit den Aufführungen von Spielen aus dem 18. Jahrhundert (Goldoni, Holberg, Hafner), dem Meggenhofer Sommertheater am Bauernhof, teilweise mit internationalem Ansehen und Programm wie Salzburg und Ossiach. Das alles ist als Bereitstellung von Treffpunkten, als möglicher Aufführungsort auch für Autoren der Gegenwart, als Erweiterung der Stilerlebnisse, als Faktor der Stil- oder Inhaltsgestaltung bei Auftragswerken von Belang. Aber das alles ist nicht unmittelbar Bereich der Literatur, so auch nicht das Kabarett, das sich seinem Wesen nach gegen die Festlegung verwahrt. Das hindert nicht, daß bedeutende Schriftsteller wie Egon Friedell und Alfred Polgar für das Kabarett geschrieben haben.

Nicht in den nachdenklichen kleinen Erzählungen, die durch eine aphoristische Wendung oder einen Wortwitz aufgeputzt sind, liegt der Reiz des schriftstellerischen überlieferten Werks von Polgar, sondern in dem Umgang mit der Sprache selbst, im charakterisierenden zupackenden Einfall: ‚Tod eines Wortes‘, das Untertemperatur hat, altert, stirbt; in den Charakteristiken seiner Freunde: Franz Molnár, Peter Altenberg, durch dessen Wort die Wirklichkeit Märchenglanz erhielt; „Die Gönner kamen auf ihre Rechnung, die sie im Wirtshaus für ihn zahlten“. (391) Die Erwartung wird durch das Folgewort widerrufen, wenn er kritisiert; sein ethisch begründeter Zorn überhöht den Spaß, auf den er trotzdem nicht verzichtet, zum Verzicht. Von Nestroy, zu dessen Andenken und Ruhm Friedell sich mit dem ‚Brevier‘ ‚Das ist klassisch‘ (1922) bekannte, führt eine Tradition über die dreißiger Jahre, die berühmte und in ihrem Ende, dem verhüllten Kampf gegen den Nationalsozialismus, heroische Periode des Kabaretts, in die Nachkriegszeit.

Rudolf Weys, einer der wichtigsten Chronisten dieser Tradition, zitiert Karl Kraus mehrmals; über den Schauspieler und Sänger Heinrich Eisenbach sagte er: ‚ „Ein Possenreißer, der zum Erhabenen nicht einmal einen Schritt braucht“ ‘ (392), und darin liegt wieder ein Zeugnis für die Sprachkultur, die Ausdruckskraft dieser Kleinkunst, die in Büchern, Aufsätzen, Ausgaben der Werke der Verschollenen vorwiegend von Torberg und Weigel teilweise wieder ans Licht gehoben wird und mit den in Zeitschriften und Büchern aus der Vergangenheit heraufgeholten Erinnerungen an die Alt-Wiener Cafés, an die Literaten-Cafés sich doch zu einem Bild zusammenschließt. Es ist nicht nur das Bewußtsein des frühen Untergangs, sondern wirkliche Größe, was vor Peter Hammerschlags Gedichten ‚Der Mond schlug grad halb acht‘, herausgegeben von Torberg 1972, packt und ergreift. Er war einer der Autoren der ‚Literatur am Naschmarkt‘. (393)

Für Carl Merz und *Helmut Qualtinger* gilt gleich wie für die Künstler der dreißiger Jahre, daß ihre Beiträge zur Literatur — ‚Eisrevue‘ von Merz und das in Skandalgeschichten genau informierte Buch „Der Opernnarr“ 1972 und die Satiren von Qualtinger — nicht an die erfolgreichen Programme wie ‚Brettl vor‘m Kopf‘, ‚Hackl vor‘m Kreuz‘ herankommen. Weigel nennt sie 1959 im Vorwort zu der Ausgabe ‚Blattl vor‘m Mund‘ „streitbare und unbequeme Moralisten“. (394) Gerstinger spricht vom Negativ des gemütlichen Österreichers; „Die Darstellung des Negativen im österreichischen Wesen wird zur Maxime“. (395) Hauptmittel ihrer Wirkung ist das Hervorziehen einer zweiten Karte hinter dem Deckblatt der Erwartung und das Steigern des scheinbar schon Gesteigerten, Technik der dreißiger Jahre also, aber kritischer, schärfer.

Qualtingers Zeitschrift ‚Der Basilisk' wurde nach drei Nummern eingestellt; der Parasit und Weltverächter Travnicek und der Herr Karl sind als — düstere — Gegenstücke der Alt-Wiener stehenden Figuren, wie Bäuerles Staberl, immer noch berühmt, aber die Fernsehsendung über den Herrn Karl brachte einen Sturm der Entrüstung, der an die Erbitterung der Grazer 1948 wegen Qualtingers ‚Jugend vor den Schranken' denken ließ. (396) Um 1960 wird Nestroy neu gewertet und erkannt, es entsteht ein Gewebe aus vielen verschiedenartigen Fäden: die Mundartdichtung Artmanns, die Wiederkehr von Schnitzler und Horváth. In diese Stimmung bringt André Heller einen weiteren dunklen Ton mit ‚Die Ernte der Schlaflosigkeit in Wien' 1975, eine Enzyklopädie geradezu über Wien durch die Sammlung von Aussprüchen, zugleich ein großartiger Fotobildband: „Zwischen Allerheiligen und Allerseelen liegt Wien [...] Die vorherrschende Witterung heißt Einsamkeit. Gruppen, ja ganze Aufmärsche werden von ihr befallen." Der Text liest sich wie die Umkehrung eines Raimund-Märchens, wenn Heller schreibt: „Der Morgen tritt ohne anzuklopfen in das Zimmer der wehleidigen Selbstzufriedenheit". (397) Im folgenden Jahr gab er den Band ‚Es werde Zirkus' heraus über das Dasein „an der Grenze zwischen Traum und Wirklichkeit", großartig als Bildwerk wie als Text, ein Hymnus auf die Freiheit der Phantasie, unter einem Motto von André Breton. (398)

Außerhalb Wiens gibt es einen Kabarett-, Couplet- und Drehbuch-Autor, den 1937 in Graz geborenen Werner Schneyder, der im Laufe der siebziger Jahre an Tiefgang gewonnen hat. ‚Vom Nachlassen der Schlagkraft' (1979) zeigt ihn als Skeptiker ohne Hohn und ohne Lust an der Zersetzung, als Moralisten ohne Enge, einen zielklaren Sprachdenker.

Die improvisationsnahen, technischer Produktionsmittel von hohem Kostenaufwand nicht bedürftigen Formen sind am besten geeignet zur Kritik an den Ereignissen des Tages: Kabarett, Zeitschrift, Broschüre. Einzelne Buchreihen suchen von der Ausstattung, vom Schreibmaschinendruck her den Eindruck solcher Unmittelbarkeit zu erwecken oder zu stärken. Gerade die Lyrik

Brechts oder Ungers, auch der Mitarbeiter von Zeitschriften wie ‚Freibord' oder ‚Frischfleisch', beweist, daß Schlagkraft und Genauigkeit zueinandergehören. Schärfe ist nicht das Hauptargument aktueller Literatur. Daran krankt Klaus Wohlschaks Gedichtband ‚vorsicht die gitarre schießt' (1978), indem er Poesie zwar als Widerstand und Anklage versteht, aber lässig in Form, Reim, Wortwahl, unbedacht Zeilen wie diese: „Bis anno achtunddreißig hat Hitler zugeschaut" (399) passieren läßt und damit auch noch die Klarheit der Aussage verfehlt: es geht nämlich um den Februar 1934 in Österreich. Die Zeugenschaft von Villon Heine Biermann, die aufgerufen wird, verpflichtet zu mehr. Die Lässigkeit dagegen, mit der Christine Nöstlinger, sanfter als Elfriede Jelinek, aber wach gegenüber Mißständen, ihre Geschichten erzählt, ist die der gemütlichen Alltagsrede, von jemandem gesteuert, der die Tonlagen vom modernen Märchen — wie Wilhelm Meissel in seinen Jugendbüchern — bis zum Erlebnisbericht beherrscht und lieber mahnt, Vorbilder schafft, als zu verurteilen. Schon die Titel — ‚Sim-Sala-Bim', ‚Rosa Riedl Schutzgespenst' — laden den Leser ein, es sich bequem zu machen.

Die ‚Märchen für Konsumkinder' von Joe Berger (1977) sind hart erzählt, in böser Laune, mit Signalen auf Sinnlosigkeit in der Sprachverwendung. In der Dokumentation ‚5 Jahre Freibord' bedient sich sein ‚Robert Klemmer-Evangelium' des biblischen Sprachspiels: „mit roberts geburt verhielt es sich aber so [...] zu jener zeit tobte ein fleischfressender krieg [...]". Gustav Ernst hatte 1974 die gemischte Sammlung ‚Am Kehlkopf' herausgegeben, mit grotesker Wirkung durch Wörtlichnehmen, durch Konkretisierung abstrakter Hauptwörter, durch Umschaltung in andere Bereiche: man wirft die Kinder in die Klosettmuschel und zieht die Spülung. 1979 folgt ‚Einsame Klasse', gipfelnd in einer Apotheose der Arena, die Zeit hat und überleben wird: in völlig unfrisierter, aber in Gesprächen lebendig wirkender Sprache. Wolfgang Mayer König, 1946 in Wien geboren, hat 1968 einen Kongreß über die Problematik der Gewaltlosigkeit geleitet, hat eine Puppenbühne für geistig behinderte Kinder eingerichtet. Seine Texte sind Protest gegen die verwaltete herzlose Welt, aber meist in stiller Sprache, die man genau lesen muß; „laßt uns die straßen morden" ist Absage an die moderne große Welt (400); die ‚Sichtbaren Pavillons', ebenfalls 1969 gedruckt, bilden Reihen von (scheinbar) unzusammenhängenden Aussagen, um uns auf den Widersinn einer bestimmten Stelle oder Haltung aufmerksam zu machen.

Konsequent kritische Haltung, so Hans-Dieter Klein im ‚Wespennest' Heft 40, lehnt jeden Kompromiß und also die Benützung des Kapitals und seiner Techniken ab, sieht in den nonverbalen Medien die Ursache der Reduktion von ‚Sinnlichkeit auf maschinen- bzw. instinkt-analoges Reagieren' und damit die Ausbildung einer „Tiefenstruktur nationalsozialistischer Denk- und Lebensformen" unabhängig vom Inhalt und die Sprache daher auf ‚Sprachspiele' reduzierbar (S. 38). Dasselbe Heft bezeichnet den Verteilungsapparat als den einzigen Zensor im entwickelten kapitalistischen Markt, der Pornographie wie Revolutionsliteratur handelt, und Franz Schuh sieht in den ‚Thesen zum Wesen' (401) auch in der Grazer Autorenversammlung schon das ‚fleischgewordene Wort des Staates'. Wer die Form des Hörspiels, des Romans akzeptiert, ist nach Scharang schon dem Gesellschaftssystem verfallen; in einer Stellungnahme zu Handkes ‚Hausierer' sagt er: im geschlossenen System der Gesellschaft ist sinnvolles Handeln für den einzelnen nicht mehr möglich, erst „als Artikulation des Schweigens" — nach dem Durchgang durch den Gegensatz also — kann Sprache gerettet werden. (402) Organisierter Widerstand gegen die Institutionen, die sich ihrer Mittel zur Repression bedienen — das ist für *Scharang* der Weg ‚Zur Emanzipation der Kunst'; er ruht in seinen Anschauungen weitestgehend auf Benjamin. Jandl bezieht sich in demselben Band 1970/2 der ‚Protokolle' auf Dada in seiner Auffassung von Kunst: Sie ist „fortwährende Realisation von Freiheit" (403), seine Reihen und Spiele weisen auf den Widersinn, wie Fried um eine Stufe schärfer ihn in der ‚Verstandsaufnahme' durch Vertauschung der Vorsilben ‚be'- und ‚ver'- aufdeckt. (404) Scharang entlarvt durch Steigerung, so in der auf den stummen Angeredeten losprasselnden Litanei ‚Ein Verantwortlicher entläßt einen Unverantwortlichen' und ähnlichen Sprach-Spielübungen. (405)

1973 weist Scharang durch eine Dokumentation ‚Einer muß immer parieren' den Erlebnis-Anspruch der Kunst ab zugunsten der Wirklichkeit; mit Brecht sagt er: Das Recht auf Meinungsfreiheit ist erst gegeben mit den Mitteln zu ihrer Verbreitung, und er sieht sich als Meinungsträger der Arbeiter, mit denen er sprach. Im selben Jahr und 1976 folgt er der Doppelforderung der Dokumentation und der Präsentation der Arbeitswelt:

‚Charly Tractor' ist die kritische Darstellung des Verhältnisses von Arbeitnehmer und Firma mit sehr guten Beobachtungen über die Sprachgehemmtheit des Abhängigen und im Gespräch der Männer über Frauen. ‚Der Sohn eines Landarbeiters' ist eine wahrscheinliche, sehr dichte Konstruktion; die Interessen, Ängste, Handlungen von Dieben, Liebhabern, Mördern sind vielfach ineinander verflochten; einer bleibt schließlich auf der Strecke und erhängt sich. Das ist die weitgehende Erfüllung der Forderungen der Dortmunder Gruppe 61 nach künstlerischer „Auseinandersetzung mit der industriellen Arbeitswelt der Gegenwart" und mit ihren sozialen Problemen. Von ihr spaltete sich 1970 der ‚Werkkreis für Literatur der Arbeitswelt' ab, der den literarischen Anspruch hinter den der Provokation zurückstellt. (406) Karin Strucks Buch ‚Klassenliebe' (1973), das Werk einer zur Intellektuellen gewordenen Arbeitertochter, wurde nicht nur in der Gruppe 61, sondern in der bundesdeutschen Öffentlichkeit viel diskutiert. Ihm kommt besondere Wichtigkeit zu auch deshalb, weil es an der Dreiländerecke von Arbeitswelt Dokumentation Frauenfrage angesiedelt ist.

Das Sonderheft des ‚pult' zur Alternativkultur-Tagung 1978, als viertes Heft des Jahrgangs erschienen, berichtet, daß den Österreichern zunächst die Teilnahme an der Literatur der Arbeitswelt nicht zuerkannt wurde; dann nannte man die drei Namen Zenker, Turrini, Scharang. Die Zahl der Autoren läßt sich vergrößern, insbesondere, wenn man vom Wortinhalt ausgeht, nicht von der angemeldeten Tendenz. Das Hauptereignis sind die drei Romane *Franz Innerhofers*: ‚Schöne Tage' (1974), ‚Schattseite' (1976), ‚Die großen Wörter' (1977), der Weg eines Bauernbuben mit unnachgiebiger Aufzeichnung der Härten, der Lieblosigkeit, des Unverständnisses; die Lösung und die Enttäuschung, weil auch die Menschen in der Freiheit verkrüppelt sind, ohne Gemeinschaft, hinter Wörtern sich verbergend. Offen auch gegenüber den Gefahren und Schwächen seines eigenen Wesens führt Innerhofer durch diese Entwicklungsgeschichte, die konventionell, wenn auch in zeitgemäß schonungsloser Sprache erzählt ist, und entläßt uns, ohne einen weiteren Weg entschieden zu haben.

Experiment ist dagegen Peter E. Coreths ‚arbeitshaft' (1975), Handlung auf der linken Seitenhälfte, Fluchtwege auf der rechten, schwarz umrahmt, ohne echten Flucht- oder Befreiungscharakter, ganz konkret in den Wahrnehmungen wie in den Erinnerungen und Wünschen und in der Sprache: Sprachnot vor dem Chef, Erleichterung darüber, daß die Badekabine von innen versperrbar ist und also Privatheit gestattet, Wünsche der Frau, Denken an das Kind; wie die Aufsteiger sich verändern, und seine eigene Abneigung gegen Veränderung. Und doch ist das Buch nicht frei von dem zum Klischee gewordenen Ehebruch; warum eigentlich?

Aus ganz anderer Perspektive wird die Welt der Wirtschaft in dem Spiel ‚Elefantenhochzeit‘ erfaßt: Wolfgang Lesowsky, Günther Nenning, Georg Kreisler stellen die ihnen bekannte Welt dar, wenn sie über die Fusion zweier großer Tageszeitungen schreiben. Und Matthias Mander, Lehrbeauftragter an der Wirtschaftsuniversität Wien, bis dahin wenigen bekannt und im Erzählband von 1980 (‚Das Tuch der Geiger‘) ein bravouröser Künstler mit genau, bis an die Grenze der Ironie genau, gekonntem Bogenstrich der Sprache, hat 1979 unter dem Titel ‚Der Kasuar‘ einen Roman herausgegeben. Das selten von ‚ich‘, meist von ‚er‘ sprechende Buch schüttet in den ‚Listen‘, ‚Vorberichten‘, ‚Preisungen‘, ‚Briefen‘ usw. mit zahllosen vom Einwort-Statement bis zum breiten Satz reichenden Informationen und Bezügen auch Biographie, christliche Weltanschauung, Familienleben vor uns hin, ein Buch vom Überleben in harter Zeit: nach dem Vorbild des Vogels Kasuar, der stark ist, aber an seiner Flugunfähigkeit leidet. Überraschend oft erscheint das Zeitwort ‚kippen‘ — Entsprechung des Unorganischen, Ruckhaften der Vorgänge der technisierten Welt, in der doch — Erkenntnis des Endes — auch bei Kündigungen im Betrieb die Menschlichkeit nicht vergessen werde.

Tiefer als alle Gesellschaftskritik reicht jener Teil der emanzipatorischen Bestrebungen, der vom Verhältnis der Geschlechter handelt. Dieses Verhältnis und seine Problematik wird in der Literatur lesbar, sobald das Bewußtsein dafür erwacht. Es wird notwendig ein Hauptthema, sobald Frauen an der Literatur aktiv teilnehmen. Eleonore Thun-Hohensteins ‚Aristokraten Roman einer umständlichen Familie‘ (1976) setzt keinen besonderen Akzent in dieser Richtung, aber das Buch von den Steinthals, die mit Haltung jenseits der Zeit leben und nur vom Wetter reden, von dem pessimistischen Theologiestudenten Serja, der an Leukämie stirbt und darum frei ist von Illusionen wie Rücksichten, ist wesentlich ein Buch von dem Unglück der Frau, Partnerin des Mannes zu sein. Im Hintergrund steht das Tagebuch einer jungen Frau vor 100 Jahren, die von der ersten Nacht schockiert wurde, in der Bildmitte Sheila, die sich schreibend vom Unglück ihrer Ehe löst und das Tagebuch als Manuskript einem Verlag verkauft, als ihr Gatte Bankrott macht — worauf er sich zu Tode fährt.

Ein erschütternder Extremfall ist Marlen Haushofer, die nichts ersehnt als eine Höhle, in die sie sich verkriechen könnte: einmal noch dazu einen Chirurgen, daß er ihr das Hirn auskratze. In dem Roman ,Die Wand' lebt sie mit den Tieren, abgeschlossen von der Welt, bis ein Mann den Weg zu ihr findet, tötet und von ihr getötet wird. „Oft genug verfluchte ich in den folgenden Monden den Kreislauf von Zeugen und Gebären, der meinen friedlichen Mutter-Kind-Stall in eine Höhle der Einsamkeit und des anfallsweisen Wahnsinns verwandelt hatte". (407)

Brigitte Schwaiger erzählt 1977 („Wie kommt das Salz ins Meer') unter einem Motto aus Schnitzlers ,Liebelei' von einer gescheiterten Ehe; es erinnert an Heinrich Manns ,Schlaraffenland', wie hier geschildert wird, daß das Verbotene den Gatten nicht aufregt, erst das Skandalöse bewirkt Unruhe. Alles ist egal, aber daß alles egal ist, ist nicht egal. Das Folgebuch ,Mein spanisches Dorf' nimmt mit der Kritik des ersten ein Gespräch auf, indem es auf sie antwortet.

Mit ,Fluchtmodelle Zur Emanzipation der Frau' von Heidi Pataki (1972) ist die Gegenposition zu Haushofer erreicht: die Frau auf ein „Sexualsymbol mit Warencharakter" reduziert (408), die Gebärrolle der Frau als Rechtfertigung für ihre Benachteiligung, die Kommune als Alternative; ,stille post' (1978) führt die Gedanken von 1968 (,Schlagzeilen') durch: nur indem man den anderen verletzt, entstehen noch Kontakte — und folgt den dort gegebenen Beispielen nach. Es ist eine Sammlung von Montagen nach teilweise recht komplizierten Spielregeln, das Düstere also dämpfend, ohne daß das Spiel die Düsterkeit vergessen läßt, bis der abschließende Text mit einer Aggression gegen den ,alten Knacker oben' den Spielcharakter aufhebt.

Der neue Realismus

Ist es wahr, daß mit Doderer die Autarkie des Individuums und die Wiedergabe der Welt in ihrer Totalität endet? daß jetzt eine atomistische Faktizität herrscht? (409) daß die zerstörenden Schrecklichkeiten von Auschwitz und Zweitem Weltkrieg und allem Terror seither nicht nur selbst sich der Abbildung widersetzen, sondern die Welt oder den Menschen und also beide dauernd verändert haben? Ist der Mensch mit Marcuses Wort eindimensional geworden, sodaß er krankhaft scheint und ohnmächtig ist, wenn er sich der Staatsmaschine widersetzen will (410), also auch keinen Standpunkt außerhalb finden kann?

Sind Bücher der siebziger Jahre wie die ‚Momentaufnahmen‘ von Hanns Koren nur Ausläufer, auftauchende oder längst bereit gelegte Jugenderinnerungen, die nun noch aus Pietät (vom Verfasser wie für ihn) herausgegeben werden? — dann also auch Franz Tauchers ‚Schattenreise‘ über seinen sozialistischen Bildungsgang, sein Humanismus-Verständnis, „die Umsetzung jener Empfindungen, die sich im Wort Heimat ausdrücken, in die Helligkeit des Bewußtseins" (411) durch Viktor von Geramb, der Bericht über 1938, die menschlich tiefe Bewältigung des Nationalsozialismus, die dieses Buch nach manchem früheren zu seinem bedeutendsten macht; und Herbert Lederers ‚Kindheit in Favoriten‘, in seiner Einfachheit jedes Pathos abdrängend, in seiner Ehrfurchtslosigkeit höchst instruktiv.

Offenbar ist der Gegenstandsbereich der Literatur nicht um die äußere Wirklichkeit verkürzt. Das Heft 91 von ‚Literatur und Kritik‘ (1975) befaßt sich eben in der Zeit, da die genannten Bücher erscheinen, mit dem Problem des Realismus: „Der Leser erfährt die Realitätshaltigkeit eines Werkes durch den Widerstand, den es seiner Vorerfahrung entgegensetzt" (Dieter Wellershoff, S. 23). „Realismus ist ein Modus des Schreibens, der eher dem Sichtbaren als dem Unsichtbaren gilt", und mit Beziehung auf Aischylos: „Darstellung und Bejahung [...] des Ganzen dieser Welt, ihres Wohl und Wehe" (Joseph Peter Stern, S. 33); „Realistisch erzählen heißt [...] auf Wirklichkeit einwirken anstatt mit Wirklichkeiten Wirkung erzeugen zu wollen [...], ‚littérature engagée‘ im abgeklärtesten Sinne dieser poetischen Praxis" (Michel Raus, S. 40). Das ist nicht Aussöhnung mit der Welt, wie sie ist, im Sinn des Verzichts auf ihre Änderung, aber Anerkennung ihres Daseins als einer zu bewältigenden, nicht in Frage stehenden Tatsache.

Das Leitmotiv ‚Niemandsland‘ ist geblieben. Sprachlosigkeit und Stummheit, sagt Ingeborg Bachmann 1959 (‚Musik und Dichtung‘), sind unsere „reinsten Zustände! —, und [wir] sind aus dem Niemandsland wiedergekehrt mit Sprache, die wir fortsetzen werden, so lang Leben unsre Fortsetzung ist". Das Wort kehrt wieder

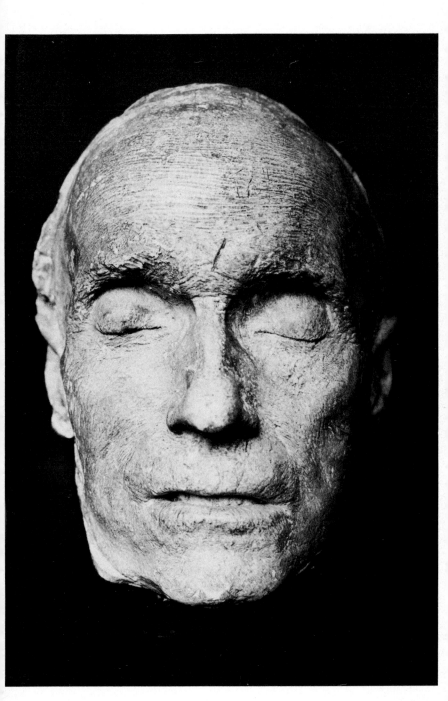

Adalbert Stifter (Totenmaske)

bei Franz J. Heinrich 1964 als letzter Abschnitt der ‚Meridiane‘, bei Heinz Zechmann 1971 und Hermann Gail 1974 in den ‚Liaisons‘, bei Wolfgruber 1978 als Buchtitel, bei Wieland Schmied in seinen Art Club-Erinnerungen 1981. (412)

Das Bewußtsein der Gefahr und des Abgrundes bleibt, aber es bleibt auch die Tatsache, daß das ausgedörrte Niemandsland, von dem Wieland Schmied rückblickend in die letzten vierziger Jahre spricht, überwunden war schon in der Hoffnung der fünfziger Jahre, als er die Kunst 1957 „ein Hinausgehen in unerforschtes Gebiet, hinüber auf die ‚andere Seite‘, über den Strom in Niemandsland" nannte. (413) Es wäre grundfalsch, den vielfachen Aufbruch von 1945 unter dem Gesichtspunkt der scheinbar wiedergewonnenen Realität als vergeblich oder überwunden zu sehen. Dazu gibt es ein instruktives Beispiel.

Klaus Sandler, der Herausgeber des ‚pult‘, bespricht 1979 in Heft 52 das Buch ‚Zwischenbilanz‘ von Johannes Twaroch, Geschichte einer vergeblichen Liebe, weil der Rivale sich durchsetzt, und er verfolgt nun „die Trivialspur" in dem Geflecht, das der Autor auf der Flucht vor dem Kitsch erzeugt. Wieviel kritische Wachheit und Anforderung an den Autor heute. Aber die Begebenheit wird noch viel interessanter dadurch, daß 1980 Sandlers Buch ‚Friedliche Anarchie‘ erscheint, mit den drei jungen Leuten Tom Fritz Bessi, aus dem Gutsaufenthalt in den Verdacht von Mord und Raub gerissen, interniert in einer psychiatrischen Anstalt, deren Leiter eine Kolonie zu gründen denkt: „Eine isolierte Gesellschaft abseits des Lebenskampfes. Noch einmal bei Adam und Eva beginnend, der Schöpfung eine zweite Chance zu geben." (414) Das ist viel hintergründiger als Sandlers ‚Anatomie einer Flucht‘; hinter jedem Satz lauert Gefahr, Sentimentalität kann sich gar nicht organisieren. Es gibt also eine neue Schreibweise, die nicht ‚anti‘- heißen darf, keines ‚post-‘, ‚nach-‘, ‚neo-‘ bedarf: einen neuen Realismus im Sinn nicht nur von ‚wieder‘, sondern von ‚neu‘ als: so noch nicht dagewesen.

Helmut Zenker ist Autor der Kriminalfilm-Serie ‚Kottan ermittelt‘. Ein Teil seiner Arbeiten ist in Gemeinschaft mit seiner Frau Margit oder mit Friedemann Bayer verfaßt. Er kritisiert die öffentliche Ordnung, indem er die Polizei als unfähig zur Erfüllung ihrer Aufgaben darstellt. Der Bereich der Schilderung ist das Milieu der kleinen Leute, der Verbrecher und Huren, bei offener Ablehnung jeder Ordnung: als Lehrer, als Arbeiter. Geschlechtsverkehr wird als Selbstverständlichkeit vollzogen und gewährt, mit der Hure oder mit der Schülerin, die sich anbietet; menschliche Beziehung wird, wenn sie entsteht, ernst genommen, bis zur standesamtlichen Ehe und zur Fürsorge für die Frau. Die Handlung ist ein Bündel von Strängen, aber zielbewußt geführt, die Sprache locker und zensurlos, aber anschaulich und geeignet auch zur Erfassung von inneren Erlebnissen. An Kraft und Kritik steht Alfred Paul Schmidt hinter Zenker nicht zurück; als Schriftsteller ist er ihm überlegen in der zielbewußten Steuerung, dem Einsatz und der Beherrschung der Technik. Von seiner Haltung zur schriftstellerischen Tätigkeit war die Rede. Seine Haltung der Gesellschaft gegenüber spricht Slobodin am besten aus, eine der Gestalten der ‚Fünf Finger im Wind‘ 1978: „Eine bürgerliche Karriere kam ihm wie eine Krankheit vor“. Er gibt dem Gedanken nach, daß der Mensch kurz nach der Lösung vom Affentum auf die Freiheitsidee kam; die Logik möchte ihn wieder zum Affen machen, sie stellt „ein retardierendes atavistisches Moment seiner Stammesgeschichte“ dar. Das Buch ist Schmidts ‚Grüne Seite‘, Darstellung einer Lebensphase dieser drei Männer und zwei Frauen, zwischen Österreich und Schweden, mit Reisen, Schlägereien, Wohnungssorgen, Gattenwechsel, Geschlechtsverkehr als Caritas, Lektüre der ‚Odyssee‘ als Trost im Gefängnis, nicht als Hinweis auf literarische Bezüge, mit Ironie und einem lustvoll starken Sprachstil des Geschlechtsverkehrs; sicher kennt er seinen Henry Miller gut, und nach allem darf man ihm fast ‚Grillparzers ‚Macht des Schicksals‘ ‘ verzeihen. (415)

Ein junger Mann ist, zur Fahrt in den Weihnachtsurlaub, ‚Auf freiem Fuß‘; er war Lehrling, hat gekündigt, war an einem Einbruch beteiligt; das Hafterlebnis bestimmt ganz sein Lebensgefühl. Mit diesem Buch beginnt 1975 das in seiner fast reinen Einsträngigkeit an Innerhofer erinnernde Romanwerk *Gernot Wolfgrubers*. ‚Herrenjahre‘ folgen, aber es ist mehr Leid als Freiheit, was er erlebt: Bekanntschaft, dann die Ehe mit Marie, ihre Krankheit und ihr Tod; drei Kinder sind da. Das ist ohne Pathos erzählt, aber eindrucksvoll besonders durch die kleinen Beobachtungen: Sie sind glaubwürdig, erzeugen menschliche Nähe und tragen die schweren Erlebnisse mit. Der Aufstieg des Arbeiters zum Angestellten führt ins ‚Niemandsland‘ zwischen Selbstgefühl und Beschämung, er überprüft sein Verhalten; er ist immer noch nicht frei. Martin Lenau, der Held des Folgeromans ‚Verlauf eines

Sommers' (1981), ist von Reife und Sicherheit weiter entfernt als seine Vorgänger. In seiner Stellung als Vertreter unsicher, von Frau und Kind scheinbar verlassen — das wenigstens stellt sich als Irrtum heraus —, verläßt Lenau nun selbst seine Familie, läßt sich aber von seiner Frau wieder heimholen, macht eine Reise und wohnt bei Bekannten, fährt heim und kehrt vor der Wohnungstür um: er wird seiner Frau schreiben. Wir wissen nicht, ob sie ihn wieder aufnehmen wird. — Bericht und Rede gehen ineinander über, es ist also nicht möglich, Lenau und Wolfgruber zu scheiden, auch nicht in Lenaus Abrücken von den früheren Wünschen nach Gesellschaftsveränderung, von der Teilnahme an Demonstrationen. Lenau ist umgeben von Einsamen, die von ihren Gatten verlassen wurden oder ohne seelische Einheit leben, er verliert bei intakten Sinnen jede Sicherheit, und er wird so sehr in die literarische Szenerie der österreichischen Gegenwartsliteratur geführt, daß das Buch sich fast als Quiz lesen läßt: Formulierungen wie ‚schwarze Milch der Frühe‘, Titel wie ‚Verstörung‘, Szenenführung und Technik ergeben Zusammenhänge mit Celan, Bernhard, Frischmuth, Joseph Roth, Wolfgang Bauer, Handke.

Die steigende Beherrschung der Mittel, die errungene Position, wohl auch das Lebensalter und die Zeitlage, die im Abstand von 1968 eingetretene Beruhigung verändern das Klima. Dieser Entwicklungsvorgang ist besonders an *Peter Henisch* zu studieren, weil sein Frühwerk stärker kritisch ist und stärker experimentiert, und weil er sich über seine Haltung mit klarer Einsicht äußert. In den ‚Protokollen‘ 1971/1 ist seine beziehungsreich auf die Studentenunruhen verweisende ‚Hamlet‘-Version (‚England skizze 1968/69‘) enthalten, wesentlich mit angeregt durch Tom Stoppards ‚Rosencrantz and Guildenstern Are Dead‘. 1971 bewahrt er (‚Hamlet bleibt‘) das Inhaltsmotiv und schreibt, mit Anlehnung besonders an Michel Butors ‚Zeitplan‘, einen nach Letterntypen, Zeichen und Anspielungen vielfach dimensionierten Text. Als Mitglied einer Musikgruppe ‚wiener fleisch und blut‘ schreibt er die Texte der frühen siebziger Jahre, zwischen Kritik und der beginnenden Nostalgie-Welle, litaneihaft, mundartnahe Aufnahmen der Peripherie von Wien. Darauf folgt sein berühmtestes Buch ‚Die kleine Figur meines Vaters‘: das Buch eines gedrückten einfachen Menschen, der als leidenschaftlicher und begabter Fotograf sich von den Nazis als Kriegsfotograf gebrauchen ließ und dann für die Russen fotografierte und für die ‚Arbeiter-Zeitung‘. Er macht Ausbruchversuche: aber der Bub nimmt den Vater als Spielgefährten nicht ernst, die Liebschaft bleibt nicht geheim; so bleibt der Alltag, das neue Hobby, in Tonbandaufnahmen das Leben festzuhalten, und der Tod. Im Tonbandeinsatz, der seit Samuel Beckett Mode wird, in der vertauschten Folge der Tonbänder, in gescheit montierten Träumen als Hülsen der Selbstfindung — die neue Version nach dem ,Hamlet' —, in den eingelegten Witzen, in der Offenheit auch gegenüber der Schuldfrage und der als Glaubenssystem nicht bejahten Religion, in vielem ist dieses einfallsreiche moderne Buch zu loben, und es ist sicher eines der besten Bücher über die NS-Zeit.

Die folgenden Bücher sind wohl Zeichen tiefer Unzufriedenheit, das ,Hiob'-Fragment, bedeutend, geht über Aggression und Parodie weit hinaus. Aber das Buch ,Der Mai ist vorbei' (1978) mit dem Gegenüber von Stadtleben und Kommune in einem Vierkanthof, mit Spaltung des Schriftstellers in zwei Personen an zwei Wohnorten, die mit Erzählerwechsel vom Stil her dargelegte Entfremdung von der Wirklichkeit des Jahres 1968 ist als Bild der Lage ungleich weniger gut gelöst. Und ,Bali oder Swoboda steigt aus' (1981) ist eine Parallele zu Wolfgrubers ,Verlauf eines Sommers', auch hier ein Mann ohne Sicherheit, festen Weg, Entscheidung; vom Lehrer zur Musikband, von der Frau und der Freundin zur Schülerin wechselnd. Von einer Bali-Reise heimgekehrt, findet er die Freundin, der er sein ,Bali' im Manuskript schenkte, als Autorin seines Buches, mit Verlagsvertrag gesichert, vor. Die Zeitpolitik und die gesellschaftlichen Zustände sind in klarer Stellungnahme des auktorialen Erzählers mitgegeben, der sich als solcher der Position Doderers in der Tonlage annähert. Der Epilog, ein Ausflug ins Privatleben des Autors, ist modern, man findet Ähnliches bei Artmann oder Handke.

Das Jahr 1980 hat drei Werke von Rang gebracht, die, schon vom Titel her aussagekräftig, die Andauer einer bedeutenden österreichischen Literatur bezeugen. Ursula Adams ,Die Zweitgeburt' ist der innere Monolog einer tief Enttäuschten, groß in der Dichte der Verarbeitung von Literatur: „ich sehe die blaue Blume, ich bin entzückt, ich lasse sie stehen, ich gehe weiter, du bist neben mir, ich sehe die silberne Rose, ich bin entzückt, ich lege sie auf die Bühne und gehe weiter, du bist ja neben mir, ,du' ist ein persönliches Fürwort [...] ich höre den Pfauenschrei und suche nach der Spindel, ich blute": das ist Novalis, Hofmannsthal, Christine

Lavant; das Buch ist das Ineinander von zurückgebetetem Glauben, Märchen, Kindheitserinnerungen, stark von Ingeborg Bachmann berührt. (416)

Josef Winklers ‚Der Ackermann aus Kärnten‘ ist reich an Dunklem und an Spannungen; der Sohn ist in Haßliebe dem Vater verbunden, in Sehnsucht der Mutter, in der Sprache gefangen, aber im Denken mächtig; die starke Metaphorik, das Leitmotiv (die beiden Buben, die sich erhängt haben), die Ich-Verwandlung in Tier oder Fernseh-Gestalt, das Dorf in Kreuzform: das ist das gekreuzigte Dorf, ein Ausweis dafür, daß man vom Dorf wieder reden und schreiben kann, auch wenn man es nicht durch beim Wort genommene Sprache in Frage stellt wie Engelbert Obernosterers ‚Ortsbestimmung‘ (1975): „Maßnahmen, ohne daß ein Maß sichtbar wird“, „das Fest wird immer fester“. (417)

Ein Jahrzehnt nach dem Lyrik-Band ‚Anrufung des Mondes‘ hat Ilse Tielsch-Felzmann den Roman ihrer Familie, ‚Die Ahnenpyramide‘, herausgegeben. Die Gedichte überzeugten durch die Selbstverständlichkeit, mit der die Verfremdung von Kinderreimen, die Mythisierung des Großvaters, die Verwandlung der Wirklichkeit gelangen: nicht als gekonnte Experimente, sondern als neue Natur. — Ausgangspunkt des Romans ist das seit dem ‚Fragebogen‘ von Ernst von Salomon (1951) wiederholt verwendete Motiv. Zur Beantwortung von Fragen ist es also notwendig, Ahnenforschung zu treiben. Aber dazu kommen die Fotos, die Fragen an den Vater, Erzählungen an die Kinder, die Fahrt nach Mährisch-Trübau und die Rückkehr ‚nach Hause‘. Denn das sind die zwei Schwerpunkte des Buches: die zahllosen Modi der Darstellung: „Ich stelle mir vor“, „Ich will wissen“, „Nachdenken über Menschen, die es nicht mehr gibt“ [sicher dachte auch Tielsch wie der Leser an Christa Wolfs berühmtes ‚Nachdenken über Christa T.‘], es „wird davon gesprochen worden sein“, „Ich lasse die achtjährige Anni einen dunklen, mit Fliesen ausgelegten Flur betreten“, „Ich sehe in jener Nacht“; und, in und nach aller Geschichte der Familie durch Jahrhunderte bis in die Zeit nach der Flucht 1945, die Frage: Heimat? Die Eltern sagten selten ‚Heimat‘, sie sagten ‚damals zu Hause‘. So fährt sie am Ende aus Mährisch-Trübau, das es nicht mehr gibt, ‚nach Hause‘. Sie fragt auch: Was ist die Wahrheit? Kann man Schmerz, Glück, Heimat gleichsetzen, wenn es verschiedene erleben, beantworten? Das ist Wittgensteins Skepsis, Einsicht in „die Unzulänglichkeit der

Sprache". (418) Das wird uns bleiben: die Sprachgläubigkeit ist so wenig wieder herstellbar wie das Vertrauen in die Verläßlichkeit unserer Sinne. Aber die Dichtung hat schon gelernt, damit zu leben. Sie erlebt und agiert den Prozeß, der zwischen der Welt, in der wir leben, und der Sprache, die uns zu leben befähigt, im Gange ist, im Bewußtsein, daß wir die Welt verändern, daß die Sprache oft eine treuere Zeugin der Vergangenheit ist als die Welt, und daß wir nur in freier Verfügung und gehorsamer Fügung den menschlichen Weg zu gehen vermögen.

Anmerkungen

Die Anmerkungen dienen dem Stellennachweis, unterbleiben daher, wenn ein Zitat durch Angabe von Band- und Gedichttitel oder Zeitschriftheft und Artikel-Titel leicht auffindbar scheint. Sie sollen zweitens unangenehme Unterbrechungen des Textes vermeiden und treten etwa dort ein, wo Zitate die Angabe der Verlagsorte notwendig machen.

Die Nachweise folgen meist den Erst- oder Gesamtausgaben, gelegentlich den derzeit (allein) erreichbaren Taschenbuch-Ausgaben.

(1) Otto Basil Anruf ins Ungewisse, Werkauswahl und Information von Walther Schneider, Graz und Wien 1963, 32.

(2) Vera Ferra-Mikura „Schuldlos wie die Mohnkapsel", Eingeleitet und ausgewählt von Johann Gunert, Graz und Wien 1961, 112.

(3) Werner Eggers, Ilse Aichinger, Deutsche Literatur der Gegenwart in Einzeldarstellungen, Herausgegeben von Dietrich Weber, 1. Bd, 1976[3], 165—82, 179.

(4) Gedicht-Titel: ‚Abenteuer der Arbeit'.

(5) Vgl. Kurt Adel, Herbert Hinterleithner, Österreich in Geschichte und Literatur 12/1968, 228—43, 236.

(6) Entsühnung des Kain, Einsiedeln 1974, 68.

(7) Vgl. Mirko Križman, Einige sprachliche Erscheinungen in der Dichtung Christine Lavants, Die Brücke 5/1979, 158—62.

(8) Über Paul Celan, Herausgegeben von Dietlind Meinecke, Frankfurt am Main 1970, 281—85, 284.

(9) Claudio Magris, Torino 1971 (Wien 1974).

(10) Frankfurt am Main 1961, 17.

(11) Meinecke Anm. 8, 14.

(12) Klaus Voswinckel, Paul Celan — verweigerte Poetisierung der Welt, Heidelberg 1974, 117, 115, 13.

(13) Meinecke Anm. 8, 14; Jerry Glenn, Paul Celan, New York 1973; Heinrich Stiehler, Die Zeit der Todesfuge, Akzente 19/1972, 11—40; besonders über den Einfluß von Immanuel Weißglas.

(14) Glenn Anm. 13, 153.

(15) Paul Celan, Zeitgehöft, Späte Gedichte aus dem Nachlaß, Frankfurt am Main 1976, 50. In Heft 18 der Reinhold Schneider-Stiftung Hamburg (Der Friede als Herausforderung), März 1982, erscheint ein Aufsatz von Renate Vonessen, ‚Paul Celans Gegenrede gegen die Zeit', S. 98—114, der zu dem Ergebnis gelangt: „Paul Celan ist ein gläubiger Dichter, ja ich halte für denkbar, daß er viel tiefer im Chassidismus steht, als man bisher nachweisen konnte".

(16) Suttgart 1974, 187.

(17) Grammatik der Rosen Gesammelte Prosa, Herausgegeben von Klaus Reichert, 3 Bde, Salzburg und Wien 1979, 1. Bd, 46.

(18) Verlauf eines Sommers, Salzburg und Wien 1981, 32.

(19) Rauriser Texte, Salzburg 1979, z. B. 5; Momentaufnahmen fremder Landschaften, Linz 1977.

(20) Walter H. Sokel, Das Verhältnis der Erzählperspektive zu Erzählgeschehen und Sinngehalt [...], Zs. f. Dt. Philol. 86/1967, 267—300, 269.

(21) Wolfgang Staroste, Raum und Realität in dichterischer Gestaltung, Heidelberg 1971.

(22) Literatur und Kritik 86/87, 403—07.

(23) morgen 3/1979, 333.

(24) Musil-Forum 4/1978, 5—12, 8.

(25) Die Vollendung der Liebe, Gesammelte Werke Herausgegeben von Adolf Frisé, 2 Bde, Reinbek bei Hamburg 1978, Vereinigungen, 2. Bd, 156—233, 164, 165.

(26) Ebd. 2. Bd, 548—62, 562.

(27) Marie-Louise Roth, Musiliana, Akzente 10/1963, 649—65, 660.

(28) Der andere Zustand, Berlin 1965, 34.

(29) Musil-Forum 6/1980, 115—27, 126.

(30) Vgl. Kurt Adel, Novalis und Österreich, Jahrbuch des Wiener Goethe-Vereins 78/1974, 75—90.

(31) Musil-Forum 6/1980, 14—24, 15, 23, 24.

(32) Protokolle 1968, 139—50, 149.

(33) Hermann Broch, Gesammelte Werke, 10 Bde, Zürich 1953 bis 1961, 7. Bd, 204 (Politik Ein Kondensat).

(34) Ebd., 3. Bd, 388 (Der Tod des Vergil); 6. Bd, 317, 320—21 (Das Böse im Wertsystem der Kunst).

(33) Ebd., 7. Bd, 55 (Logik einer zerfallenden Welt); 2. Bd, 665, 687 (Die Schlafwandler).

(36) Ebd., 3. Bd, 530, 531, 533.

(37) Ebd., 7. Bd, 282 (A Study on Mass Hysteria); 6. Bd, 246 (Die mythische Erbschaft der Dichtung).

(38) Ebd., 6. Bd, 238 (Das Weltbild des Romans).

(39) Le monologue intérieur, Paris 1931.

(40) Forum 1956, 323—25, 324.

(41) Vgl. Anton Reininger, „Die Dämonen": totaler Roman und antirevolutionärer Traktat, Literatur und Kritik 80, 599—608.

(42) Grundlagen und Funktion des Romans, Nürnberg 1959, 39.

(43) Ebd., 41.

(44) Fritz von Herzmanovsky-Orlando, Gesammelte Werke, Herausgegeben und bearbeitet von Friedrich Torberg, 4 Bde, München 1957—[1963], 4. Bd, 79.

248

(45) Ebd., 2. Bd, 231.

(46) Monika Freiin von Gagern, Ideologie und Phantasmagorie Fritz von Herzmanovsky-Orlandos, phil. Diss. München 1972, 42; Werke Anm. 44, 2. Bd, 214.

(47) Gagern Anm. 46, 45.

(48) Gütersloh 1964, 220.

(49) München 1979, 247.

(50) Vgl. Kurt Adel, Die Universalität des dichterischen Wortes, Wien 1957.

(51) George Saiko, Literatur und Kritik 70, 577—85, 577, 577, 578.

(52) Die Rundung und der Kreis, ebd., 586—89, 589.

(53) Hamburg 1954, 312.

(54) Ebd., 427, 427, 643, 644.

(55) Ebd., 595, 585.

(56) Werke, 4 Bde, München Zürich 1978, 4. Bd, 301.

(57) Vgl. Ingrid Aichinger, Ingeborg Bachmann, Österreich in Geschichte und Literatur 12/1968, 207—27.

(58) Werke Anm. 56, 4. Bd, 276.

(59) Ebd., 1. Bd, 321.

(60) Ebd., 2. Bd, 206 (Ein Schritt nach Gomorrha).

(61) Ebd., 3. Bd, 126.

(62) Ebd., 3. Bd, 397.

(63) Anrufe des Geistes, Graz Wien Köln 1965, 13.

(64) Der Dolch und die Wunde, Wien Leipzig 1918, 93; Franz Theodor Csokor Du bist gemeint, Eingeleitet von Erhard Buschbeck, Graz und Wien 1959, 70 (4. Auflage) (vgl. Epilog der Ausgabe Wien 1949).

(65) Kunst und Ethos, Salzburg 1954, Vorwort; vgl. Zwischenreich, Wien 1968, Vorspruch.

(66) Repetenten des Lebens, Eingeleitet und ausgewählt von Viktor Suchy, Graz und Wien 1963, 16, 17.

(67) Wien 1963, 7.

(68) Gesammelte Werke, Herausgegeben von Wolfgang Kraus, 6 Bde, Wien Frankfurt Zürich 1971—1973, 5. Bd, 77, 111; 2. Bd, 131.

(69) Stiehler Anm. 13, 25.

(70) Wien 1970, 32.

(71) Ausgewählte Werke, 4 Bde, Wien o. J., Der Griff ins Dunkel, 27.

(72) Spiel mit Blättern, Graz Wien Köln 1973, 23—29, 27.

(73) Gesammelte Werke, 4 Bde, Wien 1962, 4. Bd, 203—10 (Zur Lage der Kunst), 203, 204.

(74) Krems 1965, 85.

(75) Salzburg und Wien 1979, 24.

(76) Salzburg 1969, 74.

(77) Wien [1933], 25, 39.

(78) Herz in der Kelter, Salzburg 1954, 68, 69.

(79) Wien 1968, 132.

(80) Transit, Herausgegeben mit Randnotizen von Walter Höllerer, Frankfurt am Main 1956, 200.

(81) China Fu-ta-schih, Traum und Verwandlung, Eingeleitet und ausgewählt von Joseph Strelka, Graz und Wien 1961, 69.

(82) Literatur und Kritik 153, 165—69.

(83) Wien Linz München 1951.

(84) Wien 1947, 86.

(85) Gütersloh 1964, 199, 271.

(86) Ebd., 84—86.

(87) Das schlechte Beispiel des Herbert Eisenreich, Ein schöner Sieg und 21 andere Mißverständnisse, Graz Wien Köln 1973, 151—63, 163.

(88) Graz Wien Köln 1973, 24.

(89) München 1953, 5.

(90) Landschaften und Erzählungen, München 1974, 292.

(91) Literatur und Kritik 82, 65.

(92) Leipzig 1902, 4.

(93) Tübingen 1976, 303.

(94) 1/1978, 3, 13.

(95) 3/1978, Heft 8.

(96) Wien München 1975, 38.

(97) Paul Kruntorad, Provinz der eigenen Vergangenheit, Akzente 14/1967, 414—19; Heinrich Vormweg, Überwindung eines Idols, ebd., 420—26.

(98) Literatur und Kritik 14, 243—46, 245.

(99) 1980/3, 5—18.

(100) In hora mortis, Salzburg 1958, 10.

(101) Über Thomas Bernhard, Herausgegeben von Anneliese Botond, Frankfurt am Main 1970, 7; Büchner-Preis-Reden 1951—1971, Mit einem Vorwort von Ernst Johann, Stuttgart 1972, 215.

(102) Frankfurt am Main 1963, 185.

(103) Kritisches Lexikon zur deutschsprachigen Gegenwartsliteratur, Herausgegeben von Heinz Ludwig Arnold, München seit 1978.

(104) Frost, Anm. 102, 75.

(105) Frankfurt am Main 1964, 5, 11, 18, 29.

(106) Frankfurt am Main 1967, 68, 160, 167, 172, 174, 178—79, 181.

(107) Frankfurt am Main 1968; 1969[2], 67.

(108) Prosa, Frankfurt am Main 1967; 1971[3], 86, 87.

(109) Sonderheft Modern Austrian Literature, Vol. 13, No 1, 1980, 111—28.

(110) Der Italiener, Salzburg 1971, 151.

(111) Zorn und Trauer, Berlin 1979, 189.

(112) Die Welt ist ein Schlachthaus, Frankfurter Allgemeine Zeitung, 14. 4. 1981.

(113) Sinn und Form 6/1954, 348—53.

(114) Gedichte, Hamburg 1958, Nachwort.

(115) Tintenfisch 3/1969, 18.

(116) Wien 1959, 87, 74.

(117) Kündet laut die Zeit Eingeleitet und ausgewählt von Hans Brunmayr, Graz und Wien 1961, 39.

(118) Zürich 1969, 65.

(119) Bulletin of Skidmore College 46/Sept. 1960, Nr 1.

(120) Ich kann mit meinem Menschenbruder sprechen, Wien 1965, 129.

(121) Wien 1958, 14.

(122) Ich kann, Anm. 120, 147.

(123) Hamburg 1980, 59.

(124) Vom schwarzen Wein, Herausgegeben von Michael Guttenbrunner, Salzburg 1956, 37.

(125) Stuttgart 1976, 84.

(126) Stuttgart 1974, 155, 186, 187.

(127) A. M. Zahorsky-Suchodolsky, Anti-Mythos in der österreichischen Literatur: Ingeborg Bachmann, Literatur und Kritik 99, 523—28, 527.

(128) So [...]: Titel eines Gedichtbandes; Stalin: 100 Gedichte ohne Vaterland, Berlin 1978, 40; Zur Zeit und zur Unzeit, Köln 1981, 116—19, 104.

(129) Hamburg 1960, 45.

(130) Geist und Ungeist in Wien, Wien 1978, 7, 9.

(131) Wie eine Träne im Ozean, Köln Berlin 1961, Vorwort, 6.

(132) Leben in dieser Zeit, Wien 1972, 98.

(133) Bis man mir Scherben auf die Augen legt, Wien 1977; Churban oder Die unfaßbare Gewißheit, Wien München Zürich 1979.

(134) Rathenau: 1913, Gesamtausgabe seit 1977; Wien 1975, mit ‚Vorwort und Rückblick‘, 31, 61.

(135) Geburt der Gegenwart, Olten und Freiburg im Breisgau 1961, 273.

(136) Wort in der Zeit 1966, Heft 1, 41—47, 42, 45.

(137) Augen- und Ohrenzeuge des Todes, Austriaca, Nov. 1980, No 11, 89—101.

(138) München 1973, 20, 122.

(139) Hamburg 1960, 543.

(140) Text + Kritik 28, 9—23, 18.

(141) Heidelberg 1952, 11.

(142) Heidelberg 1954, 293, 292, 295.

(143) Schriften, Herausgegeben von Franz Seyr, 3 Bde, München 1963—65, 1. Bd, 32, 35; Das Wort [...]: herausgegeben von Michael Pfliegler und Ludwig Haensel, Wien 1952, 32.

(144) Schriften, Anm. 143, Nachwort, 1058.

(145) Programmierung des Schönen, aestetica IV, Baden-Baden und Krefeld 1960: vgl. 19, 21, 30 u. ö.

(146) Der Gottmensch und die Weltseele, Erlenbach-Zürich Stuttgart 1960, 129.

(147) Theodor Weiser, Die Einbildungskraft bei Rudolf Kassner, Lausanne 1949, 105.

(148) [Frankfurt am Main] 1979, 247.

(149) Begegnung mit Rudolf Kassner, Literatur und Kritik 151, 4—13, 12.

(150) Rudolf Kassner, Rudolf Kassner zum achtzigsten Geburtstag, Herausgegeben von A. Cl. Kensik und D. Bodmer, [Erlenbach-Zürich 1953], 89—128, 108.

(151) Über mein Theater, German Life and Letters XII/1958—59, 102—14, 104, 106, 109, 110, 111; vgl. Über mein Theater, im Wechsel der Zeit, Graz Wien Köln 1980, 81—102, zuerst: Wort in der Zeit 1966, Heft 3, 56—64.

(152) 3. Akt, 2. Szene; 4. Akt, 8. Szene.

(153) Wien 1946, 7, 11, 32.

(154) Wien Stuttgart 1956, 126, 313—14.

(155) Hamburg 1979, 128.

(156) Forum 7/1960, 21; morgen 1/1977, Heft 1, 61—65.

(157) Literatur und Kalter Krieg, XXVII/1980, Heft 313/314, 13—14.

(158) Wien Frankfurt Zürich 1965, 31.

(159) Literatur und Kritik 71, 6.

(160) München und Esslingen 1970, 266, 266, 267.

(161) Grenzen Aufzeichnungen, Salzburg 1977, 37, 91, 103, 125.

(162) In den ‚Protokollen‘ 1978/1 berichtet er sehr aufschlußreich über seine literarischen Anfänge.

(163) Das Garn des Schicksals Eingeleitet und ausgewählt von Dora Dunkl, Graz und Wien 1959, 90—91.

(164) Ebd., 40—42, 42.

(165) Literatur und Kritik 124.

(166) Die Provinz als Sicherung und als Gefahr, 3/1957, 145—49, 149.

(167) Dichtung aus dem Mythos, 4/1958, 559—62, 560.

(168) Joseph Roth, 5/1959, Heft 9, 2—7, 4.

(169) Panorama vom Untergang Kakaniens, 7/1961, 23—35, 25.

(170) Ist der historische Roman noch möglich?, 8/1962, 46—50, 49.

(171) Der Roman — heute und morgen, 9/1963, Heft 2, 37—40.

(172) Die österreichische Spirale, 10/1964, Heft 5, 1—6, 6.

(173) György Sebestyén, Die Lust am Konkreten, 10/1964, Heft 12, 8—12, 10.

(174) Die neue österreichische Lyrik nach 1945, ebd., Heft 2, 4—10, 10.

(175) Ebd., Heft 7/8, 1.

(176) Protest, ebd., Heft 11, 1.

(177) Hugo Friedrich, Die Struktur der modernen Lyrik, Hamburg 1956, 151.

(178) Sei einsam, Den Rest teilen die Sterne, Klagenfurt o. J., 47.

(179) Geographie der Nacht Eingeleitet und ausgewählt von Viktor Suchy, Graz und Wien 1962, 29—31, 31.

(180) Protokolle 1977/2, 299—346.

(181) 1978/1, 259—78, 269.

(182) Ungereimte Gedichte, Hamburg 1959, 27.

(183) 54.

(184) Heft 38.

(185) Heft 47, 49.

(186) Lichtungen, Salzburg 1976, 50.

(187) in der Sprache der Inseln, Salzburg 1973, 19.

(188) Quadrat im Rückspiegel, Leipzig 1974, 100.

(189) 1970, 109—10.

(190) Inventur, Baden bei Wien 1976, 53.

(191) Zeit aus Zellulose, Wien München 1969, 89.

(192) Ebd., 77, 73, 92.

(193) Die weiße Wildnis, Gedichte und Tagebücher, Graz Wien Köln 1974, 77, 76, 72, 119—20.

(194) Zeit Anm. 191, 108.

(195) Wien Leipzig 1926, 156—57.

(196) Ebd., 134, 143.

(197) Sonne und Mond, München 1962, 164.

(198) Albert Paris Gütersloh, Gewaltig staunt der Mensch Eingeleitet und ausgewählt von Heimito von Doderer, Graz und Wien 1963, 19.

(199) Skizze der Erkenntnis des Dichters, Summa-Schriften Viertes Viertel 1918, 164—68, 165.

(200) Wien München 1981, 31—34, 32—33; Wir Materiologen, 17—18, 18.

(201) Wenn man die Secession betritt, Art Club Anm. 200, 20—22, 21.

(202) Ein Umschlagplatz für Ideen, ebd., 35—36, 35, 36.

(203) Von den Chinesen zu den Kindern, Wien 1957, 95; Das Poetische in der Kunst, Nürnberg 1960, 10, 18.

(204) Ebd., 48, 44.

(205) Wieland Schmied, Links und rechts die Nacht Eingeleitet und ausgewählt von Gerhard Fritsch, Graz und Wien 1962, 27, 87.

(206) Was ist nun der Art Club?, Art Club Anm. 200, 7—8, 8.

(207) Was denn, wenn nicht unser Bestes, ebd., 8—9.

(208) Ebd., 7.

(209) Die Wiener Gruppe, Herausgegeben mit einem Vorwort von Gerhard Rühm, Reinbek bei Hamburg 1967, Vorwort, 10.

(210) Ebd., 12, 9.

(211) München 1970; vgl. Peter Weiss, Avantgarde Film, Akzente 10/1963, 297—320, 305.

(212) Veröffentlicht als 2. Sonderdruck der ‚Eröffnungen‘ 1964.

(213) Grenzverschiebung, Herausgegeben und mit einem Vorwort von Renate Matthaei, Köln Berlin 1970, 38, 38, 39, 39, 39, 40, 42.

(214) Der Stufenbrunnen, Wien 1956, 43, 49, 9.

(215) Türme Prosadichtungen, Wien 1958.

(216) Palmström grüßt Anna Blume, Stuttgart 1961, 13.

(217) 1966, 136—38, 136.

(218) Werke, Anm. 56, 4. Bd, 345 (Entwurf).

(219) der sechste sinn, texte von konrad bayer, herausgegeben von gerhard rühm, Reinbek bei Hamburg 1966, 231.

(220) Ebd., 300.

(221) Der Kopf des Konrad Bayer, Literatur und Kritik 63, 136—40, 138, 140.

(222) Vgl. Protokolle 1980/1.

(223) Zu meinen automatischen Zeichnungen, Protokolle 1979/3.

(224) Düsseldorf 1979, 13.

(225) prosa, konstellationen, montagen, dialektgedichte, studien, reinbek bei hamburg 1970.

(226) Jörg Drews, Über H. C. Artmann, Protokolle 1979/1, 49—57, 49.

(227) Hannes Schneider, Schwemmholz am Strand von Nantucket, Protokolle 1971/1, 20—25, 23.

(228) Die holden jungfrauen [...], Phantastik in Literatur und Kunst, Herausgegeben von Christian W. Thomsen und Jens Malte Fischer, Darmstadt 1980, 333—52, 339.

(229) Grammatik der Rosen Anm. 17, 2. Bd, 293—98, 294. The best of H. C. Artmann, Herausgegeben von Klaus Reichert, Frank-

furt am Main 1970, 305—06; Von einem drachen oder Der sturz des Ikarus, 1. Bd, 34—38, 37.

(230) verbarium, olten und freiburg im breisgau 1966, 15.

(231) Wolfgang Hädecke, Hans Carl Artmanns gesammelte Prosa, Literatur und Kritik 154, 200—07: ‚How much schatzi?' sei geschmacklos gegen Krüppel, ‚Unter der Bedeckung eines Hutes', sei arrogant.

(232) The best Anm. 229, ‚Bald so, bald so, bald anders', 280.

(233) München 1980.

(234) Ebd., 27, 30, 32, 55.

(235) S. Anm. 217.

(236) Anmerkungen zur Dichtkunst, Literatur und Kritik 133, 163—168, 164, 167.

(237) Dingfest, Darmstadt und Neuwied 1973, 1979³, 173.

(238) die bearbeitung der mütze, Darmstadt und Neuwied 1978, 45.

(239) Die schöne Kunst des Schreibens, Darmstadt und Neuwied 1976, 78, 57.

(240) Voraussetzungen, Beispiele und Ziele einer poetischen Arbeitsweise, Protokolle 1970/2, 25—40, 25.

(241) leute leute, Frankfurt am Main 1970.

(242) vierundvierzig gedichte, o. O. o. J., edition neue texte; vgl. Jandl, Anm. 239, 78.

(243) zeichen, ausgewählte texte, linz o. J.

(244) Rede zur Verleihung des Georg-Trakl-Preises am 10. Dezember 1974, Literatur und Kritik 93, 150—51, 151.

(245) Protokolle 1977/2, 278—82.

(246) Vgl. die Gestaltung des Raumes in: Adolf Luther, Licht und Materie herausgegeben von Dieter Honisch, Recklinghausen 1978.

(247) Vgl. Klaus Schöning, In Flandern, Feldern, nahe Picardie, Protokolle 1980/2, 64—72, 67.

(248) Protokolle 1975/1., 162—74.

(249) Baden 1981, 23.

(250) Protokolle 1974/1; 39 (Untertitel: ‚So hat [. . .]') —60.

(251) Protokolle 1970/2 Anm. 240, 39.

(252) München 1967, 1969, 361—78, 371.

(253) Kritisches Lexikon, Anm. 103.

(254) In langsamen Blitzen, Berlin 1974, 12.

(255) Ausgewählte Gedichte, Frankfurt am Main 1979, 103.

(256) Ebd., 17.

(257) Frankfurt am Main 1976, 32, 39, 41, 41.

(258) Frankfurt am Main 1980, 128, 239, 246.

(259) Ebd., 139, 158—59.

(260) Königstein 1980, 84.

(261) Untertitel von: Viktor Suchy, Literatur in Österreich von 1945 bis 1970, Wien 1972, 1973².

(262) Salzburg 1972, 21, 22.

(263) The Razor's Edge, Harmondsworth 1944 u. ö., 1974: "Isn't it possible in the same way that the values we cherish in the world can only exist in combination with evil?" (280).

(264) [Frankfurt am Main] 1976, 137.

(265) Ebd., 216, 219, 219.

(266) Kleine Ansprache, gehalten im FORUM STADTPARK, 1—2, 2.

(267) erziehung zum gestalten, o. S. (Ende des Beitrags).

(268) Morphopsychologische Indifferenz Dada's, 20—21, 20; Heft 16: 10—11.

(269) reinbek bei hamburg 1969, XX.

(270) Protokolle 1973/2, Teilveröffentlichung; 1977 als Buch.

(271) Frankfurt am Main 1979, 134, 134, 102.

(272) Die Sumpftänzer, Köln 1978, 346.

(273) Frankfurt am Main 1967, 154.

(274) Frankfurt am Main 1969, 13, 23, 59.

(275) Die Sumpftänzer Anm. 272, 370, 373.

(276) Ebd., 376—79.

(277) Die Gruppe 47, Ein Handbuch herausgegeben von Reinhard Lettau, Neuwied und Berlin 1967, 223, 408; vgl. Nicolas Hern, Peter Handke Theatre and Anti-Theatre, London 1971, 17; vgl. Text + Kritik 24, Peter Handke, 1969; vgl. Manfred Durzak, Gespräche über den Roman, Frankfurt am Main 1976, 315.

(278) Oswald Wiener, das ‚literarische cabaret' der wiener gruppe, Die Wiener Gruppe Anm. 209, 401—18; Peter Handke, Publikumsbeschimpfung und andere Sprechstücke, Frankfurt am Main 1966, 33; vgl. Kurt Schwitters, Das literarische Werk, herausgegeben von Friedhelm Lach, 4 Bde, Köln 1973—1977, 4. Bd, 8.

(279) Celle 1969.

(280) Die Leiden des jungen Handke, Profil 9/27. 4. 1973, 46—56 (o. Verf.).

(281) Frankfurt am Main 1972.

(282) Vgl. Die Literatur ist romantisch, pamphlet 1, 1967, bzw. Ich bin ein Bewohner des Elfenbeinturms Anm. 281.

(283) Vgl. ebd., 20; vgl. Manfred Durzak, Erzählmodelle in Peter Handkes Romanversuchen, studi germanici 1971, 1—2, 187—207, 199.

(284) Ebd., 188.

(285) Profil Anm. 280, 52; Illusion und Wirklichkeit Anm. 109.

(286) Frankfurt am Main 1972, 12, 132.

(287) Profil Anm. 280, 55.

(288) Durzak Anm. 283, 199.

(289) Die Fiktion eines Entwicklungsromans, Poetica 6/1974, 353—77.

(290) Manfred Durzak, Gespräche über den Roman, Frankfurt am Main 1976, 338.

(291) Peter Handkes Ruhm, Zur Tradition der Moderne, Neuwied und Berlin 1972, 346—57, 350, 351, 353, 355; vgl. William H. Rey, Peter Handke — oder die Auferstehung der Tradition, Literatur und Kritik 116/17, 390—400, 399—400.

(292) Herausgegeben von Andreas Werner, Frankfurt am Main 1980, 94, 96.

(293) marginalie; Die Gegensätze Kunst und Natur [...], 44—46, 44.

(294) Offener Brief, Erwiderung, Heft 26, 3—5, 5—6.

(295) Heft 29/30, 37—38, 37.

(296) Salzburg 1976, 7.

(297) Ebd., 36; Obduktion, manuskripte Heft 50, 13—20, 16.

(298) Salzburg 1977, 130.

(299) Salzburg und Wien 1979, 27—28.

(300) Salzburg 1977, 53, 96.

(301) Drei Romane, Frankfurt am Main 1975, 142.

(302) Das Wirklich-Unwirkliche der kleinsten Handlung, 235—36.

(303) Literatur und Kritik 133.

(304) Kritisches Lexikon, Anm. 103

(305) Überwindung der Blitzangst, Salzburg 1971, 105.

(306) Salzburg und Wien 1981, 227.

(307) Wege, Salzburg 1974, 57.

(308) Salzburg und Wien 1978, 88.

(309) Salzburg und Wien 1981, 251, 16.

(310) Vgl. Heft 51, Uwe Friesel über den ‚Steirischen Herbst‘.

(311) Spirituell, Brennpunkte Band IX, 135—54, 151.

(312) Aspekte eines kosmisch-revolutionären Theaters, Brennpunkte Band VII, 11—23, 22—23.

(313) Ebd., 76—82, 76, 81.

(314) Luxemburg Quartal, Heft 5 1974.

(315) Innsbruck 1965, 179.

(316) München Wien 1979, 181, 655.

(317) Wien München Basel 1961, 204, 199, 197.

(318) Wien Hamburg 1967, 21.

(319) Eisenstadt 1977, 3, 10, 16.

(320) Die Wiederkehr der Drachen, München 1970, 213.

(321) Gütersloh 1967, 330.

(322) Mut, das ist alles, morgen 3/1979, 332—33.

(323) 3/1980, Heft 8.

(324) Merkmale der österreichischen Literatur, pult 38, 74—77, 77, 76.

(325) Prosa der sechziger Jahre, Protokolle 1966, 45—52, 45.

(326) Welt im Widerschein, München 1960, Heimito von Doderer, 283—98, 298.

(327) Heimito von Doderer, Protokolle 1967, 10—19, 19.

(328) Ebd., 8—10, 10.

(329) München Wien 1979, 48.

(330) Weltwoche 8. 11. 1963.

(331) 10/1963, 74—75.

(332) Der österreichische Roman im 20. Jahrhundert — eine Episode?, Literatur und Kritik 16/17, 380—92, 392.

(333) Heft 5, 4; 5.

(334) Literatur und Kritik 47/48, 472—76.

(335) Wort und Wahrheit 10/1955, I, 167—76, 173.

(336) Vgl. Roger Bauer, Laßt sie koaxen, Die kritischen Frösch in Preußen und Sachsen!, Wien 1977, 27; Albert Berger, Die austriakische Restauration, Österreichische Literatur seit den zwanziger Jahren, Herausgegeben von Friedbert Aspetsberger, Wien 1979, 68—80; Otto Forst de Battaglia, Abgesang auf eine große Zeit, Wien München 1967, 9—16; Gerhard Rühm, Attersee, Protokolle 1970/2, 116—19; Gerhart Baumann, Österreich als Form der Dichtung, Spectrum Austriae, herausgegeben von Otto Schulmeister, Wien 1957, 583—613, 594; Friedrich Torberg, Selbstgericht in der Literatur, ebd., 614—45, 618.

(337) Bücher, die es nicht gibt, 81—95.

(338) Literatur und Kritik 103.

(339) Vgl. Richard Exner, Stifter und die Folgen Anm. 109, 63—90.

(340) Vgl. Erwin Chvojka, Theodor Kramer, Akzente 9/1962, 143—52.

(341) Finale und Auftakt, Wien 1898—1914, Herausgegeben von Otto Breicha und Gerhard Fritsch, Salzburg 1964, 9.

(342) Joseph Strelka, Modern Austrian Literature, Literatur und Kritik 124, 231—34, 232.

(343) William H. Rey, Arthur Schnitzler Die späte Prosa als Gipfel seines Schaffens, Berlin 1968, 25; Alfred Doppler, Wirklichkeit im Spiegel der Sprache, Wien 1975, 39.

(344) Rey, Anm. 343, 25.

(345) Der Dramatiker Ödön von Horvath, 157—64, 160.

(346) 1972; Hans Bender, 97; Dieter Hildebrandt, Der Jargon der Uneigentlichkeit, 109—23, 120; Axel Fritz, Ödön von Horvath als Kritiker seiner Zeit, 97—109, 99.

(347) Graz und Wien 1961.

(348) Das österreichische Volksstück, Wien 1971, 93—111, 102.

(349) Bauer, Anm. 336, 222.

(350) Die rot-weiß-rote Rasse, München Wien 1979.

(351) Literatur und Kritik 136/37.

(352) Gerstinger, Anm. 348, 110.

(353) Ebd., 111.

(354) Text + Kritik 57, München 1978, 1.

(355) Ausgewählte Werke in einem Band, Berlin und Weimar 1979, 893.

(356) Wien Hamburg 1961, 93.

(357) Pro und Kontra Jesu Hochzeit, herausgegeben von Margret Dietrich und Wolfgang Greisenegger, Wien Köln Graz 1980, 157.

(358) Vgl. S. 197; Zum Thema Provinz, Akzente 14/1967, 411—13.

(359) Theo Pressien, Rückzug in die Gesellschaft oder der aufgestockte elfenbeinerne Turm, Im Schnittpunkt Heft 3/4 1972, 16—24.

(360) Vgl. Hermann Nitsch, Rudolf Schwarzkogler, Protokolle 1971/1.

(361) Als die Sprache noch stumm war, Wien 1974, Umschlagtext.

(362) den mund von schlehen bitter, Salzburg 1960, 92.

(363) Wien Prag Leipzig 1920, 98.

(364) Wort in der Zeit 1963, Heft 2, 37—40; Roman und Film, die Formen unserer Weltinterpretation, Literatur und Kritik 54/55, 271—82, 277.

(365) Alpensaga Eine sechsteilige Fernsehserie aus dem bäuerlichen Leben, Salzburg und Wien 1980, I 7—8.

(366) Ebd., I 10.

(367) Ebd., VI 147.

(368) Günther Nenning, Werkstättengespräch mit Peter Turrini. Geführt von DDr. Günther Nenning im Auftrag der „Brücke" am 26. September 1975 in Wien, Die Brücke 1, Heft 2/3, 4—21, 15.

(369) Ebd., 10.

(370) Ebd., 21.

(371) [München] 1966/1977, 20, 22, 23.

(372) Feuer! Fernsehspiel nach historischen Motiven aus dem Revolutionsjahr 1848, Salzburg und Wien 1979, 112; Das Dorf an der Grenze Zur Geschichte des zweisprachigen Kärntens, Wien Berlin 1979, 79, 8. Pluch dissertierte 1957 in Wien über ‚Das Kärntner Plebiszit des Jahres 1920'.

(373) Maria Theresia und das Geschichtsbewußtsein, Interview mit György Sebestyén, pult Heft 57, 78—83.

(374) Roland Heger, Das österreichische Hörspiel, Wien Stuttgart 1977, 262.

(375) Johann Nestroy Häuptling Abendwind Ein Abschnitt aus der Hörspielbearbeitung des Einakters durch Franz Hiesel, Wort in der Zeit 8/1962, Heft 5, 24—28.

(376) Agathe Hörspiel, Literatur und Kritik 146/47, 342—62, 342; Pestsäule Heft 10, 1974.

(377) Hellmut Geißner, Spiel mit Hörer, Neues Hörspiel, Herausgegeben von Klaus Schöning, Frankfurt am Main 1970, 92—107, 101.

(378) Hörspielseminar 22.—24. November 1966, Protokolle 1977/2, 275—77, 277.

(379) Heger, Anm. 374, 268; Klaus Schöning, Spuren des neuen Hörspiels, Protokolle 1979/1, 147—67, 155.

(380) Über das Radiomelodram ,Wintermärchen', ,Wintermärchen', Protokolle 1979/1, 168—91.

(381) Knilli: Inventur des Neuen Hörspiels, Neues Hörspiel, Anm. 377, 147—52, 148; Scharang: Übers Hörspiel — unters Hörspiel, ebd., 181—91, 187, 189.

(382) Wien München 1973, 28, 31.

(383) München 1979, 32.

(384) Frankfurt am Main 1976, 235 (bezieht sich auf ,Frost').

(385) Dichtung aus Österreich Drama Herausgegeben von Heinz Kindermann und Margret Dietrich, Wien München, 1129—45, 1129.

(386) Die Beförderung Eingeleitet von Heinz Gerstinger, Graz und Wien 1963, 8, 13; Wien 1971, 5, 5.

(387) Peter Weiss zwischen den Ideologien, 12/1965, 415—25, 416.

(388) Der verlorene Wortführer Friedrich Torberg, Literatur und Kritik 151, 1—3, 2.

(389) ein szenisches oratorium von Heinz R. Unger und den ,Schmetterlingen', Wien [1976], 69.

(390) Wien München 1971, 6.

(391) Fensterplatz, Hamburg 1959, 207.

(392) Cabaret und Kabarett in Wien, Wien München 1970, 20.

(393) Vgl. Jura Soyfer; vgl. Hans Weigel ,Über Lothar Metzl', Literatur und Kritik 141, 51.

(394) Liebeserklärung an eine Rubrik, München 1959, 7—9, 8.

(395) Gerstinger, Anm. 348, 103.

(396) Klaus Kemetmüller, Helmut Qualtinger, Kritisches Lexikon Anm. 103.

(397) Wien München Zürich 1975, 7.

(398) Frankfurt am Main 1976, 43.

(399) Baden bei Wien 1978, 11.

(400) stichmarken, Bern 1969, 2.

(401) Extrablatt 4/1980, Nr. 5.

(402) Die und die andere Wirklichkeit, Protokolle 1968, 82—86, 86.

(403) Protokolle 1970/2, 1—21, 21; Voraussetzungen, Anm. 240, 25.

(404) 100 Gedichte Anm. 128.

(405) Schluß mit dem Erzählen und andere Erzählungen, Neuwied und Berlin 1970; vgl. Bericht an das Stadtteilkomitee, Darmstadt und Neuwied 1974.

(406) Grenzverschiebung, Anm. 213, 20.

(407) Eine Handvoll Leben, Wien 1955, 151; Die Wand: Gütersloh 1963, 225.

(408) Wien München 1972, 7.

(409) Anton Reininger, Dem Ende des experimentellen Romans entgegen?, Österreichische Literatur Anm. 336, 124—39, 125.

(410) Herbert Marcuse, Der eindimensionale Mensch, Neuwied und Berlin 1967², 29.

(411) Wien 1973, 217.

(412) Bachmann, Anm. 56, 4. Bd, 60; Rezzori, Anm. 371, 21; W. G. Sebald, Thanatos, Literatur und Kritik 66/67, 399—411 (über Kafka), 410; Schmied, Anm. 200.

(413) Von den Chinesen, Anm. 203, 95.

(414) Wien München 1980, 110.

(415) Wien München Zürich 1978, 105, 106, 220.

(416) Salzburg und Wien 1980, 14—15.

(417) Anm. 96, 6, 7.

(418) Graz Wien Köln 1980, 111, 202, 57, 193, 297, 24, 203, 288.

Namen

Das Namenverzeichnis erfaßt die auf den jeweiligen Seiten tatsächlich genannten Namen (Pseudonyme oder Beinamen, wenn diese allgemein anerkannt sind: etwa Celan, Baalschem) historischer Personen, die im Text oder in Werktiteln des Textbereichs (nicht im Anmerkungsteil) erscheinen.

Verlagsnamen sowie mythologische und sagenhafte Namen, Namen von Institutionen (Vereinen), Literatur-Preisen, Zeitschriften sind nicht aufgenommen.

Gimmelsberger, Erwin 13, 124, 214
Glawischnig, Gerhard 57
Glenn, Jerry 11, 12
Glück, Anselm 175
Gogh, Vincent van 40
Gogol, Nikolai 232
Goldoni, Carlo 221, 232
Goll, Yvan 11
Gomringer, Eugen 101, 102, 108, 125, 131, 134, 144, 145, 152, 160
Goethe, Johann Wolfgang von 6, 20, 38, 46, 50, 69, 92, 100, 143, 144, 167, 168, 232
Göttner-Abendroth, Heide 97, 185
Grab, Hermann 49, 201
Grass, Günter 57, 66, 198
Grassl, Hans 156
Greiner, Ulrich 197
Grillparzer, Franz 17, 46, 87, 143, 203, 232, 242
Grimm, Hans 52
Grogger, Paula 56
Gruber, Reinhard P. 59, 170, 178
Grünmandl, Otto 14
Gugl, Wolfgang D. 212
Gunert, Johann 2, 49
Gütersloh, Albert Paris 2, 3, 23, 49, 51, 107, 109, 122, 125—30, 155
Guttenbrunner, Michael 110, 111, 113
Gyory, Jean 17

Haas, Ernst 40
Habe, Hans 211
Habeck, Fritz 44
Hacker, Friedrich 18
Haecker, Theodor 186
Hafner, Philipp 232
Hahnl, Hans Heinz 2, 23, 122
Haid, Hans 58, 59, 98, 100, 109
Hakel, Hermann 4, 123
Hamadani, Roswitha 176
Hamann, Johann Georg 112
Hamm, Peter 167
Hammerl, Elfriede 218
Hammerschlag, Peter 233

Hamsun, Knut 52, 55, 56
Handel-Mazzetti, Enrica Freiin von 56
Handke, Peter 61, 100, 110, 117, 122, 153, 157, 163—69, 181, 198, 232, 236, 243, 244
Hartl, Edwin 117, 230
Härtling, Peter 135
Hasenclever, Walter 202
Hauser, Kaspar 165
Hausmann, Raoul 156, 157, 175
Haushofer, Marlen 4, 239
Haydn, Joseph 160
Hebbel, Friedrich 47, 50
Heer, Friedrich 90, 91, 110, 197
Hegel, Georg Wilhelm Friedrich 93
Heger, Roland 225
Heidegger, Martin 13, 33, 154
Heine, Heinrich 227, 235
Heinrich, Franz J. 12, 241
Heinrich, Hans-Jürgen 125
Heißenbüttel, Helmut 76, 108, 112, 125, 167
Heller, André 234
Hemingway, Ernest 105
Hengstler, Wilhelm 170
Henisch, Peter 107, 115, 117, 205, 243
Henz, Rudolf 54, 102, 109, 117, 197, 205
Herder, Johann Gottfried 59
Heresch, Elisabeth 194
Hergouth, Alois 52, 96, 152, 196
Herzmanovsky-Orlando, Carmen von 25, 26
Herzmanovsky-Orlando, Fritz von 15, 23—26, 28, 66, 88, 103, 113, 140, 176
Hesse, Hermann 100, 118, 174
Hiesel, Franz 123, 224, 225
Hinterberger, Ernst 73, 206
Hinterleithner, Herbert 8
Hitler, Adolf 20, 59, 90, 153, 177
Hlawaty, Graziella 176
Hochhuth, Rolf 43, 230
Hochwälder, Fritz 83, 84, 88, 104, 227

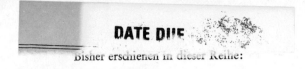

Bisher erschienen in dieser Reihe:

Band 1: VOGELSANG, Hans: Österreichische Dramatik des 20. Jahrhunderts.

1963. 223 Seiten.

Band 2: BLAUHUT, Robert: Österreichische Novellistik des 20. Jahrhunderts.

1966. 310 Seiten.

Band 3: DAS ERSCHEINUNGSBILD DER ÖSTERREICHISCHEN GEGENWARTSDICHTUNG. Herausgegeben von Leo *Kober.*

1969. 158 Seiten.

Band 4, Band 5: HEGER, Roland: Der österreichische Roman des 20. Jahrhunderts.

I. Teil: 1971. 256 Seiten.
II. Teil: 1972. 288 Seiten.

Band 6: HEGER, Roland: Das österreichische Hörspiel.

1977. 296 Seiten.

Band 7: VOGELSANG, Hans: Österreichische Dramatik des 20. Jahrhunderts. Spiel mit Welten, Wesen, Worten.
1981. 335 Seiten.

In Vorbereitung:

Band 9: Österreichische Lyrik des 20. Jahrhunderts

WILHELM BRAUMÜLLER

Universitäts-Verlagsbuchhandlung Ges. m. b. H.
A-1092 Wien, Servitengasse 5